Physica-Schriften zur Betriebswirtschaft

Herausgegeben von

K. Bohr, Regensburg · W. Bühler, Mannheim · W. Dinkelbach, Saarbrücken
G. Franke, Konstanz · P. Hammann, Boaheim K.-P Kistner, Bielefeld
H. Laux, Frankfurt · O. Rosenberg, Paceberrn · B. Rudolph, München

Physica-Schriften zur Betriebswirtschaft

Herausgegeben von

K. Bohr, Regensburg · W. Bühler, Mannheim · W. Dinkelbach, Saarbrücken
G. Franke, Konstanz · P. Hammann, Bochum · K.-P. Kistner, Bielefeld
H. Laux, Frankfurt · O. Rosenberg, Paderborn · B. Rudolph, München

---

Informationen über die Bände 1–36
sendet Ihnen auf Anfrage gerne der Verlag.

Band 37
Thomas Hartmann-Wendels
Rechnungslegung der Unternehmen und Kapitalmarkt aus informationsökonomischer Sicht

Band 38
Erich Keller
Entscheidungswirkungen von Bankbilanzen am Aktienmarkt

Band 39
Klaus B. Schebesch
Innovation, Wettbewerb und neue Marktmodelle

Band 40
Thomas Hamann
Simulation von Informationsprozessen auf idealtypischen Börsenmärkten

Band 41
Günter Lassak
Bewertung festverzinslicher Wertpapiere am deutschen Rentenmarkt

Band 42
Erwin Esser
Angebotspreisbestimmung für das kundenindividuelle Projektgeschäft

Band 43
Renate Hecker
Informationsgehalt von Optionspreisen

Band 44
Thomas Spengler
Lineare Entscheidungsmodelle zur Organisations- und Personalplanung

Band 45
Christoph Kaserer
Optionsmärkte und Risikoallokation

Band 46
Bernd Hempelmann
Qualitäts- und Kommunikationspolitik angesichts von Produktrisiken

Band 47
Stephan Schumacher
PPS-Systeme für Unternehmen der Klein- und Mittelserienfertigung

Band 48
Andreas Bölte
Modelle und Verfahren zur innerbetrieblichen Standortplanung

Band 49
Andrea Piro
Betriebswirtschaftliche Umweltkostenrechnung

Band 50
Hermann Jahnke
Produktion bei Unsicherheit

Band 51
Bernd Schäfer
Informationsverarbeitung und Preisbildung am Aktien- und Optionsmarkt

Band 52
Wolfgang Brüggemann
Ausgewählte Probleme der Produktionsplanung

Band 53
Andreas Kleine
Entscheidungstheoretische Aspekte der Principal-Agent-Theorie

Band 54
Alexander Kempf
Zum Preiszusammenhang zwischen Kassa- und Futuresmärkten

Band 55
Jürgen Elsner
Chaos und Zufall am deutschen Aktienmarkt

Band 56
Markus Riess
Effizienzkonzepte und nutzentheoretische Ansätze zur Lösung stochastischer Entscheidungsmodelle

Band 57
Anne Chwolka
Controlling als ökonomische Institution

Gerd Lockert

Risikofaktoren und Preisbildung am deutschen Aktienmarkt

Physica-Verlag
Ein Unternehmen
des Springer-Verlags

Dr. Gerd Lockert
Lehrstuhl für Finanzwirtschaft
Universität GH Essen
Universitätsstraße 12
D-45117 Essen

ISBN-13: 978-3-7908-0972-5 e-ISBN-13: 978-3-642-99792-1
DOI: 10.1007/978-3-642-99792-1

Die Deutsche Bibliothek – CIP-Einheitsaufnahme
Lockert, Gerd: Risikofaktoren und Preisbildung am deutschen Aktienmarkt / Gerd Lockert. – Heidelberg: Physica-Verl., 1996
(Physica-Schriften zur Betriebswirtschaft; Bd. 58)
Zugl.: Essen, Univ., Diss., 1995

NE: GT

SPIN 10551469 88/2202-5 4 3 2 1 0 – Gedruckt auf säurefreiem Papier

Vorwort

Die vorliegende Arbeit entstand während meiner Tätigkeit als wissenschaftlicher Mitarbeiter am Lehrstuhl für Finanzwirtschaft der Universität GH Essen. Sie wurde am 15. Dezember 1995 vom Fachbereich Wirtschaftswissenschaften der Universität Essen als Dissertation angenommen.

Mein verehrter akademischer Lehrer, Herr Prof. Dr. Otto L. Adelberger, hat die Arbeit angeregt, mit Interesse und Geduld betreut sowie durch konstruktive Hinweise bereichert. Hierfür gebührt ihm mein aufrichtiger Dank. Herrn Prof. Dr. Thomas R. Fischer möchte ich für die tatkräftige Förderung herzlich danken. Seine umfassende Unterstützung und seine vielfältigen Ratschläge haben mir sehr geholfen.

Den ehemaligen und gegenwärtigen Kollegen am Lehrstuhl für Finanzwirtschaft sei für die ausgezeichnete Arbeitsatmosphäre gedankt, die erheblich zum Gelingen meiner Arbeit beigetragen hat. Herrn Jürgen Schützdeller bin ich darüber hinaus für seine kritische Durchsicht des Manuskripts sehr dankbar.

Der empirische Teil der Arbeit beruht auf einem Projekt, das von der Deutschen Forschungsgemeinschaft im Rahmen des Schwerpunktprogramms "Empirische Kapitalmarktforschung" in großzügiger Weise gefördert wurde. Herrn Prof. Dr. Gerd Ronning, Universität Tübingen, möchte ich für die wertvollen Anregungen danken, die ich durch seine Korreferate zu Ergebnissen des betreffenden Forschungsprojekts erhalten habe. Den studentischen Projektmitarbeitern bin ich für ihre Unterstützung bei der Datenaufbereitung/-auswertung zu Dank verpflichtet.

Den Herausgebern dieser Schriftenreihe danke ich für die Aufnahme meiner Arbeit, der Sparkasse Essen für die Verleihung des Wissenschaftspreises für Wirtschaftswissenschaften.

Mein besonderer Dank gilt schließlich meinen Eltern und meiner Freundin Heike Garczarek, die mich stets verständnisvoll unterstützt haben. Ohne ihre Unterstützung wäre die Arbeit in der vorliegenden Form nicht realisierbar gewesen.

GERD LOCKERT

Inhaltsverzeichnis

Seite

Seite

Seite

Seite

1 Einleitung

1.1 Definition, Bedeutung und Einordnung der Problemstellung

Die Analyse der Preisbildung risikobehafteter Wertpapiere (Finanztitel) stellt einen wesentlichen, wenn nicht den zentralen Bereich der Kapitalmarktforschung dar.[1] Für Unternehmen sind die Finanztitelpreise vor allem deswegen von Interesse, weil sie wichtige Anhaltspunkte für die Höhe der Kapitalkosten liefern, welche ihrerseits die Struktur von Finanzierungsportefeuilles entscheidend beeinflussen. Die Kapitalkosten sind darüber hinaus für die Beurteilung der Vorteilhaftigkeit von betrieblichen Investitionsprojekten relevant.[2] Aus der Sicht individueller Finanzinvestoren sind die Wertpapierpreise im Rahmen der Zusammenstellung optimaler Anlageportefeuilles bedeutsam. Die vorliegende Arbeit analysiert die Bewertung von risikobehafteten Beteiligungstiteln. Das gewählte Problemfeld wird im empirischen Teil der Arbeit insofern enger abgegrenzt, als dort ausschließlich die Preisbildung am deutschen Aktienmarkt untersucht wird.

Ein allgemein anerkanntes Modell zur Aktienbewertung gibt es bis heute nicht.[3] Die wichtigsten kapitalmarkttheoretischen Ansätze zur risikokonformen Bewertung unterschiedlich riskanter Wertpapiere sind das Capital Asset Pricing Model (CAPM) und die Arbitrage Pricing Theory (APT).[4] Dabei stellt das CAPM den klassischen und derzeit vermutlich (noch) bedeutendsten Ansatz dar, während die APT eine neuere Entwicklung repräsentiert.[5] Die APT, welche von Ross (1976, 1977) als Alternative zum CAPM formuliert wurde[6], steht im Mittelpunkt der vorliegenden Arbeit. Nach der APT-Bewertungsgleichung ist allein das systematische Risiko bewertungsrelevant, das über die Annahme eines linearen Faktorenmodells auf k Faktoren zurückgeführt wird. In der Theorie wird allerdings weder die genaue Anzahl noch die Bedeutung dieser systematischen Risikofaktoren festgelegt.

---

1 Vgl. Franke/Hax (1994), S. 360.

2 Eine Begründung für die Relevanz von Kapitalkosten in der Investitionsrechnung findet man u. a. bei Kloster (1988), S. 47.

3 Vgl. zu dieser Feststellung ebenfalls Schnittke (1989), S. 1.

4 Der letztgenannte Ansatz wird in der Literatur vereinzelt auch als Arbitrage Pricing Model (APM) bezeichnet; vgl. etwa Brown/Weinstein (1983), Kryzanowski/To (1983) und Diacogiannis (1986). Im folgenden wird jedoch, entsprechend der weit überwiegenden Zahl der einschlägigen Veröffentlichungen, die Bezeichnung "Arbitrage Pricing Theory" beibehalten. Vgl. zu den allgemeinen Beziehungen zwischen Modell- und Theoriebegriff Köhler (1975), Sp. 2708 f.

5 Einige Autoren vertreten inzwischen sogar die Ansicht, daß die APT der zentrale Ansatz zur Aktienbewertung sei; vgl. etwa Steiner/Nowak (1994), S. 347.

6 Vgl. Ross (1976), S. 341, Huberman (1982), S. 184 und Dybvig (1983), S. 483. Die ursprüngliche Fassung des CAPM geht auf Sharpe (1964), Lintner (1965) und Mossin (1966) zurück.

Die Arbitrage Pricing Theory ist vor allem in den USA zum Gegenstand intensiver empirischer Forschung geworden. Die Resultate der bisherigen Tests dieses kapitalmarkttheoretischen Bewertungsansatzes, welche keine Vorabspezifikation der systematischen Risikofaktoren vornehmen, sind zwar in der Mehrzahl mit den APT-Aussagen vereinbar, sie erlauben jedoch kein abschließendes Urteil bezüglich der empirischen Validität der APT. Die betreffenden Untersuchungen haben darüber hinaus keine eindeutige Faktorenanzahl ergeben. Auch die ökonomische Interpretation der systematischen Risikofaktoren stellt eine zum gegenwärtigen Zeitpunkt allenfalls ansatzweise gelöste Aufgabe der empirischen APT-Forschung dar. Zudem liegen für den deutschen Aktienmarkt bislang nur wenige APT-Studien vor.[7] Nicht zuletzt aufgrund dieses Forschungsdefizits[8] sind weitere empirische Untersuchungen der Arbitrage-Pricing-Theorie erforderlich, da aus den jeweiligen Resultaten der US-amerikanischen Studien nur bedingt Erkenntnisse über die Renditengenerierung und Preisbildung am deutschen Aktienmarkt abgeleitet werden können.[9]

1.2 Zielsetzungen und Aufbau der Arbeit

Die übergeordnete Zielsetzung der Arbeit besteht darin, die Hypothesen der APT mit Hilfe einer breiten Datenbasis empirisch zu überprüfen und zu "konkretisieren". Die Arbeit ist insofern, vom wissenschaftstheoretischen Standpunkt aus betrachtet, überwiegend der Aufdeckung von sog. Begründungszusammenhängen zuzuordnen.[10] Der empi-

---

7 Umfassende APT-Tests, die auf Daten des deutschen Aktienmarkts beruhen, wurden lediglich von Winkelmann (1984), Frantzmann (1989), Nowak (1994) und Sauer (1994) durchgeführt.

8 Der Abbau des generellen Rückstands der deutschen (empirischen) Kapitalmarktforschung im Vergleich zur US-amerikanischen war eine wesentliche Zielsetzung des Schwerpunktprogramms "Empirische Kapitalmarktforschung", welches 1988 von der Deutschen Forschungsgemeinschaft eingerichtet wurde.

9 Eine explizite "Begründung" der Hypothese, daß die erzielten Ergebnisse (zur empirischen Validität der APT sowie zur Anzahl und Bedeutung der systematischen Risikofaktoren) nicht ohne weiteres übertragbar sind, soll hier nicht vorgenommen werden. Statt dessen sei lediglich auf die bestehenden respektive vermuteten Unterschiede zwischen dem US-amerikanischen und dem deutschen Aktienmarkt, etwa hinsichtlich der Merkmale und Zahl der Marktobjekte, der Marktorganisation, der Markt-/Informationseffizienz sowie des Anlegerverhaltens, hingewiesen. Von besonderer Bedeutung sind im gegebenen Zusammenhang wahrscheinlich auch die Erkenntnisse, die sich aus der Analyse der Mikrostruktur von Finanzmärkten ergeben. Vgl. zu dieser neueren Entwicklung auf dem Gebiet der Finanzmarktforschung etwa die Monographie von Cohen u. a. (1986) und den Überblick bei Franke (1993), S. 396-398.

10 Vgl. zur Unterscheidung zwischen Entdeckungs-, Begründungs- und Verwertungszusammenhang Friedrichs (1990), S. 50-55.

rische Teil[11] ist durch drei Haupt-Untersuchungsziele geprägt: Erstens soll die Anzahl jener systematischen Risikofaktoren bestimmt werden, die die gemeinsame Variabilität der realisierten Renditen am deutschen Aktienmarkt erzeugen. Die diesbezügliche Analyse schließt auch die Untersuchung der Frage ein, ob die realisierten Aktienrenditen tatsächlich durch ein lineares k-Faktoren-Modell generiert werden. Zweitens soll auf der Grundlage faktorenanalytischer Verfahren getestet werden, ob sich die erwarteten Renditen an Segmenten des deutschen Aktienmarkts entsprechend der (exakten) APT-Bewertungsgleichung bilden. Drittens soll untersucht werden, ob und wieweit ausgewählte vorabspezifizierte Risikofaktoren für den deutschen Aktienmarkt bewertungsrelevant sind. Die Spezifikation der systematischen Risikofaktoren wird dabei mittels makroökonomischer Daten vorgenommen. Diese Haupt-Untersuchungsziele können durch folgende Fragestellungen präzisiert werden:

1. Wieviele systematische Risikofaktoren generieren die Renditen am deutschen Aktienmarkt?
2. Wie robust sind die unter 1. erzielten Ergebnisse hinsichtlich unterschiedlicher Kriterien und Tests zur Bestimmung der Faktorenanzahl?
3. Weicht der Vektor der faktorenbezogenen Risikoprämien signifikant vom Nullvektor ab?
4. Kann die Hypothese, daß eine monatliche Saisonalität in der statistischen Signifikanz der faktorenbezogenen Risikoprämien vorliegt, abgelehnt werden?
5. Sind unsystematische Risiken am deutschen Aktienmarkt bewertungsirrelevant?
6. Ist eine makroökonomische Interpretation der systematischen Risikofaktoren möglich?

Die vorliegende Arbeit ist in acht Teile gegliedert:

Der Einleitung schließt sich der zweite Teil an, der die wesentlichen Beiträge und Ergebnisse der theoretischen APT-Forschung präsentiert. Zunächst werden nach einem kurzen historischen Überblick die verschiedenen APT-Ansätze systematisiert (Abschnitt 2.1). Der Abschnitt 2.2 behandelt, ausgehend von Ross' heuristischer Herleitung, die Varianten der "traditionellen" APT, wobei jene Modelle, die auf der Annahme einer approximativen Faktorenstruktur beruhen, im Vordergrund stehen. Die in den beiden folgenden

[11] Dieser basiert auf einem Projekt, das von der Deutschen Forschungsgemeinschaft im Rahmen des Schwerpunktprogramms "Empirische Kapitalmarktforschung" unter der Projektnummer Ad 37/6-1 gefördert wurde. Zwischenergebnisse des Projekts sind auf dem 5. und 7. Kolloquium des genannten Schwerpunktprogramms präsentiert worden; vgl. dazu Adelberger/Lockert (1992) sowie Adelberger/Lockert (1993). In beiden Fällen wurde das Korreferat von Herrn Prof. Dr. Gerd Ronning, Universität Tübingen, übernommen, dem der Verfasser an dieser Stelle für seine wertvollen Anregungen und Hinweise danken möchte.

Abschnitten ausführlich vorgestellten APT-Erweiterungen, die überwiegend der sog. "Gleichgewichts-APT" zugeordnet werden können, lassen sich in Modelle mit approximativer (2.3) und exakter Bewertungshypothese (2.4) untergliedern. Im Abschnitt 2.4 wird des weiteren auf mehrere Studien eingegangen, welche die Beziehungen zwischen der exakten APT-Bewertungsgleichung und der (μ, σ)-Effizienz bestimmter Wertpapierportefeuilles bzw. Anlagepositionen analysieren. Der Abschnitt 2.5 rundet die Erörterung der verschiedenen APT-Versionen ab, indem einige spezielle APT-Formulierungen skizziert werden.[12] Die praktische Testbarkeit der APT wird in der Literatur verschiedentlich angezweifelt[13], so daß der Nachweis entsprechender Testmöglichkeiten notwendig ist (2.6). Schließlich legt die parallele Existenz zweier (vermeintlich) konkurrierender Kapitalmarktmodelle einen direkten Vergleich nahe. Aus diesem Grund werden im Abschnitt 2.7 die wesentlichen Gemeinsamkeiten und Unterschiede von APT und CAPM referiert.

Der dritte Teil beschäftigt sich - gewissermaßen als Pendant zum Kapitel 2 - mit den zentralen Beiträgen und Ergebnissen der empirischen APT-Forschung. Im Anschluß an einen kurzen Überblick über die Schwerpunkte und grundlegenden Vorgehensweisen der bisherigen APT-Untersuchungen (Abschnitt 3.1) werden mehrere Arbeiten ausgewertet, die sich überwiegend mit der Ermittlung der "wahren" Anzahl systematischer Risikofaktoren befassen (3.2). Die in den beiden folgenden Abschnitten erörterten Studien überprüfen die empirische Validität der APT, und zwar sowohl ohne (3.3) als auch mit Vorabspezifikation der systematischen Risikofaktoren (3.4). In diesem Zusammenhang wird jeweils sukzessive auf die Resultate eingegangen, die für den US-amerikanischen, für den deutschen Aktienmarkt sowie für sonstige Aktienmärkte erzielt wurden. Daneben wird auch stets auf verschiedene Probleme hingewiesen, die mit den konventionellen Vorgehensweisen einhergehen (können). Der Abschnitt 3.5 faßt die wichtigsten Ergebnisse, die sich aus der Analyse der empirischen APT-Forschung gewinnen lassen, zusammen.

Im vierten Teil werden die Grundlagen der eigenen empirischen Untersuchung dargestellt. So werden im Abschnitt 4.1 die der "eigentlichen" Analyse vorgelagerten Auswahlentscheidungen hinsichtlich der Datenbasis ausführlich erörtert. Der empirischen Untersuchung liegen "historische" Aktienkurse zugrunde, aus denen wöchentliche und monatliche Renditen berechnet werden. Das Schätzen der relevanten Modellparameter aus ex post Daten (realisierten Aktienrenditen) basiert auf bestimmten grundlegenden Annahmen, die eine große Bedeutung für die vorzunehmenden Analysen besitzen. Die empi-

---

12 Trotz der insgesamt recht umfangreichen Ausführungen der Abschnitte 2.2 bis 2.5 erhebt der Verfasser nicht den Anspruch, die facettenreiche theoretische APT-Forschung vollständig dargestellt zu haben.

13 Vgl. insbesondere Shanken (1982, 1985a).

rische Gültigkeit dieser Grundannahmen[14] ist prinzipiell nicht gesichert und wird deshalb im Rahmen einer umfassenden "Voruntersuchung" überprüft (Abschnitt 4.2). Neben der Prüfung sowohl der Prämisse stationärer Aktienrenditen-Verteilungen als auch der Voraussetzung, daß die Renditen der Aktien jeweils im Zeitablauf stochastisch unabhängig sind, wird zusätzlich getestet, ob die Aktienrenditen einer normalverteilten Grundgesamtheit entstammen können. Der Abschnitt 4.3 faßt die wesentlichen Merkmale der gewählten Datenbasis und die zentralen Ergebnisse der "Voruntersuchung" zusammen; er schließt mit einer Übersicht über die weiteren Teilschritte der empirischen Untersuchung.

Die "eigentliche" empirische APT-Untersuchung ist - entsprechend den oben angeführten Haupt-Untersuchungszielen - dreigeteilt. Die Bestimmung der unbekannten Anzahl systematischer Risikofaktoren ist Inhalt des fünften Teils. Dazu werden wegen der Bedeutung dieser Problemstellung mehrere Ansätze verwendet. Zum einen erfolgt eine umfassende Analyse der Eigenwerte verschiedener Folgen von empirischen Aktienrenditen-Korrelationsmatrizen (Abschnitt 5.2), zum anderen wird die Faktorenanzahl mit Hilfe "traditioneller" Kriterien und Tests geschätzt (5.3). Im Abschnitt 5.3 wird des weiteren untersucht, inwieweit die ermittelte Faktorenanzahl von der Anzahl der Zeitreihen-Beobachtungen respektive von der Aktienanzahl abhängt. Auf der Grundlage der insgesamt erzielten Faktorenanzahl-Schätzwerte wird schließlich eine Entscheidung über die Anzahl zu extrahierender APT-Risikofaktoren getroffen (5.4).

Der sechste Teil ist der empirischen Überprüfung der APT gewidmet. Der hierzu gewählte Ansatz geht von latenten APT-Risikofaktoren aus; von einer Vorabspezifikation der systematischen Risikofaktoren wird also (zunächst) abgesehen. Die zentralen APT-Aussagen werden im Anschluß an die Formulierung zweckdienlicher Nullhypothesen (Abschnitt 6.1) mit Hilfe der klassischen zweistufigen Vorgehensweise getestet. Die Darstellung der herangezogenen Schätz- und Testverfahren sowie die Präsentation der im Rahmen der verschiedenen Querschnitts-Regressionsanalysen erzielten Ergebnisse umfaßt zwei Abschnitte. Die im Abschnitt 6.2 erörterten APT-Tests sind dadurch gekennzeichnet, daß zur Schätzung sowohl der Regressanden- als auch der Regressoren-Ausprägungen alle Zeitreihen-Beobachtungen der jeweiligen Teilstichprobe Verwendung finden. Im Abschnitt 6.3 wird erstens der Frage nachgegangen, ob die Bewertung der APT-Risikofaktoren auf dem Einfluß der Renditen bestimmter Monate beruht. Zweitens wird überprüft, ob die "systematischen" Risikomaße signifikant zur Erklärung des Regressanden beitragen, wenn letzterer mit Beobachtungen geschätzt wird, die zur Schätzung der Risikomaße nicht verwendet werden (Durchführung von sog. "Out-of-Sample"-Tests). Der-

---

14 Der Begriff wird von Winkelmann (1984) verwendet.

artige Tests werden für zwei Teilstichproben auch auf der Grundlage einer Instrumentalvariablen-Schätzung vorgenommen, die dem Problem fehlerbehafteter Regressoren Rechnung tragen soll.

Das dritte der eingangs der Arbeit formulierten Haupt-Untersuchungsziele, die Überprüfung der Relevanz vorabspezifizierter APT-Risikofaktoren für die Bewertung am deutschen Aktienmarkt, ist Gegenstand des siebten Teils. Insbesondere in mehreren US-amerikanischen Studien haben sich interessante Resultate zur makroökonomischen Interpretation der APT-Risikofaktoren ergeben, auf die bei der Auswahl der Variablen (Abschnitt 7.2) zurückgegriffen werden kann. Im Mittelpunkt des Abschnitts 7.3 steht die Messung der volkswirtschaftlichen APT-Risikofaktoren, die auf einer Trennung von erwarteten und unerwarteten Ausprägungen (Veränderungen) beruht. Zu diesem Zweck werden die makroökonomischen Basis-Zeitreihen grundsätzlich als Realisierungen von ARIMA-Prozessen aufgefaßt, deren Parameter in jedem Beobachtungszeitpunkt zu schätzen sind. Daran anschließend wird die entsprechend konkretisierte APT-Bewertungshypothese alternativen Tests unterzogen (7.4), wobei als Konsequenz der Resultate des fünften und sechsten Kapitels ausschließlich APT-Ansätze mit jeweils 5 makroökonomischen Risikofaktoren verwendet werden.

Der achte Teil dient zunächst der Zusammenfassung der wichtigsten Arbeitsergebnisse (Abschnitt 8.1). Vor dem Hintergrund der eigenen empirischen Resultate zur Faktorenanzahl, zur Validität der Arbitrage-Pricing-Theorie sowie zum "Inhalt" der systematischen Risikofaktoren werden abschließend (8.2) die Möglichkeiten einer Anwendung der APT in individuellen und betrieblichen Entscheidungsprozessen kurz diskutiert.

2 Die einperiodige Arbitrage Pricing Theory (APT): Ein kapitalmarkttheoretischer Ansatz zur Bewertung von Wertpapieren

Die APT ist im Anschluß an die originären Beiträge in verschiedenen theoretischen Arbeiten modifiziert und weiterentwickelt worden.[1] Mittlerweile liegt eine Vielzahl von teilweise sehr komplexen Verfeinerungen und Erweiterungen der APT vor. Darüber hinaus kann die theoretische APT-Forschung angesichts einiger beachtlicher Herleitungen, die gerade in der jüngeren Vergangenheit veröffentlicht wurden, kaum als abgeschlossen bezeichnet werden. In diesem Kapitel wird ein Überblick über die Zielsetzungen, Annahmen sowie Ergebnisse der wichtigsten APT-Formulierungen gegeben.

2.1 Zur historischen Entwicklung der APT

Die hohe Akzeptanz, die das CAPM in der finanzwirtschaftlichen Literatur zunächst fand, hat sich im Laufe der Zeit deutlich abgeschwächt. Ursächlich für diesen Wandel in der Beurteilung sind, neben dem geringen Realitätsgehalt einiger zugrundeliegender Prämissen[2] sowie den z. T. "unbefriedigenden" Testergebnissen[3], vor allem die fundierten Zweifel an der empirischen Überprüfbarkeit des CAPM. In diesem Zusammenhang ist insbesondere auf die grundlegende Kritik von Roll (1977) zu verweisen, die im Abschnitt 2.7 dargestellt wird. Die angedeuteten Probleme will Ross mit der Arbitrage Pricing Theory überwinden. Im Rahmen der APT wird die fundamentale CAPM-Unterscheidung zwischen systematischem und unsystematischem Risiko aufgegriffen.[4] Im Gegensatz zum CAPM geht die APT jedoch davon aus, daß das systematische Risiko der Wertpapiere durch eine bestimmte Anzahl von Faktoren determiniert wird. Die Originalarbeiten von Ross sind dabei zweigeteilt: Sie bestehen aus einer heuristischen Herleitung[5] und einem

---

1 Daneben wurden auch zahlreiche empirische APT-Untersuchungen sowie mehrere Studien, die sich mit den praktischen Anwendungsmöglichkeiten der APT beschäftigen, veröffentlicht. Die wesentlichen Beiträge zur empirischen APT-Forschung werden im dritten Teil der vorliegenden Arbeit ausgewertet, während die anwendungsbezogenen APT-Beiträge Gegenstand der Schlußbetrachtung sind.

2 Vgl. etwa Ross (1977), S. 190 und Möller (1986a), S. 88-91 sowie die entsprechenden Ausführungen des Abschnitts 2.7.

3 Siehe u. a. Banz (1981), Winkelmann (1984), Lehmann/Modest (1988) und Fama/French (1992). Das CAPM wird auch in der Arbeit von Warfsmann (1993) abgelehnt.

4 Vgl. Lehmann/Modest (1988), S. 213 f.

5 Vgl. Ross (1976), S. 342-343 und Ross (1977), S. 194-200.

Teil mit präzise bewiesenen Aussagen[6]; letztere weichen darüber hinaus von den heuristisch abgeleiteten Aussagen ab.[7]

Die APT in ihrer ursprünglichen Form basiert auf vergleichsweise schwachen ("harmlosen") Prämissen. Es wird im wesentlichen vorausgesetzt, daß das betrachtete Kapitalmarktsegment die Merkmale eines vollkommenen (Wettbewerbs-) Markts aufweist, daß eine explizite Arbitragefreiheits-Bedingung gilt und daß die Anleger übereinstimmend davon ausgehen, daß die künftigen Renditen der risikobehafteten Wertpapiere durch ein lineares k-Faktoren-Modell erzeugt werden. Ferner wird zumeist unterstellt, daß der Planungszeitraum der Anleger eine Periode umfaßt; die APT ist also prinzipiell ein einperiodiges Modell.[8] Das grundlegende Ergebnis der APT bildet die Aussage, daß approximativ eine lineare Beziehung zwischen der erwarteten Rendite des i-ten Wertpapiers und jenen Sensitivitätskoeffizienten besteht, welche die künftige Rendite des jeweiligen Wertpapiers hinsichtlich der k systematischen Risikofaktoren aufweist. Diese Bewertungsgleichung der (linearen) APT kann auf beliebige Wertpapierkategorien angewandt werden, sofern die genannten Prämissen für die betreffenden Finanztitel (näherungsweise) erfüllt sind.[9]

In der Literatur wird gewöhnlich zwischen der "traditionellen" APT und der "Gleichgewichts-APT" unterschieden.[10] Zur ersten Modellklasse, die bisweilen auch als "Arbitrage-APT"[11] bezeichnet wird, können die Ansätze von Ross (1976), Huberman (1982), Chamberlain (1983), Chamberlain/Rothschild (1983), Stambaugh (1983), Ingersoll (1984), Admati/Pfleiderer (1985), Reisman (1988) und Reisman (1992) gezählt werden. Unter dem Terminus "Gleichgewichts-APT" subsumiert die Literatur die Ableitungen von Dybvig (1983), Grinblatt/Titman (1983) und Connor (1984).[12] Den Ansätzen der

---

6 Vgl. Ross (1976), S. 346-353.

7 Siehe dazu auch Wilhelm (1981a), S. 20.

8 Vgl. für viele Huberman (1987), S. 106, 108 sowie Huberman/Kandel/Stambaugh (1987), S. 1. Dynamische Faktorenmodelle werden beispielsweise von Gourieroux/Monfort/Renault (1991) analysiert. Ein Faktorenmodell, das zyklische Schwankungen der Renditen berücksichtigt, wird von Jones (1992) untersucht. Im weiteren wird ausschließlich auf die einperiodige APT eingegangen.

9 Vgl. auch Chang/Shanker (1987), S. 3.

10 Vgl. Shanken (1985a), S. 1190 f. Diese Differenzierung wird z. T. auch durch entsprechende Aussagen in den einzelnen APT-Ableitungen nahegelegt; vgl. beispielsweise Grinblatt/Titman (1983), S. 497, 504 und Connor (1984), S. 13 f. Hingegen vertreten Dybvig/Ross (1987), S. 106 die Auffassung, daß die angesprochene Unterscheidung nicht sachdienlich sei.

11 Reisman (1992), S. 1303.

12 Vgl. etwa Shanken (1985a), S. 1193 f., Connor (1989), S. 305, Schneller (1990), S. 8 und Reisman (1992), S. 1303.

"traditionellen" APT liegt ausnahmslos ein Kapitalmarkt zugrunde, auf dem (zumindest in der Grenzbetrachtung) unendlich viele Wertpapiere gehandelt werden (infinite economy). Die Ableitungen der "Gleichgewichts-APT" gehen dagegen überwiegend von einem Markt mit endlich vielen Wertpapieren (finite economy) aus und ersetzen die Arbitragefreiheits-Annahme der "traditionellen" APT durch Prämissen über Anlegerpräferenzen und Marktgleichgewichts-Bedingungen. Der wesentliche Unterschied zwischen den beiden Modellklassen betrifft die Bestimmtheit der jeweiligen Bewertungshypothese. Das zentrale Ergebnis der "traditionellen" APT besteht in der Behauptung, daß eine obere Schranke für die unendliche Summe der quadrierten APT-Bewertungsfehler existiert; bezüglich der Höhe der einzelnen Summanden wird hingegen (abgesehen davon, daß jeder Summand einen endlichen Wert annehmen muß) keine Aussage getroffen. Demgegenüber erlauben speziell die APT-Modelle von Dybvig (1983) und Grinblatt/Titman (1983) auch eine Beurteilung der wertpapierindividuellen APT-Approximationsgüte, da in diesen Modellen Obergrenzen für die Höhe des Bewertungsfehlers je Wertpapier hergeleitet werden. Die exakte Bewertungsgleichung, die u. a. im APT-Ansatz von Connor (1984) abgeleitet wird, weist schließlich den höchsten Informationsgehalt auf.

Der weitere Aufbau des zweiten Teils trägt, soweit sich dieser Teil mit den verschiedenen APT-Ansätzen befaßt, vornehmlich den Unterscheidungsmerkmalen "Bestimmtheit der hergeleiteten Bewertungshypothese" und "Anzahl der betrachteten (bewerteten) Wertpapiere" Rechnung. Im Abschnitt 2.2 werden jene APT-Modelle beschrieben und analysiert, die für einen Kapitalmarkt mit unendlich vielen Wertpapieren eine approximative Bewertungshypothese aufstellen, aber keine Aussage zur wertpapierindividuellen Approximationsgüte enthalten. Diese Ansätze können, wie oben dargelegt, ohne Ausnahme der "traditionellen" APT zugeordnet werden. Die im Abschnitt 2.3 erörterten Ansätze der "Gleichgewichts-APT" leiten zwar ebenfalls eine approximative Bewertungsgleichung ab, sie erlauben jedoch zusätzlich eine Abschätzung des (maximal möglichen) Bewertungsfehlers je Wertpapier. Den betreffenden Modellen liegt jeweils ein Kapitalmarkt mit endlich vielen Wertpapieren zugrunde. Der Abschnitt 2.4 beschäftigt sich mit denjenigen theoretischen APT-Studien, die für einen endlichen respektive unendlichen Wertpapiermarkt entweder eine exakte Bewertungsgleichung herleiten oder die Beziehungen zwischen der "exakten" APT und der (μ, σ)-Effizienz bestimmter Wertpapierportefeuilles (Anlagepositionen) analysieren. Aus Gründen der Vollständigkeit wird im Abschnitt 2.5 ein kurz gefaßter Überblick über einige APT-Versionen gegeben, die sehr deutlich von den meisten APT-Ansätzen abweichen und/oder besonderen Fragestellungen nachgehen.

2.2 Approximative Bewertung bei unendlich vielen Wertpapieren: Darstellung der "traditionellen" APT

2.2.1 Annahmen

2.2.1.1 Kapitalmarkt und Arbitragefreiheits-Bedingungen

Der APT liegt ein friktionsloser und atomistischer Kapitalmarkt zugrunde.[13] Dieser vollkommene (Wettbewerbs-) Kapitalmarkt ist im einzelnen durch folgende Eigenschaften gekennzeichnet[14]:

- Es entstehen keine Transaktions- und Informationskosten.
- Es existieren weder Steuern noch sonstige institutionelle Marktunvollkommenheiten.
- Es gibt keine Marktzugangs- bzw. -abgangsbeschränkungen.
- Die Wertpapiere sind beliebig teilbar.
- Es können unbeschränkt Leerverkäufe in Wertpapieren realisiert werden, d. h. jeder Anleger kann negative Bestände von Wertpapieren in seinem individuellen Portefeuille halten. Die dem Investor aus diesen Leerverkäufen zufließenden Zahlungen stehen am Periodenanfang vollständig zur Verfügung.
- Der einzelne Investor kann die Wertpapierpreise durch seine Dispositionen nicht beeinflussen. Die Anleger sind somit Preisnehmer (Mengenanpasser).

Es wird weiter die Annahme getroffen, daß auf dem Kapitalmarkt "viele" Wertpapiere gehandelt werden. Die "traditionelle" APT untersucht dabei die Bewertung bei Zugrundelegung von (abzählbar) unendlich vielen Wertpapieren. In den Herleitungen von Ross (1976) und Huberman (1982) werden Folgen von Ökonomien mit steigender Wertpapieranzahl betrachtet, wobei die ersten p-1 Wertpapiere in der p-ten Ökonomie mit den Wertpapieren der (p-1)-ten Ökonomie identisch sind und die Grenz-Ökonomie unendlich viele Wertpapiere umfaßt ("sequential-economy approach"[15]). Hingegen unterstellen beispielsweise Chamberlain/Rothschild (1983) sowie Ingersoll (1984) direkt eine Ökonomie mit unendlich vielen Wertpapieren ("fixed infinite economy"[16]) und analysieren Folgen von Wertpapier-Teilmengen mit steigender Wertpapieranzahl, wobei den ersten p-1 Wertpapieren im p-ten Schritt ein neues Wertpapier hinzugefügt wird.[17]

---

[13] Vgl. etwa Roll/Ross (1980), S. 1076.

[14] Vgl. für viele Fama/Miller (1972), S. 277 und Franke (1983), S. 241.

[15] Connor (1984), S. 15.

[16] Ingersoll (1984), S. 1023.

[17] Vgl. auch Schneller (1990), S. 2.

Des weiteren wird in der "traditionellen" APT explizit ausgeschlossen, daß bestimmte Arbitragemöglichkeiten existieren. Arbitrage kann verstanden werden als zielgerichtetes Ausnutzen von Preisunterschieden, die auf verschiedenen Teilmärkten eines homogenen Guts zur gleichen Zeit bestehen.[18] Im Rahmen der hierzu erforderlichen Transaktionen tritt das für die Spekulation typische Preisveränderungsrisiko nicht auf. In diesem Sinne sind die Arbitragegewinne folglich risikolos. Die Wirkung der Arbitrage zeigt sich in einem Ausgleich der Preisdifferenzen und damit einer einheitlichen Preisfeststellung. Aus der Abwesenheit von Arbitragemöglichkeiten folgt deshalb unmittelbar, daß auf dem Gesamtmarkt das Gesetz unterschiedsloser Preise gilt.[19] Die Arbitrage wirkt insofern stets auf die Beseitigung ihrer eigenen Grundlage hin. Falls durch Transaktionen (risikolose) Arbitragegewinne erzielt werden können, kann kein Marktgleichgewicht bestehen, da jeder rational handelnde Marktteilnehmer versuchen wird, entsprechende Geschäfte abzuschließen. Arbitragefreiheit stellt daher eine notwendige Voraussetzung für die Existenz eines Marktgleichgewichts dar.[20] Schließlich ist darauf hinzuweisen, daß der APT neben der noch zu präzisierenden expliziten Arbitragefreiheits-Bedingung[21], welche Ross wohl veranlaßt hat, für seinen Bewertungsansatz den Begriff "Arbitrage Pricing Theory" zu wählen[22], auch implizite Arbitragefreiheits-Bedingungen zugrunde liegen. So nimmt die APT implizit an, daß es zu jedem Wertpapier i nur einen Preis P_i gibt, daß der für x_i Stücke des i-ten Wertpapiers zu zahlende Betrag $x_i \cdot P_i$ beträgt und daß für x_i Stücke des Wertpapiers i und x_h Stücke des Wertpapiers h der Betrag $(x_i \cdot P_i + x_h \cdot P_h)$ zu entrichten ist.[23]

2.2.1.2 Das exakte lineare Mehr-Faktoren-Modell zur Beschreibung des Renditen-Generierungsprozesses

Im Rahmen der APT wird vorausgesetzt, daß die Anleger homogene Vorstellungen bezüglich des Prozesses haben, der die zukünftigen Renditen der p betrachteten riskanten Wertpapiere erzeugt. Die Renditen der p Wertpapiere sollen linear unabhängig sein; die

---

[18] Vgl. Bender (1977), S. 325 und Franke/Hax (1994), S. 361. Dybvig/Ross (1987) zeigen, daß das Prinzip der Arbitragefreiheit zentral für viele Gebiete der Finanzierungstheorie ist; vgl. Dybvig/Ross (1987), S. 104-106.

[19] Vgl. Bender (1977), S. 325 und Dybvig/Ross (1987), S. 100 f.

[20] Vgl. beispielsweise Roll/Ross (1980), S. 1074 und Franke/Hax (1994), S. 361.

[21] Vgl. die entsprechenden Ausführungen der Gliederungspunkte 2.2.2 und 2.2.3.

[22] Vgl. Dybvig/Ross (1985), S. 1184.

[23] Vgl. Wilhelm (1981b), S. 894, 900.

Wertpapierrenditen-Kovarianzmatrix ist dann regulär.[24] Konkret wird angenommen, daß die Investoren einheitlich von einem Mehr-Faktoren-Modell ausgehen. In diesem Zusammenhang ist anzumerken, daß bereits die Befunde der empirischen Untersuchung von King (1966) anzeigen, daß hinsichtlich des Renditen-Bildungsprozesses ein Mehr-Faktoren-Modell von Bedeutung sein könnte. Die Ableitungen der linearen APT basieren auf der Prämisse, daß die Wertpapierrenditen durch ein lineares k-Faktoren-Modell generiert werden[25]:

$$r_i = \mu_i + \sum_{j=1}^{k} b_{ij} f_j + e_i \qquad (i = 1, ..., p). \tag{2/1}$$

Die Gleichung lautet in Matrixschreibweise[26] wie folgt:

$$\mathbf{r} = \boldsymbol{\mu} + \mathbf{Bf} + \mathbf{e}\,. \tag{2/2}$$

Hierbei bezeichnen

$\mathbf{r}$ den $(p \times 1)$-Vektor der zukünftigen Wertpapierrenditen r_i,
$\boldsymbol{\mu}$ den $(p \times 1)$-Vektor der μ_i (μ_i steht für den Erwartungswert von r_i),
$\mathbf{B}$ die $(p \times k)$-Matrix der Sensitivitätskoeffizienten b_{ij} (b_{ij} gibt die Sensitivität von r_i gegenüber alternativen Ausprägungen von f_j an),
$\mathbf{f}$ den $(k \times 1)$-Vektor der systematischen Risikofaktoren f_j,
$\mathbf{e}$ den $(p \times 1)$-Vektor der wertpapierspezifischen Störgrößen e_i.

Die Gleichung (2/2) muß folgenden Bedingungen genügen:

$$\text{rg}(\mathbf{B}) = k\,, \tag{2/3a}$$

$$E(\mathbf{f}) = \mathbf{0}\,, \tag{2/3b}$$

$$E(\mathbf{ff'}) = \mathbf{I}\,, \tag{2/3c}$$

$$E(\mathbf{fe'}) = \mathbf{0}\,, \tag{2/3d}$$

$$E(\mathbf{e}) = \mathbf{0}\,, \tag{2/3e}$$

---

[24] Durch diese Annahme wird sichergestellt, daß keines der p riskanten Wertpapiere redundant ist; vgl. Connor (1984), S. 15.

[25] Vgl. Ross (1976), S. 347.

[26] Für Matrizen werden im folgenden grundsätzlich fettgedruckte Großbuchstaben und für Vektoren fast ausnahmslos fettgedruckte Kleinbuchstaben verwendet.

(2/3f) $E(\mathbf{ee}') = \mathbf{\Psi}$

$= \mathbf{D} = \text{diag}[\text{var}(e_1) \ldots \text{var}(e_p)], \quad \text{mit} \quad \text{var}(e_i) \leq d < \infty \quad \forall\, i,$

(2/3g) $k << p$.[27]

Die Prämissen (2/3a) bis (2/3e) stellen keine Einschränkung der Allgemeinheit dar. Ist beispielsweise die Prämisse (2/3a) verletzt, so existiert ein "äquivalentes" Faktorenmodell mit geringerer Anzahl systematischer Faktoren, welches diese Bedingung dann erfüllt.[28] Die Bedingungen (2/3b) und (2/3c) lassen sich stets durch eine geeignete Normierung und Transformation der systematischen Faktoren sicherstellen. Ferner sind die Prämissen (2/3b) und (2/3e) logisch notwendig, da die Investoren ja zu Beginn der Periode erwarten, daß die künftige Rendite des Wertpapiers i den Wert μ_i annimmt.[29] Der in Gleichung (2/2) modellierte Generierungsprozeß ist ohne Informationsgehalt, wenn keine Restriktionen hinsichtlich der Anzahl der systematischen Faktoren und der Kovarianzmatrix der Störgrößen gesetzt werden. So lassen sich z. B. im Fall $k = p$ stets Faktoren dergestalt finden, daß die Gleichung (2/2) erfüllt ist.[30] In der APT wird daher gefordert, daß die Anzahl der systematischen Risikofaktoren erheblich kleiner ist als die Anzahl der betrachteten Wertpapiere. Die im Rahmen der ursprünglichen APT-Ableitungen zusätzlich getroffene Annahme wechselseitig unkorrelierter Störgrößen, deren Varianzen außerdem nach oben beschränkt sein sollen (Annahme (2/3f)), kennzeichnet das sog. exakte Faktorenmodell.[31] Die grundlegende Prämisse, daß die Anleger homogene Vorstellungen bezüglich des Renditen-Generierungsprozesses besitzen, kann zwar prinzipiell abgeschwächt werden, speziell im Hinblick auf die Möglichkeiten (oder besser: Schwierigkeiten) entsprechender empirischer Untersuchungen muß jedoch zumindest vorausgesetzt werden, daß die Anleger von übereinstimmenden Sensitivitätskoeffizienten und identischen Rendite-Erwartungswerten ausgehen.[32] Unter der weiteren Prämisse rationaler Anlegererwartungen gelangt man dann zu der für empirische APT-Tests bedeutsamen

---

27 In einigen Ansätzen der "traditionellen" APT werden weitere Annahmen getroffen. Beispielsweise setzen Chamberlain/Rothschild (1983), S. 1285 explizit voraus, daß die Varianzen der Wertpapierrenditen endlich sind. Ferner sei angemerkt, daß im Rahmen der APT weder die Verteilungen der systematischen Risikofaktoren noch die der wertpapierspezifischen Störgrößen festgelegt werden. Darüber hinaus dürfen die Vorstellungen der Anleger hinsichtlich der jeweiligen Verteilung voneinander abweichen; vgl. dazu Ross (1976), S. 355.

28 Vgl. Connor (1984), S. 15.

29 Vgl. Huberman (1987), S. 106 und Berry/Burmeister/McElroy (1988), S. 31.

30 Vgl. Chen (1983), S. 1396 und Franke (1984), S. 110.

31 Andere Autoren (wie Nowak (1994), S. 73) bezeichnen dieses Faktorenmodell als "striktes Faktormodell", während Hörnstein (1990), S. 14 für ein Faktorenmodell mit diagonaler Störgrößen-Kovarianzmatrix den Begriff "Standardfaktormodell" wählt.

32 Vgl. Ross (1976), S. 356 und Roll/Ross (1980), S. 1082.

Feststellung, daß die Gleichungen (2/2) und (2/3) nicht nur die subjektiven (ex ante) Vorstellungen der Anleger, sondern letztlich auch den Generierungsprozeß der am Periodenende realisierten Renditen beschreiben.[33]

Innerhalb der "traditionellen" APT wird grundsätzlich unterstellt, daß sich die Parameter (Rendite-Erwartungswerte und Sensitivitätskoeffizienten) der ersten p Wertpapiere nicht ändern, wenn umfassendere Ökonomien bzw. Wertpapier-Teilmengen betrachtet werden.[34] Die Anzahl der Komponenten, aus denen die Vektoren $\mathbf{r}$, $\boldsymbol{\mu}$ und $\mathbf{e}$ sowie die Spalten der Matrix $\mathbf{B}$ bestehen, ist in beiden Fällen (Analyse von Folgen unterschiedlicher Ökonomien respektive von Folgen verschiedener Wertpapier-Teilmengen) vom jeweils betrachteten Folgenglied abhängig, was genaugenommen auch durch die Symbolverwendung zum Ausdruck kommen sollte. Aus Gründen der Übersichtlichkeit wird jedoch in der vorliegenden Arbeit auf den Dimensionsindex p verzichtet.

Die künftige Wertpapierrendite wird durch die Gleichung (2/1) in die sie konstituierenden Bestandteile zerlegt. Die Rendite des i-ten Wertpapiers setzt sich aus einer erwarteten und einer unerwarteten, nicht antizipierten Komponente zusammen. Letztere wird weiter in einen faktorenbezogenen (die Summe der $b_{ij}f_j$) und einen wertpapierspezifischen Bestandteil (den Term e_i) unterteilt. Antizipierte Ereignisse sind in die Rendite-Erwartungen der Investoren eingeschlossen. Ein nicht unerheblicher Teil der am Periodenende realisierten Rendite kann das Ergebnis unerwarteter Ereignisse sein. Die mögliche Diskrepanz zwischen erwarteter und realisierter Rendite macht das Risiko des betreffenden Wertpapiers aus. Die Variable e_i soll im Rahmen der APT die Ursache für das unsystematische (diversifizierbare) Risiko des Wertpapiers i reflektieren, wohingegen das systematische, nicht diversifizierbare Risiko innerhalb der APT auf die k Faktoren f_j zurückgeführt wird.[35] Allerdings werden in der APT weder die systematischen Risikofaktoren inhaltlich festgelegt, noch quantifiziert die APT die exakte Faktorenanzahl. Die Varianz der Rendite des i-ten Wertpapiers läßt sich aufgrund der Faktorenmodell-Annahme der APT wie folgt zerlegen:

$$\text{(2/4)} \qquad \mathrm{var}(r_i) = (b_{i1})^2 + \ldots + (b_{ik})^2 + \mathrm{var}(e_i) \qquad (i = 1, \ldots, p).$$

---

33 Vgl. Roll/Ross (1980), S. 1082.

34 Vgl. etwa Ingersoll (1984), S. 1023.

35 Vgl. Roll/Ross (1980), S. 1076 und Franke (1984), S. 110.

Es ist evident, daß die ersten k Summanden auf der rechten Seite der Gleichung (2/4) in ihrer Gesamtheit den systematischen Teil von $var(r_i)$ repräsentieren, während der Term $var(e_i)$ dem unsystematischen Varianzanteil entspricht.

2.2.2 Herleitung und Interpretation der Bewertungsgleichung[36]

Der erste Schritt der von Ross gewählten (heuristischen) Vorgehensweise, mit deren Hilfe die APT-Bewertungsgleichung abgeleitet wird, sieht vor, daß ein sog. Arbitrageportefeuille zusammengestellt wird. Wertpapierportefeuilles werden im weiteren grundsätzlich mit $\boldsymbol{\eta} = (\eta_1 \ldots \eta_p)'$ bezeichnet, wobei η_i den Portefeuille-Anteil des i-ten Wertpapiers verkörpert. Der Vektor $\boldsymbol{\eta}$ soll sich stets vom Nullvektor unterscheiden. Ein Arbitrageportefeuille ist ein sich selbst finanzierendes Portefeuille, d. h. die Käufe von Wertpapieren werden durch entsprechende Verkäufe (Leerverkäufe) von anderen Wertpapieren finanziert.[37] Die Nettoinvestition eines Arbitrageportefeuilles ist mithin gleich null.[38] Es gilt also folgende Gleichung:

(2/5) $$\sum_{i=1}^{p} \eta_i = 0 \quad \text{bzw.} \quad \boldsymbol{\eta}'\mathbf{1} = 0\,,$$

wobei $\mathbf{1}$ den (p × 1)-Summationsvektor symbolisiert. Die künftige Portefeuillerendite er-

---

[36] Zentraler Gegenstand der folgenden Ausführungen, die sich in erster Linie an den Beiträgen von Ross (1977), S. 194-201 und Roll/Ross (1980), S. 1076-1080 orientieren, ist die heuristische Herleitung der APT-Bewertungsgleichung. Diese APT-Herleitung besitzt gegenüber den meisten nichtheuristischen APT-Ableitungen den Vorteil, daß sie vergleichsweise einfach aufgebaut und ökonomisch anschaulich ist.

[37] Entweder schichtet der Anleger ein bereits vorhandenes Portefeuille um (in diesem Fall stellt die Differenz zwischen den "neuen" Portefeuillegewichten und den "alten" Portefeuillegewichten das Arbitrageportefeuille dar) oder er stellt ein neues Portefeuille zusammen. Es ist evident, daß das Bilden von Arbitrageportefeuilles nur im letztgenannten Fall die Vornahme von Leerverkäufen erfordert.

[38] Vgl. Ross (1976), S. 342, Ross (1977), S. 196, Wilhelm (1981b), S. 900 und Huberman (1982), S. 185, 186. Die positiven (bzw. negativen) η_i ergeben sich bei einem neu zusammengestellten Portefeuille mit verschwindender Netto-Investitionssumme dadurch, daß die in das jeweilige Wertpapier investierte (bzw. aufgrund des Leerverkaufs erzielte) Kapitalsumme durch den Brutto-Investitionsbetrag des Portefeuilles dividiert wird. Dieser Brutto-Investitionsbetrag ist das wertmäßige Äquivalent der gesamten Wertpapierkäufe. Bei Nicht-Arbitrageportefeuilles steht dagegen im Nenner des entsprechenden Quotienten die von null verschiedene Netto-Investitionssumme. Die so berechneten Nicht-Arbitrageportefeuille-Anteile summieren sich zu eins.

mittelt sich gemäß nachstehender Gleichung:

(2/6)
$$r_\eta = \sum_{i=1}^{p} \eta_i r_i$$

$$= \sum_{i=1}^{p} \eta_i \mu_i + \sum_{i=1}^{p} \eta_i b_{i1} f_1 + \ldots + \sum_{i=1}^{p} \eta_i b_{ik} f_k + \sum_{i=1}^{p} \eta_i e_i \ .$$

Weiterhin darf das gebildete Wertpapierportefeuille kein systematisches Risiko aufweisen. Bezeichnet $\mathbf{b}_{(j)}$ die j-te Spalte der Matrix **B**, dann muß demnach die folgende Bedingung erfüllt sein:

(2/7)
$$\sum_{i=1}^{p} \eta_i b_{ij} = 0 \quad \text{bzw.} \quad \boldsymbol{\eta}'\mathbf{b}_{(j)} = 0 \quad \forall j \ .$$

Die Sensitivitätskoeffizienten des Portefeuilles sind mithin alle gleich null. Die Gleichung (2/6) vereinfacht sich unter Berücksichtigung der Beziehung (2/7) zu

(2/8)
$$r_\eta = \sum_{i=1}^{p} \eta_i \mu_i + \sum_{i=1}^{p} \eta_i e_i \ .$$

Schließlich wird gefordert, daß das gewählte Portefeuille "gut" diversifiziert ist. In einem gut diversifizierten Portefeuille kann asymptotisch das gesamte unsystematische Risiko eliminiert werden.[39] Unter der getroffenen Annahme einer diagonalen Störgrößen-Kovarianzmatrix mit nach oben beschränkten Störgrößen-Varianzen ist (bei großer Wertpapieranzahl) z. B. ein gleichgewichtetes Portefeuille (die einzelnen Portefeuille-Anteile sind dem Betrag nach gleich 1/p) gut diversifiziert.[40] Damit kann der Störterm auf der rechten Seite von Gleichung (2/8) vernachlässigt werden. Die Portefeuillerendite ist folg-

[39] Gemäß einer Definition von Ingersoll (1984) ist jede Folge von Portefeuilles, deren Anteile $\boldsymbol{\eta}$ der Bedingung genügen, daß der Grenzwert von $\boldsymbol{\eta}'\boldsymbol{\Psi}\boldsymbol{\eta}$ für p gegen unendlich den Wert null annimmt, "gut" diversifiziert; vgl. Ingersoll (1984), S. 1030.

[40] Vgl. Ross (1976), S. 342. Sind einige Störgrößen-Varianzen (entgegen der Annahme (2/3f)) nach oben unbeschränkt, so ist das Bilden gleichgewichteter Portefeuilles nicht zweckdienlich, da die entsprechenden Wertpapiere in diesem Fall einen exorbitanten Beitrag zum unsystematischen Risiko des Portefeuilles leisten können. Vgl. auch Ingersoll (1984), S. 1030.

lich durch

$$(2/9) \qquad r_\eta = \sum_{i=1}^{p} \eta_i \mu_i$$

gegeben.

Insgesamt ist es gelungen, das Risiko des Portefeuilles vollständig zu eliminieren. Die künftige Rendite des gewählten Portefeuilles ist deshalb keine Zufallsvariable, sondern eine sichere Größe. Unter Berücksichtigung der Arbitrageportefeuille-Eigenschaft folgt nun aus der vorausgesetzten Nicht-Existenz von Arbitragemöglichkeiten, daß

$$(2/10) \qquad r_\eta = \sum_{i=1}^{p} \eta_i \mu_i = 0 \quad \text{bzw.} \quad \boldsymbol{\eta}'\boldsymbol{\mu} = 0$$

gelten muß.[41] Andernfalls wäre es möglich, daß Investoren ohne Kapitaleinsatz einen risikolosen Gewinn erzielen, der sich beliebig erhöhen ließe.[42] Potentielle Arbitragemöglichkeiten sind also konkret durch folgende Arbitragefreiheits-Bedingung auszuschließen: Jedes Portefeuille, welches weder systematisches noch unsystematisches Risiko aufweist (und damit risikolos ist) sowie keinen Kapitaleinsatz erfordert, muß eine erwartete Rendite von null erzielen.[43] Mit anderen Worten: Jeder Vektor $\boldsymbol{\eta}$, der orthogonal zu dem Vektor **1** (Gleichung (2/5)) und orthogonal zu jedem der k Vektoren $\mathbf{b}_{(j)}$ ist (Gleichung (2/7)), muß auch orthogonal zum Vektor $\boldsymbol{\mu}$ sein (Gleichung (2/10)).[44] Dann läßt sich zeigen, daß der Vektor $\boldsymbol{\mu}$ eine Linearkombination der Vektoren **1** und $\mathbf{b}_{(j)}$ (j = 1, ..., k) ist.[45] Es existieren mithin Skalare $\lambda_0, \lambda_1, ..., \lambda_k$, so daß für alle i die folgende Glei-

41 Genaugenommen ist zu fordern, daß der künftige (sichere) Portefeuille-Ertrag den Wert null annimmt. Für die künftige Rendite des betrachteten Portefeuilles (dessen Kapitaleinsatz gemäß der Gleichung (2/5) null beträgt) ergibt sich dann mit dem Quotienten 0/0 ein unbestimmter Ausdruck. Vgl. auch Wilhelm (1981b), S. 898, der auf ähnliche Schwachstellen der (besonders in englischsprachigen Beiträgen häufig verwendeten) Renditenformulierung hinweist.

42 Vgl. Ross (1977), S. 197. Das gewählte Portefeuille würde dann eine "money machine" (Luedecke (1986), S. 72) darstellen.

43 Vgl. Roll/Ross (1980), S. 1078. Es ist wichtig festzuhalten, daß im folgenden Teil der heuristischen Herleitung von Ross die Bedingung der Eliminierung des unsystematisches Risikos nicht mehr explizit angeführt wird. Vgl. dazu die Ausführungen des Gliederungspunkts 2.2.3.

44 Vgl. Roll/Ross (1980), S. 1078. Zwei Vektoren **v** und **w** mit gleicher Komponentenzahl sind zueinander orthogonal, wenn ihr Skalarprodukt gleich null ist.

45 Luedecke (1986), S. 72 bezeichnet dieses Ergebnis der linearen Algebra als "spanning fact".

chung erfüllt ist:

(2/11) $$\mu_i = \lambda_0 + \sum_{j=1}^{k} \lambda_j b_{ij} \qquad (i = 1, ..., p).$$

Die Gleichung (2/11) besagt, daß sich die erwartete Rendite des Wertpapiers i als lineare Funktion der Sensitivitätskoeffizienten b_{ij} ergibt. Diese Bewertungsgleichung ist das zentrale Resultat der APT.[46] Die APT-Bewertungsgleichung behauptet, daß ausschließlich das systematische Risiko der Wertpapiere, welches auf mehrere Faktoren zurückgeführt wird, bewertungsrelevant ist. Das unsystematische Risiko der Wertpapiere wird mithin nicht bewertet. Die Skalare λ_j (j = 0, 1, ..., k) sind vom Markt bestimmte, für alle Wertpapiere identische Größen. Existiert ein risikoloses Wertpapier mit der Rendite r_f, dann gilt $\lambda_0 = r_f$. Die Koeffizienten $\lambda_1, ..., \lambda_k$ können als faktorenbezogene Risikoprämien bezeichnet werden. Sie lassen sich bei Gültigkeit der Gleichung (2/11) interpretieren, indem man Portefeuilles mit positiver Netto-Investitionssumme betrachtet, die jeweils einen Sensitivitätskoeffizienten mit dem Wert eins aufweisen, während alle anderen (k-1) Sensitivitätskoeffizienten der betreffenden Portefeuilles gleich null sind. Bezeichnet $r_{\eta j}$ (j = 1, ..., k) die künftige Rendite eines Nicht-Arbitrageportefeuilles, das hinsichtlich des j-ten systematischen Risikofaktors einen Sensitivitätskoeffizienten von eins und gegenüber den übrigen Risikofaktoren Sensitivitätskoeffizienten von null besitzt, dann gilt aufgrund der Gleichung (2/11) für den Rendite-Erwartungswert dieses Portefeuilles:

$$E(r_{\eta j}) = \lambda_0 + \lambda_j \cdot 1 .$$

Für den Parameter λ_j (j = 1, ..., k) folgt

$$\lambda_j = E(r_{\eta j}) - \lambda_0 ,$$

so daß die APT-Bewertungsgleichung in die Gleichung

(2/12) $$\mu_i = \lambda_0 + \sum_{j=1}^{k} (E(r_{\eta j}) - \lambda_0) b_{ij} \qquad (i = 1, ..., p)$$

übergeht.[47]

---

[46] Vgl. Roll/Ross (1980), S. 1079 und Chen (1983), S. 1395.

[47] Vgl. Ross (1977), S. 200.

2.2.3 Approximativer Charakter der Bewertungsgleichung

Unter der Prämisse, daß die Störgrößen-Kovarianzmatrix Ψ eine (p × p)-Nullmatrix ist[48], gilt die Gleichung (2/9) für alle Portefeuilles, die der Bedingung (2/7) genügen, exakt. Die lineare Bewertungsgleichung (2/11) kann dann gemäß der im Gliederungspunkt 2.2.2 dargestellten Vorgehensweise korrekt hergeleitet werden.[49] Die lineare Beziehung zwischen der erwarteten Rendite des Wertpapiers i und den Sensitivitätskoeffizienten b_{ij} folgt im Fall der Abwesenheit von wertpapierspezifischen Störgrößen zwingend aus dem unterstellten Faktorenmodell und dem vorausgesetzten arbitragefreien (sowie vollkommenen) Kapitalmarkt.[50] Ähnlich äußert sich auch Latham (1989), S. 264: "The one piece of the APT that is truly based on arbitrage is that, if a security's return ... is an *exact* linear function (no error term) of the factors, then its expected-return premium ... is a linear function of the factor premia ..." Der angegebene Zusammenhang wird deutlich, wenn man bedenkt, daß zwei beliebige Wertpapiere bzw. Wertpapiermischungen mit übereinstimmenden Sensitivitätskoeffizienten in diesem Fall perfekte Substitute sind. Sie müssen somit identische Rendite-Erwartungswerte aufweisen, um potentielle Arbitragegewinne auszuschließen. Das Vorliegen eines Mehr-Faktoren-Modells ohne wertpapierspezifische Störgrößen (für das ansonsten die Spezifizierungen des Abschnitts 2.2.1.2 gelten) ist aber ein äußerst unwahrscheinlicher Sachverhalt. Die Annahme, daß der Renditen-Generierungsprozeß der p Wertpapiere vollständig durch k systematische Faktoren (mit $k \ll p$) erklärt werden kann, wäre deshalb sicherlich zu restriktiv.[51]

Die somit zu folgernde Notwendigkeit, von einem Faktorenmodell mit wertpapierspezifischen Störgrößen auszugehen, hat bedeutende Implikationen. Es ist evident, daß eine vollständige Beseitigung des unsystematischen Risikos bei endlicher Anzahl von Wertpapieren nur möglich ist, wenn eine singuläre Kovarianzmatrix der Störgrößen vorliegt.[52] Im Fall einer nicht-singulären Störgrößen-Kovarianzmatrix gilt folglich, daß die Gleichung (2/9) selbst für breit gestreute Portefeuilles ohne systematisches Risiko nur näherungsweise erfüllt ist. Damit hat auch die Gleichung (2/10) lediglich approximativen Charakter. Wertpapierportefeuilles mit identischen Sensitivitätskoeffizienten stellen aufgrund des Einflusses des unsystematischen Risikos i. a. keine vollkommenen, sondern le-

48 Es wird dann ein "noiseless factor model" (Connor (1989), S. 300) respektive ein "Faktormodell ohne Störvariablen" (Hörnstein (1990), S. 14) angenommen.

49 Vgl. Shanken (1982), S. 1131.

50 Vgl. Dybvig/Ross (1985), S. 1184.

51 Vgl. Shanken (1982), S. 1131 und Connor (1989), S. 306.

52 Bei Zugrundelegung von unendlich vielen Wertpapieren wird die Singularität der Störgrößen-Kovarianzmatrix allerdings nicht benötigt. Vgl. Connor (1984), S. 18.

diglich enge Substitute dar.[53] Die Betrachtung von diversifizierten Portefeuilles konstituiert ferner ein "ableitungstechnisches" Problem, worauf insbesondere Shanken (1982) hinweist. So setzt die (vollständige) Beseitigung des unsystematischen Risikos, welche für die Gültigkeit der Gleichung (2/10) eigentlich notwendig ist, ein entsprechend diversifiziertes Portefeuille voraus. Im Gegensatz dazu bedingen die zur Bewertungsgleichung (2/11) führenden Aussagen der linearen Algebra, daß die Gleichung (2/10) für *jedes* Arbitrageportefeuille ohne systematisches Risiko erfüllt ist.[54] Shanken (1982) deckt damit auf, daß die heuristische Herleitung von Ross nicht hinreichend schlüssig und (logisch) inkonsistent ist.

Mittels einer exakten Ableitung können sowohl Ross (1976) als auch Huberman (1982) zeigen, daß Koeffizienten $\lambda_0, \lambda_1, ..., \lambda_k$ und eine positive Zahl V existieren, so daß die folgende Beziehung gilt[55]:

(2/13) $$\lim_{p\to\infty} \sum_{i=1}^{p} (\delta_i)^2 \equiv \lim_{p\to\infty} \sum_{i=1}^{p} (\mu_i - \lambda_0 - \lambda_1 b_{i1} - ... - \lambda_k b_{ik})^2 \leq V < \infty .$$

Ross (1976) kann diese Ungleichung allerdings nur durch Einführung weiterer Prämissen herleiten. So setzt er zusätzlich voraus[56],

- daß die Gesamtnachfrage der Anleger nach jedem Wertpapier nicht negativ ist;
- daß wenigstens ein Wertpapier mit begrenzter Haftung gehandelt wird;
- daß der Betrag der erwarteten Rendite jedes Wertpapiers einen endlichen Wert annimmt;
- daß alle Investoren risikoavers sind;
- daß zumindest ein Investor existiert, dessen Arrow/Pratt-Maß der relativen Risikoaversion[57] nach oben beschränkt ist. Der betreffende Investor darf darüber hinaus asymptotisch nicht vernachlässigbar sein, d. h. der Anteil des Anfangsvermögens dieses Investors am Gesamtvermögen der Anleger darf für p gegen unendlich nicht gegen null streben.

---

53 Vgl. auch Roll/Ross (1984a), S. 15.

54 Vgl. Shanken (1982), S. 1131.

55 Vgl. Ross (1976), S. 346-353 sowie Huberman (1982), S. 186-189.

56 Vgl. Ross (1976), S. 347, 351.

57 Eine kompakte Erläuterung sowohl der Arrow/Pratt-Maße der absoluten und relativen Risikoaversion als auch der verschiedenen grundsätzlichen Erscheinungsformen von Risikoaversion bei Vermögensstreben findet sich beispielsweise in den Werken von Truxius (1980), S. 29-34 und Schneider (1992), S. 493-495.

Huberman (1982) benötigt hingegen keine expliziten Annahmen über die Präferenzen der Investoren.[58] Seine Ableitung ist zudem klarer und einfacher aufgebaut als die exakte Originalableitung von Ross (1976), wenngleich der APT-Ansatz von Huberman strenggenommen nicht als "simple approach"[59] bezeichnet werden kann.[60] Im Beitrag von Huberman wird ferner der Arbitragebegriff für einen unendlichen Wertpapiermarkt präzise definiert. Eine asymptotische Arbitragemöglichkeit ist demnach durch die Existenz einer Teilfolge von Arbitrageportefeuilles gegeben, deren erwartete Zahlungen am Periodenende für eine gegen unendlich wachsende Wertpapieranzahl gegen unendlich konvergieren, während gleichzeitig das Risiko der einzelnen Arbitrageportefeuilles (gemessen durch die Varianz der Zahlungen) gegen null geht.[61]

Aus der Ungleichung (2/13) läßt sich folgern, daß die erwarteten Renditen der *meisten* Wertpapiere (annähernd) linear von den entsprechenden Sensitivitätskoeffizienten abhängen. Unter Beachtung der erstgenannten Einschränkung kann also von der Ungleichung (2/13) auf

(2/14) $$\mu_i \approx \lambda_0 + \lambda_1 b_{i1} + \ldots + \lambda_k b_{ik}$$

geschlossen werden. Die Bewertungsgleichung der "traditionellen" APT ist mithin keine Identität, sondern lediglich eine Approximation. Ross (1976) und Huberman (1982) weisen zudem nach, daß λ_0 der Rendite eines risikolosen Wertpapiers entspricht, sofern ein solches Wertpapier vorhanden ist. Die Koeffizienten $\lambda_1, \ldots, \lambda_k$ sind hingegen nicht eindeutig festgelegt. Außerdem kann die naheliegende Deutung der faktorenbezogenen Risikoprämie λ_j als erwartete Überrendite (d. h. als über λ_0 hinausgehenden Rendite-Erwartungswert) eines Wertpapiers bzw. Portefeuilles, dessen Rendite-Ausprägungen die Realisationen des j-ten Faktors exakt "nachbilden" (mimicking portfolio[62]), nicht unmittelbar aus den von Ross und Huberman hergeleiteten Theoremen gefolgert werden. Eine derartige Interpretation ist, wie Admati/Pfleiderer (1985) in einer alternativen Ableitung der Ungleichung (2/13) zeigen, unter der zusätzlichen Annahme möglich, daß auf dem

---

[58] Vgl. auch Huberman (1982), S. 190. Ingersoll (1984), S. 1024 weist nach, daß der Ansatz von Huberman genaugenommen nicht vollständig auf Prämissen über Investorenpräferenzen verzichten kann.

[59] Huberman (1982), S. 183.

[60] Die Einschätzung, daß die von Huberman gewählte Bezeichnung durchaus mißverständlich ist, wird auch von Schneller (1990), S. 18 geäußert.

[61] Vgl. Huberman (1982), S. 186 und auch Huberman (1987), S. 107.

[62] Die wenig glückliche Übersetzung "mimetisches Portfolio" soll in der vorliegenden Arbeit nicht verwendet werden.

unendlichen Wertpapiermarkt neben dem risikolosen Wertpapier auch k Wertpapiere gehandelt werden, deren künftige Renditen durch

$$r_j = \mu_j + f_j \qquad (j = 1, ..., k)$$

gegeben sind. Die faktorenbezogene Risikoprämie λ_j kann in diesem Fall als Differenz zwischen μ_j und r_f gedeutet werden.[63] Im Beitrag von Admati/Pfleiderer wird allerdings - wie in den ursprünglichen APT-Ableitungen - keine Hypothese bezüglich der Eindeutigkeit der Koeffizienten λ_j $(j = 1, ..., k)$ aufgestellt. Die von den Autoren eingeführte Prämisse ist zudem überaus restriktiv. Eine Abschwächung ist jedoch insofern möglich, als es zur Herleitung analoger Ergebnisse ausreicht, wenn für p gegen unendlich neben einem risikolosen (Grenz-) Portefeuille für jeden systematischen Risikofaktor ein vollständig diversifiziertes (Grenz-) Portefeuille existiert, dessen Rendite-Realisationen die Ausprägungen des betreffenden Faktors exakt nachbilden.[64] Hinreichende Bedingungen, unter denen zum einen derartige Portefeuilles gebildet werden können, zum anderen die (entsprechend interpretierbaren) faktorenbezogenen Risikoprämien eindeutig festgelegt sind, werden insbesondere von Ingersoll (1984) erarbeitet, der anstelle des exakten von einem approximativen Faktorenmodell ausgeht.[65] Die zentralen Eigenschaften und Implikationen dieses alternativen Faktorenmodells werden im folgenden Abschnitt erläutert.

2.2.4 Bewertungsgleichung bei alternativer Faktorenmodell-Annahme

Ross merkt bereits in seinem ersten APT-Beitrag an, daß die (bei geringer Faktorenanzahl) ziemlich wirklichkeitsfremde Bedingung wechselseitig unkorrelierter Störgrößen nicht zwingend für die Modellaussagen ist.[66] Sie gehört damit nicht zum Modellkern[67] und kann durch eine andere Annahme ersetzt werden, die korrelierte Störgrößen zuläßt. Eine alternative Bedingung ist erstmalig von Chamberlain/Rothschild (1983) formuliert

---

63 Vgl. Admati/Pfleiderer (1985), S. 193-195.

64 Vgl. Admati/Pfleiderer (1985), S. 194.

65 Der Parameter λ_j gleicht für den Fall, daß sich ein risikoloses Grenzportefeuille aus den risikobehafteten Wertpapieren zusammenstellen läßt, der erwarteten Überrendite eines Nicht-Arbitrageportefeuilles, das kein unsystematisches Risiko aufweist sowie hinsichtlich des j-ten Faktors einen Sensitivitätskoeffizienten von eins und ansonsten Sensitivitätskoeffizienten von null besitzt. Vgl. dazu Ingersoll (1984), S. 1033 (Theorem 5). Die von Ingersoll formulierten Bedingungen beziehen sich sowohl auf die Matrix **B** selbst als auch auf die um den (p × 1)-Summationsvektor erweiterte Sensitivitätskoeffizienten-Matrix; vgl. im einzelnen Ingersoll (1984), S. 1028, 1032.

66 Vgl. Ross (1976), S. 355.

67 Vgl. zu diesem Begriff Schneider (1992), S. 526.

worden. Den Ausgangspunkt ihrer Überlegungen bildet die bekannte Aussage der Matrizenalgebra, nach der die Eigenwerte einer Diagonalmatrix gerade die Hauptdiagonalelemente dieser Matrix sind. Die (abzuwandelnde) Annahme (2/3f) impliziert daher, daß die Eigenwerte der Störgrößen-Kovarianzmatrix nach oben beschränkt sind. Chamberlain/Rothschild zeigen, daß die approximative Bewertungsgleichung der APT auch bei nicht-diagonaler Störgrößen-Kovarianzmatrix hergeleitet werden kann, sofern sich die Folge von Kovarianzmatrizen der Wertpapierrenditen für jedes p in **BB'** + **Ψ** zerlegen läßt und alle Eigenwerte der Folge von positiv-semidefiniten Störgrößen-Kovarianzmatrizen nach oben beschränkt sind. Die (endliche) Obergrenze für die (unendliche) Summe der quadrierten Abweichungen von der exakten APT-Bewertungsgleichung ist dabei proportional zum größten Eigenwert der Störgrößen-Kovarianzmatrix.[68] Bei den von Chamberlain/Rothschild betrachteten Folgen von Matrizen soll es sich im übrigen um sog. nested sequences handeln, deren jeweilige Glieder dadurch charakterisiert sind, daß die i-te Matrix die linke obere Teilmatrix der (i+1)-ten Matrix bildet.[69] Hinreichende und zugleich notwendige Bedingung für das Vorliegen dieses sog. approximativen k-Faktoren-Modells ist, daß die k größten Eigenwerte der Kovarianzmatrix der Wertpapierrenditen für p gegen unendlich unbegrenzt ansteigen, während die anderen Eigenwerte dieser Matrix nach oben beschränkt sind.[70] Die Matrizen **BB'** und **Ψ** eines approximativen Faktorenmodells sind eindeutig.[71]

Grinblatt/Titman (1985) zeigen indes, daß ein approximatives Faktorenmodell - im Vergleich zum exakten Faktorenmodell mit diagonaler Störgrößen-Kovarianzmatrix und nach oben beschränkten Störgrößen-Varianzen - keine deutlich schwächere Annahme darstellt.[72] Sie legen ihrer Argumentation gewissermaßen eine Portefeuille-Interpretation der beiden Faktorenmodell-Annahmen zugrunde. Auf dieser Basis demonstrieren Grinblatt/Titman, daß sich jede (unendliche) Wirtschaft, die den Anforderungen des approximativen Faktorenmodells genügt, durch das Bilden von p Portefeuilles aus den p Wertpapieren der betreffenden Wirtschaft[73] in eine (unendliche) Wirtschaft transformieren läßt,

---

[68] Vgl. Chamberlain/Rothschild (1983), S. 1294-1296. Im Beitrag von Chamberlain (1983), der an die Studie von Chamberlain/Rothschild anknüpft, wird die Genauigkeit der approximativen APT-Bewertung weiter präzisiert. Chamberlain leitet für die Summe der quadrierten Bewertungsfehler nicht nur eine Obergrenze, sondern auch eine Untergrenze ab. Vgl. Chamberlain (1983), S. 1313 (Theorem 1).

[69] Vgl. dazu Chamberlain/Rothschild (1983), S. 1285.

[70] Vgl. Chamberlain/Rothschild (1983), S. 1284.

[71] Vgl. Chamberlain/Rothschild (1983), S. 1298.

[72] Vgl. Grinblatt/Titman (1985), S. 1369-1371.

[73] Die Anteile des i-ten Portefeuilles entsprechen prinzipiell dem Eigenvektor, der zum i-ten Eigenwert der nicht-diagonalen Störgrößen-Kovarianzmatrix gehört. Jeder Eigenvektor ist allerdings noch dergestalt zu skalieren, daß die Summe seiner Elemente eins beträgt.

für die das exakte Faktorenmodell gilt[74], und umgekehrt. Die erforderlichen Transformationen bewirken faktisch keine Veränderung der Alternativenmenge der Investoren. Das approximative Faktorenmodell und das exakte Faktorenmodell sind deshalb ökonomisch äquivalent.[75] Dennoch kann das von Chamberlain/Rothschild (1983) in die theoretische APT-Forschung eingeführte approximative Faktorenmodell als Verallgemeinerung des exakten Faktorenmodells angesehen werden.[76] Im folgenden werden einige weitere APT-Ansätze vorgestellt, die (unmittelbar oder mittelbar) auf der von Chamberlain/Rothschild geprägten Annahme eines approximativen Faktorenmodells beruhen.

Wesentlich für das von Stambaugh (1983) formulierte APT-Modell ist die Prämisse, daß ein einzelner Anleger zusätzliche Informationen über die künftigen Wertpapierrenditen erhält, indem er zu Beginn der Periode die Realisationen von Zufallsvariablen beobachtet, die mit diesen Renditen korreliert sind. Die gemeinsame Verteilung des Vektors der künftigen Renditen und des Vektors der Informationen soll entweder eine multivariate Normalverteilung oder eine multivariate t-Verteilung sein. Während die "uninformierten" Anleger annahmegemäß von einem exakten Faktorenmodell ausgehen, ist die durch die beobachteten Informationen bedingte Störgrößen-Kovarianzmatrix i. a. keine Diagonalmatrix. Für den Fall, daß der informierte Anleger nicht über (asymptotische) Arbitragemöglichkeiten verfügt, kann Stambaugh zeigen, daß die bedingten Rendite-Erwartungswerte der Wertpapiere für beliebige Realisationen des Informationsvektors (der im Extremfall dem Nullvektor entspricht) näherungsweise linear in den unbedingten Sensitivitätskoeffizienten der betreffenden Wertpapiere sind.[77]

Approximative APT-Bewertungsaussagen für den Fall korrelierter Störgrößen werden auch von Ingersoll (1984) hergeleitet. Anstelle der Annahme einer diagonalen Störgrößen-Kovarianzmatrix setzt Ingersoll zunächst lediglich voraus, daß die Matrix $\mathbf{\Psi}$ positiv definit (und damit regulär) ist; außerdem soll der Betrag jedes Elements der Matrix $\mathbf{B}$ nach oben beschränkt sein. Er weist nach, daß die Summe der "mit der Matrix $\mathbf{\Psi}^{-1}$ gewichteten" quadrierten APT-Bewertungsfehler stets endlich ist.[78] Die zentrale Aussage der "traditionellen" Arbitrage-Pricing-Theorie kann folglich aufrechterhalten werden, wobei auf der linken Seite der Ungleichung (2/13) nunmehr die zur Inversen der Stör-

[74] Letztendlich wird von Grinblatt/Titman die aus der mathematischen Eigenwerttheorie bekannte orthogonale Transformation einer symmetrischen Matrix (hier: der Störgrößen-Kovarianzmatrix des approximativen Faktorenmodells) auf Diagonalgestalt verwendet.

[75] Vgl. Huang/Jo (1992), S. 398.

[76] Vgl. Luedecke (1986), S. 69.

[77] Vgl. Stambaugh (1983), S. 362 f.

[78] Vgl. Ingersoll (1984), S. 1024 f.

größen-Kovarianzmatrix gehörige quadratische Form in den δ_i (i = 1, ..., p) steht. Der Autor zeigt im weiteren Verlauf seiner Analyse u. a., daß sich die ursprüngliche ("kovarianzfreie") Formulierung der Ungleichung (2/13) (der die zur (p × p)-Einheitsmatrix gehörige quadratische Form in den δ_i zugrunde liegt) auch dann einstellt, wenn die Prämisse eines exakten Faktorenmodells durch die Forderung substituiert wird, daß die untersuchte Ökonomie "beschränkte Varianz" (bounded variation) besitzt.[79] Eine Ökonomie hat nach der entsprechenden Definition von Ingersoll beschränkte Varianz, wenn die euklidische Norm der Störgrößen-Kovarianzmatrix nach oben begrenzt ist. Unter Berücksichtigung der Aussage, daß die euklidische Norm einer symmetrischen Matrix dem größten Eigenwert dieser Matrix entspricht, wird ersichtlich, daß Ingersolls (hinreichende) Bedingung mit der Annahme eines approximativen Faktorenmodells übereinstimmt.

Der APT-Ansatz von Chamberlain/Rothschild (1983), die ihrer Analyse den sog. Hilbert-Raum (und damit eine bestimmte Norm) zugrunde legen, wird von Reisman (1988) verallgemeinert. Bei Reisman entspricht der sich aus den zustandsabhängigen (Periodenende-) Zahlungen der verschiedenen Wertpapiere ergebende "Entscheidungsraum" (choice space) einem Vektorraum, der mit einer beliebigen Norm versehen ist. Auf dieser Grundlage gelangt Reisman zur Definition einer "approximativen Faktorenstruktur vom Typ p".[80] Er zeigt, daß sich eine approximative Bewertungsgleichung auch für die von ihm untersuchte Wirtschaft ableiten läßt.[81]

Eine neuere Arbeit von Reisman (1992) beschäftigt sich mit der Frage, inwieweit die Bewertungsaussage der "traditionellen" APT ihre Gültigkeit behält, wenn als Referenzvariablen k Hilfsvariablen verwendet werden, die nicht mit den (unbekannten) systematischen Risikofaktoren übereinstimmen. Reisman legt dar, daß die von Chamberlain/Rothschild (1983) hergeleitete Obergrenze für die Summe der quadrierten Bewertungsfehler i. a. keinen endlichen Wert annimmt, wenn anstelle der systematischen Risikofaktoren beliebige Hilfsvariablen (Stellvertreter) als Referenzvariablen fungieren. Damit die in seinem Beitrag abgeleitete obere Schranke für die Summe der quadrierten Abweichungen von der exakten Bewertungsgleichung (2/11) endlich ist, muß vorausgesetzt werden, daß die Matrix jener eigentlichen Regressionskoeffizienten, die sich aus einer multivariaten Regression der Stellvertreter auf die systematischen Risikofaktoren ergeben, regulär (inver-

---

79 Vgl. Ingersoll (1984), S. 1026 f. Ingersoll leitet darüber hinaus eine andere "kovarianzfreie" Formulierung der Ungleichung (2/13) unter der Bedingung ab, daß die betrachtete Ökonomie "diagonal" ist. Vgl. dazu im einzelnen Ingersoll (1984), S. 1026 f.

80 Vgl. Reisman (1988), S. 473 f. Das Symbol p steht hier ausnahmsweise nicht für die Wertpapieranzahl, sondern geht auf die von Reisman (1988) betrachteten sog. p-Normen zurück.

81 Vgl. Reisman (1988), S. 475.

tierbar) ist.[82] Bei Gültigkeit dieser schwachen Bedingung sind die erwarteten Wertpapierrenditen näherungsweise linear in den entsprechenden Sensitivitätskoeffizienten gegenüber den Stellvertretern. Die von Reisman eingeführte Bedingung kann indes empirisch nicht geprüft werden, da hierzu die systematischen Risikofaktoren bekannt sein müßten.

Zum Schluß seien die Implikationen dargelegt, die das approximative k-Faktoren-Modell (bzw. die Analyse desselben) für die empirische APT-Forschung hat. So bildet das approximative Faktorenmodell den Ausgangspunkt für einen erfolgversprechenden Ansatz zur Bestimmung der unbekannten Faktorenanzahl, der im Gegensatz zu alternativen Vorgehensweisen theoretisch fundiert ist. Auf diesen Ansatz und seine praktische Umsetzung, die allerdings heuristischer Natur ist, wird im Abschnitt 3.2 näher eingegangen. Eine zweite wichtige Implikation resultiert aus dem von Chamberlain/Rothschild (1983) bewiesenen Satz, daß die Matrix **B** eines exakten Faktorenmodells für p gegen unendlich über jene $(p \times k)$-Matrix bestimmt werden kann, die sich aus den ersten k Eigenvektoren der Wertpapierrenditen-Kovarianzmatrix zusammensetzt (asymptotische Hauptkomponentenmethode).[83] Auch für den Fall, daß (lediglich) ein approximatives Faktorenmodell vorliegt, läßt sich zeigen, daß die Hauptkomponentenmethode zu den "wahren" Sensitivitätskoeffizienten führt, sofern die Wertpapieranzahl gegen unendlich strebt.[84] Die Untersuchung von Chamberlain/Rothschild liefert somit eine theoretische Rechtfertigung für das Verwenden der Hauptkomponentenmethode zur Schätzung der unbekannten Sensitivitätskoeffizienten. Einschränkend ist allerdings anzumerken, daß die hergeleitete (asymptotische) Äquivalenzbeziehung zwischen den faktorenanalytisch (d. h. gewissermaßen unter Berücksichtigung der Störgrößen-Kovarianzmatrix) bestimmten und den mittels Hauptkomponentenmethode ("ohne Berücksichtigung" der Störgrößen-Kovarianzmatrix) geschätzten Sensitivitätskoeffizienten strenggenommen nur dann gilt, wenn die Grundgesamtheits-Kovarianzmatrix der Wertpapierrenditen bekannt ist.[85]

---

[82] Vgl. Reisman (1992), S. 1309 f. Falls die künftigen Wertpapierrenditen durch ein 1-Faktor-Modell generiert werden, bedeutet dies, daß sich eine Variable immer dann als Stellvertreter für den systematischen Risikofaktor verwenden läßt, wenn der Korrelationskoeffizient zwischen der betreffenden Variablen und dem Faktor von null verschieden ist. Vgl. dazu auch die einfachere Beweisführung von Shanken (1992), S. 1571 f.

[83] Vgl. Chamberlain/Rothschild (1983), S. 1300 f. Zur Beweisführung sind lediglich mehrere schwache Restriktionen erforderlich, die sich auf die Folgen der Matrizen **B** und **D** beziehen und sicherstellen, daß das exakte Faktorenmodell den Annahmen des Theorems 4 von Chamberlain/Rothschild genügt. Das genannte Theorem impliziert dann, daß ein approximatives Faktorenmodell vorliegt; da dieses eindeutig ist, muß es mit dem exakten Faktorenmodell übereinstimmen. Aus einem anderen Teil des Theorems 4 folgt dann die getroffene Aussage.

[84] Vgl. Chamberlain/Rothschild (1983), S. 1301-1304.

[85] Vgl. auch Connor/Korajczyk (1986), S. 374.

2.3 Approximative Bewertung bei endlich vielen Wertpapieren: Zur Abschätzung des wertpapierspezifischen Bewertungsfehlers durch Ansätze der "Gleichgewichts-APT"

Die Bewertungsgleichung der "traditionellen" APT stellt, wie bereits angeführt, eine Approximation dar. Die zugrundeliegende Ungleichung (2/13) impliziert, daß der *mittlere* quadrierte Bewertungsfehler für p gegen unendlich gegen null strebt.[86] Die Approximationsgüte im Hinblick auf ein konkretes Wertpapier ist indes unbestimmt. Folglich werden die erwarteten Renditen durch die Gleichung (2/11) zwar im Durchschnitt (annähernd) korrekt ermittelt; es ist jedoch nicht auszuschließen, daß der Bewertungsfehler bei einigen Wertpapieren sehr groß ist. Verschiedene Modelle der "Gleichgewichts-APT" versuchen, den maximal möglichen Bewertungsfehler im Hinblick auf ein einzelnes Wertpapier zu präzisieren. Eine (theoretische) Abschätzung der wertpapierindividuellen Approximationsgüte wird insbesondere in den Arbeiten von Dybvig (1983) und Grinblatt/Titman (1983) vorgenommen. Auch die Studie von Beggs (1986) beschäftigt sich mit der Ermittlung des Bewertungsfehlers je Wertpapier. Die genannten Arbeiten untersuchen im Gegensatz zur "traditionellen" APT eine Ökonomie mit endlich vielen Wertpapieren. Im weiteren stehen die Prämissen und zentralen Ergebnisse der APT-Modelle von Dybvig (1983) und Grinblatt/Titman (1983) im Vordergrund.

Die beiden Ansätze sind durch eine nicht unbeträchtliche Erweiterung des im Abschnitt 2.2.1 erörterten Annahmenkatalogs gekennzeichnet. Beispielsweise ist die von Dybvig (1983) hinsichtlich des Renditen-Generierungsprozesses getroffene Prämisse erheblich restriktiver als die Faktorenmodell-Annahme der ursprünglichen APT-Ableitungen. Dybvig fordert zum einen, daß nicht nur die Renditen der p betrachteten, sondern vielmehr die Renditen aller risikobehafteten Basispapiere (mit positivem Netto-Angebot x_i) durch ein lineares Mehr-Faktoren-Modell generiert werden. Zum anderen setzt er anstelle der "Unkorreliertheitsannahmen" (2/3d) und (2/3f) voraus, daß die Störgröße jedes Wertpapiers sowohl von den übrigen wertpapierspezifischen Störgrößen als auch von den systematischen Risikofaktoren stochastisch unabhängig ist. Grinblatt/Titman (1983) machen bezüglich der Renditengenerierung in ihrer APT-Ableitung nur insofern eine etwas schwächere Annahme, als sie das von Dybvig vorausgesetzte Faktorenmodell lediglich für jene Wertpapiere postulieren, die von der APT bewertet werden. Stochastische Abhängigkeiten zwischen den Störgrößen dieser Wertpapiere und den künftigen Ren-

86 Vgl. Connor (1984), S. 25.

diten der nicht-bewerteten Wertpapiere sollen allerdings nicht bestehen.[87] Dybvig unterstellt zusätzlich, daß die Verteilungen der e_i (i = 1, ..., p) linksseitig gestutzt sind. Grinblatt/Titman nehmen hingegen an, daß neben dem risikolosen Wertpapier auch k Arbitrageportefeuilles gehandelt werden, die kein unsystematisches Risiko aufweisen und deren Renditen mit jeweils einem der systematischen Risikofaktoren vollkommen korreliert sind. Darüber hinaus werden in beiden APT-Ansätzen sowohl Prämissen über die Präferenzen der Anleger als auch Marktgleichgewichts-Bedingungen eingeführt.[88] So liegen der Modellanalyse jeweils K Investoren zugrunde[89], die den Erwartungswert des Risikonutzens ihres Endvermögens maximieren, wobei die individuellen Nutzenfunktionen monoton steigend, zwei- (Grinblatt/Titman) oder dreimal differenzierbar (Dybvig) und (streng) konkav sein sollen. Dybvig trifft zudem die vergleichsweise starke Annahme, daß die (mittels der entsprechenden Arrow/Pratt-Kennzahl gemessene) absolute Risikoaversion jedes Anlegers nicht-steigend und nach oben beschränkt ist. Außerdem soll im Gleichgewicht Pareto-Effizienz vorliegen. Grinblatt/Titman setzen in ihrem Ansatz der "Gleichgewichts-APT" voraus, daß die zweite Ableitung der Nutzenfunktion des jeweiligen Anlegers nach dessen Endvermögen eine bestimmte Restriktion erfüllt.[90]

Dybvig (1983) leitet für die wertpapierspezifische Abweichung von der exakten APT-Bewertungsgleichung die nachstehende Ungleichung her:

$$|\delta_i| \leq \exp\left[A \frac{x_i}{K}\right] \cdot A \cdot \mathrm{var}(e_i) \cdot P_i \cdot \frac{x_i}{K} \qquad (i = 1, \ldots, p).$$ [91]

Hierbei ist A das harmonische Mittel aus den individuellen Anleger-Obergrenzen für die absolute Risikoaversion, während die Quotienten x_i/K und $P_i \cdot x_i/K$ das mengen- bzw. wertmäßige Pro-Kopf-Angebot des i-ten Wertpapiers darstellen. Das zentrale Resultat

[87] Vgl. - neben den Originalbeiträgen von Dybvig (1983) und Grinblatt/Titman (1983) - Shanken (1985a), S. 1194. Die Prämisse eines exakten linearen Faktorenmodells wird auch von Beggs (1986) verschärft. Beggs nimmt an, daß die i-te Störgröße (i = 1, ..., p) von den systematischen Risikofaktoren stochastisch unabhängig ist; vgl. Beggs (1986), S. 15.

[88] Die APT-Ableitung von Beggs (1986) basiert auf der Prämisse quadratischer Nutzenfunktionen; vgl. Beggs (1986), S. 16.

[89] Die Herleitung von Dybvig (1983) besteht aus zwei Teilen: Dybvig analysiert im ersten Schritt eine Ökonomie mit einem Anleger; im zweiten Schritt erweitert er sein Modell auf eine Ökonomie mit vielen Anlegern.

[90] Vgl. dazu Grinblatt/Titman (1983), S. 499 f. (Annahme 6).

[91] Vgl. Dybvig (1983), S. 493 (Korollar 2).

des APT-Ansatzes von Grinblatt/Titman (1983) besteht in der Ungleichung

$$\delta_i \leq B \cdot var(e_i) \cdot \eta_{Mi} \qquad (i = 1, ..., p),$$

wobei B eine endliche Zahl mit positivem Vorzeichen ist und η_{Mi} den Anteil des Wertpapiers i am Gesamtwert aller Vermögensgegenstände der Anleger symbolisiert.[92] Der Bewertungsfehler ist demnach stets positiv, d. h. der sich aus der APT-Bewertungsgleichung (2/11) für das jeweilige Wertpapier ergebende Rendite-Erwartungswert unterschätzt den "wahren" Rendite-Erwartungswert immer. Grinblatt/Titman weisen ferner nach, daß alle Investoren einen positiven Anteil jedes gehandelten Wertpapiers halten.[93] Sie können darüber hinaus für den (realitätsfernen) Fall, daß entweder die Renditen der Wertpapiere multivariat normalverteilt sind oder die Entscheidungen der Anleger auf quadratischen Nutzenfunktionen basieren, zeigen, daß der Bewertungsfehler des Wertpapiers i (i = 1, ..., p) exakt durch die folgende Gleichung gegeben ist[94]:

$$\delta_i = r^* \cdot var(e_i) \cdot \eta_{Mi} \, .$$

Hierbei symbolisiert r* das Rubinstein-Maß für die relative Risikoaversion eines Anlegers[95], dessen in das Wertpapier i investierter Anteil seines Anfangsvermögens dem (wertmäßigen) Anteil dieses Wertpapiers am Marktportefeuille entspricht.

Obwohl die in den einzelnen APT-Modellen ermittelten Ausdrücke für den maximal möglichen Bewertungsfehler des Wertpapiers i differieren, werden die erzielten Ergebnisse gewöhnlich in der Aussage zusammengefaßt, daß der Betrag der Abweichung des tatsächlichen Rendite-Erwartungswerts von dem mittels Gleichung (2/11) bestimmten gemäß der folgenden Ungleichung nach oben beschränkt ist:

$$|\delta_i| \leq R \cdot var(e_i) \cdot \eta_{Mi} \qquad (i = 1, ..., p).$$ [96]

---

92 Vgl. hierzu und bezüglich der Definition der Konstanten B Grinblatt/Titman (1983), S. 502.

93 Vgl. Grinblatt/Titman (1983), S. 501 f.

94 Vgl. Grinblatt/Titman (1983), S. 503 f.

95 Das Rubinstein-Maß für die relative Anleger-Risikoaversion ist wie folgt definiert:
$r = -W_0 \cdot E[U''(W_1)]/E[U'(W_1)]$,
wobei W_0 das Anfangsvermögen des jeweiligen Anlegers bezeichnet und U' (U'') die erste (zweite) Ableitung der (Risiko-) Nutzenfunktion des Anlegers nach dessen Endvermögen W_1 verkörpert.

96 Vgl. Dybvig/Ross (1985), S. 1175 und Wei (1988), S. 889.

Hierbei verkörpert R eine Obergrenze für die "typische" relative Risikoaversion der Anleger. Die Determinanten des maximal möglichen Bewertungsfehlers im Hinblick auf ein einzelnes Wertpapier sind direkt beobachtbar respektive zumindest abschätzbar.[97] Selbst die Ermittlung der Größe η_{Mi} bereitet keine Schwierigkeiten, da der Anteil des Wertpapiers i am Gesamtvermögen der Anleger in jedem Fall kleiner ist als sein Anteil an irgendeinem empirisch beobachteten Stellvertreter für dieses Gesamtvermögen. Bezüglich des maximal möglichen Bewertungsfehlers je Wertpapier gilt somit, daß der empirisch bestimmte Wert (ceteris paribus) stets größer ist als der wirkliche Wert.[98] Schneller (1990), S. 13 bezeichnet die empirisch ermittelte obere Schranke deshalb anschaulich als "upper bound to the upper bound" bzw. (kürzer) als "upper-upper bound".

Es ist offensichtlich, daß der maximal mögliche Bewertungsfehler bei Wertpapieren mit hoher Residualvarianz größer ist als bei Wertpapieren mit geringer Residualvarianz.[99] Eine analoge Aussage läßt sich im Hinblick auf den Zusammenhang zwischen dem maximal möglichen Bewertungsfehler des Wertpapiers i und dem Anteil dieses Wertpapiers am Gesamtvermögen der Anleger formulieren. Der maximal mögliche Bewertungsfehler ist für alle Wertpapiere vernachlässigbar klein, wenn die relative Risikoaversion der Anleger nicht zu groß, die Residualvarianz der Wertpapierrenditen gering sowie der Anteil der einzelnen Wertpapiere am Anleger-Gesamtvermögen niedrig ist.[100] Im Falle diesbezüglicher Prämissen kann die Gleichung (2/11) gewissermaßen als Hauptaussage der APT-Modelle von Dybvig (1983) und Grinblatt/Titman (1983) angesehen werden.

Das von Grinblatt/Titman (1983) abgeleitete Resultat einer Obergrenze für den wertpapierindividuellen Bewertungsfehler wird schließlich von Wei (1988) auf den Fall nichtdiagonaler Störgrößen-Kovarianzmatrizen übertragen. Wei zeigt, daß im Hinblick auf

---

[97] Vgl. auch Dybvig (1983), S. 484.

[98] Vgl. Dybvig/Ross (1985), S. 1176.

[99] Eine dementsprechende "Vermutung" wird bereits von Ross (1976), S. 354 geäußert: "... assets with a high own variance will have a greater latitude for discrepancies than those with low own variances." Ingersoll (1984), S. 1028 und Nowak (1994), S. 76 zeigen, daß die angeführte Beziehung ökonomisch plausibel ist.

[100] Vgl. dazu ebenfalls Shanken (1985a), S. 1194. Ähnliche Bedingungen formuliert auch Dybvig (1983), S. 493. Dybvig (1983) berechnet im Rahmen seiner theoretischen Studie, daß die mittels der Gleichung (2/11) bestimmte erwartete Wertpapierrendite maximal um 0,04% vom "wahren" Erwartungswert der jährlichen Rendite abweicht, während Grinblatt/Titman (1983) für die von ihnen hergeleitete obere Schranke einen Wert von 0,2% pro Jahr schätzen. Dagegen kommt die empirische Untersuchung von Robin/Shukla (1991) zu dem Ergebnis, daß der Betrag der Differenz zwischen den beiden Rendite-Erwartungswerten eine (wertpapier)durchschnittliche Höhe von mehr als 0,6% pro Monat aufweist.

den Betrag des Bewertungsfehlers die Ungleichung

$$|\delta_i| \leq R\cdot \text{var}(e_M)\cdot |b_{iM}| \qquad (i = 1, ..., p)$$

gilt, wobei e_M die Marktportefeuille-Störgröße des k-Faktoren-Modells symbolisiert und der Sensitivitätskoeffizient b_{iM} die durch var(e_M) dividierte Kovarianz zwischen r_i und e_M bezeichnet.[101] Unterstellt man zusätzlich, daß das Anleger-Endvermögen und die Störgröße des i-ten Wertpapiers für alle i jeweils bivariat normalverteilt sind, so entspricht der sich für jedes Wertpapier i (i = 1, ..., p) ergebende Bewertungsfehler exakt dem Ausdruck

$$r\cdot \text{var}(e_M)\cdot b_{iM}\,.$$ [102]

2.4 Exakte Bewertung bei unendlich oder endlich vielen Wertpapieren

2.4.1 Darstellung ausgewählter APT-Ansätze mit exakter Bewertungsgleichung

In mehreren Ansätzen werden zusätzliche Bedingungen abgeleitet, die für die Gültigkeit der Bewertungsgleichung (2/11) hinreichend sind.[103] Im folgenden werden die Modellformulierungen von Cragg/Malkiel (1982), Chen/Ingersoll (1983), Connor (1984) und Wei (1988) erläutert.[104]

Der Ausgangspunkt des APT-Ansatzes von Cragg/Malkiel (1982)[105], dem (implizit) ein Kapitalmarkt mit endlich vielen Wertpapieren zugrunde liegt, ist die Annahme eines exakten k-Faktoren-Modells, welches im Unterschied zum entsprechenden Faktorenmodell der "traditionellen" APT der Forderung genügen soll, daß die wertpapierspezifische Störgröße e_i (i = 1, ..., p) sowohl von den Störgrößen der übrigen Wertpapiere als auch von

---

[101] Vgl. Wei (1988), S. 890.

[102] Vgl. wiederum Wei (1988), S. 890.

[103] Mit zusätzlichen Bedingungen (Annahmen) sind solche gemeint, die über die im Abschnitt 2.2.1 angeführten hinausgehen. Siehe bezüglich einer umfassenden, jedoch keineswegs vollständigen Enumeration der in den verschiedenen APT-Ableitungen getroffenen Annahmen Dybvig/Ross (1985), S. 1175.

[104] Daneben wird u. a. auch in den Studien von Chamberlain (1983) und Franke (1984) eine hinreichende Bedingung für die Gültigkeit der exakten APT-Bewertungsgleichung abgeleitet, die darüber hinaus notwendig ist. Vgl. dazu Chamberlain (1983), S. 1315 (Korollar 1) und Franke (1984), S. 113 (Behauptung 2) sowie die Ausführungen des Abschnitts 2.4.2.

[105] Vgl. Cragg/Malkiel (1982), S. 98-103.

den systematischen Risikofaktoren stochastisch unabhängig ist. Des weiteren werden Investoren postuliert, die den Erwartungswert des Risikonutzens ihres Endvermögens maximieren, wobei die individuellen Nutzenfunktionen monoton steigend, zweimal differenzierbar und konkav sind. Schließlich sollen zumindest einige Investoren "umfassend" diversifizierte Portefeuilles in dem Sinne halten, daß der jeweilige Anteil einer gewissen Anzahl von Wertpapieren an diesen Portefeuilles so klein ist, daß das unsystematische Risiko der betreffenden Wertpapiere bedeutungslos für die Investoren ist. Ein Portefeuille ist also im Hinblick auf ein bestimmtes Wertpapier "umfassend" diversifiziert, wenn der negative Grenznutzen, welcher für den Investor aus dem unsystematischen Risiko dieses Wertpapiers resultiert, vernachlässigt werden kann. Das zentrale Ergebnis des Modells von Cragg/Malkiel besteht dann in der Aussage, daß die Gleichung (2/11) für jene Wertpapiere exakt gilt, hinsichtlich denen mehrere Anlegerportefeuilles "umfassend" diversifiziert sind.

Im Modell von Chen/Ingersoll (1983) wird ebenfalls eine endliche Wirtschaft betrachtet. Bezüglich des Renditen-Generierungsprozesses unterstellen sie eine Faktorenmodell-Annahme, die insofern restriktiver als die der "traditionellen" APT ist, als der bedingte Erwartungswert der Störgröße e_i ($i = 1, ..., p$) für beliebige Realisationen der Risikofaktoren f_j ($j = 1, ..., k$) gleich null sein soll. Die Prämisse wechselseitig unkorrelierter Störgrößen wird dagegen nicht benötigt. Chen/Ingersoll zeigen, daß es für die Gültigkeit der exakten APT-Bewertungsgleichung unter den von ihnen getroffenen Annahmen hinreichend ist, wenn erstens ein vollständig diversifiziertes Portefeuille (d. h. ein Portefeuille ohne unsystematisches Risiko) existiert, welches zweitens das optimale Portefeuille für zumindest einen risikoaversen Investor darstellt, der seine Entscheidungen auf der Basis des Bernoulli-Prinzips fällt.[106] Aus den entsprechenden Annahmen folgt allerdings keineswegs zwangsläufig, daß die Portefeuilles aller Investoren vollständig diversifiziert sind: "Nonsystematic risk is not priced even if only a single investor chooses not to bear it."[107]

Connor (1984) hat sein Modell sowohl für einen Kapitalmarkt mit endlich vielen Wertpapieren als auch für einen mit (abzählbar) unendlich vielen Wertpapieren formuliert. Die Wertpapiere werden in beiden Modellversionen von einer endlichen Zahl risikoaverser Investoren[108] gehandelt, die ihren erwarteten Risikonutzen maximieren. Ferner setzt Connor die Existenz eines risikolosen Wertpapiers voraus. Analog zu Chen/Ingersoll

---

[106] Vgl. Chen/Ingersoll (1983), S. 985 f.

[107] Chen/Ingersoll (1983), S. 987.

[108] Jeder Investor soll eine unendliche Zahl "homogener" Investoren repräsentieren.

(1983) (und damit abweichend von der Faktorenmodell-Annahme des Gliederungspunkts 2.2.1.2) unterstellt er, daß der bedingte Erwartungswert der Störgröße e_i (i = 1, ..., p) für beliebige Ausprägungen der Risikofaktoren f_j (j = 1, ..., k) gleich null ist. Hinsichtlich des Kapitalmarkts mit unendlich vielen Wertpapieren wird des weiteren gefordert, daß die Kovarianzmatrix der Störgrößen nicht-singulär ist, während die entsprechende Matrix in der endlichen Ökonomie durchaus singulär sein kann. Der Kapitalmarkt mit endlich vielen Wertpapieren soll sich in einem Gleichgewichtszustand befinden. Das sog. "Konkurrenzgleichgewicht" (competitive equilibrium), welches aus einer gleichgewichtigen "Verteilung" von Anlegerportefeuilles[109] und Gleichgewichtspreisen der Wertpapiere besteht, liegt vor, wenn das Portefeuille jedes Anlegers bei den gegebenen Wertpapierpreisen die individuelle Budgetrestriktion erfüllt und der Anleger das betreffende Portefeuille allen anderen realisierbaren Portefeuilles vorzieht.[110] Schließlich definiert Connor eine "versicherbare" (insurable) Ökonomie. Eine Ökonomie heißt versicherbar, wenn für jede Verteilung von Wertpapierportefeuilles eine in bestimmter Hinsicht äquivalente Verteilung existiert[111], die sich ihrerseits gänzlich aus vollständig diversifizierten Portefeuilles zusammensetzt. Connor weist nach, daß eine derartige Ökonomie dann und nur dann gegeben ist, wenn

- zum einen das Marktportefeuille (welches hier durch das mengenmäßige Pro-Kopf-Angebot der Wertpapiere repräsentiert wird) kein unsystematisches Risiko aufweist,
- zum anderen für jeden (k × 1)-Vektor **b** ein vollständig diversifiziertes Portefeuille vorhanden ist, dessen k Sensitivitätskoeffizienten den Elementen dieses Vektors entsprechen.[112]

Er kann zeigen, daß alle Anleger im Marktgleichgewicht[113] Portefeuilles halten, die frei von unsystematischen Risiken sind, sofern diese beiden Bedingungen erfüllt sind.[114] Hieraus folgt das zentrale Ergebnis des Modells von Connor, die exakte Bewertungsglei-

---

109 Mit dem Begriff "Verteilung" wird von Connor eine Menge von Portefeuilles (ein Portefeuille für jeden Anleger) bezeichnet, die dadurch charakterisiert ist, daß alle am Markt umlaufenden Wertpapiere von den Anlegern gehalten werden; vgl. Connor (1984), S. 17. Ferner sei darauf hingewiesen, daß es sich bei den Portefeuilles um Misch-Portefeuilles handelt, die jeweils aus einem Bestand des risikolosen Wertpapiers und einem Portefeuille der risikobehafteten Wertpapiere zusammengesetzt sind.

110 Vgl. zu diesen Eigenschaften/Bedingungen des Marktgleichgewichts Connor (1984), S. 17 und auch Wei (1988), S. 884.

111 Konkret wird verlangt, daß die beiden Verteilungen "faktorenäquivalent" sind; bezüglich dieses Begriffs sei auf Connor (1984), S. 19 verwiesen.

112 Vgl. Connor (1984), S. 19.

113 Befindet sich die versicherbare Ökonomie mit endlich vielen Wertpapieren im Gleichgewicht, so folgt daraus, daß ein Gleichgewicht auch für die korrespondierende versicherbare Ökonomie mit unendlich vielen Wertpapieren existiert. Vgl. Connor (1984), S. 18, 26 (Theorem 4).

114 Vgl. dazu Connor (1984), S. 21.

chung: "Equilibrium prices in an insurable factor economy are linear in the expected payoffs and factor betas of the assets."[115] Der wesentliche Unterschied zwischen den beiden Modellversionen (endliche oder unendliche Ökonomie) betrifft die Annahme, daß das Marktportefeuille vollständig diversifiziert ist. Dies erfordert bei Zugrundelegung der endlichen Ökonomie, daß das Angebot der risikobehafteten Wertpapiere exakt dergestalt beschaffen ist, daß sich die unsystematischen Risiken der Wertpapiere (bei singulärer Störgrößen-Kovarianzmatrix) gegenseitig aufheben. Für die Ökonomie mit unendlich vielen Wertpapieren (deren Störgrößen nur gering korreliert sind) ist es dagegen hinreichend, daß das Pro-Kopf-Angebot jedes Wertpapiers infinitesimal klein ist, was offensichtlich eine weniger restriktive Bedingung darstellt.[116]

Das gemeinsame Ergebnis der APT-Ansätze von Cragg/Malkiel (1982), Chen/Ingersoll (1983) und Connor (1984) besteht letztendlich in der Aussage, daß das unsystematische Risiko dann nicht bewertet wird (die APT-Bewertungsgleichung damit exakt gilt), wenn die Anleger dieses Risiko beseitigen können und sie daher keinem unsystematischen Risiko ausgesetzt sind. Der wesentliche Unterschied zwischen diesen APT-Ableitungen auf der einen und den von Dybvig (1983) sowie Grinblatt/Titman (1983) auf der anderen Seite besteht darin, daß erstere durch die getroffenen Annahmen faktisch (und unmittelbar) sicherstellen, daß das unsystematische Risiko bedeutungslos für die Bewertung der Wertpapiere ist, während letztere zeigen, daß das unsystematische Risiko unter bestimmten (anderen) Prämissen nur sehr eingeschränkt bewertungsrelevant sein kann.[117]

Den in den Abschnitten 2.3 und 2.4.1 vorgestellten APT-Modellen ist gemeinsam, daß sie zwei wesentliche Vorteile gegenüber den Ansätzen der "traditionellen" APT besitzen. Erstens benötigen sie keinen Kapitalmarkt mit unendlich vielen Wertpapieren; sie beschäftigen sich (mit Ausnahme der einen Modellversion von Connor (1984)) vielmehr mit der unter praktischen Gesichtspunkten relevanteren Bewertung auf endlichen Wertpapiermärkten. Zweitens sind die Aussagen der betreffenden Modelle präziser als die Aussagen der "traditionellen" APT. Der "Preis" für diesen höheren Informationsgehalt der Modellergebnisse besteht darin, daß die erforderlichen Prämissen deutlich restriktiver sind als die Annahmen, aus denen sich die Ungleichung (2/13) deduzieren läßt.[118] So

---

[115] Connor (1984), S. 22.

[116] Vgl. hinsichtlich des unterschiedlichen "Diversifikationsmechanismus" Connor (1984), S. 28.

[117] Vgl. dazu auch Dybvig (1983), S. 484 f.

[118] Für realwissenschaftliche Theorien kann generell die folgende Tendenzaussage formuliert werden: Je restriktiver die Prämissen sind, die einer Theorie zugrunde liegen, desto höher ist regelmäßig der Informationsgehalt der aus ihnen herleitbaren Theorie-Aussagen. Ähnlich äußert sich auch Kampmann (1990), S. 94.

weist Wei (1988) darauf hin, daß beispielsweise die von Chen/Ingersoll (1983) formulierte hinreichende Bedingung für die Gültigkeit der exakten APT-Bewertungsgleichung nur schwer zu rechtfertigen ist.[119] Besonders die zentrale Forderung des Modells von Connor (1984), wonach die (endlich vielen) Wertpapiere in einem ganz bestimmten Verhältnis im Marktportefeuille enthalten sein müssen, damit sich ihre unsystematischen Risiken gegenseitig aufheben (können), ist sehr rigide. Darüber hinaus würde nahezu jede Veränderung des Wertpapierangebots bewirken, daß die Marktportefeuille-Zusammensetzung die einmal erreichte Eigenschaft verlöre.[120] Die Kritik an Connors Bedingung bildete den Ausgangspunkt für die Studie von Wei (1988), die als ein vorläufiger Endpunkt der Entwicklung der "Gleichgewichts-APT" angesehen werden kann.

In seinem Beitrag modifiziert Wei (1988) diejenige Modellversion von Connor (1984), welche auf einen Kapitalmarkt mit endlich vielen Wertpapieren abstellt, indem er die Prämisse, daß das Marktportefeuille - im Rahmen des angenommenen k-Faktoren-Modells - ausschließlich systematisches (Faktoren-) Risiko besitzt, aufhebt. Wei setzt statt dessen voraus, daß die wertpapierspezifischen Störgrößen des k-Faktoren-Modells der Gleichung

(2/15) $$e_i = b_{iM} e_M + \varepsilon_i \qquad (i = 1, ..., p)$$

genügen, wobei die "reinen" wertpapierspezifischen Störgrößen ε_i (i = 1, ..., p) die Forderung

(2/16) $$E(\varepsilon_i \mid \mathbf{f}, e_M) = 0$$

erfüllen sollen.[121] Das zentrale Ergebnis des Modells von Wei besteht in der Aussage, daß im Konkurrenzgleichgewicht eine exakte Bewertungsgleichung gilt, die sich von der Gleichung (2/11) um den zusätzlichen Summanden $\lambda_M b_{iM}$ unterscheidet:

(2/17) $$\mu_i = \lambda_0 + \sum_{j=1}^{k} \lambda_j b_{ij} + \lambda_M b_{iM} \qquad (i = 1, ..., p),$$

---

[119] Vgl. Wei (1988), S. 882.

[120] Vgl. Connor (1984), S. 28.

[121] Vgl. die beiden alternativen Annahmen 6a und 6b von Wei, die (zusammen mit anderen Prämissen seines Modells) implizieren, daß die Gleichung (2/16) erfüllt ist.

mit

$$\lambda_M > 0\,.$$[122]

Die Sensitivitätskoeffizienten b_{ij} ($j = 1, ..., k$) und b_{iM} stimmen mit denen der Gleichungen (2/1) und (2/15) überein. Wei kann außerdem zeigen, daß alle Anleger vollständig diversifizierte Portefeuilles halten. Hierbei ist zu beachten, daß das unsystematische Risiko des i-ten Wertpapiers in seinem Modell nicht durch die Variable e_i, sondern durch die wertpapierspezifische Störgröße ε_i des um den Summanden $b_{iM}e_M$ erweiterten Faktorenmodells verursacht wird. Bezeichnen $b_{ij}°$ ($j = 1, ..., k$) und $b_{iM}°$ jene eigentlichen Regressionskoeffizienten, die in einer multiplen Regression von r_i auf die k (entsprechend transformierten) Risikofaktoren und die unerwartete Marktportefeuille-Rendite erzielt werden, dann läßt sich die Bewertungshypothese (2/17) auch wie folgt schreiben:

(2/18) $$\mu_i = \lambda_0 + \sum_{j=1}^{k} \lambda_j° b_{ij}° + \lambda_M° b_{iM}° \qquad (i = 1, ..., p).$$[123]

Der Ansatz von Wei stellt in gewisser Hinsicht eine Synthese von APT und CAPM dar, da das systematische Risiko des Wertpapiers i, das gemäß den Gleichungen (2/18) respektive (2/17) allein bewertungsrelevant ist, sowohl auf die k APT-Risikofaktoren als auch (mittelbar) auf die Rendite des Marktportefeuilles zurückgeführt wird. Es ist schließlich evident, daß die Gleichung (2/17) in die Bewertungsgleichung des APT-Modells von Connor (1984) übergeht, falls die Größe e_M den Wert null annimmt, das Marktportefeuille also - bezogen auf das ursprüngliche k-Faktoren-Modell - kein unsystematisches Risiko aufweist.

2.4.2 Exakte APT-Bewertungsgleichung und (μ, σ)-Effizienz

Verschiedene theoretische Studien analysieren die Beziehungen, die zwischen der exakten APT-Bewertungsgleichung auf der einen Seite und der (μ, σ)-Effizienz bestimmter Wertpapierportefeuilles respektive spezieller Anlagepositionen auf der anderen Seite bestehen. Hier können vor allem die Beiträge von Chamberlain (1983), Franke (1984), Grinblatt/Titman (1987), Huberman/Kandel/Stambaugh (1987) und Tiemann (1988) an-

---

[122] Vgl. Wei (1988), S. 885 (Theorem 1).

[123] Vgl. Wei (1988), S. 886 (Korollar 1).

geführt werden.[124] Für den weiteren Gang der vorliegenden Arbeit wird eine detaillierte Darlegung der dort erzielten Erkenntnisse nicht benötigt, so daß in diesem Abschnitt lediglich die Grundgedanken der genannten Studien referiert werden.[125] Unter einem (μ, σ)-effizienten (oder kürzer: effizienten) Portefeuille soll nachfolgend stets ein Portefeuille verstanden werden, welches bei vorgegebenem Rendite-Erwartungswert die niedrigste Rendite-Varianz unter den realisierbaren Portefeuilles besitzt (parametrisch effizientes Portefeuille).[126]

Chamberlain (1983) weist für einen unendlichen Kapitalmarkt nach, daß die Gleichung (2/11) dann und nur dann gilt, wenn wenigstens ein Portefeuille risikobehafteter Wertpapiere, das auf der Effizienzkurve aller betrachteten Wertpapiere liegt, kein unsystematisches Risiko besitzt. Falls ein risikoloses Grenzportefeuille gebildet werden kann, ist die exakte APT-Bewertung gleichbedeutend mit der Aussage, daß alle (μ, σ)-effizienten Portefeuilles vollständig diversifiziert sind.[127] Franke (1984) geht hingegen von einem Kapitalmarkt mit endlich vielen Wertpapieren aus. Unter der Annahme, daß der Koeffizient λ_0 von der erwarteten Rendite des Portefeuilles mit global minimaler Varianz (Minimal-Varianz-Portefeuille) abweicht, kann Franke zeigen, daß die Existenz eines effizienten Portefeuilles ohne unsystematisches Risiko notwendig und hinreichend für die Gültigkeit der exakten APT-Bewertung ist.[128]

Huberman/Kandel/Stambaugh (1987) betrachten zunächst Anlagepositionen (mit unter Umständen von eins abweichenden Komponentensummen), die aus den p risikobehafteten Wertpapieren gebildet werden. Sie charakterisieren jene Mengen, welche k Faktorennachbildende Anlagepositionen, die anstelle der systematischen Risikofaktoren zur exakten APT-Bewertung der Wertpapiere verwendet werden können, umfassen.[129] Im Anschluß daran zeigen die Autoren, daß eine Menge von k Faktoren-nachbildenden Portefeuilles (deren Komponentensummen jeweils auf eins normiert sind) dann und nur dann

[124] Vgl. auch den Beitrag von Huberman/Kandel (1987), der allerdings nur mittelbar auf die "exakte" APT Bezug nimmt.

[125] Im übrigen sei auf die Monographie von Sauer (1994) verwiesen, in welcher der zentrale Beitrag von Huberman/Kandel/Stambaugh (1987) ausführlich und fundiert erörtert wird.

[126] Vgl. zur Unterscheidung der Begriffe "parametrisch effizient" und "analytisch effizient" Loistl/Rosenthal (1980), S. 107.

[127] Vgl. Chamberlain (1983), S. 1315.

[128] Vgl. Franke (1984), S. 113 (Behauptung 2).

[129] Vgl. dazu Huberman/Kandel/Stambaugh (1987), S. 3 (Behauptung 1).

existiert, wenn das Minimal-Varianz-Portefeuille systematisches Risiko besitzt.[130] Die Anzahl derjenigen Portefeuilles, die aus den Faktoren-nachbildenden Portefeuilles zusammengesetzt sind und gleichzeitig auf der Effizienzkurve aller risikobehafteten Wertpapiere liegen, beträgt entweder null, eins oder unendlich. Hinsichtlich der beiden letztgenannten Fälle beweisen die Autoren folgende Aussagen[131]:

(1a) Es existiert dann und nur dann genau ein effizientes Portefeuille der k Faktoren-nachbildenden Portefeuilles, das nicht dem Minimal-Varianz-Portefeuille entspricht, wenn erstens die exakte APT-Bewertungsgleichung gilt (wobei λ_0 ungleich dem Rendite-Erwartungswert des Minimal-Varianz-Portefeuilles ist), und zweitens der (p × 1)-Summationsvektor nicht im Spaltenraum der Matrix **B** liegt.

(1b) Ist dagegen das Minimal-Varianz-Portefeuille das einzige Portefeuille der k Faktoren-nachbildenden Portefeuilles, das auf der globalen Effizienzkurve liegt, dann kann die exakte APT-Bewertungsgleichung nicht gelten.

(2) Jedes effiziente Portefeuille ist dann und nur dann ein Portefeuille der k Faktoren-nachbildenden Portefeuilles, wenn erstens die exakte APT-Bewertungsgleichung gilt, und zweitens der (p × 1)-Summationsvektor im Spaltenraum der Matrix **B** liegt.

Die Aussage (1a) ähnelt der grundlegenden These des Beitrags von Grinblatt/Titman (1987). Letztere zeigen, daß eine exakte lineare Bewertung mit Hilfe von k Referenzportefeuilles äquivalent zur Aussage ist, daß ein Portefeuille dieser Portefeuilles auf der globalen Effizienzkurve liegt. Eine Menge von k Referenzportefeuilles ist nach der entsprechenden Definition von Grinblatt/Titman jede Zusammenstellung von k Portefeuilles, die der Bedingung genügt, daß keine Linearkombination der betreffenden Wertpapiermischungen das Minimal-Varianz-Portefeuille der p Wertpapiere ergibt. Die zur exakten APT-Bewertung verwendeten Referenzportefeuilles werden im Beitrag von Grinblatt/Titman "Faktoren-Referenzportefeuilles" (factor reference portfolios) genannt; die Rendite des j-ten Faktoren-Referenzportefeuilles und der j-te systematische Risikofaktor sind vollkommen korreliert.[132]

Tiemann (1988) untersucht die Implikationen, die sich aus der exakten APT-Bewertung und der gleichzeitigen Existenz eines (μ, σ)-effizienten Portefeuilles mit ausnahmslos positiven Anteilen η_i (i = 1, ..., p) ergeben. In seinem Beitrag werden Restriktionen formuliert, die der (k × 1)-Vektor der faktorenbezogenen Risikoprämien (**λ**) erfüllen muß, da-

[130] Vgl. Huberman/Kandel/Stambaugh (1987), S. 3 (Behauptung 2). Die Faktoren-nachbildenden Portefeuilles sind natürlich vollständig diversifiziert.

[131] Vgl. Huberman/Kandel/Stambaugh (1987), S. 4 f.

[132] Vgl. Grinblatt/Titman (1987), S. 99-102.

mit die Bewertungsgleichung (2/11) mit dem Vorhandensein eines (μ, σ)-effizienten Portefeuilles, dessen Kapitalanteile alle positiv sind, vereinbar ist. Die Existenz eines derartigen Portefeuilles stellt für die Gültigkeit des CAPM eine notwendige Voraussetzung dar, da zum einen das CAPM behauptet, daß das Marktportefeuille effizient ist, zum anderen alle Elemente des Vektors mit den Marktportefeuille-Anteilen größer als null sind. Tiemann leitet daher Bedingungen (für den Vektor der faktorenbezogenen Risikoprämien) ab, unter denen die exakte APT-Bewertungsgleichung nicht im Widerspruch zur grundlegenden Aussage des CAPM steht. Ein Vektor $\boldsymbol{\lambda}$ ist nach der entsprechenden Definition von Tiemann dann und nur dann "Faktorenrisiko-kompensierend" (factor risk compensating), wenn bei Gültigkeit der "exakten" APT ein effizientes Portefeuille mit ausnahmslos positiven Kapitalanteilen existiert.[133] Tiemann zeigt, daß es stets zumindest einen Vektor mit dieser Eigenschaft gibt; der betreffende Vektor ist durch folgende Gleichung gegeben:

$$\boldsymbol{\lambda} = \mathbf{B'D^{-1}1}\,.$$ [134]

2.5 Spezielle APT-Formulierungen im Überblick

In diesem Abschnitt sollen der Vollständigkeit halber die Grundzüge mehrerer APT-Formulierungen, die speziellen Fragestellungen nachgehen, kurz geschildert werden:

- Im Beitrag von Elton/Gruber/Rentzler (1983) wird die APT-Bewertungsgleichung für den Fall unsicherer Inflationserwartungen hergeleitet.[135] Charakteristisch für diese APT-Version ist die Annahme, daß sich der Prozeß, der die realen Renditen der Wertpapiere generiert, durch ein bestimmtes (einfaches) Faktorenmodell beschreiben läßt. Elton/Gruber/Rentzler gehen konkret von einem linearen Modell mit 2 vorabspezifizierten Risikofaktoren aus, wobei die beiden Faktoren durch die unerwartete reale Rendite des Marktportefeuilles und die unerwartete Inflationsrate gegeben sind.
- Connor/Korajczyk (1986) erweitern jene Modellversion von Connor (1984), welche auf einen Kapitalmarkt mit (abzählbar) unendlich vielen Wertpapieren abstellt, um die Annahme, daß einige der Investoren zusätzliche Informationen über die künftigen

[133] Vgl. Tiemann (1988), S. 331.

[134] Vgl. wiederum Tiemann (1988), S. 331. Die Menge der Faktorenrisiko-kompensierenden Vektoren $\boldsymbol{\lambda}$ wird im weiteren Verlauf der Analyse von Tiemann vollständig charakterisiert; vgl. dazu Tiemann (1988), S. 332 f. (Theorem 2).

[135] Vgl. auch die Entwicklung einer International Arbitrage Pricing Theory (IAPT) durch Solnik (1983).

Wertpapierrenditen erhalten. Die betreffenden Investoren haben somit einen Informationsvorsprung gegenüber den anderen Investoren. Die Zahl der informierten Investoren soll im Vergleich zur Gesamtzahl der Investoren vernachlässigbar (infinitesimal) klein sein. Dies impliziert vor allem, daß die informierten Investoren keinen Einfluß auf die Höhe der gleichgewichtigen Wertpapierpreise nehmen. Der Einfachheit halber setzen Connor/Korajczyk voraus, daß jeder der informierten Investoren zusätzliche Informationen über genau ein Wertpapier erhält. An die zusätzlichen Informationen werden darüber hinaus mehrere Bedingungen geknüpft; das jeweilige Signal soll sich insbesondere nur auf Ereignisse beziehen, die ausschließlich für die künftige Rendite des entsprechenden Wertpapiers von Bedeutung sind. Für den Fall, daß sich der betrachtete Kapitalmarkt im Konkurrenzgleichgewicht befindet, können die Autoren zum einen zeigen, daß der unbedingte Rendite-Erwartungswert des i-ten Wertpapiers linear in den Sensitivitätskoeffizienten dieses Wertpapiers ist. Zum anderen weisen sie nach, daß alle "uninformierten" Anleger vollständig diversifizierte Portefeuilles halten, was für die informierten Anleger nicht notwendigerweise gelten muß.

- Handa/Linn (1991) leiten die APT-Bewertungsgleichung für den Fall ab, daß die Anleger unvollständige Informationen bezüglich der Parameter des k-Faktoren-Modells besitzen und vor Handelsbeginn heterogene (private) Informationen über die unbekannten Sensitivitätskoeffizienten erhalten[136], mit deren Hilfe allerdings nicht eindeutig auf die Sensitivitätskoeffizienten geschlossen werden kann. Die Anleger nutzen diese Informationen sowie die nach Handelsbeginn beobachteten markträumenden Wertpapierpreise für ihre (rationale) Erwartungsbildung hinsichtlich der künftigen Zahlungen der Wertpapiere. Im Marktgleichgewicht gilt, daß die Anleger weder die "wahren" Sensitivitätskoeffizienten kennen noch homogene Vorstellungen bezüglich dieser Parameter haben. Dennoch können Handa/Linn zeigen, daß die vom jeweiligen Anleger erwarteten Zahlungen der Wertpapiere stets näherungsweise linear in den "wahren" Sensitivitätskoeffizienten der Wertpapiere sind. Die faktorenbezogenen Risikoprämien, deren Ausprägungen vom betrachteten Investor abhängen, werden durch die approximative Bewertungsgleichung eindeutig bestimmt.

- John/Reisman (1991) leiten eine Generalized Multibeta Representation (GMBR) her. In ihrem Beitrag werden Bedingungen ermittelt, die implizieren, daß sich ein deterministisches ökonomisches Merkmal des i-ten Wertpapiers (die abhängige Variable) approximativ als lineare Funktion jener Sensitivitätskoeffizienten ("Betas") darstellen läßt, die stochastische Merkmale des betreffenden Wertpapiers bzw. Unternehmens (dies sind gewissermaßen die unabhängigen Variablen) hinsichtlich mehrerer globaler

[136]Bereits das APT-Modell von Stambaugh (1983) stellt eine mögliche Basis für die Einbeziehung asymmetrischer Informationen dar; vgl. Stambaugh (1983), S. 358, 366.

Faktoren aufweisen. Im Rahmen der APT ist das deterministische Merkmal die erwartete Wertpapierrendite, während die künftige Wertpapierrendite die unabhängige Variable repräsentiert.

- Bansal/Viswanathan (1993) entwickeln eine nicht-lineare APT, welche im Gegensatz zur linearen APT weder auf der Annahme eines linearen Faktorenmodells basiert noch eine Bewertungshypothese in Form einer linearen Gleichung aufstellt. Das zentrale Ergebnis dieses Ansatzes besteht vielmehr in dem Nachweis, daß ein nicht-linearer "pricing kernel" existiert, der niedrigdimensional und (als Folge der vorausgesetzten Arbitragefreiheit) nicht-negativ ist. Die genaue Gestalt des pricing kernel, mit dem sich alle Wertpapiere bewerten lassen, ist allerdings unbekannt.

Eine Reihe von Autoren haben darüber hinaus Ansätze vorgelegt, die eine Bewertung von derivativen Instrumenten mit Hilfe der APT erlauben. Beispielsweise wird sowohl im Beitrag von Chang/Shanker (1987) als auch in der Arbeit von Duan/Moreau/Sealey (1989) eine Bewertung von (diskret gehandelten) europäischen Optionen vorgenommen, die auf der APT beruht. Chang/Shanker (1987) setzen voraus, daß die APT-Bewertungsgleichung sowohl für die Basispapiere als auch für die Optionen exakt gilt, und leiten ihre Optionskontrakte-Bewertungsformel unter der weiteren Annahme ab, daß die Wertpapierrenditen einer gestutzten Normalverteilung gehorchen. Duan/Moreau/Sealey (1989) gehen von der Gültigkeit der exakten APT-Bewertungsgleichung für die Basispapiere aus und nehmen zusätzlich an, daß zum einen die künftigen Renditen der Basispapiere einer logarithmischen Normalverteilung und zum anderen die systematischen Risikofaktoren einer Standardnormalverteilung entstammen. Ein interessantes Ergebnis ihres Bewertungsmodells betrifft die Sensitivität des hergeleiteten Optionswerts gegenüber Änderungen der Volatilität der Basispapier-Rendite: Während eine Zunahme (Abnahme) der Standardabweichung der Basispapier-Rendite, die aus einer gleichgerichteten Veränderung des unsystematischen Risikos resultiert, eindeutig zu einem höheren (niedrigeren) Optionswert führt, ist das Vorzeichen der partiellen Ableitung des Optionswerts nach dem systematischen Teil der Standardabweichung unbestimmt.[137] Ein präferenzfreies Bewertungsmodell für Futureskontrakte, das auf dem APT-Ansatz beruht, haben Chang/Loo/Wu Chang (1990) entwickelt. Die Autoren berücksichtigen die zwischenzeitlichen Zahlungen aufgrund von Kontraktpreis-Änderungen und analysieren den Fall, daß der risikolose (Tages-) Zinssatz im Zeitablauf stochastisch schwankt. Sie können anhand des von ihnen abgeleiteten Bewertungsmodells zeigen, daß eine positive (negative) Kovarianz zwischen der kontinuierlichen Rendite, die sich am Ende der betrachteten Periode aus der Anlage zum risikolosen Zinssatz ergibt, und der entsprechenden Rendite jenes

[137] Vgl. dazu Duan/Moreau/Sealey (1989), S. 14.

Vermögensgegenstands, der dem Futureskontrakt zugrunde liegt, positiv (negativ) zum Preis des Futureskontrakts beiträgt. Des weiteren läßt sich nachweisen, daß eine negative (positive) Prämie für das Zinssatzrisiko zu höheren (niedrigeren) Preisen des Futureskontrakts führt.[138]

2.6 Zur prinzipiellen und praktischen Testbarkeit der APT

Die Frage der (praktischen) Testbarkeit der APT wird in der Literatur kontrovers diskutiert. So stellt die Beziehung (2/14) (respektive die zugrundeliegende Ungleichung (2/13)) vor allem für Shanken (1982, 1985a) keine empirisch testbare Aussage dar. Kritik an der Analyse von Shanken wird insbesondere von Dybvig/Ross (1985) geübt.

Die Ungleichung (2/13) kann in der Tat empirisch nicht getestet werden.[139] Ursächlich dafür ist im Kern, daß sie eine Aussage bezogen auf eine unendliche Anzahl von Wertpapieren macht, wohingegen ein empirischer Test zwangsläufig nur auf einer endlichen Menge an Wertpapieren beruhen kann. Für die im empirischen Teil der vorliegenden Arbeit näher betrachtete Menge von 138 Aktien nimmt die Ungleichung folgende Gestalt an:

$$\sum_{i=1}^{138} (\mu_i - \lambda_0 - \lambda_1 b_{i1} - \ldots - \lambda_k b_{ik})^2 + \sum_{i=139}^{\infty} (\mu_i - \lambda_0 - \lambda_1 b_{i1} - \ldots - \lambda_k b_{ik})^2 < \infty .$$

Es ist evident, daß lediglich die 2. (Teil-) Summe maßgeblich für die Gültigkeitsüberprüfung dieser Ungleichung sein kann. Die 1. (Teil-) Summe ist dagegen für das Resultat einer derartigen Untersuchung irrelevant, da sie in jedem Fall, d. h. selbst dann, wenn die APT ungültig ist, einen endlichen Wert annimmt. Entscheidend ist allein, ob die 2. (Teil-) Summe nach oben beschränkt ist. Mit anderen Worten: Die unendlich vielen Wertpapiere, die im jeweiligen Test keine Berücksichtigung finden (können), sind ausschlaggebend für die empirische Validität der Ungleichung (2/13). Die obere Schranke für die Summe der quadrierten Bewertungsfehler (V) stellt demzufolge in endlichen Stichproben keine Restriktion dar; die Ungleichung (2/13) ist für endliche Summen vielmehr eine mathematische Tautologie, d. h. eine logisch wahre Aussage.[140]

---

[138] Vgl. Chang/Loo/Wu Chang (1990), S. 301.

[139] Die nachfolgende Begründung dieser Einschätzung orientiert sich an den entsprechenden Ausführungen von Jarrow (1988), S. 120 f.

[140] Vgl. Shanken (1982), S. 1132 und Shanken (1992), S. 1570.

Im Kontext der Untersuchung der generellen APT-Testbarkeit sind jedoch auch die Ableitungen, welche den (maximal möglichen) Bewertungsfehler im Hinblick auf ein einzelnes Wertpapier konkretisieren, sowie die APT-Modelle mit exakter Bewertungsgleichung zu betrachten. So lassen diejenigen Ansätze der "Gleichgewichts-APT", in denen eine obere Schranke für den Betrag des wertpapierbezogenen Bewertungsfehlers hergeleitet wird, vermuten, daß der Bewertungsfehler je Wertpapier faktisch vernachlässigbar ist. Die exakte APT-Bewertungsgleichung stellt darüber hinaus zweifellos eine praktisch testbare Aussage dar. Es ist allerdings evident, daß einer empirischen Analyse der "exakten" APT implizit auch jene zusätzlichen Annahmen zugrunde liegen, welche letztendlich die Herleitung der Gleichung (2/11) gestatten. Shanken (1985a) vertritt sogar die Ansicht, daß einige dieser Prämissen explizit in die jeweiligen Analysen einzubeziehen seien. Seiner Meinung nach müsse ein empirischer Test des APT-Modells von Connor (1984) (respektive ein empirischer Test der APT-Modelle von Dybvig (1983) und Grinblatt/Titman (1983)) als Überprüfung einer verbundenen Hypothese aufgefaßt werden; diese Hypothese würde sich aus der exakten APT-Bewertungsgleichung (bzw. der wertpapierspezifischen Fehlerschranke) und der Bedingung eines vollständig diversifizierten Marktportefeuilles (bzw. der Forderung, daß die Störgröße des i-ten Wertpapiers von den künftigen Renditen aller anderen Wertpapiere stochastisch unabhängig ist) zusammensetzen.[141] In der vorliegenden Arbeit wird jedoch die Auffassung von Dybvig/Ross (1985) geteilt, wonach weder die empirische Validität der angeführten noch die der anderen Prämissen explizit zu testen ist.[142] Der folgenden Aussage von Roll/Ross (1980), S. 1083 ist dementsprechend ohne Einschränkung zuzustimmen: "The theory should be tested by its conclusions, not by its assumptions."[143] Des weiteren bleibt festzuhalten, daß als Basis zur Überprüfung der empirischen Gültigkeit der APT die exakte Bewertungsgleichung gewählt werden sollte: "Empirically, the APT should be tested as an equality."[144]

---

[141] Vgl. Shanken (1985a), S. 1193 f. Es ist ersichtlich, daß ein wesentlicher Teil der verbundenen Hypothese auf die Gesamtheit der risikobehafteten Wertpapiere abstellt. Daher wäre die von Roll (1977) geübte Kritik an den empirischen Tests des CAPM analog auch für empirische APT-Tests relevant; vgl. Shanken (1985a), S. 1189.

[142] Vgl. Dybvig/Ross (1985), S. 1176.

[143] Vgl. auch Sinclair (1987), S. 20.

[144] Dybvig/Ross (1985), S. 1184.

2.7 Zum Verhältnis von APT und Capital Asset Pricing Model (CAPM)

Gegenstand dieses Abschnitts sind in erster Linie die Gemeinsamkeiten und Unterschiede, die zwischen APT und CAPM hinsichtlich der getroffenen Annahmen sowie bezüglich der daraus abgeleiteten Ergebnisse bestehen. Eine Gegenüberstellung von APT und CAPM wird dadurch erschwert, daß es weder *die* APT noch *das* CAPM gibt. Das Hauptaugenmerk liegt nachfolgend auf der Basis- bzw. Grundvariante des CAPM, d. h. als Vergleichsobjekt zur APT wird vor allem das Standard-CAPM herangezogen.[145] Im Gegensatz zur APT, welcher in der deutschsprachigen Lehrbuchliteratur bislang kaum Beachtung geschenkt wird[146], hat das (Standard-) CAPM breiten Eingang in die weit überwiegende Mehrzahl der finanzwirtschaftlichen Lehrbücher gefunden.[147] Deshalb wird hier auf eine detaillierte Darstellung des CAPM verzichtet.[148]

Um vorläufige Gültigkeit beanspruchen zu können, muß die interne und externe Konsistenz einer Theorie gegeben sowie der Falsifikationsversuch in einem strengen empirischen Test mißlungen sein.[149] Es ist unstrittig, daß die verschiedenen APT-Versionen, wenn man einmal von Ross' heuristischer Herleitung absieht, keine internen logischen Widersprüche aufweisen. Zur Überprüfung der externen Konsistenz der APT könnte insbesondere analysiert werden, ob die APT-Hypothesen mit den Aussagen des CAPM vereinbar sind. Dabei wäre jedoch zu berücksichtigen, daß der systematische Theoriezusammenhang lediglich zu denjenigen Aussagen(systemen) bestehen sollte, die bereits als bestätigt gelten.[150] Von einer empirischen Bewährung der CAPM-Aussagen kann aber sicherlich kaum ausgegangen werden.[151] Deshalb ist jener Teil dieses Abschnitts, der die zentralen Ergebnisse von APT und CAPM vergleicht, nicht als explizite Überprüfung der externen APT-Konsistenz zu interpretieren.

---

[145]Einen Überblick über alternative CAPM-Versionen geben u. a. Rudolph (1979) und Elton/Gruber (1991).

[146]Zwei Ausnahmen bilden die Werke von Uhlir/Steiner (1994) und Perridon/Steiner (1995).

[147]Vgl. für viele die Bücher von Schmidt (1986), Spremann (1991), Schneider (1992), Drukarczyk (1993), Franke/Hax (1994) und Perridon/Steiner (1995).

[148]Die CAPM-bezogenen Ausführungen dieses Abschnitts basieren hauptsächlich auf den in der vorigen Fußnote zitierten Lehrbüchern sowie auf den Beiträgen von Rudolph (1979) und Adelberger (1981).

[149]Vgl. für viele Wild (1976), Sp. 3894 f.

[150]Vgl. etwa Witte (1974), Sp. 1265 und Wild (1976), Sp. 3894.

[151]Vgl. insbesondere die in der Fußnote 3 dieses Kapitels angegebenen empirischen CAPM-Untersuchungen.

Die Annahmen der beiden kapitalmarkttheoretischen Ansätze sind teilweise identisch. So wird jeweils grundsätzlich unterstellt, daß die Anleger nur für eine Periode planen. Ferner setzen APT und CAPM voraus, daß der (betrachtete) Kapitalmarkt vollkommen und atomistisch ist. Vor allem die "traditionelle" APT beschäftigt sich allerdings mit der Bewertung auf unendlichen Kapitalmärkten, während dem CAPM - wie auch den meisten Varianten der "Gleichgewichts-APT" - ein Kapitalmarkt mit endlich vielen Wertpapieren zugrunde liegt. Darüber hinaus wird die explizite Arbitragefreiheits-Bedingung der "traditionellen" APT sowohl im CAPM als auch in den Versionen der "Gleichgewichts-APT" durch die Voraussetzung substituiert, daß sich der Kapitalmarkt (bereits) im Gleichgewicht befindet. Die große Ähnlichkeit, die offensichtlich zwischen den Prämissensystemen von CAPM und "Gleichgewichts-APT" besteht, äußert sich weiter darin, daß beide Modellgruppen auf speziellen Annahmen über die Anlegerpräferenzen beruhen. Die "traditionelle" APT kann hingegen fast vollständig auf derartige Prämissen verzichten. Schließlich gehen die APT-Gleichgewichtsmodelle, abweichend von der "traditionellen" Arbitrage-Pricing-Theorie, überwiegend von der Annahme des (Standard-) CAPM aus, wonach den Anlegern eine risikolose Kapitalaufnahme- und -anlagemöglichkeit zur Verfügung steht.

Sowohl im CAPM als auch in der APT wird angenommen, daß die Investoren homogene Erwartungen haben. Diese Erwartungen beziehen sich jedoch auf unterschiedliche Sachverhalte. Im CAPM wird vorausgesetzt, daß die Anleger identische Vorstellungen hinsichtlich der Erwartungswerte, Varianzen und Kovarianzen der Wertpapierrenditen besitzen. Wesentlich für die lineare APT ist dagegen die Prämisse, daß die Anleger übereinstimmend von einem linearen k-Faktoren-Modell ausgehen, welches die künftigen Renditen der risikobehafteten Wertpapiere generiert. Bezüglich der Realitätsnähe des unterstellten Faktorenmodells vertreten beispielsweise Cragg/Malkiel (1982) die Auffassung, daß die Annahme einer linearen Abhängigkeit der künftigen Wertpapierrenditen von den systematischen Risikofaktoren sehr restriktiv sei.[152] Weniger kritisch äußern sich hingegen andere Autoren, die dararuf verweisen, daß jeder der k Faktoren durchaus eine nicht-lineare Funktion anderer Variablen sein kann.[153] Die Prämisse eines linearen Mehr-Faktoren-Modells liegt letztlich allen Versionen der linearen APT zugrunde und kann als zentrale annahmenbezogene Gemeinsamkeit der ansonsten relativ heterogenen APT-

[152] Vgl. Cragg/Malkiel (1982), S. 100.

[153] Vgl. etwa Chang/Shanker (1987), S. 2. Eine Beurteilung der Realitätsnähe der konventionellen Faktorenmodell-Annahme, die nicht nur auf die Linearität des Modells abstellt, findet man bei Nowak (1994), S. 59 f.

Modelle verstanden werden.[154] Es handelt sich zudem insoweit um eine APT-spezifische Aussage, als weder die Annahmen des CAPM noch dessen Ergebnisse eine vergleichbare Aussage über den Wertpapierrenditen-Generierungsprozeß beinhalten. So betont Treynor (1993), S. 11: "There is .. nothing about factor structure in the CAPM's *assumptions*. .. there is also nothing about factor structure in the CAPM's *conclusions*." Innerhalb des CAPM ist es erforderlich, entweder eine multivariate Normalverteilung der Wertpapierrenditen oder quadratische (Risiko-) Nutzenfunktionen der Anleger vorauszusetzen.[155] Diese Annahmen sind für die Ableitung der APT-Bewertungsgleichung entbehrlich und aus theoretischer Sicht deutlich kritisiert worden.[156]

Das zentrale Ergebnis des CAPM, die Wertpapierlinie, besagt, daß für alle i = 1, ..., p die folgende lineare Beziehung zwischen der erwarteten Rendite des Wertpapiers i und dem Koeffizienten β_i gilt:

(2/19) $$\mu_i = r_f + (E(r_M) - r_f)\beta_i ,$$

mit

$$\beta_i = \frac{cov(r_i, r_M)}{var(r_M)} .$$

Die Gleichung (2/19) läßt sich auch wie folgt formulieren:

(2/20) $$\mu_i = r_f + \lambda cov(r_i , r_M) ,$$

mit

$$\lambda = \frac{E(r_M) - r_f}{var(r_M)} .$$

Die Bewertungsgleichung der APT weist im Gegensatz zur Bewertungsgleichung des CAPM, in deren Mittelpunkt die Kovarianz zwischen der Rendite des betreffenden Wert-

---

[154] Vgl. Hörnstein (1990), S. 4. Bereits Cragg/Malkiel (1982), S. 98 stellen fest, daß die grundlegende APT-Prämisse nicht die explizite Arbitragefreiheits-Bedingung, sondern die Faktorenmodell-Annahme ist.

[155] Vgl. für viele Huberman (1982), S. 183 und Chamberlain (1983), S. 1305.

[156] Vgl. etwa Schneider (1992), S. 484.

papiers und der des (theoretisch) eindeutig definierten Marktportefeuilles[157] steht, ein beträchtliches Maß an Unbestimmtheit auf, da die APT keinerlei Aussagen hinsichtlich der genauen Anzahl und des "Inhalts" der systematischen Risikofaktoren macht. Die APT-Bewertungsgleichung stellt insofern lediglich eine Bewertungsstruktur dar.[158] Außerdem können die faktorenbezogenen Risikoprämien, wie im Gliederungspunkt 2.2.3 gezeigt wurde, zwar unter Umständen interpretiert werden, ihre Höhe (selbst das jeweilige Vorzeichen) ist jedoch grundsätzlich nicht festgelegt. Im Gegensatz dazu bestehen in der Modellwelt des CAPM deutlich konkretere Vorstellungen bezüglich des Marktpreises für die Risikoübernahme, der durch den über r_f hinausgehenden Erwartungswert der Marktportefeuille-Rendite gegeben ist. Schließlich ist darauf hinzuweisen, daß die Wertpapierlinie des CAPM exakt gilt, während in den meisten APT-Versionen lediglich eine approximative Bewertungsgleichung hergeleitet wird.

Beide Ansätze der Kapitalmarkttheorie gelangen zu dem Ergebnis, daß ausschließlich das systematische Risiko der Wertpapiere bewertungsrelevant ist. In der APT wird dieses Risiko (a priori) auf mehrere Faktoren zurückgeführt, wogegen es gemäß der Wertpapierlinie des Standard-CAPM eindimensional durch den Koeffizienten β_i gemessen wird. Dybvig/Ross (1985) zeigen allerdings, daß sich die Wertpapierlinie unter bestimmten Annahmen in eine Beziehung überführen läßt, die der Gleichung (2/11) sehr ähnlich ist. Sie gehen dabei von der Gültigkeit des CAPM (Gleichung (2/20)) aus und nehmen zusätzlich an, daß die Wertpapierrenditen durch ein exaktes k-Faktoren-Modell generiert werden. Damit ergibt sich die folgende Bewertungsgleichung:

(2/21) $$\mu_i = r_f + \sum_{j=1}^{k} \lambda_j b_{ij} + \lambda \eta_{Mi} \operatorname{var}(e_i) \qquad (i = 1, \ldots, p),$$

mit

(2/22) $$\lambda_j = \lambda b_{Mj} \quad \text{und}$$

$$b_{Mj} = \sum_{i=1}^{p} \eta_{Mi} b_{ij} \qquad (j = 1, \ldots, k).$$[159]

[157]Im Marktportefeuille sind sämtliche risikobehafteten Wertpapiere gewichtet mit dem Anteil des jeweiligen Wertpapiers am Gesamtwert aller Wertpapiere enthalten; vgl. beispielsweise Sharpe (1977), S. 127 und Schneider (1992), S. 509.

[158]Vgl. Elton/Gruber (1991), S. 375.

[159]Vgl. Dybvig/Ross (1985), S. 1181.

Der letzte Summand auf der rechten Seite der Gleichung (2/21) kann vernachlässigt werden, wenn sowohl die Anteile der Wertpapiere am Marktportefeuille als auch die Residualvarianzen der Wertpapiere hinreichend klein sind. In diesem Fall erhält man mit $\lambda_0 = r_f$ die Bewertungsgleichung (2/11).[160] Für den Koeffizienten β_i gilt dann:

$$\beta_i = \sum_{j=1}^{k} \frac{b_{Mj}}{var(r_M)} b_{ij} \qquad (i = 1, ..., p).$$

Man erkennt, daß durch die Verbindung von CAPM und Faktorenmodell-Annahme eine dritte Art von Kovarianzbeziehung Bedeutung erlangt, und zwar die Kovarianz zwischen der künftigen Rendite des Marktportefeuilles und dem j-ten systematischen Risikofaktor.

Im gegebenen Zusammenhang ist auch das Multi-Beta-CAPM von Interesse, welches auf Sharpe (1977) zurückgeht. Sharpe betrachtet eine beliebige Anzahl von Portefeuilles, die in ihrer Gesamtheit das Marktportefeuille ergeben. Bezeichnet w_j den Anteil, den der in das j-te Portefeuille investierte Betrag am Marktwert aller Wertpapiere besitzt, und symbolisiert r_j die künftige Rendite des betreffenden Portefeuilles, dann erhält man für die künftige Marktportefeuille-Rendite die Gleichung

$$r_M = \sum_{j=1}^{m} w_j r_j \,.$$

Sharpe zeigt, daß sich der Koeffizient β_i (i = 1, ..., p) als Linearkombination jener "Betas" ausdrücken läßt, die das i-te Wertpapier hinsichtlich der m Portefeuilles aufweist:

$$\beta_i = \sum_{j=1}^{m} \frac{w_j \, var(r_j)}{var(r_M)} \beta_{ij} \,,$$

mit

$$\beta_{ij} = \frac{cov(r_i, r_j)}{var(r_j)} \qquad (j = 1, ..., m).^{161}$$

[160] Vgl. weiterhin Dybvig/Ross (1985), S. 1181. Hinsichtlich des Parameters λ_j (j = 1, ..., k) der Gleichung (2/11) muß die Beziehung (2/22) allerdings nicht erfüllt sein.

[161] Vgl. Sharpe (1977), S. 129-131. Anhand einer alternativen Formulierung kann Sharpe des weiteren zeigen, daß sich β_i als gewichtetes arithmetisches Mittel der (jeweils durch β_{Mj} dividierten) β_{ij} (j = 1, ..., m) ergibt; vgl. Sharpe (1977), S. 129 f.

Das Risikomaß β_i wird in seiner CAPM-Version also (ex post) in mehrere Koeffizienten β_{ij} ($j = 1, ..., m$) zerlegt, deren Gewichte dabei sowohl vom Einfluß der Rendite des j-ten Portefeuilles auf die Marktportefeuille-Rendite (w_j) als auch vom Ausmaß der Unsicherheit bezüglich r_j ($var(r_j)$) abhängen.

Umgekehrt läßt sich, sofern der $(k \times 1)$-Vektor der faktorenbezogenen Risikoprämien mehr als ein von null verschiedenes Element besitzt, stets eine orthogonale Transformation der APT-Risikofaktoren derart durchführen, daß genau ein systematischer Risikofaktor bewertet wird. Die (entsprechend transformierten) Sensitivitätskoeffizienten hinsichtlich der anderen (transformierten) Risikofaktoren sind dann irrelevant für die Bewertung der Wertpapiere.[162] Die Anzahl derjenigen Risikomaße, welche in die jeweilige Bewertungsgleichung eingehen, stellt demnach strenggenommen kein geeignetes Unterscheidungsmerkmal zwischen APT und CAPM dar.[163] Das CAPM unterwirft diese Anzahl jedoch im Gegensatz zur APT (wo gefordert wird, daß k beträchtlich kleiner als p ist) keiner Restriktion.[164]

Im Rahmen des CAPM nimmt das Marktportefeuille eine zentrale Position ein. Ein beliebiges (Misch-) Portefeuille ist nur dann *vollständig* diversifiziert (bzw. effizient), wenn seine künftige Rendite und die des Marktportefeuilles vollkommen positiv korreliert sind.[165] Die Struktur der Portefeuilles risikobehafteter Wertpapiere ist bei allen Investoren gleich; es besteht daher universelle Separation.[166] Jeder Anleger hält einen Bruchteil des Marktportefeuilles, d. h. die vom jeweiligen Anleger gewählte Mischung risikobehafteter Wertpapiere stimmt strukturell stets mit der Zusammensetzung des Marktportefeuilles überein. Im Schrifttum ist weithin anerkannt, daß diese Implikation des CAPM eine überaus realitätsferne Aussage repräsentiert.[167] In der Arbitrage-Pricing-Theorie wird dem Marktportefeuille hingegen generell keine besondere Bedeutung beigemessen.[168] Die APT stellt statt dessen grundsätzlich auf *gut* diversifizierte Portefeuilles ab,

---

[162] Vgl. etwa Roll/Ross (1980), S. 1083 f. und Franke (1984), S. 113, 117. Siehe auch die Erläuterung des sog. Identifikationsproblems der Faktorenanalyse im Abschnitt 3.3.1 der vorliegenden Arbeit.

[163] Vgl. Shanken (1985a), S. 1192 f.

[164] Vgl. Dybvig/Ross (1985), S. 1181.

[165] Vgl. Rudolph (1979), S. 1043, Adelberger (1981), S. 105 und Ingersoll (1984), S. 1031.

[166] Vgl. Franke (1983), S. 250.

[167] Vgl. etwa Chamberlain/Rothschild (1983), S. 1281, Ingersoll (1984), S. 1030 und Schneider (1992), S. 510.

[168] Vgl. Ross (1976), S. 343. Die wesentliche Funktion des Marktportefeuilles in den Modellen von Connor (1984) und Wei (1988) ist allerdings evident. Die von Connor eingeführte Prämisse eines vollständig diversifizierten Marktportefeuilles ruft jedoch, wie im Abschnitt 2.6 dargelegt, keine Probleme bei der empirischen Überprüfung der Modellergebnisse hervor. Anders verhält es sich beim

die eine Vielzahl entsprechend gewichteter Wertpapiere umfassen. Daraus kann gefolgert werden, daß die Investoren nicht ein und dieselbe Mischung risikobehafteter Wertpapiere, sondern vielmehr unterschiedlich strukturierte, breit gestreute Portefeuilles halten.[169] Das der APT zugrundeliegende Szenario führt prinzipiell nicht zu einem Separationstheorem.[170]

Im Abschnitt 2.6 wurde festgestellt, daß die exakte APT-Bewertungsgleichung empirisch testbar ist. Die praktische Testbarkeit des CAPM wird hingegen durch die Studie von Roll (1977) grundsätzlich in Frage gestellt. Roll zeigt, daß lediglich eine einzige Hypothese des CAPM selbständig testbar ist, nämlich die (ex ante) Effizienz des Marktportefeuilles. Da das "wahre" Marktportefeuille jedoch nicht beobachtbar ist[171], können im Rahmen empirischer Tests nur Teilportefeuilles verwendet werden. Die mittels dieser Vorgehensweise erzielbaren Testergebnisse erlauben lediglich eine Aussage bezüglich der (μ, σ)-Effizienz des gewählten Stellvertreters. Für die eigentlich zu überprüfende (μ, σ)-Effizienz des Marktportefeuilles sind sie dagegen ohne Bedeutung.[172] Roll weist somit nach, daß das CAPM nur prinzipiell testbar ist. Im Hinblick auf die praktischen Testmöglichkeiten ist eine tatsächliche empirische Überprüfung zur Zeit (und wohl auch in Zukunft) ausgeschlossen.[173] Auch die von Shanken (1987a) durchgeführte Analyse kann Rolls Kritik an den empirischen CAPM-Tests letztlich nicht entkräften. Vor dem Hintergrund dieser essentiellen Kritik wird deutlich, warum einige Autoren die Tatsache, daß eine empirische Überprüfung der APT-Bewertungsgleichung auf die Kenntnis der Marktportefeuille-Zusammensetzung verzichten kann, als Hauptvorteil der APT gegenüber dem CAPM ansehen.[174]

"APT/CAPM-Modell" von Wei, da in diesem Modell auch die hergeleitete Bewertungsgleichung auf das Marktportefeuille Bezug nimmt.

[169] Vgl. Ingersoll (1984), S. 1031.

[170] Vgl. aber auch Chamberlain (1983), S. 1316 (Theorem 2) und Connor (1984), S. 22 (Korollar 2.1).

[171] Nicht zuletzt aufgrund der fehlenden Beobachtbarkeit des "wahren" Marktportefeuilles ist eine empirische Unterscheidung zwischen 1-Faktor-APT und CAPM nicht möglich; vgl. Ross (1977), S. 208 f.

[172] Das anstelle des unbekannten Marktportefeuilles herangezogene Portefeuille kann - bezogen auf die betrachtete Stichprobe - effizient (ineffizient) sein, obwohl das Marktportefeuille möglicherweise ineffizient (effizient) ist; vgl. Roll (1977), S. 130 und Franke (1984), S. 109.

[173] Vgl. Roll (1977), S. 129 f. Aufgrund der vorliegenden prinzipiellen Bestätigungs-/Falsifizierungsfähigkeit (vgl. Witte (1974), Sp. 1267) ist das CAPM dennoch empirisch gehaltvoll.

[174] Vgl. etwa Huberman (1982), S. 184.

2.8 Zusammenfassung

Zusammenfassend können folgende Resultate festgehalten werden:

(1) Den ansonsten recht heterogenen Versionen der linearen APT ist die zentrale Prämisse gemeinsam, daß sich der Wertpapierrenditen-Generierungsprozeß durch ein lineares Faktorenmodell beschreiben läßt. Das grundlegende APT-Ergebnis besagt, daß eine lineare Beziehung zwischen der erwarteten Rendite des i-ten Wertpapiers und jenen Sensitivitätskoeffizienten besteht, welche die künftige Rendite des betreffenden Wertpapiers hinsichtlich einer Menge von k Faktoren aufweist. Gemäß der ("exakten") APT ist für die Preisbildung am Kapitalmarkt allein das systematische Risiko der Wertpapiere relevant. Die APT-Bewertungsaussage stellt strenggenommen lediglich eine Bewertungsstruktur dar, da in der APT weder die genaue Anzahl noch die Bedeutung der systematischen Risikofaktoren festgelegt wird. Außerdem enthält die APT prinzipiell keine Hypothese bezüglich der Eindeutigkeit der faktorenbezogenen Risikoprämien.

(2) Die verschiedenen APT-Versionen unterscheiden sich vor allem hinsichtlich der Bestimmtheit der jeweiligen Bewertungshypothese. Die Bewertungsaussage, die in der "traditionellen" APT aus vergleichsweise schwachen Prämissen hergeleitet wird, gilt nur approximativ. Die zugrundeliegende Ungleichung (2/13) impliziert, daß der mittlere quadrierte Bewertungsfehler für eine gegen unendlich wachsende Wertpapieranzahl gegen null strebt. Die Approximationsgüte im Hinblick auf ein konkretes Wertpapier ist unbestimmt. Mehrere Modelle der "Gleichgewichts-APT" leiten zwar ebenfalls eine Bewertungsapproximation ab, ihnen gelingt jedoch zusätzlich, den (maximal möglichen) Bewertungsfehler je Wertpapier abzuschätzen. Anhand der dort erzielten Ergebnisse läßt sich außerdem zeigen, daß der APT Bewertungsfehler vernachlässigt werden kann, wenn mehrere Prämissen erfüllt sind, welche auf die Determinanten des wertpapierspezifischen Bewertungsfehlers abstellen. Anderen APT-Versionen, die überwiegend ebenfalls der "Gleichgewichts-APT" zugeordnet werden können, liegen Prämissen zugrunde, die für die Gültigkeit der exakten Bewertungsgleichung (2/11) hinreichend sind.

(3) Insgesamt ist zu konstatieren, daß die schwachen Annahmen der ursprünglichen APT-Formulierungen keineswegs genügen, um die Gleichung (2/11) als zentrales Ergebnis präsentieren zu können. Dazu sind vielmehr zusätzliche Annahmen nötig, die teilweise sehr rigide sind. Somit muß die bisweilen angeführte Meinung, daß die wesentlichen Aussagen der Arbitrage Pricing Theory auf der Grundlage von we-

nigen einfachen Prämissen erzielt werden (können)[175], durchaus kritisch beurteilt werden.[176]

(4) Der Beitrag von Wei (1988), der als ein vorläufiger Endpunkt der Entwicklung der "Gleichgewichts-APT" angesehen werden kann, nimmt gewissermaßen eine Synthese von APT und CAPM vor. Weitere bedeutende Ergänzungen bzw. Erweiterungen der APT sind die Herleitung einer Generalized Multibeta Representation durch John/Reisman (1991) sowie die Entwicklung einer nicht-linearen APT, die auf Bansal/Viswanathan (1993) zurückgeht. Von besonderem Interesse sind schließlich auch diejenigen APT-Studien, welche die Auswirkungen asymmetrischer Anlegerinformationen auf die Bewertung der Wertpapiere untersuchen.

(5) Die exakte Bewertungsgleichung der APT, die als Basis zur Überprüfung der empirischen Gültigkeit dieses Ansatzes gewählt werden sollte, stellt eine praktisch testbare Aussage dar, während die Hauptaussage des CAPM nur prinzipiell empirischen Tests unterzogen werden kann. Die Anzahl der Risikomaße, welche in die jeweilige Bewertungsgleichung eingehen, stellt dagegen genaugenommen kein geeignetes Merkmal zur Unterscheidung der beiden kapitalmarkttheoretischen Ansätze dar.

---

[175] Vgl. etwa Roll/Ross (1980), S. 1074.

[176] So auch Shanken (1985a), S. 1191.

3 Bislang durchgeführte empirische APT-Untersuchungen: Eine kritisch-konstruktive Auswertung

3.1 Überblick über Untersuchungsschwerpunkte und grundlegende Vorgehensweisen

Grundsätzlich können drei Richtungen respektive Schwerpunkte bisheriger empirischer APT-Untersuchungen unterschieden werden[1]:

(1) Ermittlung der Anzahl systematischer Risikofaktoren und "Überprüfung" der Gültigkeit der Annahme eines linearen k-Faktoren-Modells;
(2) Überprüfung der Gültigkeit der exakten APT-Bewertungsgleichung;
(3) Identifizierung der systematischen Risikofaktoren.

Wird im Rahmen eines sequentiellen Ansatzes zunächst die empirische Validität der APT überprüft (siehe insbesondere den Punkt (2)), dann kann die ökonomische Interpretation der systematischen Risikofaktoren (Punkt (3)) selbstverständlich nur bei festgestellter Bewährung der APT angestrebt werden. Wird dagegen gleichzeitig mit der Überprüfung der empirischen Gültigkeit der Arbitrage Pricing Theory untersucht, ob ein Zusammenhang zwischen den systematischen Risikofaktoren und bestimmten ökonomischen Variablen besteht, so bedeutet dies die Überprüfung einer verbundenen Hypothese: Diese Hypothese behauptet die Relevanz der a priori ausgewählten ökonomischen Variablen sowie zugleich die Gültigkeit der APT.

Empirische APT-Untersuchungen basieren grundsätzlich auf Zeitreihen von realisierten Wertpapierrenditen, so daß für die zeitlich geordnete Folge der (p-dimensionalen) Beobachtungsvektoren ein geeignetes stochastisches Modell zu formulieren ist. Aus der einperiodigen Arbitrage-Pricing-Theorie lassen sich diesbezüglich nur bedingt Anhaltspunkte ableiten. In der Regel wird entsprechend dem Renditen-Generierungsprozeß (2/1) davon ausgegangen, daß die Renditen der betrachteten Wertpapiere während des n Zeitpunkte umfassenden Untersuchungszeitraums jeweils der Gleichung

$$r_{it} = \mu_i + b_{i1}f_{1t} + \ldots + b_{ik}f_{kt} + e_{it} \qquad (i = 1, \ldots, p; \quad t = 1, \ldots, n) \tag{3/1}$$

genügen, wobei r_{it} und e_{it} die beobachtete Rendite bzw. die Störgröße des i-ten Wertpapiers zum Zeitpunkt t symbolisieren und f_{jt} für die Ausprägung des j-ten Faktors im sel-

[1] Vgl. Faff (1988), S. 24 f.

ben Zeitpunkt steht.[2] Die Gleichung (3/1) lautet in Matrixschreibweise wie folgt:

$$\mathbf{R} = \boldsymbol{\mu} + \mathbf{BF} + \mathbf{E}\,.$$

Hierbei bezeichnen

R die (p × n)-Matrix der r_{it},
$\boldsymbol{\mu}$ den (p × 1)-Vektor der μ_i,
B die (p × k)-Matrix der b_{ij},
F die (k × n)-Matrix der f_{jt},
E die (p × n)-Matrix der e_{it}.

Ferner wird zumeist gefordert, daß die k-dimensionalen Spaltenvektoren $\mathbf{f}_{(t)}$ der Matrix **F** (t = 1, ..., n) ebenso eine Folge von unabhängig und identisch verteilten Zufallsvektoren repräsentieren wie die p-dimensionalen Spaltenvektoren $\mathbf{e}_{(t)}$ der Matrix **E**. Für die Erwartungswertvektoren sowie Kovarianzmatrizen der $\mathbf{f}_{(t)}$ und $\mathbf{e}_{(t)}$ sollen in jedem Zeitpunkt t die Bedingungen (2/3) analog erfüllt sein.[3]

Setzt man die durch die exakte APT-Bewertungshypothese (2/11) gegebene Zerlegung von μ_i in die Gleichung (3/1) ein, so ergibt sich

(3/2) $$r_{it} = \lambda_0 + b_{i1}(\lambda_1 + f_{1t}) + \ldots + b_{ik}(\lambda_k + f_{kt}) + e_{it} \qquad (i = 1, \ldots, p;\; t = 1, \ldots, n).$$

Sei $\tilde{r}_{it}$ die realisierte Überrendite des i-ten Wertpapiers ($\equiv r_{it} - \lambda_0$) und h_{jt} gleich der Summe aus λ_j und f_{jt} (j = 1, ..., k) jeweils im Zeitpunkt t, dann erhält man

$$\tilde{r}_{it} = b_{i1}h_{1t} + \ldots + b_{ik}h_{kt} + e_{it} \qquad (i = 1, \ldots, p;\quad t = 1, \ldots, n)$$

bzw. in Matrixschreibweise

(3/3) $$\tilde{\mathbf{R}} = \mathbf{BH} + \mathbf{E}\,,$$

---

2 Vgl. für viele Roll/Ross (1980), S. 1088. Die Gleichung (3/1) beruht auf der Prämisse konstanter (zeitinvarianter) Sensitivitätskoeffizienten und Rendite-Erwartungswerte. Hingegen wird in der relevanten (empirischen) APT-Literatur teilweise zugelassen, daß die erwartete Wertpapierrendite im Zeitablauf unterschiedliche Werte annimmt; vgl. etwa Connor/Korajczyk (1988), S. 256 f. und Mei (1993b), S. 600 f.

3 Vgl. z. B. Dhrymes/Friend/Gultekin (1984), S. 324 f.

wobei $\tilde{\mathbf{R}}$ die (p × n)-Matrix der $\tilde{r}_{it}$ verkörpert und **H** die (k × n)-Matrix der h_{jt} symbolisiert.

Das Schätzen und Testen der Arbitrage-Pricing-Theorie ist aufgrund der Allgemeinheit dieses Bewertungsansatzes mit Problemen behaftet.[4] Innerhalb der empirischen APT-Forschung haben sich mehrere alternative Vorgehensweisen zur Ermittlung der maßgeblichen Größen herauskristallisiert, deren wesentliche Merkmale nachfolgend genannt werden:

I. Schätzung der Matrix **B** auf der Grundlage der Stichproben-Kovarianzmatrix/-Korrelationsmatrix der Wertpapierrenditen mit Hilfe faktorenanalytischer Verfahren (Schritt 1) und Bestimmung der faktorenbezogenen Risikoprämien mittels Querschnitts-Regressionsanalyse (Schritt 2).

II. Schätzung der Matrix **H** durch jene (k × n)-Matrix, deren Zeilen gleich den ersten k Eigenvektoren der (n × n)-Matrix $\mathbf{\Omega} = (1/p)\tilde{\mathbf{R}}'\tilde{\mathbf{R}}$ sind (asymptotischer Hauptkomponenten-Ansatz von Connor/Korajczyk (1986)).[5]

III. (Implizite) Approximation des k-dimensionalen Zeilenvektors $\mathbf{b}_i$ der Matrix **B** durch k aufeinanderfolgende realisierte Überrenditen des i-ten Wertpapiers und Schätzung der ("skalierten") k-dimensionalen Spaltenvektoren $\mathbf{h}_{(t)}$ der Matrix **H** (t = k+1, ..., n) mittels Querschnitts- ("Semi"-) Autoregressionsanalyse[6] (Semiautoregressions-Ansatz von Mei (1993b)).[7]

IV. Vorabspezifikation (explizite inhaltliche Definition) der systematischen Risikofaktoren und Schätzung der Matrix **B** sowie der faktorenbezogenen Risikoprämien mittels Regressionsanalyse.

---

4 Von den Variablen und Parametern der Gleichung (3/2) ist letztlich nur r_{it} beobachtbar.

5 Die betreffende (k × n)-Matrix ist für p gegen unendlich gleich der von links mit einer regulären (k × k)-Matrix multiplizierten Matrix **H**. Eine effizientere Vorgehensweise, die auf einem iterativen Ansatz beruht, findet man bei Connor/Korajczyk (1988), S. 259-261.

6 Die verwendeten Autoregressoren entsprechen stets den in den Zeitpunkten 1, ..., k realisierten Renditen des i-ten Wertpapiers; sie sind also (im Gegensatz zur konventionellen Querschnitts-Autoregression) vom jeweiligen Beobachtungszeitpunkt, zu dem die Regressionsgleichung über alle Wertpapiere der Stichprobe geschätzt wird (t = k+1, ..., n), unabhängig.

7 Zuletzt hat Mei (1993a) einen weiteren Ansatz vorgeschlagen, der dadurch charakterisiert ist, daß er weder die Schätzung der Sensitivitätskoeffizienten noch die Ermittlung der Matrix **H** vorsieht. Mei überführt die Gleichung (3/2) in eine Autoregressionsgleichung der Ordnung k, welche in jedem Zeitpunkt t, t = k+1, ..., n, (mit Hilfe von Instrumentalvariablen) über alle Wertpapiere der Stichprobe zu schätzen ist. In die jeweilige Querschnittsanalyse geht die zum Zeitpunkt t realisierte Rendite des Wertpapiers i als abhängige Variable ein, während die um eine bis zu k Perioden verzögerten Renditen des entsprechenden Wertpapiers die (Auto-) Regressoren sind.

Zwischen der Analysekonzeption und dem Schwerpunkt der jeweiligen APT-Untersuchung besteht insofern ein Zusammenhang, als mit der Vorabspezifikation der systematischen Risikofaktoren naturgemäß vor allem die Identifizierung derselben angestrebt wird, wohingegen die übrigen Vorgehensweisen (nahezu) ausschließlich der empirischen Überprüfung der APT dienen. Der weitere Aufbau des dritten Kapitels orientiert sich an den Schwerpunkten der empirischen APT-Forschung. Im Abschnitt 3.2 werden hauptsächlich jene Untersuchungen ausgewertet, in deren Mittelpunkt die Bestimmung der "wahren" Anzahl systematischer Risikofaktoren steht. Der Abschnitt 3.3 beschäftigt sich mit denjenigen Studien, die in erster Linie die Validität der "exakten" APT überprüfen. Das zentrale Ziel der Untersuchungen, welche Gegenstand des Abschnitts 3.4 sind, ist die ökonomische Interpretation der systematischen Risikofaktoren. Bei der Darstellung der Resultate in den Abschnitten 3.3 und 3.4, die jeweils getrennt von der Beschreibung und Diskussion der verwendeten Vorgehensweise(n) erfolgt, wird nach dem analysierten Aktienmarkt differenziert.[8] Der Abschnitt 3.5 ist der Zusammenfassung der wichtigsten Ergebnisse gewidmet.

3.2 Spezifizierung der Faktorenmodell-Annahme

Mittlerweile liegt eine Reihe von empirischen APT-Arbeiten vor, die entweder schwerpunktmäßig oder sogar ausschließlich der Bestimmung der Faktorenanzahl nachgehen. Diesbezügliche Untersuchungen werden insbesondere von Kryzanowski/To (1983), Dhrymes/Friend/Gultekin (1984)[9], Diacogiannis (1986), Trzcinka (1986)[10], Ehrhardt (1987), Conway/Reinganum (1988), Chatterjee/Pari (1990) und Connor/Korajczyk (1993) durchgeführt. Die genannten Untersuchungen verwenden mit Ausnahme der Studie von Diacogiannis (1986), welche auf den britischen Aktienmarkt abstellt, Daten des US-amerikanischen Aktienmarkts, wobei der Untersuchung von Kryzanowski/To (1983) auch Teilstichproben von Aktien zugrunde liegen, die an der Toronto Stock Exchange gehandelt werden. Die Frage nach der "wahren" Zahl systematischer Risikofaktoren steht ebenso im Mittelpunkt der überwiegend theoretischen Arbeit von Brown (1989). Die

---

[8] Auf die empirischen Tests der International APT wird im weiteren nicht eingegangen; vgl. dazu insbesondere die Untersuchungen von Cho/Eun/Senbet (1986) und Korajczyk/Viallet (1989). Siehe auch die Studie von Christofi/Philippatos (1987), der Daten von 14 nationalen Aktienmärkten zugrunde liegen.

[9] Einen weiteren Schwerpunkt des Beitrags von Dhrymes/Friend/Gultekin (1984) bilden mehrere methodische Probleme des "klassischen" APT-Tests von Roll/Ross (1980), auf die im Abschnitt 3.3.1 näher eingegangen wird. Vgl. auch die Erwiderung von Roll/Ross (1984b).

[10] Trzcinka (1986) befaßt sich zudem mit der Frage, ob die Wertpapierrenditen tatsächlich durch ein lineares k-Faktoren-Modell generiert werden.

Schätzung der Faktorenanzahl ist schließlich auch im Rahmen derjenigen APT-Tests, die keine Vorabspezifikation der systematischen Risikofaktoren vornehmen, meist ein wesentlicher Teilschritt.

Im gegebenen Zusammenhang ist die theoretische Analyse von Shanken (1982) bedeutsam, die zeigt, daß sich bei der Verwendung von Portefeuilles (transformierten Wertpapieren) "degenerierte" Faktorenanzahl-Ergebnisse einstellen können. Shanken legt seiner Argumentation[11] eine (endliche) Menge von Wertpapieren und eine Menge von Portefeuilles, die aus der erstgenannten Menge gebildet wird, zugrunde. Diese Mengen sollen "äquivalent" sein, d. h. mit ihrer Hilfe sollen sich identische Portefeuillerenditen erzielen lassen, so daß die Investoren indifferent zwischen den beiden Mengen sind. Shanken weist nun nach, daß die Renditen der ursprünglichen Wertpapiere und die Renditen der (im angegebenen Sinne) "gleichwertigen" Portefeuilles möglicherweise durch zwei lineare Faktorenmodelle mit differierender Faktorenanzahl erzeugt werden. Unter Umständen kann bezüglich des Generierungsprozesses der Portefeuillerenditen selbst dann, wenn die Wertpapierrenditen durch ein Mehr-Faktoren-Modell erzeugt werden, sogar ein 0-Faktoren-Modell relevant sein. Darüber hinaus gilt, daß bei gegebenen (endlich vielen) Wertpapieren und beinahe beliebiger Wahl von Zufallsvariablen stets eine äquivalente Menge von Wertpapieren (Portefeuilles) existiert, deren Renditen einem exakten Faktorenmodell mit den ausgewählten Variablen als systematischen Faktoren genügen. Allerdings zeigen besonders Dybvig/Ross (1985), daß die von Shanken erörterten Probleme in Stichproben, die hinreichend viele Wertpapiere umfassen, faktisch nicht auftreten können.[12]

Die Mehrzahl der APT-Untersuchungen setzt die (explorative) Faktorenanalyse ein, um die Faktorenanzahl (und die anderen Größen des Faktorenmodells) zu schätzen. Das Hauptziel der Faktorenanalyse, die zur Gruppe der multivariaten statistischen Verfahren gehört[13], besteht in der Ableitung von latenten Variablen aus einer Menge von beobachteten, manifesten Variablen.[14] Die strukturelle Beziehung zwischen den manifesten und latenten Variablen, die im Rahmen der (multiplen) Faktorenanalyse angenommen wird, kann durch die Gleichung (2/1) beschrieben werden. Die Anwendung von Methoden der

---

11 Vgl. dazu wesentlich ausführlicher Shanken (1982), S. 1133-1134 (2-Wertpapiere-Beispiel) sowie 1138-1140 (Betrachtung von p Wertpapieren).

12 Vgl. dazu im einzelnen Dybvig/Ross (1985), S. 1176-1180, 1185 f.; siehe auch Grinblatt/Titman (1985), S. 1372 f.

13 Vgl. für viele Weber (1974), S. 13.

14 Vgl. etwa Überla (1971), S. 3.

Faktorenanalyse in der empirischen APT-Forschung ist daher naheliegend.[15] Die maßgeblichen Variablen und Parameter werden innerhalb der Faktorenanalyse allerdings anders bezeichnet. So kennzeichnet etwa die Größe r_i die i-te manifeste Variable; entsprechend symbolisiert die Größe $\mathbf{r}$ den Vektor der p manifesten Variablen, während der Vektor $\boldsymbol{\mu}$ die Erwartungswerte dieser Variablen enthält. Die Sensitivitätskoeffizienten b_{ij} heißen Faktorenladungen und die Matrix $\mathbf{B}$ nennt man Faktorenmuster. Des weiteren spricht man hinsichtlich der Variablen f_j von gemeinsamen Faktoren, während die Variablen e_i als Einzelrestfaktoren bezeichnet werden. Die Faktorenladungen reflektieren die relative Bedeutung der gemeinsamen Faktoren für die manifesten Variablen. Der Koeffizient b_{ij} gibt dabei an, mit welchem Gewicht der j-te gemeinsame Faktor auf die i-te manifeste Variable einwirkt.[16] Dem faktorenanalytischen Modell liegt die Vorstellung zugrunde, daß die p manifesten Variablen einer Grundgesamtheit durch eine geringere, aber (ansonsten) nicht näher spezifizierte Anzahl gemeinsamer Faktoren sowie p Einzelrestfaktoren generiert werden.[17] Aus den Annahmen des faktorenanalytischen Modells[18], die weitgehend den Prämissen entsprechen, die in der APT mittels des exakten Faktorenmodells für den Renditen-Generierungsprozeß getroffen werden, läßt sich für die (p × p)-Kovarianzmatrix der manifesten Variablen die folgende Gleichung herleiten:

(3/4) $$\boldsymbol{\Sigma} = \mathbf{BB}' + \mathbf{D}\,.$$[19]

Die Beziehung (3/4) stellt das sog. Fundamentaltheorem der Faktorenanalyse dar.

Innerhalb der Faktorenanalyse können mehrere Verfahren unterschieden werden[20], von denen in der empirischen APT-Forschung überwiegend die Maximum-Likelihood-Faktorenanalyse (ML-Faktorenanalyse) Verwendung findet; vereinzelt wird auch die zu vergleichbaren Parameterschätzungen führende kanonische Faktorenanalyse eingesetzt. Daneben basieren einige APT-Untersuchungen (zumindest partiell) auf der Hauptkompo-

---

15 Vgl. Dhrymes/Friend/Gultekin (1984), S. 326, Pari/Chen (1984), S. 123 sowie Korajczyk/Viallet (1989), S. 558.

16 Vgl. Kosfeld (1986), S. 18 f. und Schneeweiß/Mittag (1986), S. 82.

17 Vgl. Weber (1974), S. 40 sowie Kosfeld (1986), S. 18.

18 Eine umfassende Darstellung und Analyse der Prämissen des (stochastischen) multiplen Faktorenmodells findet sich bei Kosfeld (1986), S. 17-24.

19 Vgl. etwa Lawley/Maxwell (1971), S. 6.

20 Bezüglich einer ausführlichen Darstellung der Verfahren der Faktorenanalyse sei etwa auf den Beitrag von Ost (1984) verwiesen.

nentenmethode[21], die allerdings gewöhnlich nicht zu den Verfahren der Faktorenanalyse i. e. S. gezählt wird. So weicht die Modellvorstellung der Hauptkomponentenmethode vom faktorenanalytischen Modell ab, da genaugenommen nicht zwischen gemeinsamen und Einzelrestfaktoren differenziert wird.[22] Das Verwenden der Hauptkomponentenmethode im Bereich der empirischen APT-Forschung ist, wie im Abschnitt 2.2.4 dargelegt, eine wichtige Implikation des von Chamberlain/Rothschild (1983) definierten und analysierten approximativen Faktorenmodells.[23]

Die Verfahren der Faktorenanalyse (i. w. S.) ermöglichen auf unterschiedliche Weise, die unbekannte Faktorenanzahl zu bestimmen.[24] Im Rahmen der Hauptkomponentenmethode sind z. B. die folgenden Kriterien/Tests gebräuchlich:

1. Vorgabe eines (Mindest-) Gesamtvarianz-Erklärungsanteils;
2. Eigenwertkriterium;
3. Scree-Test;
4. Prüfung auf Signifikanz der Hauptkomponenten (Bartlett-Test).

Dem ersten Kriterium dient der Anteil, den die extrahierten Faktoren (Hauptkomponenten) von der Gesamtvarianz der manifesten Variablen erklären, als Anhaltspunkt zur Ermittlung von k. Es sind so viele Hauptkomponenten zu extrahieren, bis ein willkürlich bestimmter Gesamtvarianz-Anteil durch sie erklärt ist.[25] Nach dem Eigenwertkriterium ist der Schätzwert für k durch die Anzahl derjenigen Hauptkomponenten gegeben, die zu einem Eigenwert der (Stichproben-) Korrelationsmatrix der manifesten Variablen gehören, welcher mindestens gleich eins ist. Stellt man die nach fallender Größe geordneten Eigenwerte dieser Matrix, L_j ($j = 1, \ldots, p$), in einem zweidimensionalen Diagramm (mit L_j auf der Ordinate und j auf der Abszisse) dar, so läßt sich regelmäßig (zumindest) ein Knickpunkt ausmachen, bis zu dem einige große Eigenwerte in ihrer Höhe vergleichsweise stark abnehmen, während die restlichen Eigenwerte flach abfallen. Der Scree-Test wählt

21 Vgl. besonders die APT-Tests von Winkelmann (1984), Faff (1988), Shukla/Trzcinka (1990) und Müller, Wolfgang (1992).

22 Wenn künftig von "Faktoren" gesprochen wird, so sind damit systematische bzw. gemeinsame Faktoren gemeint, sofern nicht ausdrücklich etwas anderes gesagt wird.

23 Die empirische Studie von Huang/Jo (1992) zeigt, daß die mittels der Hauptkomponentenmethode geschätzte Matrix der Sensitivitätskoeffizienten mit zunehmender Aktienanzahl gegen die geschätzte (und geeignet rotierte) Ladungsmatrix der ML-Faktorenanalyse konvergiert.

24 Eine ausführliche Beschreibung und Diskussion der verschiedenen Ansätze zur Bestimmung der Faktorenanzahl findet sich u. a. in den Lehrbüchern von Überla (1971), S. 123-139 sowie Revenstorf (1976), S. 206-213.

25 In den Lehrbüchern zur Faktorenanalyse wird häufig ein Prozentsatz von 90-95% angeführt; vgl. z. B. Überla (1971), S. 124.

die Knickstelle der Eigenwertkurve als Kriterium zur Bestimmung von k.[26] Die Nullhypothese des vierten Tests[27] besagt, daß die p-k kleinsten Eigenwerte ($0 < k < p-1$) der Korrelationsmatrix der manifesten Variablen identisch sind. Die Teststatistik U_k lautet

$$(n-1)(-\ln[|\hat{\mathbf{P}}|] + \ln[L_1 L_2 \ldots L_k] + (p-k)\ln[L]),$$

mit

$$\ln[L] = \frac{p - L_1 - L_2 - \ldots - L_k}{p-k},$$

wobei $\hat{\mathbf{P}}$ die empirische ($p \times p$)-Korrelationsmatrix der manifesten Variablen symbolisiert. U_k ist annähernd χ^2-verteilt mit

$$d_k = 0{,}5 \cdot (p - k + 2)(p - k - 1)$$

Freiheitsgraden. Die Nullhypothese wird zum Niveau α abgelehnt, wenn

$$U_k > \chi^2(d_k, 1-\alpha)$$

gilt. Der Wert für k wird in diesem Fall um 1 erhöht. Die schrittweise Extraktion der Hauptkomponenten ist zu beenden, wenn die Nullhypothese erstmals nicht mehr abgelehnt werden kann.

In der ML-Faktorenanalyse ist es üblich, die Anzahl der gemeinsamen Faktoren auf der Grundlage einer Sequenz von Likelihood-Verhältnis-Tests zu schätzen.[28] Ausgehend von einer geringen Faktorenanzahl k testet man, ob die betrachteten Daten mit dem faktorenanalytischen Modell kompatibel sind:

$$H_0: \Sigma = \mathbf{BB}' + \Psi,$$

[26] Vgl. zum Eigenwertkriterium und zum Scree-Test etwa Überla (1971), S. 125-129 sowie Ost (1984), S. 603 f.

[27] Vgl. zu den folgenden Ausführungen Lawley/Maxwell (1971), S. 21 f. und Ost (1984), S. 604.

[28] Vgl. zu den folgenden Ausführungen beispielsweise Lawley/Maxwell (1971), S. 34-37 sowie Ost (1984), S. 587-589.

mit

B Matrix der Ordnung (p, k),
Ψ diagonal und positiv definit.

Als Prüfstatistik verwendet man den Ausdruck

(3/5) $$LR_k = \left(n - \frac{2p+4k+11}{6}\right)\left(\ln\left[|\hat{\mathbf{B}}\hat{\mathbf{B}}' + \hat{\mathbf{\Psi}}|\right] - \ln\left[|\mathbf{S}|\right]\right).$$

Hierbei sind $\hat{\mathbf{B}}$ und $\hat{\mathbf{\Psi}}$ die ML-Schätzer des faktorenanalytischen Modells, während **S** die Stichproben-Kovarianzmatrix der manifesten Variablen bezeichnet. Die Prüfgröße LR_k ist asymptotisch χ^2-verteilt mit

$$d_k = 0{,}5 \cdot [(p-k)^2 - (p+k)]$$

Freiheitsgraden. Wird die Nullhypothese abgelehnt, so erhöht man k um 1. Die Testsequenz ist fortzusetzen, bis eine Faktorenanzahl gefunden wird, für die die Prüfgröße nicht mehr signifikant ist.

Die sequentielle Testprozedur der ML-Faktorenanalyse wird von Roll/Ross (1980)[29] lediglich für eine einzelne Stichprobengruppe durchgeführt. Die Nullhypothese, daß die "richtige" Faktorenanzahl gleich 5 ist, kann für diese Gruppe selbst zum 98%-Niveau nicht verworfen werden. Der Likelihood-Quotienten-Test ergibt dagegen bei einem Signifikanzniveau von 0,5 für ca. 24% der insgesamt betrachteten (42) Stichprobengruppen, die jeweils 30 Aktien umfassen, daß mehr als 5 Faktoren extrahiert werden sollten. Dennoch legen die Autoren den weiteren Analysen ausschließlich ein 5-Faktoren-Modell zugrunde. Die von Dhrymes/Friend/Gultekin (1984) analysierte Stichprobe stimmt zwar weitestgehend mit der Datenbasis, die von Roll/Ross (1980) verwendet wird, überein, die auf der Basis des Likelihood-Quotienten-Tests (für p = 30) erzielten Resultate zur Faktorenanzahl weichen indes beträchtlich von den entsprechenden Ergebnissen Roll/Ross' ab. So muß die Nullhypothese, daß die Renditen durch ein 5-Faktoren-Modell generiert werden, z. B. für $\alpha = 0{,}5$ in ca. 57% der Stichprobengruppen abgelehnt werden. Ein anderes Teilresultat der Studie von Dhrymes/Friend/Gultekin betrifft die Abhängigkeit der geschätzten Faktorenanzahl von der Zahl der betrachteten Aktien. Bei Zugrundelegung

29 Die wesentlichen Merkmale ihrer Stichprobe können der Tabelle 3/1 (Abschnitt 3.3.2) entnommen werden.

von fünf überlappenden Gruppen, die aus 15, 30, 45, 60 bzw. 90 Aktien bestehen[30], und einem Signifikanzniveau von 0,05 weist der Likelihood-Quotienten-Test auf 2, 3, 4, 6 respektive 9 Faktoren hin. Zwischen der Aktien- und der mit Hilfe des Likelihood-Quotienten-Tests geschätzten Faktorenanzahl scheint demnach ein (fast) linearer Zusammenhang dergestalt vorzuliegen, daß letztere ca. ein Zehntel der Aktienanzahl ausmacht. Chatterjee/Pari (1990), S. 16 bezeichnen die positive Abhängigkeit des Faktorenanzahl-Schätzwerts von der Zahl der analysierten Aktien, die beispielsweise auch von Kryzanowski/To (1983), Dhrymes u. a. (1985b), Diacogiannis (1986) sowie Conway/Reinganum (1988) festgestellt wird[31], als " 'increasing number of factors' problem". Bislang ist nicht geklärt, ob eine Gruppengröße existiert, ab der eine Zunahme der Aktienanzahl keinen Einfluß mehr auf die mittels des Likelihood-Quotienten-Tests geschätzte Faktorenanzahl ausübt. Ebensowenig läßt sich die Frage nach der für empirische APT-Untersuchungen "adäquaten" Gruppengröße beantworten.[32] Unabhängig davon schließen Dhrymes/Friend/Gultekin aus ihren Resultaten, daß zur Beschreibung des Renditen-Generierungsprozesses ein Modell mit mehr als 5 systematischen Faktoren erforderlich sei.[33] Darüber hinaus wird etwa in den APT-Untersuchungen von Dhrymes u. a. (1985a, 1985b) sowie Cho/Taylor (1987) konstatiert, daß der Likelihood-Quotienten-Test zu Faktorenanzahl-Schätzwerten führt, die positiv von der Anzahl der zugrundeliegenden Zeitreihen-Beobachtungen abhängen.

Der Likelihood-Quotienten-Test stellt auf die Güte der "In-Sample"-Anpassung des geschätzten k-Faktoren-Modells an die Stichproben-Kovarianzmatrix der Wertpapierrenditen ab. Hingegen schlagen Conway/Reinganum (1988) zur Auswahl des adäquaten Faktorenmodells einen auf dem Prinzip der Überkreuzvalidierung (cross-validation) beruhenden Ansatz vor, bei dem die "Out-of-Sample"-Anpassungsgüte im Vordergrund steht. Die Autoren zerlegen die Gesamtmenge an verfügbaren Zeitreihen-Beobachtungen in

30 Die Aktien der "kleineren" Gruppe bilden stets eine echte Teilmenge der Aktien der "größeren" Gruppe.

31 Kryzanowski/To (1983) und Diacogiannis (1986) verwenden anstelle des weiter oben beschriebenen Signifikanztests für die Faktorenanzahl, der auf die ML-Schätzung der Parameter des Faktorenmodells zurückgreift, den Likelihood-Verhältnis-Test der kanonischen Faktorenanalyse. In der Studie von Kryzanowski/To nimmt p die Werte 10, 20, 30, 40 und 50 an, während Diacogiannis die Gruppengröße, beginnend mit p = 5, durch Hinzufügen von jeweils 5 Aktien bis auf p = 40 erhöht.

32 Vgl. auch Diacogiannis (1986), S. 501.

33 Auch in jener Teilstudie von Cho/Elton/Gruber (1984), die auf realisierten Renditen beruht, ergeben sich für Gruppen von jeweils 30 Aktien durchweg Faktorenanzahl-Schätzwerte, die größer als 5 sind. Cho/Elton/Gruber untersuchen hauptsächlich die Robustheit der Gesamt-Vorgehensweise von Roll/Ross (1980). Das diesbezügliche Urteil der Autoren fällt überwiegend positiv aus; vgl. Cho/Elton/Gruber (1984), S. 8.

zwei Teile (Menge der "ungeraden" und Menge der "geraden" Beobachtungen[34]), die als Schätz- und Validierungsstichprobe dienen. Das auf der Basis des ersten Datensatzes geschätzte k-Faktoren-Modell wird danach beurteilt, wie gut der mit diesem Faktorenmodell einhergehende Schätzwert für die Kovarianzmatrix der Aktienrenditen mit der Stichproben-Kovarianzmatrix des zweiten Datensatzes (der "Out-of-Sample"-Kovarianzmatrix S(+)) übereinstimmt. Als Maßzahl zur Beurteilung dieser Anpassungsgüte verwenden Conway/Reinganum u. a. den (modifizierten) Goodness-of-fit-Index des Likelihood-Quotienten-Tests.[35] Es wird von ihnen stets die Modelldimension (k) mit dem kleinsten Wert der jeweiligen Anpassungsstatistik ausgewählt. Auf der Grundlage der skizzierten Vorgehensweise ergibt sich in der Untersuchung von Conway/Reinganum, daß für Gruppen, die zwischen 30 und 60 Aktien umfassen, höchstens 2 Faktoren zu berücksichtigen sind.

Besonders für kleine Stichproben empfiehlt Jobson (1988) als Alternative zum Vorgehen von Conway/Reinganum (1988)[36] zwei Kriterien, die in der Zeitreihenanalyse weit verbreitet sind: das Akaike-Kriterium und das Schwarz-Kriterium. Bezeichnet n^* den ersten Klammerausdruck auf der rechten Seite der Gleichung (3/5) und sei

$$q = p(k+1) - k(k-1)/2 ,$$

dann ist die (unter Verwendung sämtlicher Zeitreihen-Beobachtungen ermittelte) Größe LR_k gemäß des Akaike- respektive des Schwarz-Kriteriums wie folgt zu korrigieren: $LR_k + 2q$ bzw. $LR_k + q \cdot \ln[n^*]$. In beiden Fällen ist diejenige (Faktoren-) Modellordnung zu wählen, für die der betreffende Goodness-of-fit-Index minimal wird. Aufgrund der eingesetzten Straffunktionen, die auf der Zahl der zu schätzenden Modellparameter basieren, muß die mit zunehmender Faktorenanzahl grundsätzlich verbundene Verminderung von LR_k hinreichend groß sein, um das umfassendere Modell zu rechtfertigen. Für die von Conway/Reinganum betrachtete Stichprobe zeigt Jobson, daß speziell das (im Vergleich zum Akaike-Kriterium) konservative Schwarz-Kriterium zu Ergebnissen führt, die denen der Überkreuzvalidierung weitgehend entsprechen.

Die Anwendung des Likelihood-Quotienten-Tests setzt genaugenommen voraus, daß ein exaktes Faktorenmodell vorliegt. Die vor allem von Trzcinka (1986) (weiter-) ent-

---

34 Dieser Differenzierung liegt die Nummer der jeweiligen Beobachtung, die sich aus der Ordnung der Beobachtungszeitpunkte ergibt, zugrunde.

35 In der Gleichung (3/5) ist die Matrix S durch S(+) zu ersetzen.

36 Der Ansatz von Conway/Reinganum (1988) beinhaltet faktisch eine Halbierung der Stichprobe, da die "geraden" Beobachtungen für die (Überkreuz-) Validierung zurückgehalten werden.

wickelte Heuristik zur Ermittlung der Faktorenanzahl beruht dagegen auf dem von Chamberlain/Rothschild (1983) in die theoretische APT-Forschung eingeführten approximativen Faktorenmodell.[37] Es sei daran erinnert, daß sich das approximative k-Faktoren-Modell prinzipiell dadurch vom exakten Faktorenmodell unterscheidet, daß es die Bedingung (2/3f) durch die Forderung substituiert, wonach die k größten Eigenwerte der Wertpapierrenditen-Kovarianzmatrix für p gegen unendlich unbegrenzt ansteigen, während die anderen Eigenwerte dieser Matrix nach oben beschränkt sind. Falls die betrachteten Renditen tatsächlich durch ein approximatives Faktorenmodell generiert werden, kann die Faktorenanzahl durch die Zahl jener Eigenwerte der empirischen Wertpapierrenditen-Kovarianzmatrix geschätzt werden, die als nach oben nicht beschränkt erscheinen.

In der empirischen APT-Forschung werden Folgen von Stichproben-Kovarianzmatrizen der Aktienrenditen analysiert, wobei sich zwei beliebige Folgenglieder dergestalt unterscheiden, daß die Anzahl an Aktien, die der Ermittlung der (i+1)-ten Matrix zugrunde liegt, größer ist als jene Aktienanzahl, welche die Basis für die Berechnung der i-ten Matrix bildet. Dabei handelt es sich entweder um "nested sequences" oder um "zufällige" Folgen (random sequences), welche sich von den erstgenannten dadurch unterscheiden, daß die Aktien des (i+1)-ten Folgenglieds (vom letzten Folgenglied abgesehen) nicht notwendigerweise sämtliche Aktien des i-ten Folgenglieds beinhalten. Für jede Kovarianzmatrix werden die entsprechenden Eigenwerte bestimmt. Die Abhängigkeit der Höhe der einzelnen Eigenwerte von der Anzahl an Aktien, welche zur Berechnung der verschiedenen Kovarianzmatrizen verwendet werden, läßt sich in einem zweidimensionalen Koordinatensystem veranschaulichen. Auf der Ordinate wird dabei die Eigenwerthöhe und auf der Abszisse die Aktienanzahl abgetragen. Für jeden der Eigenwerte erhält man letztlich einen Graph, dessen Verlauf anzeigen soll, ob der jeweilige Eigenwert für p gegen unendlich unbegrenzt ansteigt oder nach oben beschränkt ist. Die Anzahl jener Eigenwerte, für die anscheinend keine obere Schranke existiert, liefert einen Schätzwert für k.

Die bedeutende Untersuchung von Trzcinka (1986) beruht auf verschiedenen Erweiterungen des skizzierten Ansatzes, der in der Literatur zu Recht als "natural method for estimating the number of factors in the APT"[38] charakterisiert wird. Trzcinka analysiert

---

[37] Auch der zuletzt von Connor/Korajczyk (1993) veröffentlichte Test basiert auf dem approximativen Faktorenmodell. Auf der Grundlage dieses asymptotisch (d. h. für p gegen unendlich) gültigen Tests gelangen die Autoren zu Schätzwerten für k, die zwischen 1 und 6 liegen. Connor/Korajczyk vertreten die Auffassung, daß der Generierungsprozeß der monatlichen Renditen ihrer Stichprobe (1626-1869 Aktien) durch Faktorenmodelle mit 3 bis 6 Faktoren beschrieben werden könne.

[38] Trzcinka (1986), S. 366; vgl. auch Connor/Korajczyk (1993), S. 1264.

sowohl eine "nested sequence" als auch eine "zufällige" Folge von Kovarianzmatrizen, wobei zur Berechnung der jeweils größten Matrix 865 Aktien Verwendung finden. Da auf die betreffende Studie im fünften Kapitel der vorliegenden Arbeit ausführlich eingegangen wird, sei an dieser Stelle lediglich ihr zentrales Resultat referiert, das in der folgenden Aussage zum Ausdruck kommt: ".. it appears that more than a one-factor model cannot be justified by exploding eigenvalues."[39] Zur Beschreibung des Generierungsprozesses der wöchentlichen Aktienrenditen eines rund 20jährigen Zeitraums scheint demnach ein 1-Faktor-Modell hinreichend zu sein, wenngleich Trzcinka auch einige (wenige) Ergebnisse erzielt, die eher auf ein 5-Faktoren-Modell hindeuten.[40]

Die aus der empirischen Analyse des approximativen Faktorenmodells resultierenden Ergebnisse zur Faktorenanzahl (sowie zur Bewertung der systematischen Risikofaktoren[41]) sind Gegenstand des Beitrags von Brown (1989). Das von Brown formulierte exakte (!) Faktorenmodell soll insbesondere der restriktiven Forderung genügen, daß sich der Vektor der k Sensitivitätskoeffizienten jedes Wertpapiers als Realisierung eines normalverteilten Zufallsvektors auffassen läßt, dessen Erwartungswertvektor dem k-dimensionalen Summationsvektor entspricht und dessen Kovarianzmatrix durch eine (k × k)-Skalarmatrix gegeben ist. Unter Zuhilfenahme weiterer Prämissen gilt dann, daß jeder der k Faktoren in gleichem Maße zur Gesamtvarianz der Wertpapierrenditen beiträgt; die Faktoren sind also "gleich wichtig" (equally important). Für dieses spezielle Faktorenmodell kann der Autor die Eigenwerte der (Grundgesamtheits-) Kovarianzmatrix der Wertpapierrenditen analytisch bestimmen. Die Eigenwertberechnungen zeigen, daß die relative Bedeutung des ersten Eigenwerts positiv von der unbekannten Faktorenanzahl abhängt. Brown gelangt daher zu folgender Tendenzaussage: Je höher die "wahre" Zahl der gleich wichtigen Faktoren ist, desto eher muß ceteris paribus vermutet werden, daß in den entsprechenden empirischen (Eigenwert-) Untersuchungen fälschlicherweise ein 1-Faktor-Modell als ausreichend erachtet wird.[42] Im Gegensatz dazu stellt sich in dem von ihm durchgeführten Simulationsexperiment[43] das Resultat ein, daß die betreffende (auf der Annahme eines approximativen Faktorenmodells beruhende) Analyse der (geschätzten) Eigen-

---

[39] Trzcinka (1986), S. 364.

[40] Vgl. Trzcinka (1986), S. 358.

[41] Vgl. dazu Brown (1989), S. 1252 f.

[42] Auch für den Fall, daß die Wertpapierrenditen durch mehrere *korrelierte* Faktoren generiert werden, kann sich auf der Basis faktorenanalytischer Verfahren ein dominierender Faktor (und damit eine Unterschätzung der "wahren" Modellordnung) ergeben; vgl. Conway/Reinganum (1988), S. 12-14.

[43] Brown (1989) legt seiner Simulation die wöchentlichen Renditen von 80 Aktien, die durch ein exaktes Faktorenmodell mit 4 gleich wichtigen Faktoren generiert werden, zugrunde.

werte zur Überfaktorisierung neigt, was Brown auf inferenzstatistische Probleme in kleinen Stichproben zurückführt.[44]

Weitere Vorschläge zur Ermittlung der "wahren" Faktorenanzahl, auf die zum Abschluß dieses Abschnitts kurz eingegangen sei, werden u. a. von Ehrhardt (1987) und Chatterjee/Pari (1990) unterbreitet.[45] Der von Ehrhardt (1987) empfohlene Test prüft, ob der p-dimensionale Vektor der mittleren (geschätzten) Residuen jenes Modells, das sich aus der Zusammenführung von k-Faktoren-Modell und APT-Bewertungshypothese ergibt (Gleichung (3/2)), signifikant vom Nullvektor verschieden ist. Ehrhardt, der die im Zeitraum Januar 1980 bis Dezember 1984 realisierten monatlichen Renditen von 30 Aktien untersucht, kommt anhand dieses Tests zu dem Resultat, daß lediglich 1 Faktor benötigt wird. Chatterjee/Pari (1990) analysieren die täglichen Renditen des Zeitraums Juli 1962 bis Dezember 1972. Die Autoren verwenden im ersten Schritt die durch einen hohen Rechenaufwand geprägte Bootstrap-Methode, um zu einer robusten Schätzung der Standardfehler der Faktorenladungen zu gelangen; mit deren Hilfe testen sie im zweiten Schritt, ob die geschätzte (mittlere) Ladung des j-ten Faktors in der i-ten manifesten Variablen signifikant von null abweicht. Die auf der Basis dieses Ansatzes bestimmte Faktorenanzahl scheint unabhängig von der Aktienanzahl zu sein. Die Werte der entsprechenden t-Tests lassen vermuten, daß für die von Chatterjee/Pari betrachteten drei (überlappenden) Gruppen, die aus 30, 60 und 90 Aktien bestehen, jeweils ein 1-Faktor-Modell hinreichend ist.

Zusammenfassend sei hervorgehoben, daß die bisherigen APT-Untersuchungen nicht zu einem eindeutigen Faktorenanzahl-Schätzwert geführt haben.[46] Die folgende Aussage von Conway/Reinganum (1988), S. 1 kann daher vorbehaltslos als Fazit dieses Abschnitts dienen: ".. determining the number of factors underlying security returns has proved to be an elusive and difficult endeavor."

---

44 Der Beitrag von Connor/Korajczyk (1993) stützt das geschilderte Ergebnis. Die Autoren weisen nach, daß bei gegebener (begrenzter) Anzahl an Zeitreihen-Beobachtungen und zunehmender Wertpapieranzahl nicht nur die k größten, sondern vielmehr sämtliche (n) Stichproben-Eigenwerte mit p ansteigen. Vgl. hierzu und wesentlich detaillierter Connor/Korajczyk (1993), S. 1274 f.

45 Vgl. auch Korajczyk/Viallet (1989), die einen Test präsentieren, der asymptotisch (d. h. für p gegen unendlich) sowohl für exakte als auch für approximative Faktorenmodelle zu gültigen Resultaten führt.

46 Vgl. ebenfalls die Tabellen 3/1 und 3/2 des Abschnitts 3.3, welche (u. a.) die Ergebnisse enthalten, die in den auf der Basis faktorenanalytischer Verfahren durchgeführten APT-Tests zur Faktorenanzahl erzielt wurden. Es ist zu beachten, daß die dort angegebenen Werte für k nicht in allen Fällen das Resultat entsprechender Analysen sind. So geht beispielsweise Reinganum (1981) a priori von Faktorenmodellen mit 3, 4 und 5 Faktoren aus.

3.3 Überprüfung der empirischen Validität der APT ohne Vorabspezifikation der systematischen Risikofaktoren[47]

3.3.1 Merkmale und Probleme der üblichen Vorgehensweisen

Die Mehrzahl der betreffenden APT-Untersuchungen verwendet - in Anlehnung an die Arbeit von Roll/Ross (1980) - eine zweistufige Vorgehensweise, welche dem gebräuchlichen Ansatz ähnelt, der zur empirischen Überprüfung des CAPM eingesetzt wird. Im ersten Schritt werden die relevanten Risikomaße mittels faktorenanalytischer Verfahren aus den Zeitreihen der realisierten Wertpapierrenditen geschätzt. Im zweiten Schritt wird zu jedem Zeitpunkt t (t = 1, ..., n) mit Hilfe einer "natürlichen" GLS-Methode[48] oder der OLS-Methode eine Querschnitts-Regressionsanalyse durchgeführt. In der jeweiligen Querschnittsanalyse, die sich entweder auf sämtliche Wertpapiere der Stichprobe oder auf eine Stichprobengruppe bezieht, sind die geschätzten Sensitivitätskoeffizienten (Faktorenladungen) die eigentlichen Regressoren, während die zum Beobachtungszeitpunkt t realisierte Rendite des i-ten Wertpapiers respektive die zu demselben Zeitpunkt über λ_0 hinaus erzielte Wertpapierrendite die abhängige Variable bildet. Als Ergebnis erhält man für jede faktorenbezogene Risikoprämie eine Zeitreihe, die sich aus n Schätzwerten der entsprechenden Risikoprämie zusammensetzt. Hingegen schätzen etwa Roll/Ross (1980), Pari/Chen (1984), Faff (1988), Frantzmann (1989) und Shukla/Trzcinka (1990) die faktorenbezogenen Risikoprämien direkt, indem sie eine Querschnitts-Regressionsanalyse der durchschnittlichen Rendite (Überrendite) gegen die geschätzten Faktorenladungen durchführen.[49] Auf eine wesentliche Schwäche des skizzierten Vorgehens[50], die von seiner konkreten Ausgestaltung unabhängig ist, sei bereits an dieser Stelle hingewiesen: Da anstelle der "wahren" Sensitivitätskoeffizienten geschätzte Faktorenladungen Verwendung finden, die regelmäßig mit zufälligen "Meß"-Fehlern behaftet sein werden, liegt in der Querschnittsanalyse ein Fehler-in-den-Variablen-Problem vor.[51] Nachfolgend werden weitere Merkmale und Probleme des gebräuchlichen Vorgehens sowie alternative Vorgehensweisen präsentiert.

---

[47] Die folgenden Ausführungen erheben nicht zuletzt aufgrund der Vielzahl der inzwischen veröffentlichten empirischen APT-Tests, die von einer Vorabspezifikation der systematischen Risikofaktoren absehen, keinen Anspruch auf Vollständigkeit.

[48] Vgl. dazu beispielsweise Roll/Ross (1980), S. 1090 f.

[49] Auf dieses Merkmal des "klassischen" APT-Tests von Roll/Ross (1980) machen auch Dhrymes u. a. (1985a), S. 81 aufmerksam. Vgl. ebenfalls Roll/Ross (1980), S. 1090-1092.

[50] Eine genauere Erläuterung der Vorgehensweise I, deren zentrale Eigenschaften schon im Abschnitt 3.1 genannt wurden, erfolgt im Abschnitt 6.2.1.

[51] Vgl. Roll/Ross (1980), S. 1084 f. Daß aus der zweistufigen Vorgehensweise ein Fehler-in-den-Variablen-Problem resultiert, ist in der einschlägigen Literatur, die sich mit der empirischen Überprüfung des CAPM beschäftigt, früh erkannt worden; vgl. z. B. Fama/MacBeth (1973).

Wenn in einer Grundgesamtheit die Annahmen des faktorenanalytischen Modells erfüllt sind, dann gibt es unendlich viele beobachtungsäquivalente Faktorenmuster. Die Matrix **B** ist also nicht eindeutig identifizierbar. Eine gegebene Faktorenlösung läßt sich durch geeignete Transformationen in unendlich viele gleichwertige überführen: Es sei **T** eine beliebige orthogonale (k × k)-Matrix, mit deren Hilfe die gemeinsamen Faktoren und ihre Ladungen transformiert werden:

$$\mathbf{f} \mapsto \mathbf{T'f} \equiv \mathbf{f}^{\circ},$$

$$\mathbf{B} \mapsto \mathbf{BT} \equiv \mathbf{B}^{\circ}.$$

Dann gilt:

$$\begin{aligned} \mathbf{r} &= \boldsymbol{\mu} + \mathbf{B}^{\circ}\mathbf{f}^{\circ} + \mathbf{e} \\ &= \boldsymbol{\mu} + \mathbf{BTT'f} + \mathbf{e} \\ &= \boldsymbol{\mu} + \mathbf{Bf} + \mathbf{e}. \end{aligned}$$ [52]

Das Produkt aus Faktorenmuster und gemeinsamen Faktoren ändert sich mithin durch orthogonale Transformationen nicht. Die entsprechenden Transformationen konstituieren lediglich unterschiedliche Basen für den k-dimensionalen gemeinsamen Faktorenraum.[53] Der geschilderte Sachverhalt ist bekannt als das sog. Identifikationsproblem der Faktorenanalyse.[54] Um die Indeterminiertheit zu beseitigen, wird im Rahmen der ML-Faktorenanalyse gefordert, daß die (k × k)-Matrix $\mathbf{B'D}^{-1}\mathbf{B}$ diagonal ist.[55] Zusätzlich wird vorausgesetzt, daß die Hauptdiagonalelemente der betreffenden Matrix nach abnehmender Größe geordnet sind. Aufgrund dieser willkürlichen Restriktionen führt die ML-Faktorenanalyse zu einer eindeutigen (Ausgangs-) Lösung.[56] Im Hinblick auf die Interpretation faktorenanalytischer Resultate ist die Möglichkeit subjektiver Einflüsse besonders

---

52 Vgl. etwa Dhrymes/Friend/Gultekin (1984), S. 325, Franke (1984), S. 117, Ingersoll (1984), S. 1022 und Kosfeld (1986), S. 35-37.

53 Vgl. Shanken (1982), S. 1134; zum gemeinsamen Faktorenraum (common factor space) vgl. etwa Überla (1971), S. 72 f. sowie Kosfeld (1986), S. 19 f.

54 Vgl. Kosfeld (1986), S. 22. Falls korrelierte Faktoren zugelassen werden, muß die Transformationsmatrix lediglich regulär sein. Die Matrix **B** ist dann nur bis auf eine Postmultiplikation mit einer regulären Matrix festgelegt.

55 Vgl. Weber (1974), S. 41 und Ost (1984), S. 584.

56 Vgl. Roll/Ross (1980), S. 1089 und Kosfeld (1986), S. 39. Einschränkend ist jedoch anzumerken, daß das Vorzeichen jeder Spalte der Matrix **B** umgekehrt werden kann ("problem of sign reversal"; Roll/Ross (1980), S. 1089).

groß, so daß sich generell zahlreiche alternative Ansichten bei der inhaltlichen Deutung und Bezeichnung der Faktoren f_j ergeben. Bezüglich der Anwendung der Faktorenanalyse in der empirischen APT-Forschung ist festzuhalten, daß eine (eindeutige) Identifikation der systematischen Risikofaktoren auf der Basis faktorenanalytischer Resultate nicht möglich zu sein scheint.[57]

Der rechentechnische Aufwand hinsichtlich der Durchführung einer (ML-) Faktorenanalyse ist beträchtlich. Lediglich eine begrenzte Anzahl von Wertpapieren kann gleichzeitig untersucht werden. Beispielsweise wird im Rahmen der Studie von Roll/Ross (1980) die gesamte Stichprobe in Gruppen zu je 30 Aktien zerlegt. Die Gruppen werden jeweils getrennt analysiert. Mit dieser Dekomposition der Stichprobe sind die folgenden Probleme verbunden:

- Die Reihenfolge, in der die gemeinsamen Faktoren extrahiert werden, muß nicht in allen Gruppen dieselbe sein. Es ist z. B. zweifelhaft, ob der erste Faktor einer beliebigen Gruppe mit dem ersten Faktor einer anderen Gruppe übereinstimmt.
- Fraglich ist des weiteren, ob die - in den einzelnen Stichprobengruppen getrennt ermittelten - gemeinsamen Faktoren für alle Gruppen identisch sind. Es ist vielmehr möglich, daß je nach Stichprobengruppe z. T. unterschiedliche gemeinsame Faktoren extrahiert werden.[58]

Cho (1984) versucht, das letztgenannte Problem der nicht gesicherten "Faktoren-Entsprechung" ("problem of factor comparability"[59]) abzuschwächen, indem er die sog. (ML-) Inter-Battery-Faktorenanalyse verwendet.[60] Der Autor teilt seine gesamte Stichprobe (930 Aktien) in 22 Industriegruppen auf, aus denen er 21 Teilstichproben bildet, die jeweils aus 2 dieser Aktiengruppen bestehen (Teilstichprobe 1: Gruppen 1 und 2, Teilstichprobe 2: Gruppen 2 und 3 usw.). Die Inter-Battery-Faktorenanalyse wird von ihm für jede Teilstichprobe durchgeführt. Dieser speziellen Faktorenanalyse liegt im Gegensatz zur konventionellen Faktorenanalyse nicht die Kovarianzmatrix (Korrelationsmatrix) aller manifesten Variablen der betreffenden Teilstichprobe, sondern lediglich jene Teilmatrix zugrunde, welche sich aus den Kovarianzen zwischen den Variablen der einen Gruppe und den Variablen der anderen Gruppe ergibt. Die Faktorenladungen werden da-

[57] Vgl. z. B. Brown (1989), S. 1248 und Weston/Copeland (1992), S. 423.

[58] Vgl. Roll/Ross (1980), S. 1089, 1099. Weitere Probleme, die mit der Anwendung von Methoden der Faktorenanalyse in empirischen APT-Tests einhergehen (können), werden von Franke (1984) aufgezeigt.

[59] Cho (1984), S. 1486.

[60] Siehe auch Cho/Eun/Senbet (1986).

her unter der Bedingung geschätzt, daß die Faktoren der beiden betrachteten Aktiengruppen identisch sind. Ein weiterer Vorteil der Inter-Battery-Faktorenanalyse liegt darin begründet, daß durch das Abstellen auf eine Teilmatrix der jeweiligen Kovarianzmatrix eine im Vergleich zur Standard-Faktorenanalyse größere Anzahl von Aktien (gleichzeitig) untersucht werden kann.

Daneben sind in der Literatur einige Ansätze zur Schätzung der Sensitivitätskoeffizienten mittels faktorenanalytischer Verfahren vorgestellt worden, die keine willkürliche Zerlegung der Stichprobe in mehrere (kleinere) Aktiengruppen beinhalten. So sieht etwa der von Chen (1983) verfolgte Ansatz[61] zunächst vor, daß die ML-Faktorenanalyse nicht separat für einzelne Stichprobengruppen, sondern lediglich für eine Teilstichprobe (180 Aktien) durchgeführt wird. Auf der Basis der geschätzten Faktorenladungen dieser Aktien bildet Chen k Portefeuilles (wobei der Autor von $k = 5$ ausgeht), deren Faktorenladungen einige wünschenswerte Eigenschaften aufweisen.[62] Die 5 Sensitivitätskoeffizienten jeder Aktie der gesamten Stichprobe können schließlich durch das Lösen einer bestimmten Matrizengleichung[63] ermittelt werden. Das alternative Vorgehen von Pari/Chen (1984) ist zweigeteilt. Zuerst werden die realisierten Renditen von 65 Industrieportefeuilles einer kanonischen Faktorenanalyse unterzogen, um die Matrix der Faktorenwerte (**F**) zu schätzen (Schritt 1). Unter Verwendung der berechneten Faktorenausprägungen wird im zweiten Schritt das lineare Regressionsmodell (3/1) für jedes (nach der Höhe des Rendite-Mittelwerts zusammengestellte) Aktienportefeuille mit der OLS-Methode geschätzt. Es ist evident, daß das Problem der nicht gesicherten Faktoren-Übereinstimmung in beiden Fällen nicht auftritt; die gemäß der skizzierten Ansätze ermittelten Sensitivitätskoeffizienten beziehen sich jeweils auf identische Faktoren.

Im gegebenen Zusammenhang sind auch die Vorgehensweisen II und III, deren zentrale Merkmale bereits im Abschnitt 3.1 genannt wurden, von grundlegender Bedeutung. Ein enormer Vorteil, den sowohl der asymptotische Hauptkomponenten- als auch der Semiautoregressions-Ansatz gegenüber der konventionellen Faktorenanalyse aufweisen, besteht darin, daß mit ihrer Hilfe die (Über-) Renditen sehr vieler Aktien analysiert werden können. Eine Zerlegung der gesamten Stichprobe in mehrere Aktiengruppen ist daher nicht erforderlich. Besonders die Anwendung des asymptotischen Hauptkomponenten-

61 Vgl. auch Reinganum (1981), dessen zur Schätzung der Faktorenladungen eingesetzte Methode ein früheres (unveröffentlichtes) Arbeitspapier von Chen zugrunde liegt.

62 Vgl. zu den einzelnen Schritten der Portefeuillebildung Chen (1983), S. 1411 f.

63 Vgl. Chen (1983), S. 1411 (Gleichung (A1)).

Ansatzes[64], der auf Connor/Korajczyk (1986) zurückgeht und eine Erweiterung der (asymptotischen) Hauptkomponentenmethode darstellt, verlangt umgekehrt aber auch, daß tatsächlich eine sehr große Aktienanzahl gegeben ist, damit der resultierende Schätzfehler ein vernachlässigbares Ausmaß annimmt.[65] Der von Mei (1993b) präsentierte Semiautoregressions-Ansatz führt hingegen zu einer Verkürzung des Untersuchungszeitraums (d. h. zum Verlust einer Teilperiode), da die ersten Beobachtungen jeder Aktienrenditen-Zeitreihe für die Ausprägungen der ("Semi"-) Autoregressoren (und die Realisationen der erforderlichen Instrumentalvariablen) zu reservieren sind; diese Beobachtungen stehen mithin für den APT-Test nicht mehr zur Verfügung. Beiden Vorgehensweisen, die jeweils auf die Matrix **H** abstellen, ist gemeinsam, daß sie grundsätzlich keine Schätzung der Matrix der Sensitivitätskoeffizienten vornehmen, welche dem eigentlichen Test der APT-Bewertungsgleichung vorgelagert ist.[66] Das eingangs dieses Abschnitts genannte Fehler-in-den-Variablen-Problem kann folglich nicht entstehen. An dessen Stelle tritt indes das aus der Schätzung der Matrix **H** resultierende Fehler-in-den-Variablen-Problem, so daß letztlich ein "Tradeoff" vorliegt.

Im Rahmen der Querschnittsanalyse, dem zweiten Schritt der Vorgehensweise I, werden die Parameter λ_j (j = 0, 1, ..., k) geschätzt und bestimmten Signifikanztests unterzogen. Der Parameter λ_0 sollte gemäß der APT-Bewertungsgleichung der Rendite eines Wertpapiers respektive Portefeuilles entsprechen, das kein Risiko (bzw. kein systematisches Risiko) besitzt. Sofern die Analysen getrennt für verschiedene Stichprobengruppen vorgenommen werden, sollten die dabei erzielten Schätzwerte für λ_0 identisch sein. Im Hinblick auf die Prüfung der Bewertungsrelevanz des systematischen Risikos ist folgender Aspekt zu beachten, der mit dem Identifikationsproblem der Faktorenanalyse verbunden ist und insbesondere von Dhrymes/Friend/Gultekin (1984) betont wird[67]: Danach sind univariate Testverfahren (wie der konventionelle t-Test), mit denen die (geschätzten) Risikoprämien der faktorenanalytisch ermittelten Faktoren f_j einzeln daraufhin überprüft werden, ob sie signifikant von null verschieden sind, nicht zulässig. Die Frage, welche

---

64 Vgl. dazu Connor/Korajczyk (1988), Korajczyk/Viallet (1989), Lee/Wei/Bubnys (1989) sowie McCulloch/Rossi (1990).

65 Der Schätzfehler strebt für den Fall, daß die Aktienanzahl über alle Grenzen wächst, gegen null. Den beispielsweise von McCulloch/Rossi (1990) vorgenommenen Schätzungen liegen jeweils die Renditen von mehr als 2000 Aktien zugrunde. Die von Connor/Korajczyk (1988) auf der Basis eines 5-Faktoren-Modells für p = 1745 durchgeführten Simulationen zeigen, daß der Schätzfehler faktisch vernachlässigt werden kann.

66 Vgl. Mei (1993b), S. 599. Eine Ausnahme bildet die Untersuchung von Lee/Wei/Bubnys (1989); die Autoren setzen zwar den asymptotischen Hauptkomponenten-Ansatz ein, sie ermitteln jedoch trotzdem in einem weiteren (Zwischen-) Schritt die Matrix **B**. Vgl. auch Mei (1993b), S. 609-612.

67 Vgl. Dhrymes/Friend/Gultekin (1984), S. 326-330; siehe auch Franke (1984), S. 113.

der betreffenden Faktoren am Markt bewertet werden, läßt sich folglich nicht beantworten. Aussagen, die eine von null abweichende Anzahl bewerteter Faktoren konkretisieren, weisen daher keinen Informationsgehalt auf. Man kann lediglich (beispielsweise mit Hilfe eines F-Tests) prüfen, ob sich der (geschätzte) k-dimensionale Vektor der faktorenbezogenen Risikoprämien signifikant vom Nullvektor unterscheidet.

In mehreren APT-Tests wird ferner untersucht, ob sog. Bewertungsanomalien, wie insbesondere der Firm-Size-Effekt[68] oder kalenderzeitliche Saisonalitäten in der Bewertung des systematischen Risikos, auftreten. Der Frage, ob ein Firm-Size-Effekt im Kontext der APT vorliegt, gehen etwa Reinganum (1981), Chen (1983), Connor/Korajczyk (1988), Lehmann/Modest (1988), Shukla/Trzcinka (1990) und Mei (1993a) nach[69], während vor allem Cho/Taylor (1987), Gultekin/Gultekin (1987) und Frantzmann (1989) überprüfen, ob kalenderzeitliche Saisonalitäten in der statistischen Signifikanz der faktorenbezogenen Risikoprämien gegeben sind.[70]

Aus der exakten Bewertungsgleichung der APT folgt zudem, daß nur das systematische Wertpapierrisiko, welches durch die Sensitivitätskoeffizienten gemessen wird, bewertungsrelevant ist. Damit sind andere "Wertpapiermerkmale" als *weitere* Einflußgrößen auf die Bewertung der Wertpapiere explizit ausgeschlossen. Gelänge somit beispielsweise der Nachweis der Bewertungsrelevanz des unsystematischen Risikos, so würde dies bedeuten, daß die APT für die Erklärung der Preisbildung am betreffenden Kapitalmarkt wenig geeignet wäre. Ein "strenger" APT-Test besteht daher in der Überprüfung der Nullhypothese, daß das unsystematische Risiko (gemessen etwa durch die Standardabweichung des Einzelrestfaktors) nicht bewertet wird. Der übliche Untersuchungsansatz sieht vor, daß eine Meßgröße für das unsystematische Risiko der Wertpapiere (mit) in die Querschnitts-Regressionsanalyse einbezogen wird. Das Identifikationsproblem der Faktorenanalyse ist hierbei ohne Belang, so daß sich Hypothesen, die auf einen einzelnen Parameter abstellen, ohne weiteres den gebräuchlichen t- oder vergleichbaren Tests unterziehen lassen. Da jedoch unter Umständen eine relevante Kollinearität der Regres-

---

68 Der Firm-Size-Effekt wurde erstmals von Banz (1981) festgestellt, der das unterschiedliche systematische Risiko der Aktien mittels des CAPM berücksichtigt. Seine auf Daten des US-amerikanischen Aktienmarkts beruhende Untersuchung zeigt, daß die risikoadjustierten Renditen von Aktien sehr kleiner Unternehmen im Durchschnitt deutlich höher ausfallen als die risikoadjustierten Renditen von Aktien großer Unternehmen. Die Unternehmensgröße wird dabei durch den Marktwert des Eigenkapitals gemessen. Vgl. zu einer (berechtigten) Kritik an der (im gegebenen Zusammenhang) gebräuchlichen Bestimmung der Unternehmensgröße Frantzmann (1989), S. 86.

69 Auf eine Darstellung der dazu herangezogenen Verfahren soll an dieser Stelle verzichtet werden.

70 Die Tabelle 6/8, Abschnitt 6.3.2, gibt einen Überblick über die verschiedenen Vorgehensweisen, welche zur Untersuchung monatlicher Saisonalitäten in der Bewertung der (nicht-vorabspezifizierten) APT-Risikofaktoren verwendet werden können.

soren vorliegt, verfolgt Chen (1983) einen anderen Untersuchungsansatz. Chen bildet zwei diversifizierte Aktienportefeuilles mit ausschließlich nicht-negativen Portefeuille-Anteilen, die die gleichen (geschätzten) Sensitivitätskoeffizienten aufweisen. Die Portefeuilles sind weiterhin dadurch charakterisiert, daß das erste Portefeuille Aktien mit hoher Rendite-Varianz enthält, während das zweite Portefeuille Aktien mit niedriger Rendite-Varianz umfaßt. Bei Gültigkeit der APT sollten sich die mittleren Renditen dieser Portefeuilles nur zufällig unterscheiden.

In einigen Studien, hier können beispielsweise die Arbeiten von Chen (1983) und Faff (1988) angeführt werden, wird außerdem die "empirische Performance" der APT mit der des "CAPM" (direkt) verglichen, wobei gleich- und wertgewichtete Aktienindizes als Stellvertreter für das Marktportefeuille Verwendung finden. Den betreffenden Analysen[71] liegt die Auffassung zugrunde, daß die beiden Bewertungsansätze keine Modellhierarchie bilden und somit nicht ineinander verschachtelte Modelle (non-nested models) repräsentieren. Als Begründung führt Chen an, daß die APT das CAPM dann und nur dann als Spezialfall beinhaltet, wenn eine Rotation der systematischen Risikofaktoren dergestalt existiert, daß einer der Faktoren durch die (unerwartete) Rendite des Marktportefeuilles gegeben ist. Ex ante besteht aber keine Veranlassung, von einem derartigen Sachverhalt auszugehen.[72]

Abschließend sei kurz auf zwei alternative Ansätze zur Prüfung der empirischen Validität der "exakten" APT eingegangen. Ein genereller Ansatz, mit dem sich die Gültigkeit kapitalmarkttheoretischer Ansätze überprüfen läßt, wird von Brown/Weinstein (1983) vorgeschlagen und für einen Test der APT-Bewertungsgleichung verwandt. Den Ausgangspunkt ihrer Argumentation bildet die Erkenntnis, daß die in der Literatur diskutierten Bewertungsansätze eine Hypothese implizieren, die von den Autoren als "bilineare" Hypothese bezeichnet wird. So bestimmt sich die erwartete (Über-) Rendite des i-ten Wertpapiers gemäß den entsprechenden Bewertungsgleichungen prinzipiell dadurch, daß der Vektor der wertpapierindividuellen Ausprägungen von (bewertungsrelevanten) Wertpapierattributen mit dem Vektor der Marktpreise dieser Attribute multipliziert wird. Die erwarteten Wertpapierrenditen lassen sich daher bei gegebenen Marktpreisen als lineare Funktion der betreffenden Attribute darstellen; umgekehrt kann die erwartete Rendite eines beliebigen Wertpapiers bei gegebenen Attributen als Linearkombination der Marktpreise der jeweiligen Attribute berechnet werden. Die mit der "bilinearen" Darstellung des Wertpapierrenditen-Erwartungswerts verbundene (inhärente) Restriktion der Bewer-

71 Vgl. dazu im einzelnen Chen (1983), S. 1400-1405 und Faff (1988), S. 36 f.

72 Vgl. Chen (1983), S. 1396.

tungsansätze besteht darin, daß der Marktpreis jedes bewertungsrelevanten Attributs für alle Wertpapiere identisch ist. Diese Restriktion bildet die Grundlage des APT-Tests von Brown/Weinstein[73], deren Stichprobe aus 21 Gruppen besteht, die jeweils 60 Aktien umfassen. Die Autoren zerlegen jede Aktiengruppe in 2 Teilgruppen zu je 30 Aktien, um dann im Rahmen der Querschnittsanalyse jeweils zu prüfen, ob für die betreffenden (beiden) Teilgruppen die Hypothese eines übereinstimmenden Absolutglieds der Bewertungsgleichung, die Hypothese eines identischen Vektors der Faktoren-Risikoprämien (und -werte) sowie die aus der Konjunktion der angeführten Hypothesen resultierende (Gesamt-) Hypothese erfüllt sind.

Der zweite Ansatz wird u. a. von Connor/Korajczyk (1988), Lehmann/Modest (1988), Mei (1993b) und Sauer (1994) zur Überprüfung der APT gewählt. Dieser Ansatz beruht auf der Gleichung (3/3), deren rechte Seite allerdings um das Produkt aus dem (p $\times$ 1)-Vektor **a** und dem (1 $\times$ n)-Summationsvektor erweitert wird:

(3/6) $$\tilde{\mathbf{R}} = \mathbf{a1}' + \mathbf{BH} + \mathbf{E}\,.$$

Das durch die Gleichung (3/6) abgebildete System von p Regressionsgleichungen repräsentiert ein multivariates lineares Regressionsmodell, welches keinerlei Restriktionen an die in dem Vektor **a** und der Matrix **B** zusammengefaßten Modellparameter erhebt. Damit das multivariate Regressionsmodell mit der APT (genauer: mit der Zusammenführung von exakter Bewertungsgleichung und Faktorenmodell-Annahme) vereinbar ist, muß den Elementen von **a** jeweils die Restriktion $a_i = 0$ auferlegt werden.[74] Der APT-Test, welcher in zwei Schritte zerfällt, besteht daher letztlich in einem Vergleich des derart restringierten (homogenen) Regressionsmodells mit dem unrestringierten Regressionsmodell, das für die Parameter a_i (i = 1, ..., p) von null verschiedene Werte zuläßt.[75] Im ersten Schritt ist die Matrix **H** zu bestimmen. Dazu können entweder direkt die Vorgehensweisen II bzw. III herangezogen werden, oder man schätzt zunächst die Faktorenstruktur mittels faktorenanalytischer Verfahren und stellt anschließend mehrere Portefeuilles mit dem Ziel zusammen, daß die realisierten (Über-) Renditen des j-ten Portefeuilles (j = 1, ..., k) den Elementen des n-dimensionalen Zeilenvektors $\mathbf{h}_j$ der Matrix **H**

---

73 Vgl. auch Cho (1984), Cho/Eun/Senbet (1986) und DeFusco/Philippatos/Choi (1990).

74 Dies bedeutet, daß die APT-Fehlbewertung für jedes Wertpapier gleich null ist. Das jeweilige Element des Vektors **a** kann als APT-Analogon zum auf dem CAPM basierenden und innerhalb der Performance-Messung häufig benutzten Jensen-Maß interpretiert werden; vgl. Connor/Korajczyk (1988), S. 269.

75 Ein APT-Test, der auf die Absolutglieder eines multivariaten Regressionsmodells abstellt, wurde bereits von Jobson (1982) präsentiert.

entsprechen. Diese sog. Basisportefeuilles, welche die nicht beobachtbaren "Faktoren" nachbilden, müssen insbesondere der Bedingung genügen, daß sie vollständig diversifiziert sind. Der zweite Schritt sieht vor, daß das Regressionsmodell (3/6) für die betrachteten Wertpapiere geschätzt wird. Zur Durchführung der Längsschnitts-Regressionsanalysen werden allerdings anstelle der realisierten (Über-) Renditen der einzelnen Aktien häufig Portefeuillerenditen verwandt, wobei sich die gebildeten (Test-) Portefeuilles i. d. R. hinsichtlich der Größe der zugrundeliegenden Gesellschaften deutlich unterscheiden, so daß die Existenz eines Small-Firm-Effekts (mit) überprüft werden kann.[76] Bei Gültigkeit der APT sollte der Vektor der ermittelten Absolutglieder (d. h. der Vektor der für die betreffenden Marktwertportefeuilles geschätzten Bewertungsfehler) nicht signifikant vom Nullvektor abweichen. Es ist zu beachten, daß man zwangsläufig verzerrte Schätzungen für die Regressionskoeffizienten und die Kovarianzmatrix der Regressionskoeffizienten erhält, sofern der "Meß"-Fehler bezüglich der Matrix **H** nicht vernachlässigt werden kann. Daraus folgt etwa für die Anwendung des asymptotischen Hauptkomponenten-Ansatzes, wie weiter oben bereits dargelegt wurde, daß eine genügend große Aktienanzahl gegeben sein muß. Auch der Konstruktion von Basisportefeuilles müssen theoretisch unendlich viele Wertpapiere zugrunde liegen, damit das unsystematische Risiko jeweils vollständig beseitigt werden kann. Der beschriebene Testansatz ist daher unabhängig von seiner konkreten Ausgestaltung nur dann geeignet, wenn tatsächlich eine sehr große Stichprobe zur Verfügung steht. Untersuchungen, die ausschließlich Daten des deutschen Aktienmarkts verwenden, können diese Anforderung naturgemäß kaum erfüllen. Ferner sei angemerkt, daß speziell die Vorgehensweise II der (auf der vorherigen Durchführung einer Faktorenanalyse beruhenden) Konstruktion von Basisportefeuilles insofern überlegen ist, als das durch den Rückgriff auf geschätzte Faktorenladungen und Residualvarianzen entstehende (zusätzliche) Fehler-in-den-Variablen-Problem vermieden wird.

3.3.2 Für den US-amerikanischen Aktienmarkt erzielte Ergebnisse

Angesichts der enormen Zahl und Heterogenität der veröffentlichten Untersuchungen, die keine Vorabspezifikation der systematischen Risikofaktoren vornehmen und Daten des US-amerikanischen Aktienmarkts verwenden, können nachfolgend nur einige Arbei-

---

[76] Ein potentielles Problem dieser Portefeuillebildung kommt deutlich in der folgenden Aussage von Connor/Korajczyk (1988), S. 270 zum Ausdruck: "Such a grouping procedure .. may mask important deviations from the model if the deviations are unrelated to the instruments used to assign assets into portfolios." Auf weitere Schwachstellen des Verwendens von Portefeuilles zur Überprüfung der APT-Bewertungsgleichung wird im Gliederungspunkt 6.2.1.2 hingewiesen.

ten und die zentralen Resultate dieser spezifischen Richtung der empirischen APT-Forschung angesprochen werden.[77] Die Ergebnisse jener bislang für den US-amerikanischen Aktienmarkt durchgeführten APT-Tests, die faktorenanalytische Verfahren (bzw. den asymptotischen Hauptkomponenten-Ansatz) einsetzen, sind in der Tabelle 3/1 zusammengestellt. Aus der Tabelle ist ersichtlich, daß die betreffenden Studien unterschiedliche Befunde ergeben haben:

- Roll/Ross (1980), Chen (1983), Cho (1984), Cho/Elton/Gruber (1984), Pari/Chen (1984), Lehmann/Modest (1988) und Shukla/Trzcinka (1990)[78] lehnen die APT aufgrund ihrer jeweiligen Testresultate nicht ab. Brown/Weinstein (1983) verwerfen nur die 3-Faktoren-APT nicht.
- Die Untersuchungsergebnisse von Reinganum (1981), Dhrymes u. a. (1985a, 1985b)[79], Cho/Taylor (1987) sowie Gultekin/Gultekin (1987) sind dagegen nicht konsistent mit den Aussagen der APT.
- In den Studien von Connor/Korajczyk (1988) und Lee/Wei/Bubnys (1989) stellen sich derart uneinheitliche Resultate ein, daß die Autoren von einem Urteil zur empirischen Validität der APT absehen.

Der auf dem Autoregressions-Ansatz und jährlichen (!) Aktienrenditen beruhende APT-Test von Mei (1993a), in dessen Mittelpunkt genaugenommen eine verbundene Hypothese (Gültigkeit der exakten Bewertungsgleichung und Gültigkeit der Prämisse eines exakten linearen Faktorenmodells) steht, gelangt ebenfalls zu nicht eindeutigen Ergebnissen. So kann zwar einerseits z. B. die Existenz des Firm-Size-Effekts für den Fall verneint werden, daß den entsprechenden Analysen APT-Versionen mit mehr als 4 Faktoren zugrunde liegen; andererseits ist die Arbitrage Pricing Theory jedoch unabhängig von der spezifizierten Faktorenanzahl, die in Meis Untersuchung mindestens 3 und maximal 7 beträgt, durchweg nicht in der Lage, den "Earnings-Price-Ratio-" und den "Book-to-

[77] Die vorgenommene Auswertung der relevanten APT-Tests ist auf die wesentlichen Arbeiten beschränkt. Daneben ist eine Reihe von ähnlichen Untersuchungen durchgeführt worden, auf die hier nicht näher eingegangen wird. Aus der Fülle der entsprechenden Literatur seien beispielhaft die Arbeiten von DeFusco/Philippatos/Choi (1990), McCulloch/Rossi (1990) und Robin/Shukla (1991) genannt.

[78] Einige der erzielten Resultate (und zwar jene, die sich für die aus 596 Aktien bestehende Teilstichprobe einstellen) werden auch in Shukla/Trzcinka (1991) präsentiert. Dieser Beitrag beinhaltet darüber hinaus eine Untersuchung der "Out-of-Sample"-Erklärungskraft der "systematischen" Risikomaße.

[79] Einige Ergebnisse des APT-Tests von Dhrymes u. a. (1985a) sind auch Bestandteil des Beitrags von Dhrymes (1984). In der Arbeit von Coggin/Hunter (1987) werden jene Resultate von Dhrymes u. a. (1985a), die in den Tabellen 1-3 ihres Beitrags zusammengefaßt sind, einer "Meta-Analyse" unterzogen.

Tab. 3/1: Überblick über die für den US-amerikanischen Aktienmarkt auf der Grundlage faktorenanalytischer Verfahren durchgeführten APT-Tests

	ROLL/ROSS (1980)	REINGANUM (1981)	BROWN/WEINSTEIN (1983)	CHEN (1983)	CHO (1984)
ZEITRAUM	7/1962-12/1972	1/1963-12/1978	7/1962-12/1972	1/1963-12/1978	7/1962-12/1972
AKTIENANZAHL	1260 (42 Gruppen je 30 Akt.)	1457 - rund 2500	1260 (21 Gruppen je 60 Akt.)	1064-1580	930 (22 Industriegruppen)
UNTERSUCHTE VARIABLE	tägliche Renditen	tägliche Renditen	tägliche Renditen	tägliche Renditen	tägliche Renditen
SCHÄTZUNG DER SENSITIVITÄTSKOEFFIZIENTEN	Maximum-Likelihood-Faktorenanalyse	ML-Faktorenanalyse (Teilschritt)	Maximum-Likelihood-Faktorenanalyse	ML-Faktorenanalyse (Teilschritt)	ML-Inter-Battery-Faktorenanalyse
GESCHÄTZTE/GEWÄHLTE FAKTORENANZAHL	$k = 5$	$k = 3$, 4 bzw. 5	$k = 3$, 5 bzw. 7	$k = 5$	$2 \leq k \leq 9$ (je nach Teilstichprobe)
BEWERTUNG DES SYSTEMATISCHEN RISIKOS	überwiegend ja (Verwenden des t-Tests)	------	Überprüfung mehrerer Restriktionen der "bilinearen" APT-Bewertung	ja (F-Test: empir. Signifikanzniveau stets < 0,1)	Überprüfung mehrerer Restriktionen der "bilinearen" APT-Bewertung
BEWERTUNGSANOMALIEN	------	Vorliegen eines Firm-Size-Effekts	------	Firm-Size-Effekt liegt nicht vor	------
BEWERTUNG DES UNSYSTEMATISCHEN RISIKOS	abhängig vom gewählten Vorgehen	------	------	nein	------
FAZIT ZUR EMPIRISCHEN GÜLTIGKEIT DER APT	APT wird nicht abgelehnt	APT wird abgelehnt	nur die 3-Faktoren-APT wird nicht abgelehnt	APT wird nicht abgelehnt	APT wird nicht abgelehnt

Tab. 3/1 (Fortsetzung)

	Cho/Elton/Gruber (1984)	Pari/Chen (1984)	Dhrymes u. a. (1985a)	Dhrymes u. a. (1985b)	Cho/Taylor (1987)
Zeitraum	1/1973-9/1980	1/1975-12/1980	7/1962-12/1972	7/1962-12/1981	1/1973-12/1983
Aktienanzahl	1740 (58 Gruppen je 30 Akt.)	rund 2000	1260 (42 Gruppen je 30 Akt.)	900 (Gr. je 30, 60, 90 Aktien)	340 (14 Zufallsstichproben je 30 Aktien)
untersuchte Variable	tägliche Renditen	monatliche Renditen	tägliche Renditen	tägliche Renditen	tägliche Renditen
Schätzung der Sensitivitätskoeffizienten	Maximum-Likelihood-Faktorenanalyse	kanonische Faktorenanalyse (Teilschritt)	Maximum-Likelihood-Faktorenanalyse	Maximum-Likelihood-Faktorenanalyse	Maximum-Likelihood-Faktorenanalyse
geschätzte/gewählte Faktorenanzahl	k = 7	k = 3	k = 5	k = 5, 8, 13 bzw. 7, 11, 17	1 ≤ k ≤ 10 (je nach Teilstichpr. und "Monatsart")
Bewertung des systematischen Risikos	überwiegend ja (Verwenden des t-Tests)	ja (Verwenden des t-Tests)	überwiegend nein	überwiegend nein	überwiegend nein
Bewertungsanomalien	------	------	------	------	Anhaltspunkte für eine Januar-Saisonalität in der statistischen Signifikanz des Vektors der faktorenbezogenen Risikoprämien
Bewertung des unsystematischen Risikos	------	nein	überwiegend nein	z. T. ja	------
Fazit zur empirischen Gültigkeit der APT	APT wird nicht abgelehnt	APT wird nicht abgelehnt	APT wird abgelehnt	APT wird abgelehnt	APT wird abgelehnt

Tab. 3/1 (Fortsetzung)

	GULTEKIN/GULTEKIN (1987)	CONNOR/KORAJCZYK (1988)	LEHMANN/MODEST (1988)	LEE/WEI/BUBNYS (1989)	SHUKLA/TRZCINKA (1990)
ZEITRAUM	7/1962-12/1981	1/1964-12/1983	1/1963-12/1982	1/1966-12/1985	7/1962-12/1983
AKTIENANZAHL	900 (Gruppen je 30, 90 Akt.)	1487-1745	750 (bzw. 1001-1359 Akt. für die Testportef.)	570 (bzw. 1170-1500 Akt. für die Testportef.)	865 (32 Zufallsstichproben mit 30-596 Aktien)
UNTERSUCHTE VARIABLE	tägliche Renditen	monatliche Renditen	tägliche/wöchentliche/ monatliche Renditen	monatliche Renditen	wöchentliche Renditen
SCHÄTZUNG DER SENSITIVITÄTSKOEFFIZIENTEN	Maximum-Likelihood-Faktorenanalyse	statt dessen: asymptot. Hauptkompon.-Ansatz	Maximum-Likelihood-Faktorenanalyse	asymptot. Hauptkompon.-Ansatz (Teilschritt)	ML-Faktorenanalyse, Hauptkompon.methode
GESCHÄTZTE/GEWÄHLTE FAKTORENANZAHL	k = 7 bzw. 17	k = 5 bzw. 10	k = 5, 10 bzw. 15	k = 5	k = 1 bzw. 5
BEWERTUNG DES SYSTEMATISCHEN RISIKOS	überwiegend nein	keine eindeutigen Ergebnisse	überwiegend ja	abhängig vom gewählten Vorgehen	überwiegend ja
BEWERTUNGS-ANOMALIEN	Vorliegen einer Januar-Saisonalität in der statistischen Signifikanz des Vektors der faktorenbezogenen Risikoprämien	keine eindeutigen Ergebnisse (Firm-Size- und Januar-Effekt)	Vorliegen eines Firm-Size-Effekts; Dividenden-Effekt liegt nicht vor	keine Anhaltspunkte für eine Januar-Saisonalität in der statistischen Signifikanz des betr. Vektors	Firm-Size-Effekt liegt für k = 5 nicht vor
BEWERTUNG DES UNSYSTEMATISCHEN RISIKOS	z. T. ja	-----	überwiegend kein Rendite-Varianz-Effekt	-----	überwiegend ja
FAZIT ZUR EMPIRISCHEN GÜLTIGKEIT DER APT	APT wird abgelehnt	-----	APT wird nicht abgelehnt	-----	APT wird nicht abgelehnt

Market-Effekt" zu erklären.[80] Auch die in einem weiteren Beitrag präsentierten Resultate[81] lassen kein klares Urteil zur empirischen Validität der APT zu. In der betreffenden Studie schätzt Mei ein 5-Faktoren-Modell mittels des Semiautoregressions-Ansatzes.

3.3.3 Für den deutschen und andere Aktienmärkte erzielte Ergebnisse

Gegenwärtig liegen nur wenige APT-Tests für außeramerikanische Aktienmärkte vor, die von nicht-vorabspezifizierten (latenten) Risikofaktoren ausgehen.[82] Einen Überblick über die empirischen Untersuchungen der Arbitrage-Pricing-Theorie, welche für den deutschen Aktienmarkt auf der Basis faktorenanalytischer Verfahren bereits durchgeführt wurden, bietet die Tabelle 3/2.[83] Aus ihr ist ersichtlich, daß die Faktorenanzahl-Schätzwerte besonders vom verwendeten Kriterium/Test abhängen. Weiterhin geht aus der Tabelle hervor, daß die erzielten Ergebnisse zur Validität der APT für den deutschen Aktienmarkt zwar tendenziell eine Bewährung der Theorie anzeigen, die relevanten Fragestellungen jedoch keineswegs abschließend oder erschöpfend beantworten. Recht widersprüchliche Testresultate stellen sich dabei hauptsächlich in den Arbeiten von Frantzmann (1989) und Sauer (1994) ein. In den Tests von Winkelmann (1984), Frantzmann (1989) und Müller, Wolfgang (1992) wird die Vorgehensweise I eingesetzt, wohingegen sowohl Verleger (1993) als auch Sauer (1994) versuchen, die "exakte" APT mit Hilfe von Basisportefeuilles zu überprüfen. Verleger macht detaillierte Angaben zur Zusammensetzung der gebildeten Portefeuilles[84] und stellt letztlich wegen der mangelnden Diversifikation der Portfolios fest, "daß über die exakten Risikoprämien keine genauen Aussagen getroffen werden können."[85] Hingegen berichtet Sauer (1994) lediglich in hoch aggregierter Form über den "Diversifikationsgrad" der konstruierten Portefeuilles. Er ermittelt dazu

---

80 Vgl. dazu insbesondere Mei (1993a), S. 341 (Tabelle 4).

81 Vgl. vor allem Mei (1993b), S. 606-608.

82 Daneben wird in der Studie von Gultekin/Rogalski (1985) die Gültigkeit der APT-Bewertungsgleichung für den US-amerikanischen Staatsanleihen-Markt überprüft, während Frantzmann (1989) die APT (u. a.) mit Daten des deutschen Rentenmarkts testet, wobei die entsprechenden Analysen auf das Marktsegment der von Bund, Bahn und Post emittierten Anleihen beschränkt sind.

83 Zuzüglich zu den in der Tabelle 3/2 ausgewerteten APT-Untersuchungen ist auch die Studie von Frantzmann (1990) bezüglich der Messung des Marktrisikos deutscher Aktien zu nennen, welcher u. a. ein a priori angenommenes Faktorenmodell mit 4 nicht spezifizierten Risikofaktoren zugrunde liegt. Frantzmanns Untersuchung beschäftigt sich insbesondere auch mit dem sog. Intervalling-Effekt. Vgl. zu diesem (vor allem für US-amerikanische Aktien festgestellten) Effekt, der die positive Abhängigkeit der Höhe des geschätzten systematischen Risikos von der Fristigkeit der verwendeten Renditen bezeichnet, etwa Cohen u. a. (1983a, 1983b).

84 Vgl. Verleger (1993), S. A.42-A.57.

85 Verleger (1993), S. 117.

Tab. 3/2: Für den deutschen Aktienmarkt bislang auf der Grundlage faktorenanalytischer Verfahren durchgeführte APT-Untersuchungen im Überblick

	WINKELMANN (1984)	PETERS (1987)	FRANTZMANN (1989)
ZEITRAUM	1/1971-12/1981	1/1975-3/1985	1/1980-12/1985
AKTIENANZAHL	93	21	100
UNTERSUCHTE VARIABLE	monatliche Renditen	tägliche Renditen	tägliche Renditen
SCHÄTZUNG DER SENSITIVITÄTSKOEFFIZIENTEN	Hauptkomponentenmethode	Hauptkomponentenmethode	Maximum-Likelihood-Faktorenanalyse
WESENTLICHE ERGEBNISSE ZUR FAKTORENANZAHL	• 1 Faktor (Scree-Test), 21 (Eigenwert-krit.), 43 (minimale Varianz der Aktien-renditen) oder 51 Faktoren (Bartlett-Test) • dominierende erste Hauptkomponente • max. Anzahl gemeinsamer Faktoren: 43	• 2-5 (Eigenwertkriterium) bzw. 5-8 Faktoren (Likelih.-Quotienten-Test)	• 2-7 (Likelihood-Quotienten-Test) bzw. 1-2 Faktoren (Schwarz-Kriterium) [Zugrundelegung von Portfoliorenditen] • Extraktion von 1-2 Faktoren (i. a. k = 1)
WESENTLICHE ERGEBNISSE DES APT-TESTS	• mehrere gemeinsame Faktoren weisen signifikante Risikoprämien auf (t-Test) • spezifische Faktoren werden grundsätzlich nicht bewertet • Test nach Jobson (1982) für $k \leq 8$: die APT kann - unabhängig von der gewählten Faktorenanzahl - in den meisten Fällen nicht abgelehnt werden	• ein APT-Test wird nicht durchgeführt	• Tests der Signifikanz des Vektors der faktorenbezogenen Risikoprämien: keine einheitlichen Ergebnisse • keine monatliche Saisonalität in der statistischen Signifikanz des Vektors der faktorenbezogenen Risikoprämien • das unsystematische Risiko wird häufig bewertet
URTEIL ZUR EMPIRISCHEN GÜLTIGKEIT DER APT	• die APT kann akzeptiert werden • (genauer:) Bestätigung der 1-Faktor-APT	• keine Aussage möglich	• (strenggenommen) keine eindeutige Aussage möglich

Tab. 3/2 (Fortsetzung)

	MÜLLER, WOLFGANG (1992)	VERLEGER (1993)	SAUER (1994)
ZEITRAUM	1/1972-12/1985	2/1973-1/1991	1/1970-12/1989
AKTIENANZAHL	120	75	162/200 [Teilzeitraum-spezifische Aktien]
UNTERSUCHTE VARIABLE	wöchentliche Renditen	tägliche und monatliche Renditen	wöchentliche und monatliche Renditen
SCHÄTZUNG DER SENSITIVITÄTSKOEFFIZIENTEN	verschied. faktorenanalytische Verfahren	Maximum-Likelihood-Faktorenanalyse	Maximum-Likelihood-Faktorenanalyse
WESENTLICHE ERGEBNISSE ZUR FAKTORENANZAHL	• keine einheitlichen Faktorenanzahl-Schätzwerte (für die Renditen der einzelnen Aktien überwiegend k > 10) • (orientiert an den Ergebnissen des Scree-Tests:) Extraktion von 2-6 Faktoren	• keine einheitlichen Faktorenanzahl-Schätzwerte (k = 1 bis zu k > 30) • Extraktion von 5 und 10 Faktoren	• mehr als 15 (Likelih.-Quotienten-Test) bzw. 1-2 Faktoren (Schwarz-Kriterium) [bei Zugrundelegung von wöchentlichen Renditen der einzelnen Aktien] • Extraktion von 1, 2, 4 und 8 Faktoren
WESENTLICHE ERGEBNISSE DES APT-TESTS	• ohne Portefeuillebildung: der Vektor der faktorenbezogenen Risikoprämien unterscheidet sich i. a. signifikant vom Nullvektor; die korrigierten Bestimmtheitsmaße der Querschnitts-Regressionen sind ≤ 12% • mit Portefeuillebildung: keine einheitlichen Testergebnisse; z. T. deutlich höhere Bestimmtheitsmaße	• bei Zugrundelegung der mittleren Renditen von Faktoren-nachbildenden Portefeuilles: es können keine genauen Aussagen hinsichtlich der faktoren-bezogenen Risikoprämien getroffen werden • Vermutung, daß das systematische Risiko bewertet wird	• der Vektor der mittleren Rohrenditen (Überrenditen) von Faktoren-nachbildenden Portefeuilles ist in der Mehrzahl signifikant (häufig nicht signifikant) vom Nullvektor verschieden • Signifikanzprüfung der Absolutglieder multivariater Regressionen: in der Mehrzahl Ablehnung (häufig Bestätigung) der Rohrendite- (Überrendite-) APT-Version
URTEIL ZUR EMPIRISCHEN GÜLTIGKEIT DER APT	• die APT kann akzeptiert werden	• keine eindeutige Aussage möglich	• (strenggenommen) keine eindeutige Aussage möglich

zunächst für jedes Basisportefeuille die Summe der quadrierten Portefeuille-Anteile, um anschließend den durchschnittlichen Wert der k Summen zu errechnen. Im günstigsten Fall, d. h. bei k gleichgewichteten Portefeuilles, würde dieses Maß den Wert 1/p annehmen. Die Mehrzahl der von Sauer für p = 200 (respektive p = 162) und die verschiedenen Mehr-Faktoren-Modelle veröffentlichten Resultate legt den Schluß nahe, daß die zusammengestellten Portefeuilles zumeist beträchtliches unsystematisches Risiko besitzen und damit der geforderten Diversifikationseigenschaft von Faktoren-nachbildenden Portefeuilles nicht hinreichend genügen. So ergeben sich insbesondere für k = 4 und k = 8 Realisationen, die überwiegend größer als 0,2 sind und nicht selten sogar den Wert 1 übersteigen (!).[86] Im Gegensatz dazu weist die betreffende Kennzahl in der Untersuchung von Lehmann/Modest (1988), die der Schätzung der Basisportefeuille-Gewichte 750 Wertpapiere des US-amerikanischen Aktienmarkts zugrunde legen, etwa für k = 5 nur eine Höhe von 0,016 auf, sofern die Autoren zur Konstruktion der Basisportfolios das sog. Minimum-Idiosyncratic-Risk-Verfahren[87] heranziehen.

Abschließend seien zwei Tests der Arbitrage-Pricing-Theorie angesprochen, die auf Daten des britischen bzw. australischen Aktienmarkts beruhen. Die Stichprobe von Abeysekera/Mahajan (1987) umfaßt die im Zeitraum von Januar 1971 bis Dezember 1982 realisierten monatlichen Renditen von Aktien, die während der genannten Zeitspanne durchgängig an der London Stock Exchange notiert wurden. Die Autoren verwenden zur Schätzung der Sensitivitätskoeffizienten die ML-Faktorenanalyse, die sie getrennt für jede der insgesamt sieben Stichprobengruppen durchführen, welche jeweils 40 zufällig ausgewählte Aktien enthalten. Die mittels des Likelihood-Quotienten-Tests (bei einem vorgegebenen Signifikanzniveau von 0,1) gewonnenen Schätzwerte für k weisen überwiegend auf 6-8 Faktoren hin. Der Querschnittsanalyse, dem zweiten Schritt der von Abeysekera/Mahajan verwandten klassischen Vorgehensweise, liegen Faktorenmodelle mit 5, 6, 7 und 8 Faktoren zugrunde. Die Resultate der Signifikanztests für den Parameter λ_0 sind durchweg mit der APT vereinbar. Die Nullhypothese, daß der Vektor der faktorenbezogenen Risikoprämien dem Nullvektor entspricht, kann hingegen in allen Fällen nicht verworfen werden, was im Widerspruch zur APT-Bewertungsgleichung steht. Die Autoren vertreten die Auffassung, daß aufgrund der insgesamt uneinheitlichen Ergebnisse kein eindeutiges Urteil zur empirischen Validität der APT für den britischen Aktienmarkt möglich sei. Der APT-Test von Faff (1988) stellt auf den australischen Aktienmarkt ab.

---

86 Ein Diversifikationsgrad von 1 würde durch k "gleichgewichtete" Portefeuilles erreicht, die jeweils nur aus *einer Aktie* bestehen. Da "die Faktorladungen der Wertpapiere auf die letzten Faktoren immer kleiner werden" (Sauer (1994), S. 131), muß zudem vermutet werden, daß beispielsweise die Nachbildung des 4. (8.) Faktors noch um einiges schlechter gelingt.

87 Vgl. dazu Lehmann/Modest (1988), S. 224 f.

Faffs Stichprobe besteht aus 140 Aktien, deren monatliche Renditen des 12jährigen Zeitraums 1974-1985 zunächst einer Hauptkomponentenanalyse unterzogen werden, um die ersten 10 Hauptkomponenten zu extrahieren. Die im Anschluß daran vorgenommene Querschnittsanalyse führt zu Resultaten, die sich überwiegend als Bestätigung der APT interpretieren lassen.

3.4 Überprüfung der empirischen Validität der APT auf der Grundlage vorabspezifizierter Risikofaktoren

3.4.1 Merkmale und Probleme der üblichen Vorgehensweisen

Die Vorgehensweise IV, deren zentrale Eigenschaft die (vorherige) inhaltliche Definition der systematischen Risikofaktoren ist, besitzt gegenüber den im Abschnitt 3.3 erörterten Vorgehensweisen, die allesamt von latenten APT-Risikofaktoren ausgehen, zwei nennenswerte Vorteile[88]: Zum einen gelangt man mit ihrer Hilfe unter Umständen zu einer ökonomischen Interpretation der unbekannten Faktoren; zum anderen können zur intendierten Erklärung der Aktienbewertung zusätzliche, nicht dem Aktienmarkt entstammende Informationen genutzt werden. Ein essentielles Problem dieser Vorgehensweise, das neben die subjektive Faktorenanzahl-Vorgabe tritt, besteht jedoch in der Selektion derjenigen ökonomischen Variablen, welche möglicherweise die APT-Risikofaktoren repräsentieren. Die Variablenauswahl ist zwangsläufig durch ein hohes Maß an Willkür geprägt, da sich aus der Arbitrage-Pricing-Theorie - abgesehen von gewissen Anforderungen an die systematischen Faktoren - keinerlei Anhaltspunkte für die Faktoren-Spezifizierung gewinnen lassen. Das Risiko, daß man letztendlich ein fehlspezifiziertes Bewertungsmodell erhält, ist also nicht von der Hand zu weisen.[89] Die Prämisse der APT, daß eine verhältnismäßig kleine Anzahl systematischer Risikofaktoren existiert, von denen jeder einzelne die Renditen (fast) aller Wertpapiere beeinflußt, legt allerdings die Vermutung nahe, daß die unbekannten Faktoren mit fundamentalen makroökonomischen Größen verbunden sind.[90] Dementsprechend stellen die meisten der bislang auf der Grundlage vorabspezifizierter Risikofaktoren durchgeführten APT-Untersuchungen auf allgemeine ökonomische Zustandsvariablen ab.[91] Regelmäßig wird lediglich der Einfluß, den

---

88 Vgl. Burmeister/McElroy (1988), S. 721.

89 Vgl. dazu auch Chang (1991), S. 389 und Steiner/Nowak (1994), S. 357.

90 Vgl. Roll/Ross (1980), S. 1077. Bereits in einem der beiden APT-Originalbeiträge weist Ross auf die potentielle Bedeutung derartiger Größen hin; vgl. Ross (1977), S. 207.

91 Ein umfassender Überblick über die in den verschiedenen Studien herangezogenen ökonomischen Variablen findet sich in der Arbeit von Nowak (1994), wobei besonders die informative Tabelle 2 auf den Seiten 122-125 hervorzuheben ist. Vgl. auch Nowak/Wittrock (1993), S. 69-71.

bestimmte gesamtwirtschaftliche Variablen auf die Aktienrenditen haben, analysiert. Die in einer Volkswirtschaft mit interdependenten Teilmärkten bestehenden (Rück-) Wirkungen der Aktienrenditen auf die betrachteten Größen werden mithin vernachlässigt. So formulieren etwa Chen/Roll/Ross (1986), S. 384 zu Beginn ihres Beitrags ausdrücklich die folgende Einschränkung: ".. this paper will take the stock market as endogenous, relative to other markets." Die konkrete Variablenauswahl wird dabei häufig anhand von eher intuitiven Überlegungen vorgenommen, wenngleich bisweilen auch *Ansätze* eines theoriegeleiteten Vorgehens erkennbar sind.[92] Da die relevanten makroökonomischen Daten grundsätzlich bestenfalls in monatlicher Periodizität zur Verfügung stehen, beruhen die bisherigen Untersuchungen, welche die APT auf der Basis gesamtwirtschaftlicher Risikofaktoren überprüfen[93], ohne Ausnahme auf monatlichen Aktienrenditen. Die weiteren Ausführungen des Abschnitts 3.4 beschränken sich auf die Darstellung und Diskussion von einigen (besonders) bedeutsamen Arbeiten. Die in diesen Studien verwendeten makroökonomischen Variablen und verschiedene Merkmale des jeweiligen Untersuchungsaufbaus sind in der Tabelle 3/3 wiedergegeben.

Die Messung der Risikofaktoren erfolgt im Anschluß an die Auswahl geeigneter Variablen. Gemäß der Faktorenmodell-Prämisse der APT und im Einklang mit den bekannten Thesen vom informationseffizienten Kapitalmarkt können nur neue, zum Bewertungszeitpunkt nicht verfügbare Informationen den Generierungsprozeß der unerwarteten Aktienrenditen beeinflussen. Demnach sind allein die nicht antizipierten Werte respektive Veränderungen der ausgewählten Variablen von Bedeutung. Für den Fall, daß sich die beobachteten Werte einer makroökonomischen Variablen nicht bereits als "Innovationen" interpretieren lassen, ist mithin eine Transformation der jeweiligen Basis-Zeitreihe vorzunehmen, die eine Trennung von erwarteter und unerwarteter Komponente beinhaltet und i. d. R. mit beträchtlichen Schwierigkeiten verbunden ist. Werden die erwarteten Veränderungen beispielsweise nicht vollständig aus der entsprechenden Zeitreihe eliminiert, so resultiert daraus zwangsläufig ein Fehler-in-den-Variablen-Problem.[94] In gleichem Maße besteht die Gefahr, daß aus der zugrundeliegenden Basis-Zeitreihe auch solche Informationen herausgefiltert werden, die für die Aktienbewertung relevant sind. Im Rahmen der empirischen APT-Forschung werden zur Ermittlung der unerwarteten Ausprägungen der gesamtwirtschaftlichen Variablen unterschiedliche Ansätze einge-

92 Vgl. dazu u. a. Chen/Roll/Ross (1986), S. 384 f.

93 Auf eine Reihe von verwandten Untersuchungen wird nachfolgend nicht näher eingegangen. Beispielsweise gehen Fogler/John/Tipton (1981) und Oldfield/Rogalski (1981) der Frage nach, ob die latenten Risikofaktoren einen Bezug zu Variablen des US-amerikanischen Rentenmarkts haben. Vgl. auch Sweeney/Warga (1986).

94 Vgl. z. B. Chen/Roll/Ross (1986), S. 386.

Tab. 3/3: Überblick über einige Merkmale der auf der Grundlage vorabspezifizierter Risikofaktoren durchgeführten APT-Untersuchungen

	CHAN/CHEN/HSIEH (1985)	CHEN/ROLL/ROSS (1986)	BURMEISTER/MCELROY (1988)	HAMAO (1988)
DATENBASIS (AKTIENMARKT)	USA 1/1953-12/1977 zusätzlich Teilzeiträume 20 Firm-Size-Portefeuilles monatliche Renditen	USA 1/1953-12/1984 zusätzlich Teilzeiträume 20 Firm-Size-Portefeuilles monatliche Renditen	USA 1/1972-12/1982 70 Aktien monatliche Renditen	Japan 1/1975-12/1984 20 Firm-Size-Portefeuilles monatliche Renditen
VERWENDETE MAKROÖKONOMISCHE VARIABLEN	industrielle Produktion, net business formation, Inflation, (Bonitäts-) Risikoprämie, Terminstruktur der Zinssätze (Aktienindizes)	industrielle Produktion, realer Konsum, Inflation, (Bonitäts-) Risikoprämie, Terminstruktur der Zinssätze, Ölpreis (Aktienindizes)	real final sales (Wachstumsrate), Inflation, risikoloser Zinssatz (latente Risikofaktoren: Rentenindizes, Aktienindex)	industrielle Produktion, Inflation, (Bonitäts-) Risikoprämie, Zinsstruktur, Ölpreis, Yen/US-Dollar-Wechselkurs, terms of trade (Aktienindizes)
MESSUNG DER RISIKOFAKTOREN	einfache Wachstumsraten erwartete Inflation: Fama/Gibbons (1984) Differenz zweier Zeitreihen	einfache Wachstumsraten erwartete Inflation: Fama/Gibbons (1984) Differenz zweier Zeitreihen	erwartete real final sales [Infl.]: AR-Modell [Kalman-Filter] Bildung der ersten Differenzen sequentielle Orthogonalisierung der vorabspezifizierten Faktoren	einfache Wachstumsraten, erwartete Inflation: Fama/Gibbons (1984), Differenz zweier Zeitreihen, erwarteter Wechselkurs: Terminkurs
FAKTORENANZAHL	(überwiegend) k = 5+1 bzw. 6+1	k = 5, 6 bzw. 5+1	k = 6	(überwiegend) k = 5 bzw. 6
ERMITTLUNG DER RISIKOMAßE UND DER FAKTORENBEZOGENEN RISIKOPRÄMIEN	zweistufige Vorgehensweise (Schritt 1: OLS-Methode; Schritt 2: WLS-Methode, Out-of-Sample)	zweistufige Vorgehensweise (Schritt 1: OLS-Methode; Schritt 2: OLS-Methode, Out-of-Sample)	einstufiges Vorgehen (Methode: vor allem Iterated Nonlinear Three Stage Least Squares)	zweistufige Vorgehensweise (Schritt 1: OLS-Methode; Schritt 2: OLS-Methode, In- und Out-of-Sample)
BESONDERHEIT DER UNTERSUCHUNG	umfassende Analyse des Firm-Size-Effekts	-----	Analyse des Januar-Effekts	-----

Tab. 3/3 (Fortsetzung)

	McElroy/Burmeister (1983)	Martinez/Rubio (1989)	Chang/Pinegar (1990)	Chang (1991)
Datenbasis (Aktienmarkt)	USA 1/1972-12/1982 70 Aktien monatliche Renditen	Spanien 1/1980-12/1987 16 bzw. 20 Portefeuilles (verschiedene Kriterien) monatliche Renditen	USA 1/1953-12/1984 20 Firm-Size-Portefeuilles monatliche Renditen	USA 1/1966-12/1986 Teilzeiträume 23 Industrieportefeuilles monatliche Renditen
verwendete makroökonomische Variablen	real final sales (Wachstumsrate), Inflation, (Bonitäts-) Risikoprämie, Zinsstruktur (Residualmarktfaktor, Aktienindex)	industrielle Produktion, Inflation, (Bonitäts-) Risikoprämie, Terminstruktur der Zinssätze, Peseta/US-Dollar-Wechselkurs (Aktienindex)	industrielle Produktion, Inflation, (Bonitäts-) Risikoprämie, Terminstruktur der Zinssätze (Aktienindizes)	industrielle Produktion, Arbeitslosigkeit, Inflation, (Bonitäts-) Risikoprämie, Zinsstruktur, gewogener Devisenkurs-Index (Resid.marktfaktor, Akt.index)
Messung der Risikofaktoren	erwartete real final sales: AR-Modell erwartete Inflation: Kalman-Filter Differenz zweier Zeitreihen	einfache Wachstumsraten, erwartete Inflation: Fama/Gibbons (1984), Differenz zweier Zeitreihen, univariate AR-Modelle, erwart. Wechselkurs: Terminkurs	einfache Wachstumsraten erwartete Inflation: über ein "naives" Zinssatzmodell Differenz zweier Zeitreihen	einfache Wachstumsraten erwartete Inflation: univariates AR-Modell Differenz zweier Zeitreihen
Faktorenanzahl	k = 4+1	k = 5 bzw. 5+1	k = 5 bzw. 5+1	k = 6 bzw. 6+1
Ermittlung der Risikomaße und der faktorenbezogenen Risikoprämien	einstufiges Vorgehen (Methode: Iterated Nonlinear Seemingly Unrelated Regression)	zweistufige Vorgehensweise (Schritt 1: OLS-Methode; Schritt 2: GLS-Methode, In-Sample)	zweistufige Vorgehensweise (Schritt 1: OLS-Methode; Schritt 2: OLS-Methode, Out-of-Sample)	zweistufige Vorgehensweise (Schritt 1: OLS-Methode; Schritt 2: OLS-Methode, Out-of-Sample)
Besonderheit der Untersuchung	------	Analyse des Firm-Size-Effekts	Analyse monatlicher Saisonalitäten (Risikomaße und -prämien)	Analyse der Stationarität der Sensitivitätskoeffizienten

Tab. 3/3 (Fortsetzung)

	Poon/Taylor (1991)	Chen/Jordan (1993)	Nowak (1994)	Sauer (1994)
Datenbasis (Aktienmarkt)	Großbritannien 1/1965-12/1984 20 Firm-Size-Portefeuilles monatliche Renditen	USA 1/1971-12/1986 69 Industrieportefeuilles (+ Holdout-Stichpr.: 30 Portef.) monatliche Renditen	Deutschland 1/1968-12/1991 zusätzlich Teilzeiträume Aktien und Portefeuilles monatliche Renditen	Deutschland 1/1970-12/1989 Teilzeiträume 50 Zufallsportefeuilles monatliche Renditen
verwendete makroökonomische Variablen	industrielle Produktion, Inflation, (Bonitäts-) Risikoprämie, Terminstruktur der Zinssätze (Aktienindizes)	industrielle Produktion, Inflation, (Bonitäts-) Risikoprämie, Terminstruktur der Zinssätze, Ölpreis (Resid.marktfaktor, Akt.index)	Auftragseingänge, Geschäftsklima, Geldmenge, Zinsstruktur, Energiepreisindex, gewogener Außenwert der DM, terms of trade	industrielle Prod., Auftragseingänge, Arbeitslosigkeit, Inflation, Geldmenge, Risikoprämie, Zinsstrukt., DM/US-Dollar-Wechselkurs, Export u. a. (Residualmarktfaktor)
Messung der Risikofaktoren	erwartete Inflation: Fama/Gibbons (1984) Differenz zweier Zeitreihen univariate ARIMA-Modelle (rollierend geschätzt)	einfache Wachstumsraten erwartete Inflation: Fama/Gibbons (1984) Differenz zweier Zeitreihen univariate AR-Modelle	alternativ: über einfache Wachstumsraten univariate ARIMA-Modelle (Schätzungen z. T. aktualisiert) künstliches neuronales Netz	einfache Wachstumsraten Differenz zweier Zeitreihen univariate MA-Modelle
Faktorenanzahl	$k = 1$	$k = 6+1$	$k = 4$ bzw. (überwiegend) 8	$4+1 \leq k \leq 7+1$
Ermittlung der Risikomaße und der faktorenbezogenen Risikoprämien	zweistufige Vorgehensweise (Schritt 1: OLS-Methode, Rückwärts- und Vorwärtsverschiebung; Schritt 2: OLS-Methode, Out-of-Sample)	zweistufige Vorgehensweise (Schritt 1: OLS-Methode; Schritt 2: WLS-Methode, In- und Out-of-Sample)	alternativ: einstufiges Vorgehen zweistufige Vorgehensweise (Schritt 1: stets OLS-Methode)	einstufiges Vorgehen (Methode: Iterated Nonlinear Seemingly Unrelated Regression)
Besonderheit der Untersuchung	nur lineare Einfachregressionen	alternative Verwendung des faktorenanalyt. Ansatzes; Analyse der relativen "Performance"	Analyse der Stationarität der Sensitivitätskoeffizienten	------

setzt.[95] Die Messung der unerwarteten Inflationsrate beruht häufig auf einer ökonometrischen Schätzung der (grundsätzlich nicht beobachtbaren) erwarteten Inflationsrate.[96] Aus der Tabelle 3/3 ist ersichtlich, daß die Mehrzahl der Autoren den Ansatz von Fama/Gibbons (1984) verwendet, um die zum Zeitpunkt t-1 für den Monat t erwartete Inflationsrate zu schätzen. Die Werte anderer Risikofaktoren ergeben sich in mehreren Studien dadurch, daß die jeweilige Basis-Zeitreihe als Realisation eines adäquaten (univariaten) ARIMA-Prozesses aufgefaßt wird. Die maßgeblichen Ausprägungen der makroökonomischen Variablen sind in diesem Fall durch die Residuen des geschätzten ARIMA-Modells gegeben. Ein alternativer Vorschlag, der von Nowak (1994) unterbreitet und empirisch umgesetzt wird, sieht vor, daß die Werte der vorabspezifizierten Risikofaktoren unter Zuhilfenahme eines künstlichen neuronalen Netzes bestimmt werden.[97] Schließlich werden nicht selten auch die originären Zeitreihen, die zumeist entweder aus der Berechnung einfacher Wachstumsraten resultieren oder aus der Differenz zweier (anderer) Ursprungsreihen hervorgehen, unmittelbar für den APT-Test herangezogen. Beispielsweise wird die nicht antizipierte Veränderung der industriellen Produktion des t-ten Monats überwiegend durch die einfache (in manchen Studien saisonbereinigte) Wachstumsrate der industriellen Produktion approximiert, zu deren Berechnung i. d. R. die in den Zeitpunkten t und t+1 realisierten Werte des betrachteten Produktionsindex benutzt werden. Hingegen wird die unerwartete Veränderung der (Bonitäts-) Risikoprämie gewöhnlich durch die Differenz zwischen der Umlaufrendite (oder der am Monatsende realisierten Rendite) von risikoreichen langfristigen Industrieanleihen und der von langfristigen Staatsanleihen gemessen, während die nicht antizipierte Veränderung der Terminstruktur der Zinssätze üblicherweise dadurch quantifiziert wird, daß man in jedem Beobachtungszeitpunkt den Zinssatz von Schatzwechseln (Treasury-bills) mit einmonatiger Laufzeit von der Umlaufrendite (bzw. Monatsrendite) langfristiger Staatsanleihen subtrahiert.

Im Anschluß an die Messung der volkswirtschaftlichen Faktoren kann die Validität der konkretisierten APT-Bewertungsaussage empirisch geprüft werden. Bezeichnet g_{jt} die

---

[95] Diese Ansätze werden im weiteren nur kurz behandelt. Eine ausführliche Darstellung konkreter Meßvorgänge erfolgt im Abschnitt 7.3.2, der die eigene Faktorenmodellierung bzw. -messung zum Gegenstand hat.

[96] Vgl. Burmeister/Wall (1986), S. 4.

[97] Vgl. zu den Einzelheiten des betreffenden Vorgehens Nowak (1994), S. 162-165. Grundsätzlich ist allerdings zu klären, ob eine Methode, die - bezogen auf frühe, weit in die Vergangenheit reichende Zeitpunkte des Untersuchungszeitraums - der (damaligen) Erwartungsbildung der Anleger definitiv nicht zugrunde gelegen hat, zur (ex post) Ermittlung der Ausprägungen vorabspezifizierter Risikofaktoren Verwendung finden sollte.

Ausprägung des j-ten vorabspezifizierten Risikofaktors im Zeitpunkt t, dann läßt sich für den Renditen-Generierungsprozeß die folgende Gleichung aufstellen:

(3/7) $$r_{it} = \mu_i + b_{i1}g_{1t} + \ldots + b_{ik}g_{kt} + e_{it} \qquad (i = 1, \ldots, p; \quad t = 1, \ldots, n).$$ [98]

Chen/Roll/Ross (1986) wählen zur Überprüfung der Bewertungsrelevanz makroökonomischer Risikofaktoren im Rahmen ihrer "klassischen" APT-Untersuchung ein zweistufiges Vorgehen, das in ähnlicher Form auch den meisten späteren Arbeiten zugrunde liegt.[99] Im ersten Schritt wird für jedes Aktienportefeuille eine lineare (multiple) Längsschnitts-Regressionsanalyse (Gleichung (3/7)) vorgenommen, wobei sich der Schätzzeitraum über die ersten fünf Jahre des gesamten Untersuchungszeitraums erstreckt. Die in der jeweiligen Regressionsanalyse ermittelten eigentlichen Regressionskoeffizienten sind die geschätzten Sensitivitätskoeffizienten der betreffenden Portefeuillerendite bezüglich der vorabspezifizierten Faktoren. Daran anschließend wird in jedem Monat des sechsten Jahres (d. h. des ersten Jahres des Testzeitraums) eine lineare (multiple) Querschnitts-Regressionsanalyse über alle Portefeuilles durchgeführt (Schritt 2). Innerhalb dieser Querschnittsanalyse sind die im ersten Schritt geschätzten Sensitivitätskoeffizienten gegenüber den makroökonomischen Risikofaktoren die eigentlichen Regressoren, während die am Monatsende realisierte Portefeuillerendite den Regressanden repräsentiert. Jede der zwölf Querschnittsanalysen liefert für jeden Faktor einen Schätzwert seiner zugehörigen Risikoprämie. Der zweite Schritt wird in jedem folgenden Jahr des Testzeitraums wiederholt; die in die Querschnittsanalysen eingehenden Sensitivitätskoeffizienten der Portefeuilles werden dabei in jährlichen Abständen neu geschätzt, und zwar ohne Ausnahme mit den Daten derjenigen fünf Jahre, an die sich das jeweilige "Testjahr" unmittelbar anschließt. Insgesamt ergeben sich k Zeitreihen, die jeweils aus n-60 Schätzwerten der Risikoprämie des j-ten vorabspezifizierten Faktors (j = 1, ..., k) bestehen. Im Unterschied zu den weiter oben erörterten APT-Tests auf der Basis faktorenanalytischer Verfahren läßt sich nun jede (durchschnittliche) faktorenbezogene Risikoprämie einzeln auf Signifikanz prüfen, wozu etwa der t-Test verwendet werden kann. Eine signifikante Risikoprämie liegt dann vor, wenn der Mittelwert der betreffenden Zeitreihe signifikant von null verschieden ist. Beim Vorgehen von Chen/Roll/Ross (1986) handelt es sich letztendlich um einen sog. "Out-of-Sample"-Test der APT, da die Ausprägungen des Regressanden einer beliebigen Querschnittsanalyse stets auf Zeitreihen-Beobachtungen beruhen, die nicht gleichzeitig auch in denjenigen enthalten sind, welche zur Schätzung der entsprechenden

---

98 Im Einklang mit der Gleichung (3/1) wird auch hier unterstellt, daß die erwartete Aktienrendite vom Beobachtungsindex t unabhängig ist.

99 Vgl. dazu die diesbezüglichen Angaben der Tabelle 3/3.

Sensitivitätskoeffizienten verwendet werden.[100] Schließlich sei nochmals darauf hingewiesen, daß beide Schritte der APT-Untersuchung von Chen/Roll/Ross (1986) auf Portefeuillerenditen basieren.[101] Mit der Portefeuillebildung soll vor allem das Fehler-in-den-Variablen-Problem verringert werden, welches im Rahmen der jeweiligen Querschnittsanalyse infolge der Verwendung von geschätzten Sensitivitätskoeffizienten entsteht.

Dieses Fehler-in-den-Variablen-Problem wird bei der alternativen Vorgehensweise, die erstmalig von Burmeister/McElroy (1988) und McElroy/Burmeister (1988) verwandt wurde, vermieden. Das betreffende Vorgehen beruht auf der Zusammenführung von Gleichung (3/7) und exakter APT-Bewertungshypothese, aus der ein System von p nichtlinearen Regressionen über jeweils n Zeitpunkte resultiert:

(3/8) $$r_{it} = \lambda_0 + \sum_{j=1}^{k} b_{ij}\lambda_j + \sum_{j=1}^{k} b_{ij} g_{jt} + e_{it} \qquad (i = 1, ..., p; \quad t = 1, ..., n).$$

Den p·n beobachteten Aktienrenditen und den k·n ermittelten Ausprägungen der vorabspezifizierten Risikofaktoren stehen insgesamt p·k Sensitivitätskoeffizienten und k faktorenbezogene Risikoprämien als unbekannte Parameter gegenüber. Mit dem zweiten Term auf der rechten Seite der Gleichung (3/8) gehen p-k gleichungsübergreifende Restriktionen einher, da sich die erwarteten Überrenditen der p Aktien gemäß der APT-Bewertungsaussage als Funktion von k faktorenbezogenen, für alle Aktien identischen Risikoprämien ergeben. Dabei handelt es sich um nichtlineare (Bewertungs-) Restriktionen, da sowohl die Sensitivitätskoeffizienten als auch die faktorenbezogenen Risikoprämien unbekannte Modellparameter darstellen. Für das durch die Gleichung (3/8) definierte multivariate nichtlineare Regressionsmodell mit gleichungsübergreifenden Restriktionen sind rechenaufwendige Schätzverfahren wie die sog. ITNLSUR-Methode[102] verfügbar, mit denen (bei bekanntem Absolutglied λ_0) die Sensitivitätskoeffizienten und die faktorenbezogenen Risikoprämien *simultan* bestimmt werden können. Nachteilig an diesem einstufigen Untersuchungsansatz ist jedoch, daß die Schätzung der Modellparameter für den bei monatlicher Renditefristigkeit dominierenden Fall, daß die Anzahl der Zeitreihen-Beobachtungen die Aktienanzahl nicht übersteigt, entweder eine Beschränkung auf weni-

---

[100]Die ohne Vorabspezifikation der systematischen Risikofaktoren durchgeführten APT-Tests stellen hingegen fast ausnahmslos "In-Sample"-Tests dar.

[101]Auch den meisten anderen APT-Untersuchungen, die exogene (makroökonomische) Variablen heranziehen, liegen, wie aus der Tabelle 3/3 hervorgeht, Portefeuillerenditen zugrunde.

[102]ITNLSUR steht für "Iterated Nonlinear Seemingly Unrelated Regression". Vgl. zu dieser Methode etwa McElroy/Burmeister (1988), S. 32 oder die gut nachvollziehbaren Ausführungen von Sauer (1994), S. 182-186.

ge Aktien oder eine willkürliche Portefeuillebildung unumgänglich macht.[103] Darüber hinaus ist auf den enormen "Umfang" der getesteten Hypothese hinzuweisen; diese behauptet die Bewertungsrelevanz der exogen vorgegebenen Risikofaktoren, die Gültigkeit der Annahme eines linearen Faktorenmodells (Formulierung (3/7)) sowie die Validität der "exakten" APT.

Zwar soll mit Hilfe der beiden alternativen Vorgehensweisen in erster Linie die Bewertungsrelevanz makroökonomischer Faktoren geprüft werden, dennoch berücksichtigen fast alle Untersuchungen entweder die beobachtete Rendite eines gebräuchlichen Aktienindex oder die Ausprägung eines sog. Residualmarktfaktors, der seinerseits eine latente Variable repräsentiert, als zusätzlichen Risikofaktor. Die Einbeziehung eines Aktienindex hängt zunächst einmal damit zusammen, daß gesamtwirtschaftliche "Innovationen" (etwa bezüglich künftiger realwirtschaftlicher Aktivitäten) vermutlich frühzeitiger in einem Index des Aktienmarkts zur Geltung kommen als in gefilterten, aus Einzelreihen aggregierten Zeitreihen makroökonomischer Variablen.[104] Ferner kann auf diesem Wege getestet werden, ob der "CAPM"-Betakoeffizient und die Gesamtheit der Sensitivitätskoeffizienten gegenüber den makroökonomischen Faktoren jeweils einen eigenständigen Erklärungsbeitrag für die Preisbildung am Aktienmarkt leisten. Das Vorgehen, neben den Sensitivitätskoeffizienten hinsichtlich der volkswirtschaftlichen Faktoren auch einen Betakoeffizienten in die Bewertungsgleichung aufzunehmen, erfährt darüber hinaus eine explizite theoretische Rechtfertigung durch das von Wei (1988) formulierte "APT/CAPM-Modell"[105], dessen Grundzüge im Abschnitt 2.4.1 beschrieben wurden.[106] Zur Begründung der Berücksichtigung eines Residualmarktfaktors[107] ist abweichend von der Gleichung (3/7) davon auszugehen, daß lediglich die Werte der ersten k-1 Risikofaktoren beobachtet werden können, während der k-te systematische Faktor eine latente (nicht-vorabspezifizierte) Variable darstellt.[108] Die Gleichung des "empirischen" Renditen-Generierungsprozesses nimmt in diesem Fall die folgende Gestalt an:

$$r_{it} = \mu_i + \sum_{j=1}^{k-1} b_{ij} g_{jt} + b_{ik} f_{kt} + e_{it} \qquad (i = 1, ..., p; \quad t = 1, ..., n).$$

[103]Nowak (1994), S. 271 nennt weitere anwendungsbezogene Schwachpunkte, die als gravierend eingestuft werden müssen.

[104]Vgl. Chen/Roll/Ross (1986), S. 390 und Hamao (1988), S. 52.

[105]Vgl. auch Wei (1988), S. 887.

[106]Vgl. im gegebenen Zusammenhang besonders die Bewertungsgleichung (2/18).

[107]Vgl. dazu etwa McElroy/Burmeister (1988), S. 33 f. und Chang (1991), S. 378-380.

[108]Die Erweiterung von Burmeister/McElroy (1988) läßt mehrere latente Risikofaktoren zu; vgl. Burmeister/McElroy (1988), S. 722-725.

Betrachtet wird nun ein beliebiges Portefeuille, dessen Sensitivitätskoeffizient $b_{\eta k}$ (gegebenenfalls nach entsprechender Transformation des latenten Risikofaktors) gleich eins ist. Die künftige Rendite des betreffenden Portefeuilles ermittelt sich unter der (realitätsfernen) Prämisse, daß das Portefeuille kein unsystematisches Risiko aufweist, so daß in jedem Zeitpunkt $e_{\eta t} = 0$ gilt, gemäß der nachstehenden Gleichung:

$$(3/9) \qquad r_{\eta t} = \mu_{\eta} + \sum_{j=1}^{k-1} b_{\eta j} g_{jt} + f_{kt} \qquad (t = 1, ..., n).$$

Die Gleichung (3/9) beschreibt eine lineare Längsschnitts-Regression der Portefeuillerendite auf eine Konstante und die k-1 beobachteten systematischen Risikofaktoren. Die Schätzung dieser Regressionsbeziehung nach der OLS-Methode[109] liefert Residuen, die konsistente Schätzer für die Ausprägungen des latenten Faktors sind, der zur korrekten Modellierung des Generierungsprozesses der Aktienrenditen benötigt wird.

3.4.2 Für den US-amerikanischen Aktienmarkt erzielte Ergebnisse[110]

Die auf Daten des US-amerikanischen Aktienmarkts beruhenden Untersuchungen haben zu Resultaten geführt, die erste Aussagen zur Identität der systematischen Risikofaktoren erlauben. So erweisen sich in den entsprechenden Studien die folgenden makroökonomischen Faktoren überwiegend als bewertungsrelevant[111]:

(1) die unerwartete Veränderung der industriellen Produktion,
(2) die unerwartete Veränderung der Inflation,
(3) die Veränderung der erwarteten Inflation,
(4) die unerwartete Veränderung der Prämie für das Bonitätsrisiko sowie
(5) die unerwartete Veränderung der Terminstruktur der Zinssätze.

Die unerwarteten Veränderungen der industriellen Produktion, der Inflation sowie der (Bonitäts-) Risikoprämie werden jeweils über den gesamten Testzeitraum der Untersuchungen von Chan/Chen/Hsieh (1985) und Chen/Roll/Ross (1986) signifikant bewer-

---

[109] Dazu muß zusätzlich vorausgesetzt werden, daß der k-te systematische Faktor mit jedem anderen Risikofaktor unkorreliert ist.

[110] Da sich der empirische Teil der Arbeit auf die Untersuchung der Preisbildung am deutschen Aktienmarkt konzentriert, ist es vertretbar, daß im weiteren lediglich die zentralen Resultate geschildert werden.

[111] Vgl. insbesondere Chan/Chen/Hsieh (1985), Chen/Roll/Ross (1986) und Chang/Pinegar (1990).

tet[112], während die mit den beiden anderen Faktoren verbundenen Risikoprämien nur in einzelnen Teilzeiträumen signifikant von null verschieden sind.[113] Chan/Chen/Hsieh (1985) zeigen darüber hinaus, daß besonders der Sensitivitätskoeffizient bezüglich des Faktors (4) geeignet ist, die positiven Differenzen zwischen den durchschnittlichen Renditen von Aktien (sehr) kleiner und denen von Aktien (sehr) großer Unternehmen zu erklären. Chen/Roll/Ross (1986) nehmen die Sensitivitätskoeffizienten gegenüber der nicht antizipierten Veränderung des realen Pro-Kopf-Konsums und der unerwarteten Ölpreis-Veränderung sowie mehrere (auf der Grundlage einiger gebräuchlicher Aktienindizes bestimmte) "CAPM"-Betakoeffizienten jeweils einzeln als zusätzliche Regressoren in die Querschnittsanalysen auf. Die Autoren kommen zu dem Ergebnis, daß diese Risikomaße - im Gegensatz zu den Sensitivitäten hinsichtlich der Faktoren (1) bis (5) - keinen statistisch gesicherten Beitrag zur Erklärung der Aktienbewertung leisten.[114] Hingegen stellt Chang (1991) fest, daß die geschätzten Risikoprämien der von ihm betrachteten makroökonomischen Faktoren durchweg nur (noch) zufällig von null abweichen, wenn gleichzeitig ein Marktindex in die Analyse einbezogen wird, während die für den Marktindex ermittelte Risikoprämie positiv und hochsignifikant ist[115]. Die Resultate der Studie von Chang/Pinegar (1990) deuten an, daß die Sensitivitätskoeffizienten gegenüber den fünf makroökonomischen Risikofaktoren starken kalenderzeitlichen Schwankungen unterliegen. Die Autoren weisen des weiteren nach, daß sowohl für die Höhe als auch für die statistische Signifikanz der zugehörigen Risikoprämien eine mit den Aktienrenditen der "Monatsart" Januar verbundene Saisonalität gegeben ist.[116] Dennoch ist bemerkenswert, daß die geschätzten Risikoprämien der Faktoren (1) und (3) auch dann signifikant von null verschieden sind, wenn Chang/Pinegar die Januar-Renditen von den Querschnittsanalysen ausschließen.[117] Burmeister/McElroy (1988) sowie McElroy/Burmeister (1988) setzen im Unterschied zu den bislang ausgewerteten Untersuchungen, die ohne Ausnahme auf der klassischen zweistufigen Vorgehensweise basieren, das im vorangegangenen

---

[112]In der Studie von Chang/Pinegar (1990) stellen die Faktoren (1), (3) und (4) bewertete Variablen dar, falls alle Zeitreihen-Beobachtungen zur Schätzung der Risikomaße und -prämien verwendet werden.

[113]Für die unerwartete Veränderung der Terminstruktur der Zinssätze ergibt sich in der Untersuchung von Chan/Chen/Hsieh (1985) keine zum 5%-Niveau signifikant von null abweichende Risikoprämie.

[114]Die von Chan/Chen/Hsieh (1985) erzielten Befunde lassen ebenfalls den Schluß zu, daß der "CAPM"-Betakoeffizient zur Erklärung der mittleren Aktienrenditen entbehrlich ist. Ähnliche Resultate ergeben sich in der Untersuchung von Chang/Pinegar (1990).

[115]Vgl. dazu auch Chen/Jordan (1993), S. 81 (Tabelle 7).

[116]Burmeister/McElroy (1988) müssen die Hypothese, daß am US-amerikanischen Aktienmarkt kein Januar-Effekt existiert, ebenfalls verwerfen.

[117]Für die Variable (3) wird allerdings keine signifikant von null abweichende Risikoprämie geschätzt, sofern den Querschnittsanalysen lediglich die Januar-Renditen zugrunde liegen.

Abschnitt beschriebene einstufige Vorgehen ein. Die von ihnen jeweils erzielten Ergebnisse sind mit den gleichungsübergreifenden Bewertungsrestriktionen der APT vereinbar; sie stehen darüber hinaus im Widerspruch zu verschiedenen Parameterbeschränkungen, die aus dem "CAPM" folgen.

3.4.3 Für den deutschen und andere Aktienmärkte erzielte Ergebnisse

Gegenwärtig liegen mit den Arbeiten von Nowak (1994)[118] und Sauer (1994) nur zwei umfassende APT-Untersuchungen vor, welche die Relevanz makroökonomischer Risikofaktoren für die Preisbildung am deutschen Aktienmarkt überprüfen.[119] Die auf Faktorenmodellen mit 4 respektive 8 makroökonomischen Faktoren beruhende Studie von Nowak (1994), die sich durch ihren differenzierten Untersuchungsaufbau auszeichnet, liefert keine eindeutigen Resultate zur Gültigkeit der spezifizierten APT-Bewertungshypothese. Die Ergebnisse werden vor allem in erheblichem Maße von den verwendeten Analysemethoden und den gewählten konzeptionellen Vorgehensweisen beeinflußt. Viele Schätzwerte der faktorenbezogenen Risikoprämien weichen allerdings - besonders bei Betrachtung des gesamten Testzeitraums - nicht signifikant von null ab. Weiterhin zeigt sich, daß die meisten geschätzten Risikoprämien der makroökonomischen Faktoren im Zeitablauf beträchtlich und häufig stärker als die ermittelten Risikomaße schwanken. Dementsprechend negativ fällt Nowaks abschließende Würdigung der gewonnenen Resultate aus: "Als Fazit bleibt .. festzuhalten, daß die spezifizierten Faktorbetas als bewertungsrelevante Risikomaßstäbe noch weitaus weniger geeignet sind als das traditionelle CAPM-Beta."[120] Sauer (1994) analysiert mehrere APT-Modelle, die stets einen Residualmarktfaktor sowie 4 bis 7 makroökonomische Faktoren enthalten. Die Schätzung der unbekannten Modellparameter erfolgt ausnahmslos mit Hilfe der ITNLSUR-Methode. Die Mehrzahl der erzielten Ergebnisse deutet an, daß gesamtwirtschaftliche Risikofak-

---

118 Vgl. auch Nowak/Wittrock (1993), Nowak/Wittrock (1994) und Steiner/Nowak (1994).

119 Missong/Seppelfricke (1993) haben ebenfalls einige Resultate zur ökonomischen Interpretation der APT-Risikofaktoren am deutschen Aktienmarkt vorgelegt. Berührungspunkte zu dieser spezifischen empirischen APT-Forschung weisen im übrigen auch die Untersuchungen von Asprem (1989), Wasserfallen (1989) und Verleger (1993) auf. So geht etwa Verleger zwar überwiegend von latenten Risikofaktoren aus, im Rahmen einer Teilstudie untersucht er jedoch die paarweisen Korrelationen, die zwischen den faktorenanalytisch ermittelten Faktoren eines 5- bzw. 10-Faktoren-Modells und verschiedenen (ausnahmslos durch monatliche Wachstumsraten gemessenen) volkswirtschaftlichen Größen bestehen. Der Autor findet nur sehr wenige einfache Korrelationskoeffizienten, die signifikant von null abweichen.

120 Nowak (1994), S. 278.

toren am deutschen Aktienmarkt bewertet werden.[121] Allerdings scheint dem Residualmarktfaktor im gegebenen Zusammenhang eine relativ große Bedeutung zuzukommen. Der Autor weist außerdem darauf hin, daß sich deutliche Unterschiede in der Höhe und der statistischen Signifikanz der geschätzten Risikoprämien feststellen lassen, wenn man die Resultate der untersuchten Teilzeiträume miteinander vergleicht. Die Schätzwerte der faktorenbezogenen Risikoprämien sowie die zugehörigen Werte der t-Tests sind überdies z. T. stark modellabhängig.[122] Schließlich sei daran erinnert, daß das Portefeuille, welches zur Ermittlung der Ausprägungen des Residualmarktfaktors herangezogen wird, vollständig diversifiziert sein muß. Tatsächlich ist jedoch davon auszugehen, daß das von Sauer (auf der Basis eines 1-Faktor-Modells!) konstruierte Portefeuille nicht allein systematisches Risiko besitzt. Daher bildet der empirische Residualmarktfaktor zwangsläufig auch unsystematisches Risiko ab, welches gewissermaßen in systematisches Risiko umdefiniert wird. Der Residualmarktfaktor wird darüber hinaus mit den Störgrößen des multivariaten Regressionsmodells korreliert sein, was dazu führt, daß die ITNLSUR-Schätzer inkonsistent sind.[123] Würde man hingegen unterstellen, daß das betreffende Portefeuille (fast) vollständig diversifiziert sei, dann wäre die Frage zu beantworten, warum die vorabspezifizierten *systematischen Risikofaktoren* z. T. nur einen verschwindend geringen Anteil der Rendite-Varianz dieses Portefeuilles erklären.[124] Insgesamt folgt aus den dargelegten Überlegungen, daß die von Sauer berichteten Resultate mit einem gewissen Maß an Zurückhaltung zu interpretieren sind. Im weiteren werden die wesentlichen Ergebnisse einiger Untersuchungen präsentiert, die für andere außeramerikanische Aktienmärkte (mittels der zweistufigen Vorgehensweise) durchgeführt wurden.

Hamao (1988) überprüft, inwieweit mehrere makroökonomische Faktoren für den japanischen Aktienmarkt bewertungsrelevant sind. Die von ihm erzielten Resultate[125] können entgegen seinem eigenen positiven Gesamturteil, das sich besonders in der Aussage "prespecified macroeconomic variables fare well in asset pricing"[126] manifestiert, nur bedingt

---

[121] Dies überrascht insofern, als die Parameterschätzungen auf den Renditen von Portefeuilles basieren, die nach dem nur bedingt geeigneten Zufallsprinzip zusammengestellt sind.

[122] Vgl. insbesondere Sauer (1994), S. 218 (Tabelle 9.15); als Beispiel sei auf die entsprechenden Angaben der genannten Tabelle verwiesen, die sich auf die Modelle (1) und (2) beziehen.

[123] Vgl. Burmeister/McElroy (1988), S. 728. Burmeister/McElroy empfehlen aus diesem Grund die Verwendung des ITNL3SLS(Iterated Nonlinear Three Stage Least Squares)-Verfahrens zur Schätzung der Modellparameter; vgl. Burmeister/McElroy (1988), S. 732.

[124] Beispielsweise nimmt das korrigierte Bestimmtheitsmaß der Regression (3/9) im zweiten und vierten Teilzeitraum lediglich Werte an, die zwischen 0,01 und 0,08 liegen; vgl. Sauer (1994), S. 215 (Tabelle 9.13).

[125] Vgl. im einzelnen Hamao (1988), S. 55-59.

[126] Hamao (1988), S. 57.

als Bestätigung der APT mit vorabspezifizierten Faktoren gedeutet werden. In der auf Daten des spanischen Aktienmarkts basierenden Studie von Martinez/Rubio (1989), deren Variablenauswahl und -messung dem betreffenden Vorgehen von Chen/Roll/Ross (1986) ähnelt, wird sogar für keinen der makroökonomischen Faktoren eine signifikant von null verschiedene Risikoprämie ermittelt. Die Autoren gelangen weiter zu dem Ergebnis, daß sich der "CAPM"-Betakoeffizient - bei gleichzeitiger Berücksichtigung der Sensitivitäten gegenüber den volkswirtschaftlichen Faktoren - als bewertetes Risikomaß erweist, sofern die Portefeuillebildung anhand der Unternehmensgröße vorgenommen wird. Die empirische Untersuchung von Poon/Taylor (1991) zeigt, daß makroökonomische Faktoren, die den für die Preisbildung US-amerikanischer Aktien (anscheinend) relevanten Faktoren (1) bis (5) weitestgehend entsprechen, am britischen Aktienmarkt keine signifikant von null abweichenden Risikoprämien aufweisen. Abschließend ist daher zur Bewertung makroökonomischer Faktoren festzuhalten, daß die "internationale Robustheit" der durchweg "positiven" Resultate, die sich speziell in der APT-Studie von Chen/Roll/Ross (1986) einstellen, angesichts der für außeramerikanische Aktienmärkte bislang gefundenen Ergebnisse[127] angezweifelt werden muß.

3.5 Zusammenfassung

Die wesentlichen Resultate bzw. Erkenntnisse, die sich aus der Analyse der empirischen APT-Forschung erzielen lassen, seien nachfolgend zusammengefaßt:

(1) In den verschiedenen APT-Untersuchungen wurde keine eindeutige Faktorenanzahl ermittelt. Die Schätzwerte für den Parameter k weichen vor allem je nach eingesetztem Kriterium/Test beträchtlich voneinander ab. Die "richtige" Zahl der systematischen Risikofaktoren ist daher bislang nicht bekannt.[128] Allerdings legt die Gesamtheit der veröffentlichten Faktorenanzahl-Schätzwerte die Folgerung nahe, daß höchstens 10, vermutlich sogar nicht mehr als 5 Faktoren zur Beschreibung der Renditen-Generierungsprozesse erforderlich sind. Ein weiterer, vornehmlich methodischer Beitrag der betreffenden APT-Forschung besteht darin, daß mehrere "APT-spezifische" Ansätze zur Bestimmung der Faktorenanzahl präsentiert werden, die an-

[127] Vgl. dazu u. a. auch die Befunde der APT-Untersuchungen von Bodurtha/Cho/Senbet (1989) und Löflund (1992), die überwiegend im Widerspruch zur spezifizierten APT-Bewertungshypothese stehen. Die erstgenannten Autoren analysieren neben dem US-amerikanischen Aktienmarkt auch Segmente des britischen sowie des japanischen Aktienmarkts, während Löflunds Test auf Daten des schwedischen Aktienmarkts beruht.

[128] Ähnlich auch McElroy/Burmeister (1988), S. 35, Wei (1988), S. 883 und Robin/Shukla (1991), S. 65.

stelle der konventionellen Kriterien und Tests oder gemeinsam mit diesen verwandt werden können.

(2) Im Schrifttum sind ferner einige vielversprechende Vorgehensweisen entwickelt worden, mit denen sich die erheblichen Schätz- und Testprobleme der APT zumindest bei genügend großer Aktienanzahl abschwächen lassen. Jene bislang für den US-amerikanischen Aktienmarkt durchgeführten Tests der Arbitrage Pricing Theory, welche von einer Vorabspezifikation der systematischen Risikofaktoren absehen, haben insgesamt recht widersprüchliche Resultate ergeben. Die Befunde der wenigen APT-Untersuchungen, die auf Daten des deutschen Aktienmarkts basieren und faktorenanalytische Verfahren verwenden, sind zwar in der Mehrzahl mit der getesteten Bewertungsstruktur vereinbar, sie erlauben indes kein abschließendes Urteil bezüglich der empirischen Validität der Arbitrage-Pricing-Theorie für diesen speziellen Kapitalmarkt. Alles in allem ist festzuhalten, daß die Bewertungshypothese der APT zum jetzigen Zeitpunkt weder als bestätigt noch als widerlegt gelten kann.

(3) Eine "neuere" Richtung der empirischen APT-Forschung versucht, die APT auf der Grundlage vorabspezifizierter Risikofaktoren zu überprüfen. Als problematisch erweist sich insbesondere die Variablenauswahl, da die systematischen Risikofaktoren von der Arbitrage-Pricing-Theorie nicht vorgegeben werden. Die betreffenden APT-Untersuchungen testen daher letztlich eine verbundene Hypothese, die sowohl die Gültigkeit der "exakten" APT als auch die Bewertungsrelevanz der a priori ausgewählten (zumeist makro-) ökonomischen Variablen postuliert. In einigen der mit Daten des US-amerikanischen Aktienmarkts durchgeführten Untersuchungen haben sich hauptsächlich die nicht antizipierten Veränderungen der industriellen Produktion, der Inflation und der (Bonitäts-) Risikoprämie sowie die Veränderung der erwarteten Inflation als bewertete Risikofaktoren erwiesen. Hingegen wurde für den deutschen Aktienmarkt und vor allem für sonstige außeramerikanische Aktienmärkte bislang überwiegend festgestellt, daß makroökonomische APT-Faktoren nur einen geringen Beitrag zur Erklärung der Preisbildung leisten. Daher muß konstatiert werden, daß gegenwärtig keine zweifelsfreie ökonomische Interpretation der systematischen Risikofaktoren möglich ist.

4 Grundlagen der empirischen Untersuchung: Erläuterung der Datenbasis und Überprüfung von Grundannahmen der empirischen Untersuchung

4.1 Auswahlentscheidungen hinsichtlich der Datenbasis

Die verschiedenen Analysen beruhen auf "historischen" Aktienkursen, die retrograd um Dividendenzahlungen, Kapitalerhöhungen, Kapitalherabsetzungen und Stücknotiz-Umstellungen bereinigt sind.[1] Die verwendeten Aktienkursdaten sowie die dazugehörigen Umsatzdaten entstammen dabei der Deutschen Finanzdatenbank (DFDB).[2] Die Aussagekraft der einzelnen Auswertungen hängt naturgemäß in erheblichem Maße von der "Güte" der zugrundeliegenden Datenbasis ab. Die entsprechenden Auswahlentscheidungen sind mithin von großer Bedeutung. Im einzelnen geht es um

- die Festlegung des gesamten Untersuchungszeitraums (Gliederungspunkt 4.1.1) und seine Aufteilung in Teilperioden,
- die Auswahl der Aktien (4.1.2) sowie
- die Festlegung der Untersuchungsvariablen (4.1.3).

4.1.1 Festlegung des Untersuchungszeitraums

Der Untersuchungszeitraum (die einzelnen Teilperioden) sollte(n) einerseits möglichst lang sein, da Parameterschätzungen und Testaussagen i. d. R. um so zuverlässiger sind, je mehr Zeitreihen-Beobachtungen ihnen zugrunde liegen. Andererseits ist dem Stationaritätsgebot Rechnung zu tragen; die Stationaritätsannahme dürfte um so eher verletzt sein, je länger der jeweilige Zeitraum ist.[3] Die Entscheidung zugunsten eines bestimmten Untersuchungszeitraums (bzw. die Festlegung einzelner Teilperioden) stellt in Anbetracht dieser gegenläufigen Anforderungen stets eine Kompromißlösung dar, die naturgemäß auch von subjektiven Wertungen determiniert wird. Der hier betrachtete Gesamt-Untersuchungszeitraum erstreckt sich vom 3.5.1976 bis zum 30.4.1991 und enthält 3746 Handelstage. Eine sachgerechte Aufteilung dieses Zeitraums in Teilperioden wird im Gliederungspunkt 4.2.2.4 durchgeführt. Im Gegensatz zur üblichen Vorgehensweise, die

---

1 Siehe hinsichtlich der Vorteilhaftigkeit der retrograden im Vergleich zur progressiven Bereinigung von Aktienkursen etwa Mühlbradt (1978), S. 60 f.

2 Dem Institut für Entscheidungstheorie und Unternehmensforschung der Universität Karlsruhe (TH) gebührt Dank für die "friktionslose" Abwicklung der Datenanfrage. Die Beschaffung der makroökonomischen Daten wird im Abschnitt 7.3.1 thematisiert.

3 Vgl. Winkelmann (1984), S. 9, 17 f. und Faff (1988), S. 30.

durch eine mehr oder weniger willkürliche Zerlegung des gesamten Untersuchungszeitraums in Teilperioden zumeist gleicher Länge (häufig 5 Jahre) gekennzeichnet ist, werden die Teilzeiträume in der vorliegenden Arbeit unter expliziter Berücksichtigung der Ergebnisse einer umfassenden Strukturbruchpunkt-Untersuchung festgelegt.

4.1.2 Auswahl der Aktien

Bei der Aktienauswahl, die letztendlich auch den Stichprobenumfang bestimmt, sind - neben hauptsächlich statistisch motivierten Gesichtspunkten[4] - vor allem die nachfolgenden Überlegungen zu beachten:

- Die innerhalb der APT betrachtete Grundgesamtheit, für die die Bewertungsgleichung abgeleitet wird, umfaßt annahmegemäß zahlreiche ("viele") Wertpapiere. Hieraus glaubt etwa Luedecke (1986) folgern zu können, daß ein APT-Test im Idealfall ebenfalls auf "vielen" Wertpapieren beruhen sollte.[5]
- Die APT will das Zustandekommen von Marktpreisen erklären. Für die auszuwählenden Aktien muß daher ein regelmäßiger Handel gegeben sein, so daß effektive Marktpreise in hinreichender Anzahl zur Verfügung stehen.

Es ist evident, daß der erste Aspekt einen möglichst großen Stichprobenumfang nahelegt. Der zweite Aspekt führt hingegen zu einer eher restriktiven Auswahl der Aktienwerte. In der vorliegenden Arbeit wird diesem Gesichtspunkt der Marktgängigkeit die größere Bedeutung beigemessen.[6] Dementsprechend sollen keine "illiquiden" Aktien, deren "Preisbildung" weniger auf dem Ausgleich von Angebot und Nachfrage als etwa auf dem Fortschreiben des Vortagskurses basiert, in die Untersuchung einbezogen werden. Die im folgenden verwendeten Auswahlkriterien dienen nicht zuletzt dieser Zielsetzung.

---

[4] Darunter können auch jene empirischen Befunde subsumiert werden, die vermuten lassen, daß ein positiver Zusammenhang zwischen der Aktienanzahl und der geschätzten Zahl zu extrahierender APT-Risikofaktoren besteht. Vgl. dazu die entsprechenden Ausführungen des Abschnitts 3.2 sowie die dort angegebenen Untersuchungen.

[5] Vgl. Luedecke (1986), S. 68.

[6] Eine "zurückhaltende" Aktienauswahl erscheint als ratsam, da die Kurse, denen letztlich keine Transaktionen zugrunde liegen, bei einer ganzen Reihe von Aktien einen erheblichen Anteil der verfügbaren Kurse ausmachen. Als Beispiele können die Aktien der Bürstenfabrik Emil Kränzlein AG (528200; 90,9), der HAGEDA AG (600500; 73,9), der Oelmühle Hamburg AG (726900; 74,8), der Stinnes AG (727380; 79,3) sowie der Stuttgarter Hofbräu AG (731800; 72,6) angeführt werden, wobei die erste Zahl jeweils die entsprechende Wertpapier-Kennummer darstellt. Die zweite Zahl gibt den prozentualen Anteil der Geld-, Brief- und Tax-Kurse der betreffenden Aktie an den gesamten Kursen im Untersuchungszeitraum wieder und soll einen ersten Eindruck von den äußerst geringen Börsenumsätzen in bestimmten Aktienwerten vermitteln.

Die Stichprobe besteht aus inländischen, an der Frankfurter Wertpapierbörse notierten Inhaber-Stammaktien. Aktien ausländischer Emittenten sowie Namens- und Vorzugsaktien werden somit nicht betrachtet.[7] Es werden ferner nur solche Aktien berücksichtigt, für die über mindestens 3 zusammenhängende Jahre des gesamten Untersuchungszeitraums Kurse vorliegen.[8] Die Auswahl der Aktien(gesellschaften) beruht darüber hinaus auf den folgenden beiden Kriterien:

1. Es werden nur Aktien in die Stichprobe einbezogen, für die in wenigstens drei (zusammenhängenden) Jahren des Untersuchungszeitraums eine "hinreichend große" Anzahl an Marktpreisen vorliegt. Konkret wird verlangt, daß den beobachteten Kursen an zwei Dritteln der jährlichen Börsenhandelstage tatsächlich Transaktionen zugrunde gelegen haben. Die Identifizierung der Kurse, zu denen ein Handel stattgefunden hat, wird in erster Linie auf der Grundlage der entsprechenden Kurszusätze und Umsatzdaten vorgenommen.

2. Es werden nur Gesellschaften in die Stichprobe aufgenommen, an denen (am Ende des Untersuchungszeitraums) kein anderes Unternehmen 75 oder mehr Prozent der (stimmberechtigten) Anteile hält. Insbesondere werden keine Gesellschaften erfaßt, die verpflichteter Partner eines Beherrschungsvertrags sind. Zur Beurteilung der Beteiligungsverhältnisse werden vor allem die folgenden Veröffentlichungen herangezogen:

   Bayerische Hypotheken- und Wechsel-Bank Aktiengesellschaft: Wegweiser durch deutsche Unternehmen 1990, 33. Aufl., München 1990.
   Commerzbank AG: Rund um die Börse 1990: Deutsche und internationale Finanzmärkte, o. O. 1990.
   Commerzbank AG: wer gehört zu wem: Handbuch über Beteiligungsverhältnisse in Deutschland, 17. Aufl., o. O. 1991.
   Verlag Hoppenstedt & Co: Handbuch der deutschen Aktiengesellschaften, Jg. 1990/1991, verschiedene Bde., Darmstadt o. J.
   Verlag Hoppenstedt & Co: Handbuch der Großunternehmen 1991, Bd. 1 und Bd. 2, 38. Ausg., Darmstadt 1991.

---

7 Siehe zur Begründung des Ausschlusses von Namens- und Vorzugsaktien z. B. Domke (1987), S. 94. Bezüglich einer Erklärung des empirischen Befunds, daß Stammaktien höher bewertet werden als stimmrechtslose Vorzugsaktien, sei auf den Beitrag von Hartmann-Wendels/von Hinten (1989) verwiesen.

8 Da die Aktienselektion auf der Grundlage der Kürzel-Liste der Frankfurter Wertpapierbörse (Stand Februar 1991) vorgenommen werden mußte, sind von der weiteren Analyse zwangsläufig auch solche Aktien ausgeschlossen, die nur in den ersten Jahren des Untersuchungszeitraums in Frankfurt gehandelt wurden. Es wird vorausgesetzt, daß der damit prinzipiell einhergehende survival bias (vgl. etwa Diacogiannis (1986), S. 492) keine nennenswerten Auswirkungen auf die Untersuchungsergebnisse hat.

In Anbetracht dessen, daß die Stichprobe keine Vorzugsaktien (welche i. a. ohne Stimmrecht sind) umfaßt, erscheint der Ausschluß von Gesellschaften, an denen ein anderes Unternehmen 75 oder mehr Prozent der (stimmberechtigten) Anteile hält, als konsequent. So können die Minderheitsaktionäre dieser (Tochter-) Gesellschaften, welche letztlich keine strategische Eigenständigkeit besitzen, selbst auf grundlegende Entscheidungen, für die eine einfache Mehrheit in der Hauptversammlung nicht ausreicht, keinen Einfluß nehmen. Folglich weisen die dem Börsenhandel zur Verfügung stehenden Stammaktien der genannten Gesellschaften nur noch nominell ein Stimmrecht auf und sind insofern stimmrechtslosen Vorzugsaktien ähnlich. Den außenstehenden Aktionären von Gesellschaften, die verpflichteter Partner eines Beherrschungs- (und/oder Gewinnabführungs-) Vertrags sind, ist darüber hinaus eine im Vertrag bestimmte Ausgleichszahlung zu garantieren.[9] Die Höhe dieser Ausgleichszahlung ist dabei teilweise an die Dividende des anderen Vertragspartners gekoppelt. Beispielsweise wird den außenstehenden Aktionären der Edelstahlwerk Witten AG, der Stahlwerke Bochum AG und der Thyssen Industrie AG eine Ausgleichszahlung zugesichert, die sich aus der Dividende, die auf die Aktionäre der herrschenden Thyssen AG entfällt, errechnet. Einen entsprechenden Anspruch besitzen u. a. auch die außenstehenden Aktionäre der AEG AG (Bemessungsgrundlage: Dividende der Daimler-Benz AG), der AUDI AG (Volkswagen AG), der Balcke-Dürr AG (Deutsche Babcock AG), der Hartmann & Braun AG (Mannesmann AG) und der Mainzer Aktien-Bierbrauerei AG (Binding-Brauerei AG). Aus dem Dividenden-Barwertmodell folgt, daß für die Bewertung der (gehandelten) Aktien der genannten Gesellschaften in erster Linie diejenigen Größen maßgeblich sind, die auf die Bewertung des jeweils herrschenden Unternehmens Einfluß nehmen. Somit würde z. B. die gleichzeitige Berücksichtigung der Edelstahlwerk Witten AG, der Stahlwerke Bochum AG, der Thyssen Industrie AG und der Thyssen AG faktisch bedeuten, daß die Aktie der Thyssen AG "vierfach" in die verschiedenen Analysen einginge, was vermutlich nicht ohne Auswirkung auf die entsprechenden Untersuchungsergebnisse wäre (u. a.: Extraktion eines "Thyssen-Faktors"?). Schließlich ist evident, daß die Aktien jener Gesellschaften, welche dem zweiten Kriterium nicht genügen, tendenziell eher marktenge Papiere repräsentieren. Folglich kann davon ausgegangen werden, daß die meisten dieser Aktien ebenfalls das erste Kriterium nicht erfüllen.

Die skizzierten Anforderungen bewirken letztlich[10], daß sich die zunächst betrachtete Menge auf 138 Aktien vermindert, die in die Untersuchung einbezogen werden kön-

---

[9] Vgl. Müller, Welf (1992), S. 1352-1356.

[10] Auf eine detaillierte Darstellung der in den verschiedenen Analysen erzielten Ergebnisse soll hier verzichtet werden.

nen.[11] Für 97 Aktien sind während des gesamten Untersuchungszeitraums Kurse verfügbar. Da einige dieser Aktien temporär eine sehr geringe Anzahl tatsächlicher Marktpreise aufweisen[12], können lediglich 76 Aktien zu Analysen herangezogen werden, die sich auf den gesamten Untersuchungszeitraum beziehen. Auch bei 3 der 41 Aktien, für die nicht während des gesamten Untersuchungszeitraums Kurse zur Verfügung stehen, ist aus dem genannten Grund eine Beschränkung auf einen kürzeren Zeitraum erforderlich.

Die Auswahl der Aktien orientiert sich somit an der Datenverfügbarkeit sowie an den verschiedenen (weiter oben erläuterten) "inhaltlichen" Gesichtspunkten, und ist insofern strenggenommen nicht zufällig vorgenommen.[13] Aufgrund dessen lassen die Untersuchungsergebnisse nur bedingt Schlüsse auf die Funktionsweise des gesamten deutschen Aktienmarkts zu. Die Interpretation der Untersuchungsergebnisse ist also mit einem gewissen Maß an Zurückhaltung vorzunehmen.

4.1.3 Festlegung der Untersuchungsvariablen

Im Rahmen der Festlegung der Untersuchungsvariablen steht insbesondere die Frage im Vordergrund, ob tägliche, wöchentliche oder monatliche Renditen heranzuziehen sind. Wie bereits eingangs des Abschnitts 4.1.1 geschildert, nimmt die Zuverlässigkeit von Schätz- und Testergebnissen tendenziell mit steigender Anzahl der eingesetzten Beobachtungen zu. Bei gegebenem Untersuchungszeitraum (bzw. gegebenen Teilperioden) spricht dieser Sachverhalt für die Verwendung täglicher Renditen im Rahmen der durchzuführenden Untersuchungen.[14]

Darüber hinaus ist aber auch der Intervalling-Effekt zu berücksichtigen. Die Ergebnisse der Untersuchungen von Cohen u. a. (1983a, 1983b) zeigen, daß die auf der Grundlage kurzfristiger Renditen geschätzten Beta-Koeffizienten des CAPM einen substantiellen Bias aufweisen. Die Stärke dieser Verzerrung nimmt mit zunehmender Renditefristigkeit ab. Als Ursache für die angesprochene Verzerrung wird die Verwendung fehlerhaft ge-

---

[11] Die Wertpapier-Kennummern und die Namen der Gesellschaften sind der Tabelle 4/5 (Gliederungspunkt 4.2.2.4) zu entnehmen.

[12] So liegen beispielsweise für die Aktie der GEHE AG (Stöhr & Co. AG) während des Zeitraums von Anfang Mai 1976 bis Ende Dezember 1982 insgesamt nur ca. 175 (350) Kurse vor, zu denen ein Handel stattgefunden hat.

[13] Beispielsweise ist die Wahrscheinlichkeit, daß nicht in Frankfurt notierte Aktien in die Stichprobe gelangen, gleich null.

[14] Vgl. auch Pogue/Solnik (1974), S. 922 und Lehmann/Modest (1988), S. 226.

messener Renditen anstelle "wahrer" Renditen, wie sie auf einem friktionslosen Aktienmarkt beobachtet würden, und damit ein Fehler-in-den-Variablen-Problem angeführt.[15] Der Intervalling-Effekt scheint auch für empirische APT-Untersuchungen von Bedeutung zu sein. Shanken (1987b) zeigt, daß die üblicherweise berechnete Stichproben-Kovarianzmatrix (-Korrelationsmatrix) der Aktienrenditen ein verzerrter Schätzer für die "wahre" Kovarianzmatrix (Korrelationsmatrix) ist, falls die Stichprobe tägliche Aktienrenditen umfaßt. Für die von Shanken herangezogene Stichprobe sind die mit einem adjustierten Schätzer[16] ermittelten Kovarianzen deutlich größer als die nicht korrigierten Kovarianz-Schätzungen. Ein weiteres bedeutsames Ergebnis seiner Untersuchung besteht darin, daß die Anzahl der mittels der ML-Faktorenanalyse extrahierten Faktoren f_j ansteigt, wenn die adjustierte anstelle der üblicherweise berechneten Stichproben-Korrelationsmatrix verwendet wird.

Außerdem ist zu bedenken, ob die - für manche statistische Tests und Verfahren notwendige - Annahme einer Normalverteilung der Aktienrenditen bei der jeweiligen Fristigkeit akzeptiert werden kann. Die empirischen Befunde verschiedener Studien lassen vermuten, daß die Normalverteilungs-Annahme für tägliche Renditen nicht erfüllt ist, während sie für längere Rendite-Intervalle z. T. akzeptiert werden kann.[17]

Die genannten Aspekte und Befunde lassen es insgesamt als sachdienlich erscheinen, daß in der vorliegenden Untersuchung wöchentliche Renditen Verwendung finden. Für die Überprüfung der Bewertungsrelevanz vorabspezifizierter (makroökonomischer) Risikofaktoren sind allerdings monatliche Aktienrenditen heranzuziehen, da die maßgeblichen makroökonomischen Daten häufig erst für diese Zeitintervalle ermittelt werden. Um einen möglichst stringenten Untersuchungsaufbau gewährleisten zu können, werden den meisten anderen Analysen nicht nur wöchentliche, sondern auch monatliche Aktienrenditen zugrunde gelegt. Der damit einhergehende Mehraufwand lohnt ferner insofern, als eine möglicherweise bestehende Abhängigkeit der Untersuchungsergebnisse von der Fristigkeit der verwendeten Renditen entdeckt werden kann.

---

[15] Vgl. dazu ebenfalls Scholes/Williams (1977) und Frantzmann (1990).

[16] Der von Shanken entwickelte konsistente Schätzer für die Kovarianzen zwischen den einzelnen Wertpapierrenditen basiert auf dem von Cohen u. a. (1983b) formulierten Modellansatz, der die verzögerte Anpassung der Wertpapierpreise beschreibt und die in der Periode (t-1, t) beobachtete Rendite des Wertpapiers i mit der gewichteten Summe der in den Perioden (t-1, t), (t-2, t-1), ..., (t-N-1, t-N) erzielten "wahren" Renditen des Wertpapiers i gleichsetzt. Shanken wählt N = 3.

[17] Vgl. z. B. Fama (1976), S. 21-38 und Möller (1986a), S. 31-39. Eine Auswertung der bis einschließlich 1981 veröffentlichten empirischen Untersuchungen zur Verteilung deutscher Aktienrenditen (Aktienkursveränderungen) findet man bei Möller (1986a), S. 26-28.

Im Rahmen der Untersuchung wird auf diskrete Renditen zurückgegriffen.[18] Die wöchentlichen Renditen werden dabei grundsätzlich aus dem Dienstagskurs der t-ten Woche und dem Dienstagskurs der (t+1)-ten Woche berechnet. Falls der Dienstag kein Börsenhandelstag ist, wird der entsprechende Montagskurs herangezogen. Für die Wahl des Dienstags als maßgeblichem Wochentag zur Ermittlung der wöchentlichen Renditen spricht in erster Linie, daß der Dienstag während des betrachteten Untersuchungszeitraums die mit Abstand wenigsten "Nicht-Börsenhandelstage" aufweist. So waren nur 15 Dienstage handelsfreie Tage, während beispielsweise freitags 35mal kein Handel stattfand. Darüber hinaus zeigen die für die hier betrachtete Datenbasis relevanten empirischen Befunde zum sog. Wochenendeffekt an, daß sich die mittleren Dienstagsrenditen nicht signifikant von null unterscheiden.[19] Folglich kann davon ausgegangen werden, daß die feiertagsbedingte Verwendung einiger Montagskurse zu keiner Verzerrung der Untersuchungsergebnisse führt. Die Basis zur Berechnung der monatlichen Renditen bilden die Kurse, die am letzten Handelstag des jeweiligen Monats beobachtet werden.

4.2 Überprüfung grundlegender Annahmen der empirischen Untersuchung

4.2.1 Begründung der Überprüfung

Datengrundlage sind, wie im Punkt 4.1 dargelegt, die realisierten Renditen deutscher Aktienwerte. Die Bewertungsgleichung (2/11) postuliert allerdings einen linearen Zusammenhang zwischen der erwarteten Rendite des i-ten Wertpapiers und den Sensitivitätskoeffizienten dieses Wertpapiers. "Echte" Erwartungswerte sind aber faktisch nicht bzw. nicht mit vertretbarem Aufwand erhebbar, so daß z. B. an die Stelle der wahren erwarteten Aktienrendite der aus (vielen) Vergangenheitsrenditen abgeleitete Mittelwert zu setzen ist. Auch die Sensitivitätskoeffizienten müssen aus ex post Daten gewonnen werden. Eine wichtige Implikation rationaler Anlegererwartungen (Grundannahme 1) ist, daß die erwarteten und realisierten Wertpapierrenditen - bezogen auf einen langen Beobachtungszeitraum - im Durchschnitt identisch sind. Es muß zusätzlich vorausgesetzt werden, daß im Hinblick auf die (gemeinsame) Verteilung der Wertpapierrenditen stochastische Unabhängigkeit im Zeitablauf (Grundannahme 2) und Stationarität (Grundannahme 3) gegeben sind.

---

[18] Es sei daran erinnert, daß die APT ein einperiodiger Ansatz ist. Von einer logarithmischen Transformation der Renditen, d. h. von der Verwendung "kontinuierlicher" ("stetiger") Renditen, wird auch aus diesem Grund abgesehen.

[19] Vgl. Frantzmann (1987), S. 616-618, 621, 623, Frantzmann (1989), S. 118 f. und Schnittke (1989), S. 136 f.; siehe auch Krämer/Runde (1991), S. 5 und Krämer/Runde (1993), S. 89.

Die Gültigkeit dieser grundlegenden Prämissen ist fraglich. Eine Durchsicht der relevanten Literatur ergibt darüber hinaus, daß der Schätzung der Modellparameter ein Zeitraum von nicht mehr als 5-7 Jahren Länge zugrunde liegen sollte.[20] Der gewählte Untersuchungszeitraum umfaßt dagegen 15 Jahre. Folglich muß vermutet werden, daß insbesondere die Stationaritätsannahme nicht erfüllt ist. Auch aus diesem Grund ist es geboten, daß die Gültigkeit der genannten Prämissen im Rahmen einer "Voruntersuchung" empirisch überprüft wird. Die Grundannahme 1 entzieht sich allerdings weitestgehend einer empirischen Analyse. Die vorzunehmende "Voruntersuchung" ist somit auf die Prüfung der beiden anderen Grundannahmen beschränkt. Zusätzlich wird getestet, ob die Aktienrenditen (multivariat) normalverteilt sind.

Die statistischen Auswertungen werden in der vorliegenden Arbeit grundsätzlich mit dem Statistik-Programmpaket SPSS Version 4.0 auf dem Großrechner des Hochschulrechenzentrums der Universität Gesamthochschule Essen durchgeführt. Die zugelassene Irrtumswahrscheinlichkeit der verschiedenen Tests beträgt einheitlich 5%. Des weiteren ist darauf hinzuweisen, daß die detaillierte Darstellung der verwendeten Schätz- und Testverfahren keine Arbeitszielsetzung ist. Vor allem die Ausführungen zu bekannten Methoden, die Gegenstand der meisten einführenden Statistik- oder Ökonometrie-Lehrbücher sind, werden häufig recht kurz gehalten. Schließlich ist anzumerken, daß im weiteren Verlauf des Abschnitts 4.2 oftmals auf eine besondere Kennzeichnung der empirischen bzw. geschätzten Größen verzichtet wird, wenn diese Eigenschaft bereits aus dem jeweiligen Sachzusammenhang heraus deutlich wird.

4.2.2 Stationarität der Renditeverteilungen

Zur Strukturbruch-Untersuchung werden die Zeitreihen der wöchentlichen und monatlichen Renditen von 2 Indizes sowie die Zeitreihen der entsprechenden Renditen jener 76 Aktien, für die während des gesamten Untersuchungszeitraums Kurse zur Verfügung stehen, verwendet. Die Rendite des Index 1 entspricht dem gleichgewichteten arithmetischen Mittel der Renditen dieser 76 Aktien. Der Rendite-Ermittlung des gleichgewichteten Index 2 liegen zusätzlich jene 62 Aktien, deren Renditen nur für einen Teilzeitraum berechnet werden können, zugrunde. Die Zeitreihen umfassen maximal 769 (wöchentliche Renditen) respektive 180 Beobachtungen (monatliche Renditen).

---

[20] Vgl. beispielsweise Gonedes (1973), S. 422, Möller (1986b), S. 713, MacKinlay (1987), S. 342, Faff (1988), S. 30 und Lehmann/Modest (1988), S. 227.

4.2.2.1 Verfahren zur Ermittlung von Strukturbruchpunkten

Es ist zu testen, ob die betrachteten Zeitreihen signifikante Strukturbrüche aufweisen. Außerdem ist für den Fall, daß die Stationaritätsannahme verworfen werden muß, eine Schätzung der Strukturbruchpunkte vorzunehmen. Die Strukturbruch-Untersuchung wird hier mit Hilfe nichtparametrischer Verfahren durchgeführt. Zugunsten nichtparametrischer Verfahren spricht im gegebenen Zusammenhang insbesondere, daß sie keine spezielle Verteilungsannahme und einen verhältnismäßig geringen Rechenaufwand erfordern. Die bislang in der Literatur vorgestellten nichtparametrischen Verfahren, auf die im Rahmen der Strukturbruch-Untersuchung zurückgegriffen werden kann, sind allerdings zum überwiegenden Teil durch einen eingeschränkten Anwendungsbereich gekennzeichnet:

- Die meisten Verfahren stellen ausschließlich auf eine abrupte Lageparameter-Veränderung (häufig: Veränderung des Erwartungswerts) ab.
- Die meisten Verfahren setzen voraus, daß die betrachtete Zeitreihe höchstens einen Strukturbruchpunkt ("at most one changepoint (AMOC)"[21]) aufweist.

Im einzelnen werden in der vorliegenden Untersuchung die (nichtparametrischen) Verfahren von Pettitt (1979), Hawkins (1986), Lombard (1987)[22] und Carlstein (1988) verwendet. Zur Entwicklung der entsprechenden Programme wird die Programmiersprache C++ gewählt. Mit der getroffenen Auswahl wird insbesondere der bestehenden Vielfalt sowie dem aktuellen Entwicklungsstand nichtparametrischer Verfahren zur "changepoint estimation" Rechnung getragen. Darüber hinaus gelangen die Performance- bzw. Robustheitsstudien von From (1990) und Scariano/Watkins (1990) zu dem Ergebnis, daß zur Schätzung des Zeitpunkts einer (abrupten) Lageparameter-Veränderung vor allem die Verfahren von Lombard (1987) und Carlstein (1988) verwendet werden sollten. Ein Strukturbruchpunkt-Test läßt sich mittels des Verfahrens von Carlstein allerdings nicht durchführen. Das Verfahren von Carlstein setzt folglich voraus, daß (genau) ein (abrupter) Strukturbruch vorliegt. Das Carlstein-Verfahren besitzt aber den Vorteil, daß sein Anwendungsbereich - im Unterschied zu den anderen 3 Verfahren - nicht auf Lageparameter-Veränderungen begrenzt ist. Mittels der Verfahren von Lombard, Pettitt und Hawkins ist auch ein Test der Nullhypothese, daß die betrachtete Folge der Zufallsvaria-

---

21 Schechtman/Wolfe (1985), S. 616.

22 Im Beitrag von Lombard (1987) werden faktisch mehrere Verfahren vorgestellt, die sich auf unterschiedliche Anwendungsgebiete beziehen (u. a.: "smooth change", "multiple abrupt changes"). Innerhalb der nachfolgenden Strukturbruch-Untersuchung wird das Verfahren herangezogen, welches auf eine abrupte Lageparameter-Veränderung abstellt.

blen $X_1, ..., X_n$ keinen Strukturbruch aufweist, gegen die Hypothese, daß genau ein (abrupter) Strukturbruch vorliegt, möglich. Der jeweilige Test wird stets auf der Grundlage der n Stichprobenwerte vorgenommen. Letztere sollen der Einfachheit halber ebenfalls mit $X_1, ..., X_n$ bezeichnet werden.[23] Zur Vereinfachung der weiteren Ausführungen werden ferner die Menge M_n und die (echte) Teilmenge $M_n(\varepsilon)$ eingeführt, welche - je nach betrachtetem Verfahren - die möglichen Zeitpunkte des Strukturbruchpunkts enthalten:

$$M_n = \{1, ..., n-1\},$$

$$M_n(\varepsilon) = \{\langle n\cdot\varepsilon\rangle, \langle n\cdot\varepsilon\rangle+1, ..., n-\langle n\cdot\varepsilon\rangle\}.$$

Hierbei bezeichnet $\langle n\cdot\varepsilon\rangle$ die größte ganze Zahl, die kleiner oder gleich $n\cdot\varepsilon$ ist, während ε eine positive Zahl darstellt, die erheblich kleiner als eins ist.[24]

Das Verfahren von Carlstein (1988) sieht zunächst vor, daß für jeden potentiellen Strukturbruchpunkt $T \in M_n$ die folgenden beiden empirischen Verteilungsfunktionen berechnet werden:

$$_TF(x) = \sum_{t=1}^{T} \frac{I\{X_t \le x\}}{T},$$

$$F_T(x) = \sum_{t=T+1}^{n} \frac{I\{X_t \le x\}}{n-T}.$$

Der Schätzer für den unbekannten Strukturbruchpunkt τ ist dann derjenige Wert von T, der die Funktion

$$D(T) = \left(\frac{T}{n}\right)^{1/2} \left(1-\frac{T}{n}\right)^{1/2} S(d_1(T), ..., d_n(T)),$$

mit

$$S(d_1(T), ..., d_n(T)) = \sup_{1\le t\le n} d_t(T),$$

[23] Diese Stichprobenwerte sind durch die n realisierten Renditen der jeweiligen Aktie bzw. des jeweiligen Index gegeben.

[24] Beispielsweise erhält man für $n = 769$ und $\varepsilon = 1/21$: $M_{769}(1/21) = \{36, 37, ..., 733\}$.

$$d_t(T) = |{}_T F(X_t) - F_T(X_t)| \qquad (t = 1, ..., n),$$

maximiert.

Der erste Schritt des Verfahrens von Lombard (1987)[25] besteht darin, daß für jede Beobachtung die Größe

$$S_t = \sqrt{3 + \frac{3}{n}} \left(2 \left(\frac{R_t}{n+1} \right) - 1 \right)$$

berechnet wird, wobei R_t den Rang der Beobachtung X_t symbolisiert. Sodann wird für alle $T \in M_n$ der Ausdruck

$$\tilde{V}_T = \frac{|V_T|}{\sigma\left[\frac{T}{n}, \frac{T+1}{n}\right]},$$

mit[26]

$$V_T = \sum_{t=1}^{T+1} S_t ,$$

$$\sigma^2[u, v] = \frac{(1-u)^3(1+3u)}{12} - \frac{(1-v)^3(1+3v)}{12} - \frac{(1-v)^2(v^2-u^2)}{2},$$

ermittelt. Der Schätzer für τ ist derjenige Wert von $T \in M_n$, welcher den Ausdruck $\tilde{V}_T$ maximiert. Die für den Test auf genau einen abrupten Strukturbruchpunkt relevante Statistik des Verfahrens von Lombard errechnet sich wie folgt:

$$U = \sum_{T=1}^{n-1} (\tilde{V}_T)^2 .$$

Für den Term U/n kann dann mittels der Tabelle 1 des Beitrags von Anderson/Darling (1952) das tatsächliche Signifikanzniveau bestimmt werden.

---

25 Vgl. zu den folgenden Ausführungen - neben dem Originalbeitrag von Lombard (1987) - auch From (1990), S. 3167 sowie Scariano/Watkins (1990), S. 623 f.

26 Der Buchstabe u steht für T/n und v für (T+1)/n.

Dem Verfahren von Pettitt (1979), welches ebenfalls auf Rängen basiert, liegt die folgende Statistik zugrunde, die für jedes $T \in M_n$ berechnet wird:

$$U_T = 2W_T - T(n+1)\,,$$

mit

$$W_T = \sum_{t=1}^{T} R_t\,.$$

Es ist evident, daß die Größe W_T prinzipiell der Statistik des Wilcoxon-Rangsummentests entspricht. Der Wert $T \in M_n$, für den der Betrag der Statistik U_T seinen maximalen Wert (er sei mit y bezeichnet) annimmt, ist der geschätzte Strukturbruchpunkt. Das tatsächliche Signifikanzniveau ist approximativ durch

$$2\exp\left[\frac{-6y^2}{n^3+n^2}\right]$$

gegeben.

Die von Hawkins (1986) entwickelte Teststatistik ist wie folgt definiert:

$$U(\varepsilon) = \max Q_T\,, \qquad T \in M_n(\varepsilon),$$

mit

$$Q_T = \frac{nT}{n-T}\,\frac{(\overline{X}_T - \overline{X})^2}{\hat{\sigma}^2(X)}\,,$$

$$\overline{X}_T = \frac{1}{T}\sum_{t=1}^{T} X_t\,,$$

$$\overline{X} = \frac{1}{n}\sum_{t=1}^{n} X_t\,,$$

$$\hat{\sigma}^2(X) = \frac{1}{n}\sum_{t=1}^{n} (X_t - \overline{X})^2\,.$$

Die Nullhypothese wird (für große n) zum Niveau α abgelehnt, wenn

$$U(\varepsilon) > S^{*}_{\varepsilon,\alpha}$$

gilt.[27] Der Schätzwert für den Strukturbruchpunkt ist in diesem Fall gleich dem T, das den Ausdruck Q_T maximiert.[28]

Es wird zunächst geprüft, ob die im Rahmen der Strukturbruchpunkt-Untersuchung zu betrachtenden Renditen die Annahme der stochastischen Unabhängigkeit im Zeitablauf erfüllen. Die Ergebnisse der entsprechenden Analyse sind insofern für die Strukturbruch-Untersuchung von Bedeutung, als die in diesem Gliederungspunkt dargestellten Verfahren explizit voraussetzen, daß die Stichprobenvariablen X_t (t = 1, ..., n) stochastisch unabhängig sind.[29]

4.2.2.2 Serielle Unabhängigkeit der zur Strukturbruchpunkt-Untersuchung verwendeten Renditen

Zur Prüfung, ob die Stichprobenvariablen X_t (t = 1, ..., n) stochastisch unabhängig bzw. unkorreliert sind, werden mehrere zweiseitige Tests eingesetzt. Die betreffenden Tests werden nachfolgend in ihren Grundzügen vorgestellt.

Die Prüfgröße des von Bartels (1982) vorgeschlagenen nichtparametrischen Tests auf fehlende Autokorrelation erster Ordnung ist durch

$$RVN = \frac{\sum_{t=1}^{n-1}(R_t - R_{t+1})^2}{\sum_{t=1}^{n}(R_t - \overline{R})^2}$$

gegeben, wobei RVN für "Rank Version of von Neumann's Ratio" steht. Die Ränge der gebundenen Beobachtungen werden nach dem Verfahren der Durchschnittsränge gebil-

27 Für ε = 1/21 und die üblichen Signifikanzniveaus sind die kritischen Werte im Beitrag von Hawkins (1986), S. 661 angegeben. Daher bietet es sich an, daß ε im Rahmen der durchzuführenden Strukturbruch-Untersuchung gleich 1/21 gesetzt wird.

28 Voraussetzung ist allerdings, daß dieses T Element von $M_n(\varepsilon)$ ist.

29 Die zur Überprüfung der Annahme stochastischer Unabhängigkeit im Zeitablauf verwendeten Tests setzen allerdings ihrerseits voraus, daß die Stichprobenvariablen identisch verteilt sind.

det.[30] Die damit einhergehende Beeinflussung der Verteilung von RVN kann aufgrund des Sachverhalts, daß in den einzelnen Zeitreihen "wenige" Bindungen[31] auftreten[32], vernachlässigt werden. Zur Bestimmung des tatsächlichen Signifikanzniveaus wird für den Wert der Teststatistik RVN mittels der Normalverteilungs-Approximation

$$N\left[2, \frac{20}{5n+7}\right]$$

der dazugehörige Standardnormalverteilungs-Wert berechnet.

Dem Test von Bartels wird ein parametrischer Test auf fehlende Autokorrelation erster Ordnung hinzugefügt. Der Dufour-Roy-Test sieht vor, daß der empirische Autokorrelationskoeffizient 1. Ordnung, r(1), über die Normalverteilungs-Approximation

$$\frac{(n-1)^{1/2}(n \cdot r(1)+1)}{(n^2-2n)^{1/2}}$$

in den entsprechenden Standardnormalverteilungs-Wert umgerechnet wird.[33]

Zur Prüfung, ob das vorliegende Datenmaterial die Hypothese der stochastischen Unabhängigkeit im Zeitablauf bestätigt, findet des weiteren ein (gebräuchlicher) Run-Test Verwendung. Es wird die Gesamtzahl r der Sequenzen von Beobachtungen, die größer (positive Runs) bzw. kleiner als der Rendite-Mittelwert sind (negative Runs), berechnet. Für große Stichproben ist die Prüfgröße $(r - \mu_r)/\sigma(r)$ bei Gültigkeit der Nullhypothese asymptotisch standardnormalverteilt.[34]

---

30 Vgl. dazu etwa Büning/Trenkler (1978), S. 60. Die Methode der Durchschnittsränge wird beim Vorliegen von Bindungen auch innerhalb der weiteren Analysen, die auf Rängen basieren, verwendet.

31 Gemäß Hartung/Elpelt/Klösener (1993), S. 614 sind "wenige" Bindungen vorhanden, wenn die Anzahl der verschiedenen Stichprobenwerte nicht kleiner als (3/4)·n ist.

32 So liegt der (Prozent-) Anteil, den die verschiedenen Stichprobenwerte an den gesamten Meßwerten der jeweiligen Zeitreihe haben, zwischen 77,5 und 100%. Mittels der nachfolgenden "3-Zahlen-Zusammenfassung" soll ein Überblick über diesen Anteil gegeben werden, wobei sich die jeweils erste (zweite) Zahlenangabe auf die 76 Zeitreihen der wöchentlichen (monatlichen) Aktienrenditen bezieht:
Minimum: 77,5% (91,1%); Median: 90,4% (98,3%); Maximum: 96,1% (100%).

33 Vgl. weiterführend Hallin/Mélard (1988), S. 1123 f. Hallin/Mélard sehen im Dufour-Roy-Test die geeignete parametrische Alternative zu den von ihnen analysierten nichtparametrischen (Rang-) Tests auf fehlende Autokorrelation 1. Ordnung.

34 Siehe bezüglich der Einzelheiten dieses Run-Tests Büning/Trenkler (1978), S. 117-121.

Außerdem wird die Nullhypothese getestet, daß die (theoretischen) Autokorrelationen $\rho(i)$, $i = 1, \ldots, m$, alle null sind. Dazu wird der Box-Ljung-Test[35] verwendet. Die Nullhypothese ist zum Niveau α abzulehnen, falls

$$Q^*(m) \equiv n(n+2) \sum_{i=1}^{m} \frac{1}{n-i} r(i)^2 > \chi^2(m, 1-\alpha)$$

gilt, wobei r(i) die empirische Autokorrelation zum Lag i symbolisiert.

Die jeweiligen Fälle, die dadurch charakterisiert sind, daß zumindest einer der 4 Tests eine zum 5%-Niveau signifikante Ablehnung der Nullhypothese (stochastische Unabhängigkeit im Zeitablauf bzw. fehlende Autokorrelation) anzeigt, sind in den Tabellen 4/1 und 4/2 zusammengestellt.[36] Die Tabelle 4/1 enthält dabei die entsprechenden Testergebnisse, die sich auf die 76 Zeitreihen der wöchentlichen Aktienrenditen beziehen. Aus der Tabelle geht hervor, daß die Nullhypothese nur für 2 der 34 aufgeführten Aktien in allen 4 Tests zum 5%-Niveau abgelehnt werden muß, wohingegen dieselbe für 42 (= 76-34) Aktien in jedem der 4 Tests zum 5%-Niveau beibehalten werden kann. Man sieht ferner, daß die Ablehnungsquote der einzelnen Tests unterschiedlich ist. So verwirft der Box-Ljung-Test für 20 der 76 Aktien mit einer Irrtumswahrscheinlichkeit von 5% die Nullhypothese, daß die Autokorrelationen $\rho(i)$, $i = 1, \ldots, 12$, alle null sind. Dagegen weist der Run-Test nur in 8 der 76 Fälle auf zum 5%-Niveau signifikante Abhängigkeiten hin. Der nichtparametrische Bartels-Test auf fehlende Autokorrelation erster Ordnung lehnt die Nullhypothese für 13 Aktien zum 5%-Niveau ab, während der parametrische Dufour-Roy-Test in 18 Fällen einen zum 5%-Niveau signifikant von null verschiedenen Autokorrelationskoeffizienten erster Ordnung anzeigt. Für 9 Aktien wird die Nullhypothese, daß keine Autokorrelation erster Ordnung vorliegt, in beiden Tests mit einer Irrtumswahrscheinlichkeit von 5% verworfen. Erwähnenswert ist des weiteren, daß 14 der 18 zum 5%-Niveau signifikant von null abweichenden Autokorrelationskoeffizienten 1. Ordnung negativ sind. Dieses Teilergebnis steht offensichtlich in Einklang mit den Befunden verschiedener Untersuchungen, nach denen (kurzfristige) Aktienrenditen tendenziell eine negative Autokorrelation aufweisen.[37]

35 Vgl. Schlittgen/Streitberg (1991), S. 243 f. und Hartung/Elpelt/Klösener (1993), S. 690 f.

36 Abweichend zu Adelberger/Lockert (1992), die beim Box-Ljung-Test für die maximale Zeitverzögerung (m) den Wert 16 wählen, werden hier lediglich die ersten 12 Autokorrelationen in diesen Test einbezogen.

37 Vgl. die im Beitrag von Conrad/Kaul/Nimalendran (1991), S. 366 angegebenen Untersuchungen.

Tab. 4/1: Aktien, deren wöchentliche Renditen die Annahme stochastischer Unabhängigkeit im Zeitablauf nicht bzw. nur bedingt erfüllen (5/1976-4/1991)[a]

	BARTELS' RVN-TEST[b]	DUFOUR-ROY-TEST	RUN-TEST	BOX-LJUNG-TEST (LAG 12)
500100 VARTA	2,1006 (0,1632)	-0,059[c] (0,1099)	391[d] (0,5452)	23,013** (0,028)
515060 Badenwerk	2,2173*** (0,0026)	-0,118*** (0,0013)	426*** (0,0017)	20,526 (0,058)
519000 BMW	1,8841 (0,1077)	0,076** (0,0320)	369 (0,2617)	16,822 (0,156)
522500 H. Berthold	2,0842 (0,2437)	-0,089** (0,0153)	377 (0,7202)	24,926** (0,015)
527100 Bremer Vulkan	2,1945*** (0,0074)	-0,162*** (< 0,0001)	386 (0,4063)	37,258*** (< 0,001)
550000 Daimler-Benz	1,8351** (0,0222)	0,051 (0,1468)	354** (0,0322)	21,401** (0,045)
553700 Didier-Werke	2,2302*** (0,0014)	-0,165*** (< 0,0001)	411** (0,0336)	47,210*** (< 0,001)
554800 DAB	2,0910 (0,2069)	-0,092** (0,0119)	377 (0,9764)	13,653 (0,323)
587300 Gerresheimer	2,1408 (0,0511)	-0,090** (0,0140)	378 (0,9935)	25,100** (0,014)
589300 Goldschmidt	2,1135 (0,1165)	-0,074** (0,0446)	395 (0,3306)	19,988 (0,067)
590900 Bilfinger	1,7404*** (0,0004)	0,062 (0,0791)	334*** (0,0003)	14,474 (0,271)
601200 HEW	2,2199*** (0,0023)	-0,099*** (0,0068)	405 (0,1361)	16,420 (0,173)
620000 Hoesch	2,0487 (0,4994)	-0,063 (0,0869)	380 (0,9337)	25,704** (0,012)
629200 KSB	2,2406*** (0,0009)	-0,117*** (0,0014)	416** (0,0191)	16,869 (0,155)
630500 KHD	2,0747 (0,2997)	0,010 (0,7539)	407 (0,1123)	24,365** (0,018)
648300 Linde	1,9841 (0,8254)	0,077** (0,0298)	391 (0,6621)	15,198 (0,231)
656000 Mannesmann	1,8540** (0,0429)	0,066 (0,0619)	372 (0,3776)	11,746 (0,466)
659860 Mercedes	1,8803 (0,0968)	0,064 (0,0700)	367 (0,2474)	28,801*** (0,004)
660200 Metallges.	1,8963 (0,1500)	0,061 (0,0839)	357 (0,0509)	29,131*** (0,004)

Tab. 4/1 (Fortsetzung)

	BARTELS' RVN-TEST[b)]	DUFOUR-ROY-TEST	RUN-TEST	BOX-LJUNG-TEST (LAG 12)
688980 PWA	2,1519** (0,0351)	-0,077**[c)] (0,0357)	394[d)] (0,3757)	10,061 (0,611)
695200 PREUSSAG	1,8848 (0,1098)	0,105*** (0,0032)	386 (0,9082)	22,575** (0,032)
701900 Kraftübertr.	2,2148*** (0,0029)	-0,050 (0,1766)	382 (0,8478)	19,597 (0,075)
719500 Binding	2,2113*** (0,0034)	-0,081** (0,0270)	398 (0,2565)	20,669 (0,055)
723600 Siemens	1,8678 (0,0666)	0,126*** (0,0005)	368 (0,2070)	34,676*** (< 0,001)
729700 Südzucker	2,0259 (0,7212)	0,029 (0,4028)	375 (0,9520)	34,356*** (< 0,001)
730200 Schiess	2,1698** (0,0185)	-0,215*** (< 0,0001)	418*** (0,0056)	54,134*** (< 0,001)
730500 Salamander	2,0127 (0,8598)	-0,005 (0,9183)	377 (0,6356)	21,155** (0,048)
761221 VEW	2,0816 (0,2573)	-0,049 (0,1857)	390 (0,5425)	24,403** (0,018)
764400 VERSEIDAG	2,2220*** (0,0021)	-0,124*** (0,0007)	408** (0,0441)	18,122 (0,112)
766400 VW	1,8674 (0,0659)	0,046 (0,1894)	356** (0,0421)	24,106** (0,020)
780300 WMF	2,1317 (0,0679)	-0,077** (0,0360)	387 (0,5978)	13,265 (0,350)
802000 Bay. Hyp.bank	2,0577 (0,4235)	-0,019 (0,6233)	393 (0,4855)	24,153** (0,019)
804010 Deutsche Bank	1,9146 (0,2359)	0,063 (0,0744)	370 (0,2635)	26,305*** (0,010)
804200 Dt. Hyp.bank	2,0503 (0,4861)	-0,057 (0,1228)	354 (0,0682)	26,936*** (0,008)

a) Grundlage der verschiedenen (zweiseitigen) Tests auf stochastische Unabhängigkeit im Zeitablauf bzw. fehlende Autokorrelation sind die Zeitreihen der wöchentlichen Renditen von 76 Aktien. Der betrachtete Zeitraum ermöglicht die Berechnung von 769 wöchentlichen Renditen. Die markierten Werte (** bzw. ***) bedeuten, daß die jeweilige Alternativhypothese zum 5%- bzw. 1%-Niveau signifikant ist. In Klammern ist jeweils das empirische Signifikanzniveau angegeben.

b) RVN steht für "Rank Version of von Neumann's Ratio".

c) Angegeben ist die empirische Autokorrelation zum Lag 1.

d) Angegeben ist die Gesamtzahl der Sequenzen von Beobachtungen, die größer (positive Runs) bzw. kleiner als der Rendite-Mittelwert sind (negative Runs).

Die 8 "signifikanten" Fälle, die sich für die 76 Zeitreihen der monatlichen Aktienrenditen ergeben, sind in der Tabelle 4/2 dargestellt:

Tab. 4/2: Aktien, deren monatliche Renditen die Annahme stochastischer Unabhängigkeit im Zeitablauf nicht bzw. nur bedingt erfüllen (5/1976-4/1991)[a)]

	BARTELS' RVN-TEST[b)]	DUFOUR-ROY-TEST	RUN-TEST	BOX-LJUNG-TEST (LAG 12)
558000 Dierig	1,7781 (0,1418)	0,101[c)] (0,1579)	82[d)] (0,4548)	31,343*** (0,002)
608200 Holzmann	1,8762 (0,4044)	0,003 (0,9084)	86 (0,4897)	25,085** (0,014)
648300 Linde	2,0981 (0,5089)	0,033 (0,6040)	105** (0,0362)	7,536 (0,820)
659860 Mercedes	1,7903 (0,1579)	0,144** (0,0443)	84 (0,3570)	18,828 (0,093)
678000 Klöckner	1,7388 (0,0787)	0,196*** (0,0067)	92 (0,8480)	17,840 (0,121)
703700 RWE	2,1999 (0,1783)	-0,054 (0,5146)	96 (0,3895)	31,125*** (0,002)
748500 Thyssen	1,7426 (0,0831)	0,146** (0,0415)	78 (0,0527)	15,371 (0,222)
802500 BHF Bank	1,7792 (0,1370)	0,180** (0,0126)	81 (0,1616)	17,985 (0,116)

a) Grundlage der verschiedenen (zweiseitigen) Tests auf stochastische Unabhängigkeit im Zeitablauf bzw. fehlende Autokorrelation sind die Zeitreihen der monatlichen Renditen von 76 Aktien. Der betrachtete Zeitraum ermöglicht die Berechnung von 180 monatlichen Renditen. Die markierten Werte (** bzw. ***) bedeuten, daß die jeweilige Alternativhypothese zum 5%- bzw. 1%-Niveau signifikant ist. In Klammern ist jeweils das empirische Signifikanzniveau angegeben.

b) RVN steht für "Rank Version of von Neumann's Ratio".

c) Angegeben ist die empirische Autokorrelation zum Lag 1.

d) Angegeben ist die Gesamtzahl der Sequenzen von Beobachtungen, die größer (positive Runs) bzw. kleiner als der Rendite-Mittelwert sind (negative Runs).

Es ist evident, daß die Testresultate auf dem 5%-Niveau überwiegend mit der Nullhypothese der stochastischen Unabhängigkeit im Zeitablauf bzw. der seriellen Unkorreliertheit verträglich sind. So kann die Nullhypothese für 68 (= 76-8) Aktien in jedem der 4 Tests beibehalten werden. Aus der Tabelle geht ferner hervor, daß die Nullhypothese für keine Aktie in allen 4 Tests zum 5%-Niveau verworfen wird. Mit 4 Ablehnungen weist der Dufour-Roy-Test die höchste Anzahl "signifikanter" Fälle auf, während der Bartels-Test in keinem der 76 Fälle eine zum 5%-Niveau signifikante Autokorrelation erster Ordnung anzeigt. Schließlich fällt auf, daß die Aktien, die Bestandteil der Tabelle 4/2 sind, keine Teilmenge der Aktien bilden, die in der Tabelle 4/1 zusammengestellt sind.

Insgesamt lassen die Ergebnisse vermuten, daß die Prämisse der stochastischen Unabhängigkeit in den weitaus meisten der 152 untersuchten Fälle annäherungsweise erfüllt ist. Demnach scheint es gerechtfertigt zu sein, im Rahmen der nachfolgenden Überprüfung der Stationaritätsannahme davon auszugehen, daß die Stichprobenvariablen X_t $(t = 1, ..., n)$ stochastisch unabhängig sind.[38]

4.2.2.3 Ergebnisse der Strukturbruchpunkt-Untersuchung

Aus den 76 Aktien wird eine zufällige Stichprobe von 12 Aktien gezogen. Der Strukturbruch-Untersuchung werden in einem ersten Schritt diese 12 Aktien sowie die beiden Indizes zugrunde gelegt. Es werden die entsprechenden Zeitreihen der wöchentlichen und monatlichen Renditen mittels der beschriebenen Verfahren untersucht.[39] Die Ergebnisse dieser Strukturbruch-Untersuchung sind der Tabelle 4/3 zu entnehmen. Die Tabelle zeigt, daß die Strukturbruchpunkte, die für die betrachteten Indizes und Aktien geschätzt werden, teilweise voneinander verschieden sind. Die Testresultate, die sich für die beiden Indizes, die Continental-Aktie, die Hoesch-Aktie und die PITTLER-Maschinenfabrik-Aktie ergeben, deuten dabei an, daß die betreffenden Zeitreihen einen zum 5%-Niveau signifikanten Strukturbruch aufweisen. Insbesondere in diesen Fällen gelangen die unterschiedlichen Verfahren zu weitestgehend übereinstimmenden Schätzungen des Strukturbruchpunkts. Dagegen weisen die Schätzergebnisse, die auf der Grundlage der 4 Verfahren erzielt werden, z. B. für die Zeitreihe(n) der RWE-Aktie keinen eindeutigen Strukturbruch-

---

[38] Die hier nicht im einzelnen dargestellten Resultate, welche für die beiden Indizes erzielt werden, deuten hingegen an, daß besonders die wöchentlichen Renditen dieser Indizes der Prämisse serieller Unabhängigkeit (und damit einer wesentlichen Anwendungsvoraussetzung der Verfahren zur Strukturbruchpunkt-Untersuchung) strenggenommen nicht genügen.

[39] Beim Verfahren von Hawkins kann für $n = 769$ und $\varepsilon = 1/21$ keine der ersten 35 und keine der letzten 36 Beobachtungen als Strukturbruchpunkt gelten. Zugunsten einer einheitlichen Vorgehensweise und aufgrund des Tatbestands, daß die betrachteten Zeitreihen lediglich einen auf n Beobachtungen begrenzten "Ausschnitt" darstellen, werden auch bei den anderen 3 Verfahren die jeweiligen Schätzstatistik-Werte der ersten 35 bzw. letzten 36 Beobachtungen nicht zur Ermittlung des Strukturbruchpunkts herangezogen.

Tab. 4/3: Schätz-[a)] und Testergebnisse[b)] der Strukturbruchpunkt-Untersuchung (5/1976-4/1991, wöchentliche und monatliche Renditen)[c)]

	CARLSTEIN-VERFAHREN[d)]		LOMBARD-VERFAHREN		PETTITT-VERFAHREN		HAWKINS-VERFAHREN[e)]		"FAZIT"
	wöch. Rendit.	monatl. Rendit.	wöch. Rendit.	monatl. Rendit.	wöch. Rendit.	monatl. Rendit.	wöch. Rendit.	monatl. Rendit.	
Index 1	326 323 315 320	325 604 f.	322 314 321 323 ***	600 320 f. **	323*** 324 322 315	325* 320 f.	605 604 606 593	604 f. 325	320-326 signifik.
Index 2	464 463 326 323	325 604 f.	322 321 323 324 ***	600 320 f. **	323*** 324 322 325	325** 320 f.	605 323 604 606	604 f. 325	320-326 signifik.
515100 BASF	338 337 336 245	316 338	(746) (...) 337 (744)	(750 f.) 333 f.	338 335 336 333	338 333 f.	[747**] [...] 338 [764]	[753 f.] [...] 338	333-338 nicht signifik.
543900 Conti- nental	(6) (...) 278 285	286 290	284 285 283 279 **	281 f. 286 *	285*** 323 286 284	286** 290	285 187 286 284	290 286	284-286 signifik.
554800 DAB	164 163 160 165	630 f. (756)	(760) (...) 726 (747)	(753 f.) 626	183 184 186 593	556 f. 565	[761*] [...] 629 [753]	[760] [...] 630 f.	u. a. 626-631 nicht signifik.
575800 Hoechst	336 335 327 323	(750 f.) 338	(746) (...) 335 345	(746) (...) 333 f.	346 336 338 335	338 325	[750***] [...] 336 [739]	[750 f.] [...] 338	335-338 nicht signifik.
608370 Horten	297 296 274 295	347 325	43 44 47 (31)	43 (30)	297 346 298 296	294 f. 298 f.	44 [741] 45 48	715 f. 47	43-47/ 294-297 nicht signifik.
620000 Hoesch	290 286 289 285	286 281 f.	285 287 289 288 ***	281 f. 277 ***	286*** 288 290 289	286*** 281 f.	286* 285 284 281	286** 281 f.	281-286 signifik.
688980 PWA	323 325 318 320	103 f. 99 f.	322 321 323 324 *	320 f. 316	323* 322 324 325	325 320 f.	[756*] [755] 323 [754]	[756] 325	320-325 nicht signifik.

Tab. 4/3 (Fortsetzung)

	CARLSTEIN-VERFAHREN[d)]		LOMBARD-VERFAHREN		PETTITT-VERFAHREN		HAWKINS-VERFAHREN[e)]		"FAZIT"
	wöch. Rendit.	monatl. Rendit.	wöch. Rendit.	monatl. Rendit.	wöch. Rendit.	monatl. Rendit.	wöch. Rendit.	monatl. Rendit.	
692500 PITT-LER	335 334 267 264	329 316	463 423 464 468 **	325 329 **	424** 425 335 464	329** 333 f.	335** 337 332 330	329* 333 f.	329-335 signifik.
703700 RWE	463 467 462 466	461 456 f.	653 654 649 651	(4) 95	654 621 650 655	452 425	621 620 619 623	622 728 f.	? nicht signifik.
723600 Siemens	285 292 284 291	325 320 f.	291 284 292 290	281 f. 286	292* 285 293 291	286 290	285 292 284 293	286 290	285-292 nicht signifik.
730500 Sala-mander	(28) 718 (26) 721	474 461	(6) (...) 714 (31)	711 (21)	701 715 702 716	425 469 f.	[7] [6] 728 715	728 f. 715 f.	u. a. 711-718 nicht signifik.
804610 Dresd-ner Bk.	136 135 134 129	281 f. 290	(2) 423 326 424	320 f. 277	424 327 425 346	325 281 f.	323 327 329 326	325 329	u. a. 320-327 nicht signifik.

a) Angegeben sind die "Nummern" der Beobachtungen, bei denen die jeweilige Schätz- bzw. Teststatistik die 4 (wöchentliche Renditen) bzw. 2 oder 3 größten Werte (monatliche Renditen) annimmt. Die Ergebnisse für monatliche Renditen sind dabei auf Wochenbasis umgerechnet.

b) Überprüft wird jeweils die Nullhypothese, daß die Folge der Zufallsvariablen $X_1, ..., X_n$ keinen Strukturbruch aufweist (H_0: $\tau > n$), gegen die Hypothese, daß genau ein (abrupter) Strukturbruch vorliegt (H_1: $\tau \leq n$), wobei τ den unbekannten Strukturbruchpunkt bezeichnet. Es bedeuten
- * signifikant zum 10%-Niveau,
- ** signifikant zum 5%-Niveau,
- *** signifikant zum 1%-Niveau.

c) Der betrachtete Zeitraum ermöglicht die Berechnung von 769 wöchentlichen und 180 monatlichen Renditen. Die Rendite des Index 1 (Index 2) entspricht dem gleichgewichteten arithmetischen Mittel der Renditen von 76 (138) Aktien. Die 12 Aktien, für die die Strukturbruchpunkt-Untersuchung ebenfalls durchgeführt wird, sind das Ergebnis einer Zufallsauswahl.

d) Das Verfahren von Carlstein schätzt lediglich den Strukturbruchpunkt.

e) Beim Verfahren von Hawkins kann für $n = 769$ und $\varepsilon = 1/21$ keine der ersten 35 und keine der letzten 36 Beobachtungen als Strukturbruchpunkt gelten. Die entsprechenden Beobachtungen sind in der Tabelle durch eckige Klammern gekennzeichnet. Der analoge "Ausschluß" dieser Beobachtungen bei den anderen 3 Verfahren ist durch runde Klammern angedeutet.

punkt aus. Es ist des weiteren evident, daß die Test- und Schätzergebnisse der Verfahren von Lombard und Pettitt, die beide auf Rängen basieren, in den meisten Fällen nahezu identisch sind. Die Strukturbruchpunkt-Schätzungen dieser Verfahren sind auch häufig mit denen des Verfahrens von Carlstein vereinbar. Man sieht ferner, daß das Verfahren von Hawkins i. a. keinen signifikanten Strukturbruchpunkt anzeigt. Die Ergebnisse, die für die beiden Renditefristigkeiten erzielt werden, unterscheiden sich insbesondere bei Zugrundelegung dieses Verfahrens nur unwesentlich. Auch bei den anderen Verfahren sind die entsprechenden Unterschiede zumeist vernachlässigbar.

Aufgrund der im ganzen keineswegs eindeutigen Ergebnisse scheint es geboten zu sein, daß in einem weiteren Schritt auch die bislang nicht berücksichtigten 64 Aktien in die Strukturbruch-Untersuchung einbezogen werden. Die Analyse ist, um den Aufwand in einem vertretbaren Rahmen zu halten, auf die wöchentlichen Renditen der betreffenden Aktien und das Lombard-Verfahren beschränkt. Für die Mehrzahl der (insgesamt) 76 Zeitreihen wöchentlicher Aktienrenditen kann das Verfahren von Lombard die Nullhypothese zum 5%-Niveau nicht verwerfen. Insofern bestätigen die Untersuchungsergebnisse die Stationaritätsannahme. Für 9 Aktien (das sind ca. 12% der insgesamt untersuchten Aktien) zeigt das Verfahren von Lombard allerdings einen zum 5%-Niveau signifikanten Strukturbruchpunkt an. Der genannte Befund ist aufgrund des Sachverhalts, daß die hier verwendete Version des Verfahrens von Lombard auf Lageparameter-Veränderungen beschränkt ist, als Indiz zu werten, daß die untersuchten Zeitreihen zu beachtende Strukturbrüche besitzen. Dies gilt unbeschadet der Tatsache, daß es prinzipiell mit der Nullhypothese vereinbar ist, daß in 5% der untersuchten Fälle die Alternativhypothese zum 5%-Niveau signifikant ist.[40] Die 9 "signifikanten" Fälle sind in der Tabelle 4/4 dargestellt. Die Tabelle zeigt, daß 8 der 9 Strukturbruchpunkte zwischen der 204. und der 285. wöchentlichen Beobachtung (jeweils einschließlich) liegen. Der entsprechende Zeitraum erstreckt sich vom 6.5.1980 bis zum 24.11.1981. Auch der signifikante Strukturbruchpunkt, der sich für die PITTLER-Maschinenfabrik-Aktie ergibt, scheint, wenn man die Schätzresultate der Verfahren von Carlstein und Hawkins betrachtet, "in der Nähe" dieses Zeitraums zu liegen.

Die Häufigkeitsverteilung der mittels des Verfahrens von Lombard geschätzten Strukturbruchpunkte aller 76 Zeitreihen läßt sich mit Hilfe eines Stemleaf-Diagramms anschau-

---

[40] Vgl. Ronning (1974), S. 282.

Tab. 4/4: Signifikante Testergebnisse der Strukturbruchpunkt-Untersuchung (5/1976-4/1991, wöchentliche Renditen; Lombard-Verfahren)[a)]

	BEOBACHTUNGS-ANZAHL	TESTGRÖßE	STRUKTURBRUCH AN DER STELLE[b)]
543900 Continental	769	444,721 ($0,02 < \tilde{\alpha} < 0,03$)	284
555030 Brau und Brunnen	758	364,231 ($0,04 < \tilde{\alpha} < 0,05$)	276
589300 Goldschmidt	763	903,32 ($\tilde{\alpha} < 0,001$)	245
603100 Phoenix	761	434,587 ($0,02 < \tilde{\alpha} < 0,03$)	280
620000 Hoesch	769	717,039 ($0,001 < \tilde{\alpha} < 0,01$)	285
620440 IWKA	753	424,238 ($0,02 < \tilde{\alpha} < 0,03$)	204
692500 PITTLER	769	489,492 ($0,01 < \tilde{\alpha} < 0,02$)	463
717200 Schering	769	387,178 ($0,03 < \tilde{\alpha} < 0,04$)	207
748500 Thyssen	767	366,99 ($0,04 < \tilde{\alpha} < 0,05$)	228

a) Grundlage der Strukturbruchpunkt-Untersuchung sind die Zeitreihen der wöchentlichen Renditen von 76 Aktien. Getestet wird die Nullhypothese, daß die Folge der Zufallsvariablen $X_1, ..., X_n$ keinen Strukturbruch aufweist (H_0: $\tau > n$), gegen die Hypothese, daß genau ein (abrupter) Strukturbruch vorliegt (H_1: $\tau \leq n$), wobei τ den unbekannten Strukturbruchpunkt bezeichnet. In Klammern ist das empirische Signifikanzniveau angegeben. Das vorgegebene Signifikanzniveau beträgt 0,05.

b) Die angegebenen Werte orientieren sich an einer Beobachtungsanzahl von 769.

lich darstellen. Als Orientierungshilfe für die Festlegung der Zeilenzahl kann dabei die folgende Faustregel dienen:

$$\text{Anzahl der Zeilen} \approx 10 \cdot \log_{10}[\text{Anzahl der Daten}].$$[41]

41 Vgl. Schlittgen (1993), S. 20.

Hiernach sollte das zu konstruierende Stemleaf-Diagramm ungefähr 19 Zeilen enthalten. Somit erscheint es als zweckmäßig, daß anstelle der Originalwerte die durch 4 dividierten (und dann zur ganzen Zahl gerundeten) Werte genommen werden.[42] Aus der Abbildung 4/1 wird u. a. ersichtlich, daß relativ viele Strukturbruchpunkte in den Bereich von 148 bis 151 fallen; von diesen 15 Strukturbruchpunkten, die zwischen dem 3.11.1987 und dem 26.1.1988 liegen, ist allerdings keiner signifikant.

Abb. 4/1: Stemleaf-Diagramm der Strukturbruchpunkt-Schätzungen (5/1976-4/1991, wöchentliche Renditen; Lombard-Verfahren)[a]

(Einheit = 4)

1	1111
2	055889
3	01
4	79
5	**12**67
6	00**19**
7	0**0**0**1**1**1**34
8	11444566
9	
10	66
11	0**6**
12	
13	
14	488999
15	01111111112568
16	3
17	8999
18	222333333

a) Grundlage der Strukturbruchpunkt-Untersuchung sind die Zeitreihen der wöchentlichen Renditen von 76 Aktien. Der betrachtete Zeitraum ermöglicht die Berechnung von 769 wöchentlichen Renditen. Die Werte der Schätzstatistik der ersten 35 und die der letzten 36 Beobachtungen werden bei der Ermittlung des jeweiligen Strukturbruchpunkts nicht berücksichtigt. Die markierten Blätter des Diagramms zeigen an, daß die entsprechende Beobachtung einen zum 5%-Niveau signifikanten Strukturbruchpunkt repräsentiert.

42 Die mit dieser Vorgehensweise z. T. einhergehende Ungenauigkeit beträgt maximal 2 Wochen. Die (exakte) Darstellung der Originalwerte würde dagegen zu einem Diagramm führen, das sehr lang (71 Zeilen) und dadurch wenig übersichtlich wäre.

4.2.2.4 Konsequenzen für die Stichprobe

Die Strukturbruch-Untersuchung läßt es als ratsam erscheinen, eine Aufteilung der Datenbasis vorzunehmen. So gehen die 9 Aktien, deren Zeitreihen einen signifikanten Strukturbruchpunkt aufweisen, nicht in Analysen ein, die sich auf den gesamten Untersuchungszeitraum beziehen. Für derartige Analysen werden folglich nur die verbleibenden 67 Aktien herangezogen. Damit auch die "signifikanten" Fälle und die Aktien, für die nicht während des Gesamt-Untersuchungszeitraums Marktpreise zur Verfügung stehen, innerhalb der verschiedenen Analysen berücksichtigt werden können, werden zusätzlich die Teilzeiträume Anfang Mai 1976 bis Ende April 1980 sowie Anfang Januar 1982 bis Ende April 1991 betrachtet. Die Abgrenzung dieser Teilzeiträume trägt dabei dem Befund Rechnung, daß die geschätzten (signifikanten) Strukturbruchpunkte nicht auf einen, sondern auf mehrere Zeitpunkte fallen, die allerdings in einem "engen" Intervall liegen.

Aufgrund der folgenden Aspekte wird ferner der Teilzeitraum von Anfang Januar 1988 bis Ende April 1991 gewählt:

- Die Strukturbruch-Untersuchung hat gezeigt, daß die geschätzten Strukturbruchpunkte von 15 Zeitreihen in den Zeitraum fallen, der sich vom 3.11.1987 bis zum 26.1.1988 erstreckt.[43]
- Limmack/Ward (1990) weisen darauf hin, daß die während des Börsencrashs vom Oktober 1987 wirksamen "Störgrößen" möglicherweise verhindern, daß die interessierenden ökonomischen Zusammenhänge aufgedeckt werden.
- Die Stichprobe umfaßt ca. 30 Gesellschaften, deren Stammaktien im Zeitraum von 1984 bis 1987 (jeweils einschließlich) erstmals in Frankfurt notiert wurden. Die entsprechenden Gesellschaften können im Rahmen von Analysen, die sich auf den gesamten Untersuchungszeitraum oder die beiden anderen Teilzeiträume beziehen, zwangsläufig nicht berücksichtigt werden.

Es ergeben sich insgesamt 4 unterschiedliche Teilstichproben[44], wobei für die Teilstichproben I und II sowohl wöchentliche als auch monatliche Renditen berechnet werden. Für die beiden anderen Teilstichproben werden hingegen nur wöchentliche Renditen ermittelt, da für diese Teilstichproben bei monatlicher Renditefristigkeit keine hinreichende Anzahl an Beobachtungen je Aktie gegeben wäre. In der Tabelle 4/5 sind die Aktien, aus

---

[43] Möglicherweise stehen diese Strukturbruchpunkte in einer Beziehung zum Börsencrash vom Oktober 1987; es wären dann gewissermaßen "Crashpunkte".

[44] Die Numerierung der Teilstichproben hat sich gegenüber Adelberger/Lockert (1992) geändert.

Tab. 4/5: Überblick über die zugrundeliegende Datenbasis

I. ANFANG MAI 1976 BIS ENDE APRIL 1991 (WÖCHENTLICHE/MONATLICHE RENDITEN)			
p = 67; wöchentliche Renditen: n ∈ (745, 769); monatliche Renditen: n ∈ (174, 180)			
500100 VARTA	559100 Dyckerhoff	659860 Mercedes	761221 VEW
502820 AGIV	575200 Bayer	660200 Metallges.	761440 VEBA
504700 A.-N. Zahn	575800 Hoechst	678000 Klöckner	764400 VERSEIDAG
515060 Badenwerk	587300 Gerresheimer	688980 PWA	766400 VW
515100 BASF	590900 Bilfinger	691430 Pfaff	775700 Wasag
519000 BMW	593700 MAN	695200 PREUSSAG	780300 WMF
522500 H. Berthold	601200 HEW	701900 Kraftübertr.	781900 Kaufhof
527100 Bremer Vulkan	601300 Hamborner	702600 Rheinelektra	802000 Bay. Hyp.bank
530300 Bewag	607000 Hochtief	703000 Rheinmetall	802200 Bay. Ver.bank
550000 Daimler-Benz	608200 Holzmann	703700 RWE	802500 BHF Bank
550700 Babcock	608370 Horten	706200 Rosenthal	803200 Commerzbank
551200 Degussa	609900 Douglas	719500 Binding	804010 Deutsche Bank
551800 DLW	627500 Karstadt	723600 Siemens	804200 Dt. Hyp.bank
553700 Didier-Werke	629200 KSB	728300 Strabag	804610 Dresdner Bank
554800 DAB	630500 KHD	729700 Südzucker	806330 IKB
557550 DYWIDAG	648300 Linde	730200 Schiess	823210 Lufthansa
558000 Dierig	656000 Mannesmann	730500 Salamander	
II. ANFANG JANUAR 1982 BIS ENDE APRIL 1991 (WÖCHENTLICHE/MONATLICHE RENDITEN)			
p = 86; wöchentliche Renditen: n ∈ (466, 479); monatliche Renditen: n ∈ (108, 112)			
zusätzlich zu den unter I. aufgeführten Aktien:			
527200 Bremer Woll.	587800 Gildemeister	620110 CEAG	692500 PITTLER
543900 Continental	589300 Goldschmidt	620440 IWKA	717200 Schering
550430 Fr. Deckel	603100 Phoenix	646370 Leffers	748500 Thyssen
555030 Brau & Brunn.	605310 Herlitz	658030 MAUSER W.	760080 ALTANA
576300 AESCULAP	620000 Hoesch	687300 Otavi Minen	

Tab. 4/5 (Fortsetzung)

III. ANFANG JANUAR 1988 BIS ENDE APRIL 1991 (WÖCHENTLICHE RENDITEN)			
p = 134; n ∈ (161, 169)			
zusätzlich zu den unter I. und II. aufgeführten Aktien:			
500990 AGAB	585800 GEHE	657960 MASSA	761560 VGT
502770 Kühnle K. & K.	588710 GMN	658280 MCS	762620 VIAG
503400 H. Papierfabr.	608390 K. Hornschuch	662230 A. Moksel	765850 Joseph Vögele
505160 Antr. Baukn.	610200 Hutschenr.	662410 MOTO MET.	778300 TIW
505710 ASKO	620570 Ind.verwalt.	685160 Oberland	802322 Berliner Bank
524010 Boge	620840 Irmen & Richt.	715160 SABO	802900 B. H. Hyp.bank
544400 Concordia	627800 Pfleiderer	717170 Carl Schenck	810310 RW Kred.bank
569210 ESCADA	632030 Kolbenschmidt	719230 Schmalbach	811510 Trinkaus
575470 Kugelfischer	646450 Leifheit	727700 Stöhr & Co.	811700 V. u. Westbank
576690 Felten & Guill.	649030 Linotype	728200 Otto Stumpf	840002 AMB
579040 Fuchs Petrolub	655260 MAHO	748100 Thüga	841700 Frankona
585340 Garny	656940 Markt & Tech.	748840 TRAUB	843000 Münch. Rück.
IV. ANFANG MAI 1976 BIS ENDE APRIL 1980 (WÖCHENTLICHE RENDITEN)			
p = 80; n ∈ (187, 203)			
zusätzlich zu den unter I. aufgeführten Aktien:			
543900 Continental	603100 Phoenix	645200 Lahmeyer	748500 Thyssen
555030 Brau & Brunn.	604700 Heidelb. Zem.	692500 PITTLER	
587900 Girmes	620000 Hoesch	717200 Schering	
589300 Goldschmidt	620440 IWKA	720700 D. Stempel	

denen die einzelnen Teilstichproben bestehen, aufgeführt. Aus der Tabelle ist ersichtlich, daß die 67 Aktien der Teilstichprobe I eine echte Teilmenge der Aktien bilden, die der Teilstichprobe II zugrunde liegen. Diese 86 Aktien sind wiederum sämtlich auch in der Teilstichprobe III enthalten. Die Teilstichprobe IV umfaßt ebenfalls jene 67 Aktien, die Bestandteil der Teilstichprobe I sind. Sie besteht außerdem aus 9 Aktien, die den Teilstichproben II und III zugrunde liegen, sowie 4 "spezifischen" Aktien.

Die meisten Analysen, wie beispielsweise die Tests auf stochastische Unabhängigkeit im Zeitablauf und die Tests auf Normalverteilung, werden - trotz des nicht unerheblichen Aufwands - für alle Teilstichproben vorgenommen. Die Durchführung mehrerer anderer Auswertungen muß dagegen auf bestimmte Teilstichproben beschränkt bleiben. So können etwa zur Untersuchung der Bewertungsrelevanz makroökonomischer Risikofaktoren, wie bereits angemerkt, keine wöchentlichen Renditen herangezogen werden, da für die makroökonomischen Größen i. a. keine wöchentlichen Beobachtungen verfügbar sind. Auch werden einige Analysen, die prinzipiell für alle Teilstichproben realisierbar wären, nur für ausgewählte Teilstichproben vorgenommen.

4.2.3 Stochastische Unabhängigkeit der Renditen im Zeitablauf

Im vorliegenden Abschnitt wird referiert, inwieweit für die betrachteten Aktienrenditen die Prämisse der seriellen Unabhängigkeit erfüllt ist. Zur Überprüfung dieser Annahme werden die oben erläuterten Tests (Bartels-Test, Dufour-Roy-Test, Run-Test und Box-Ljung-Test) verwendet. Die Tabelle 4/6 faßt die erzielten Ergebnisse in der Art zusammen, daß je Teilstichprobe und Test für bestimmte Signifikanzniveaus (0,05 und 0,01) die relative Häufigkeit der Ablehnung der Nullhypothese angegeben wird. Darüber hinaus gibt die Tabelle für alle Teilstichproben Auskunft über die prozentualen Anteile derjenigen Aktien, für die die Nullhypothese entweder in *jedem* der 4 Tests oder in *keinem* der 4 Tests zum 5%-Niveau abzulehnen ist. Der untere Tabellenteil zeigt, daß die Nullhypothese (stochastische Unabhängigkeit im Zeitablauf bzw. fehlende Autokorrelation) bei Zugrundelegung der monatlichen Renditen der Teilstichproben I und II in der weit überwiegenden Zahl der Fälle beibehalten werden kann. Die prozentuale Ablehnungsquote der einzelnen Tests liegt fast ausnahmslos zwischen 0 und 5%; sie ist zumeist kleiner als die jeweilige Wahrscheinlichkeit des Fehlers 1. Art. Bemerkenswert ist des weiteren, daß die Alternativhypothese für fast 90% der entsprechenden Aktien in keinem der 4 Tests zum 5%-Niveau signifikant ist. Aus den für die beiden Teilstichproben faktisch identischen Testresultaten läßt sich schließen, daß die Prämisse der stochastischen Unabhängigkeit im Zeitablauf für die monatlichen Aktienrenditen gültig ist.

Aus der Tabelle 4/6 ist ferner zu ersehen, daß die Hypothese serieller Unabhängigkeit (Unkorreliertheit) auch für die wöchentlichen Renditen häufig nicht verworfen werden kann. Die prozentualen Ablehnungsquoten der einzelnen Tests liegen bei einem vorgegebenen Signifikanzniveau von 0,05 zwischen 4,5 (Teilstichprobe III, Box-Ljung-Test) und 28,4% (Teilstichprobe I, Box-Ljung-Test). Die Nullhypothese muß nur für sehr wenige

Tab. 4/6: Ergebnisse der Tests auf stochastische Unabhängigkeit im Zeitablauf (alle Teilstichproben)[a]

TEILSTICHPROBE	BARTELS' RVN-TEST[b]	DUFOUR-ROY-TEST	RUN-TEST[c]	BOX-LJUNG-T. (LAG 12)	ABLEHNUNG DER NULLHYPOTHESE ZUM 5%-NIVEAU	
	α = 0,05 (0,01)	α = 0,05 (0,01)	α = 0,05 (0,01)	α = 0,05 (0,01)	in jedem der 4 Tests	in keinem der 4 Tests
wöchentliche Renditen						
I. 5/1976-4/1991 (p = 67)	19,4 (13,4)	25,4 (13,4)	11,9 (4,5)	28,4 (13,4)	3,0	52,2
II. 1/1982-4/1991 (p = 86)	18,6 (9,3)	19,8 (14,0)	10,5 (3,5)	19,8 (10,5)	3,5	67,4
III. 1/1988-4/1991 (p = 134)	9,7 (2,2)	17,9 (4,5)	7,5 (0,7)	4,5 (1,5)	0	76,1
IV. 5/1976-4/1980 (p = 80)	10,0 (3,8)	12,5 (2,5)	6,3 (0)	5,0 (0)	1,3	78,8
monatliche Renditen						
I. 5/1976-4/1991 (p = 67)	0 (0)	4,5 (1,5)	1,5 (0)	4,5 (3,0)	0	89,6
II. 1/1982-4/1991 (p = 86)	0 (0)	4,7 (0)	2,3 (0)	5,8 (0)	0	87,2

a) Die Felder des linken Teils enthalten den prozentualen Anteil von Aktien, für deren Renditen die Hypothese stochastischer Unabhängigkeit im Zeitablauf (die Hypothese fehlender Autokorrelation) zum 5%-Niveau (in Klammern: zum 1%-Niveau) abgelehnt wird. In den beiden rechten Spalten ist der prozentuale Anteil von Aktien, für deren Renditen die jeweilige Alternativhypothese in jedem bzw. keinem der Tests zum 5%-Niveau signifikant ist, eingetragen.

b) RVN steht für "Rank Version of von Neumann's Ratio".

c) Berechnet wird die Gesamtzahl der Sequenzen von Beobachtungen, die größer (positive Runs) bzw. kleiner als der Rendite-Mittelwert sind (negative Runs).

Aktien in jedem der 4 Tests zum 5%-Niveau abgelehnt werden, während die Alternativhypothese stets für die Mehrzahl der jeweiligen Aktien in keinem der verwendeten Tests zum 5%-Niveau signifikant ist. Die für die wöchentlichen Renditen insgesamt erzielten

Ergebnisse[45] sind zwar weitgehend homogen, es fällt jedoch auf, daß sich bei einer Irrtumswahrscheinlichkeit von 5% hinsichtlich der Höhe der relativen Ablehnungshäufigkeit eine eindeutige Reihenfolge der Teilstichproben bilden läßt: Unabhängig vom gewählten Test ist der prozentuale Anteil "signifikanter" Fälle bei den wöchentlichen Renditen der Teilstichprobe I am höchsten. Der zweithöchste Anteil ergibt sich stets für die wöchentlichen Renditen der Teilstichprobe II. Die wöchentlichen Renditen der Teilstichproben III und IV weisen dagegen relative Ablehnungshäufigkeiten auf, die beim Bartels-Test und besonders beim Box-Ljung-Test deutlich niedriger sind. Möglicherweise läßt sich der geschilderte Befund auf den unterschiedlichen Stichprobenumfang der Teilstichproben, d. h. die unterschiedliche Anzahl der jeweils zugrundeliegenden Zeitreihen-Beobachtungen, zurückführen. Zur Überprüfung der Frage, ob ein diesbezüglicher Zusammenhang besteht, werden die Aktien der Teilstichproben II bis IV auf diejenigen 67 Aktien reduziert, welche Bestandteil der Teilstichprobe I sind. Die Teilstichproben gleicher Renditefristigkeit unterscheiden sich dann nur noch hinsichtlich (der Länge) des betrachteten Zeitraums.

Die in der Tabelle 4/7 wiedergegebenen Resultate der Teilstichproben II bis IV sind den in der Tabelle 4/6 dargestellten Ergebnissen dieser Teilstichproben sehr ähnlich. Die Unterschiede in der relativen Ablehnungshäufigkeit, welche für die Teilstichproben bei wöchentlichem Rendite-Intervall festgestellt wurden, lassen sich damit nicht auf den Tatbestand zurückführen, daß die analysierten Teilstichproben (partiell) verschiedene Aktien enthalten. Die Resultate deuten vielmehr an, daß eine positive Abhängigkeit der prozentualen Ablehnungsquote der Tests von der Anzahl der verwendeten Zeitreihen-Beobachtungen vorliegt. Der Stichprobenumfang (n) scheint besonders beim Box-Ljung-Test und beim Bartels-Test einen maßgeblichen Einfluß auf die entsprechende (Test-) Güte zu besitzen.

Zusammenfassend läßt sich sagen, daß die Annahme der stochastischen Unabhängigkeit im Zeitablauf für die analysierten Aktienrenditen vielfach nicht verworfen werden kann. Eine wesentliche Voraussetzung der Verwendung von realisierten Aktienrenditen zum Schätzen der Modellparameter ist daher (annähernd) erfüllt.

---

[45] Erwähnenswert ist, daß erneut die meisten der Autokorrelationskoeffizienten 1. Ordnung, die im Rahmen des Dufour-Roy-Tests zum 5%-Niveau signifikant von null verschieden sind, ein negatives Vorzeichen aufweisen. So gilt etwa hinsichtlich der Teilstichprobe III, daß in 20 der 24 "signifikanten" Fälle eine negative Autokorrelation zum Lag 1 vorliegt.

Tab. 4/7: Ergebnisse der Tests auf stochastische Unabhängigkeit im Zeitablauf (alle Teilstichproben, identische Aktien)[a)]

Teilstichprobe	Bartels' RVN-Test[b)] α = 0,05 (0,01)	Dufour-Roy-Test α = 0,05 (0,01)	Run-Test[c)] α = 0,05 (0,01)	Box-Ljung-T. (Lag 12) α = 0,05 (0,01)	Ablehnung der Nullhypothese zum 5%-Niveau: in jedem der 4 Tests	Ablehnung der Nullhypothese zum 5%-Niveau: in keinem der 4 Tests
wöchentliche Renditen (p = 67)						
I. 5/1976-4/1991	19,4 (13,4)	25,4 (13,4)	11,9 (4,5)	28,4 (13,4)	3,0	52,2
II. 1/1982-4/1991	14,9 (7,5)	16,4 (11,9)	11,9 (4,5)	19,4 (9,0)	3,0	68,7
III. 1/1988-4/1991	7,5 (0)	16,4 (6,0)	9,0 (1,5)	6,0 (1,5)	0	73,1
IV. 5/1976-4/1980	10,4 (4,5)	10,4 (3,0)	7,5 (0)	4,5 (0)	1,5	79,1
monatliche Renditen (p = 67)						
I. 5/1976-4/1991	0 (0)	4,5 (1,5)	1,5 (0)	4,5 (3,0)	0	89,6
II. 1/1982-4/1991	0 (0)	4,5 (0)	1,5 (0)	7,5 (0)	0	86,6

a) Die Felder des linken Teils enthalten den prozentualen Anteil von Aktien, für deren Renditen die Hypothese stochastischer Unabhängigkeit im Zeitablauf (die Hypothese fehlender Autokorrelation) zum 5%-Niveau (in Klammern: zum 1%-Niveau) abgelehnt wird. In den beiden rechten Spalten ist der prozentuale Anteil von Aktien, für deren Renditen die jeweilige Alternativhypothese in jedem bzw. keinem der Tests zum 5%-Niveau signifikant ist, eingetragen.

b) RVN steht für "Rank Version of von Neumann's Ratio".

c) Berechnet wird die Gesamtzahl der Sequenzen von Beobachtungen, die größer (positive Runs) bzw. kleiner als der Rendite-Mittelwert sind (negative Runs).

4.2.4 Normalverteilung der Renditen

4.2.4.1 Darstellung der verwendeten Tests

Zur Prüfung, ob sich die Verteilungen der Aktienrenditen durch eine Normalverteilung beschreiben lassen, werden mehrere univariate (zweiseitige) Tests eingesetzt[46]:

- Der im gegebenen Zusammenhang gebräuchliche Studentized-Range-Test[47] beruht auf der Berechnung der "studentisierten" Spannweite. Die "studentisierte" Spannweite ergibt sich, wenn die Spannweite der Beobachtungen durch die empirische Standardabweichung dividiert wird. Die Nullhypothese, daß die Verteilung der Grundgesamtheit eine Normalverteilung ist, wird abgelehnt, wenn dieser Quotient "zu große" oder "zu kleine" Werte annimmt.[48] "Zu große" ("zu kleine") Werte der "studentisierten" Spannweite zeigen dabei an, daß die jeweilige Verteilung - im Vergleich zur Normalverteilung - mehr (weniger) "Wahrscheinlichkeitsmasse" an den Rändern besitzt.
- Der ebenfalls verwendete Kolmogoroff-Smirnoff-Anpassungstest[49] basiert auf der Ermittlung des Supremums der absoluten Differenzen zwischen der (vollständig spezifizierten) hypothetischen Verteilungsfunktion und der empirischen Verteilungsfunktion. Die Parameter μ und σ^2 der hypothetischen Normalverteilung sind allerdings nicht bekannt und müssen folglich aus der Stichprobe geschätzt werden. Deshalb wird hier die Lilliefors-Version des Kolmogoroff-Smirnoff-Anpassungstests herangezogen.
- Außerdem werden für jede Zeitreihe die Stichproben-Schiefe und die Stichproben-Wölbung ermittelt. Für normalverteilte Variablen ist der Erwartungswert der Stichproben-Schiefe gleich null, während der Erwartungswert der Stichproben-Wölbung (approximativ) den Wert 3 annimmt.[50] Es wird jeweils getestet, ob Abweichungen der empirischen Schiefe bzw. der empirischen Wölbung von diesen Werten als zufällig an-

---

46 Es ist zu testen, ob die beobachteten Aktienrenditen einer p-dimensional normalverteilten Grundgesamtheit entstammen können. Aus der multivariaten Normalverteilung des Zufallsvektors v folgt bekanntlich, daß jede Komponente dieses Vektors univariat normalverteilt ist; vgl. für viele Richardson/Smith (1993), S. 296. Deshalb sind univariate Tests, die auf die entsprechenden eindimensionalen Zufallsvariablen abstellen, durchaus zulässig. Die geringe Verbreitung von multivariaten Normalverteilungs-Tests in der empirischen Kapitalmarktforschung kann wenigstens teilweise auf den genannten Sachverhalt zurückgeführt werden.

47 Vgl. etwa Fama (1976), S. 8-11.

48 Die kritischen Werte für den Studentized-Range-Test sind u. a. bei Pearson/Hartley (1970), S. 200 vertafelt.

49 Vgl. z. B. Büning/Trenkler (1978), S. 85-91 und Conover (1980), S. 344-361.

50 Vgl. Gebhardt (1966), S. 220.

gesehen werden können oder nicht.[51] Signifikant positive (negative) Ausprägungen der Stichproben-Schiefe zeigen rechtsschiefe (linksschiefe) Verteilungen an, während Ausprägungen der Stichproben-Wölbung, die deutlich größer (kleiner) als 3 sind, auf leptokurtische (platykurtische) Verteilungen hinweisen.

4.2.4.2 Ergebnisse

Die für die verschiedenen Teilstichproben erzielten Resultate der Tests auf Normalverteilung sind in den Tabellen 4/8 und 4/9 zusammengefaßt. Die Aggregation der Ergebnisse folgt dabei der im Abschnitt 4.2.3 gewählten Vorgehensweise. Die Tabelle 4/9 unterscheidet sich von der Tabelle 4/8 durch die "reduzierte" Wiedergabe derjenigen Resultate, die sich für die Teilstichproben II bis IV ergeben: Während sich die in der Tabelle 4/8 dargestellten Resultate stets auf alle Aktien beziehen, die zur jeweiligen Teilstichprobe gehören, sind in der Tabelle 4/9 lediglich die Ergebnisse jener Aktien enthalten, die zugleich der Teilstichprobe I zugrunde liegen. Bei der Interpretation der je Test erzielten Resultate ist zu beachten, daß die Aktienrenditen der verschiedenen Gesellschaften kontemporär korreliert sind; die entsprechenden Zeitreihen repräsentieren somit keine unabhängigen Stichproben.[52]

Ein erster Blick auf die Resultate der Tabelle 4/8 zeigt, daß die verwendeten Tests zu unterschiedlichen Ablehnungsquoten führen. Die höchste Zahl "signifikanter" Fälle stellt sich dabei für jede Teilstichprobe (und unabhängig von der zugelassenen Irrtumswahrscheinlichkeit) beim Test der Wölbung ein. Der Schiefe-Test weist dagegen grundsätzlich die niedrigste Zahl signifikanter Abweichungen von einer Normalverteilung auf.[53] Auch hinsichtlich der relativen Häufigkeit, mit der die Nullhypothese in den verschiedenen Teilstichproben abgelehnt wird, zeigt sich ein uneinheitliches Bild: Die Hypothese nor-

---

51 Die maßgeblichen Quantile der Nullverteilungen der beiden Prüfgrößen können etwa dem Beitrag von Gebhardt (1966), S. 235, 238 f. entnommen werden.

52 Vgl. Fama (1976), S. 24 f. Diese Anmerkung, die sich etwa auf die Interpretation von testspezifischen Ablehnungsquoten bezieht, ist gleichermaßen für die weiter oben vorgenommenen Analysen (Strukturbruchpunkt-Untersuchung, Überprüfung der Hypothese serieller Unabhängigkeit bzw. Unkorreliertheit) von Bedeutung. Vor dem Hintergrund der kontemporären Korrelation der Aktienrenditen schlagen Richardson/Smith (1993) bezüglich des Tests auf multivariate Normalverteilung eine Prozedur vor, die auf dem GMN(Generalized Method of Moments)-Ansatz basiert und sowohl die Randverteilungen als auch die gemeinsame Verteilung der Aktienrenditen berücksichtigt.

53 Die einzige Ausnahme bilden die monatlichen Renditen der Teilstichprobe II; für diese Teilstichprobe ergibt sich beim Studentized-Range-Test die geringste Ablehnungsquote, falls ein Signifikanzniveau von 0,05 gewählt wird.

Tab. 4/8: Ergebnisse der Tests auf Normalverteilung (alle Teilstichproben)[a)]

Teilstichprobe	Test der Schiefe α = 0,05 (0,01)	Test der Wölbung α = 0,05 (0,01)	Student.-Range-Test α = 0,05 (0,01)	Kolmog.-Smirnoff-Anp.Test[b)] α = 0,05 (0,01)	Ablehnung der Nullhypothese zum 5%-Niveau: in jedem der 4 Tests	Ablehnung der Nullhypothese zum 5%-Niveau: in keinem der 4 Tests
wöchentliche Renditen						
I. 5/1976-4/1991 (p = 67)	65,7 (52,2)	100 (100)	100 (94,0)	100 (100)	65,7	0
II. 1/1982-4/1991 (p = 86)	55,8 (48,8)	100 (98,8)	94,2 (88,4)	96,5 (93,0)	52,3	0
III. 1/1988-4/1991 (p = 134)	41,8 (32,1)	90,3 (73,9)	73,9 (56,0)	68,7 (53,0)	34,3	4,5
IV. 5/1976-4/1980 (p = 80)	66,3 (46,3)	86,3 (71,3)	66,3 (47,5)	81,3 (66,3)	43,8	7,5
monatliche Renditen						
I. 5/1976-4/1991 (p = 67)	44,8 (31,3)	91,0 (76,1)	59,7 (40,3)	76,1 (52,2)	28,4	3,0
II. 1/1982-4/1991 (p = 86)	34,9 (19,8)	55,8 (38,4)	31,4 (20,9)	37,2 (23,3)	17,4	36,0

a) Die Felder des linken Teils enthalten den prozentualen Anteil von Aktien, für deren Renditen die Normalverteilungs-Hypothese zum 5%-Niveau (in Klammern: zum 1%-Niveau) abgelehnt wird. In den beiden rechten Spalten ist der prozentuale Anteil von Aktien, für deren Renditen die Alternativhypothese in jedem bzw. keinem der Tests zum 5%-Niveau signifikant ist, eingetragen.

b) Es wird die Lilliefors-Version des Kolmogoroff-Smirnoff-Anpassungstests verwendet.

malverteilter Renditen wird für die wöchentlichen Renditen in den allermeisten Fällen verworfen, während sie bei monatlicher Renditefristigkeit deutlich seltener abgelehnt werden muß. Zudem fällt auf, daß der prozentuale Anteil "signifikanter" Fälle für die monatlichen Renditen der Teilstichprobe II immer den mit Abstand niedrigsten Wert annimmt. Erwähnenswert sind auch einige Ergebnisse, die den beiden rechten Spalten der Tabelle zu entnehmen sind: Die Nullhypothese muß bei Zugrundelegung der wöchentlichen Renditen der Teilstichprobe I (Teilstichprobe II) für ca. 2 Drittel (für rund die Hälfte) der Aktien in jedem der 4 Tests zum 5%-Niveau abgelehnt werden. Des weiteren gilt für jede Aktie dieser beiden Teilstichproben, daß mindestens einer der 4 Tests Resultate liefert, die zum 5%-Niveau mit der Normalverteilungs-Hypothese nicht verträglich sind.[54] Betrachtet man schließlich die (hier nicht im einzelnen dargestellten) Prüfgrößen-Werte aller Teilstichproben etwas näher, so können einige Aussagen zu den Abweichungen, welche die empirisch ermittelten Verteilungen der Aktienrenditen von einer Normalverteilung aufweisen, gemacht werden:

- Ungefähr 75% jener Werte der Stichproben-Schiefe, die zum 5%-Niveau signifikant von null verschieden sind, weisen auf eine rechtsschiefe Verteilung hin.
- Alle signifikanten Ergebnisse des auf der Stichproben-Wölbung beruhenden Tests deuten eine Verteilung an, die stärker um den Mittelwert konzentriert ist als die Normalverteilung.
- Die signifikanten Werte der "studentisierten" Spannweite sind stets "zu groß"; die statistisch gesichert von einer Normalverteilung abweichenden Verteilungen besitzen demnach ohne Ausnahme zuviel "Wahrscheinlichkeitsmasse" an den Rändern.

Die Tabelle 4/9 gibt Auskunft darüber, inwieweit die unterschiedlichen Ablehnungsquoten, die sich für die Teilstichproben auch bei gleichem Rendite-Intervall eingestellt haben, dadurch verursacht werden, daß die Teilstichproben aus (partiell) verschiedenen Aktien bestehen. Aus der Tabelle geht hervor, daß sich für die "reduzierten" Teilstichproben II und IV keine neuen Erkenntnisse ergeben; die für diese Teilstichproben ermittelten relativen Ablehnungshäufigkeiten unterscheiden sich zumeist nur unwesentlich von den entsprechenden Angaben der Tabelle 4/8.[55] Eine genaue Betrachtung der Tabellen 4/9 und 4/8 läßt allerdings hinsichtlich der Teilstichprobe III einige Unterschiede deutlich werden.

---

[54] Das letztgenannte Ergebnis ist insofern etwas zu relativieren, als auf jede Zeitreihe simultan mehrere Tests angewendet werden. Die Wahrscheinlichkeit des Fehlers 1. Art für den sog. induced test (Verwerfung der Nullhypothese, wenn mindestens einer der benutzten Tests zur Ablehnung führt) ist i. a. deutlich größer als das Signifikanzniveau der Einzeltests. Unter der Annahme, daß die N Einzeltests jeweils ihr (identisches) nominales Signifikanzniveau (α) exakt einhalten, beträgt die kleinste obere Schranke für das globale Signifikanzniveau $N \cdot \alpha$ (d. h. hier: $4 \cdot 0{,}05 = 0{,}20$); vgl. Rüger (1978), S. 177 f. und Krämer/Sonnberger (1986), S. 147 f. Wird zusätzlich vorausgesetzt, daß die Einzeltests unabhängig sind, dann ist das Signifikanzniveau des Gesamttests genau durch $1 - (1-\alpha)^N$ gegeben; vgl. Krämer/Sonnberger (1986), S. 148. Dieser Ausdruck, der von Krämer/Sonnberger als Approximation für das unbekannte Signifikanzniveau des gemeinsamen Tests vorgeschlagen wird, nimmt hier den Wert 0,1855 an. Des weiteren ist darauf hinzuweisen, daß die Prozentangaben der vorletzten Spalte der Tabelle 4/8 nicht unterzubewerten sind. So liegt den Zahlen dieser Spalte implizit die Testvorschrift zugrunde, wonach die Nullhypothese abzulehnen ist, wenn (mindestens) 4 der 4 Tests zur Ablehnung führen. Für den Gesamttest ergibt sich, sofern die eingesetzten Tests unabhängig sind, ein Signifikanzniveau von lediglich 0,000625%; vgl. zur Berechnungsgleichung Krämer/Sonnberger (1986), S. 149.

[55] Sie sind wiederum regelmäßig kleiner als die prozentualen Ablehnungsquoten, die sich für die jeweiligen Renditen der Teilstichprobe I einstellen.

Tab. 4/9: Ergebnisse der Tests auf Normalverteilung
(alle Teilstichproben, identische Aktien)[a)]

Teilstichprobe	Test der Schiefe α = 0,05 (0,01)	Test der Wölbung α = 0,05 (0,01)	Student.-Range-Test α = 0,05 (0,01)	Kolmog.-Smirnoff-Anp.Test[b)] α = 0,05 (0,01)	Ablehnung der Nullhypothese zum 5%-Niveau: in jedem der 4 Tests	in keinem der 4 Tests
wöchentliche Renditen (p = 67)						
I. 5/1976-4/1991	65,7 (52,2)	100 (100)	100 (94,0)	100 (100)	65,7	0
II. 1/1982-4/1991	58,2 (49,3)	100 (100)	95,5 (88,1)	97,0 (94,0)	55,2	0
III. 1/1988-4/1991	29,9 (20,9)	88,1 (67,2)	71,6 (55,2)	55,2 (41,8)	23,9	4,5
IV. 5/1976-4/1980	64,2 (46,3)	86,6 (70,1)	65,7 (47,8)	82,1 (64,2)	52,2	9,0
monatliche Renditen (p = 67)						
I. 5/1976-4/1991	44,8 (31,3)	91,0 (76,1)	59,7 (40,3)	76,1 (52,2)	28,4	3,0
II. 1/1982-4/1991	37,3 (20,9)	59,7 (40,3)	31,3 (20,9)	38,8 (26,9)	17,9	29,9

a) Die Felder des linken Teils enthalten den prozentualen Anteil von Aktien, für deren Renditen die Normalverteilungs-Hypothese zum 5%-Niveau (in Klammern: zum 1%-Niveau) abgelehnt wird. In den beiden rechten Spalten ist der prozentuale Anteil von Aktien, für deren Renditen die Alternativhypothese in jedem bzw. keinem der Tests zum 5%-Niveau signifikant ist, eingetragen.

b) Es wird die Lilliefors-Version des Kolmogoroff-Smirnoff-Anpassungstests verwendet.

Die Reduktion der 134 Aktien der Teilstichprobe III auf jene 67 Aktien, die Bestandteil der Teilstichprobe I sind, bewirkt vor allem beim Schiefe-Test und beim Kolmogoroff-Smirnoff-Test mit Lilliefors-Anpassung eine deutliche Verminderung des jeweiligen Anteils "signifikanter" Fälle. Die Verteilungen der wöchentlichen Renditen dieser 67 Aktien, die in der Mehrzahl zu den Standardwerten am deutschen Aktienmarkt gehören, scheinen demnach eher einer Normalverteilung angenähert zu sein als die Verteilungen der wöchentlichen Renditen der 67 ausgeschlossenen (und tendenziell nicht so marktgängigen) Aktien.

Alles in allem zeigen die Resultate der Tests auf Normalverteilung, daß besonders die Verteilungen der wöchentlichen Aktienrenditen stark von einer Normalverteilung abweichen. Die empirischen Verteilungen sind sehr häufig im Zentrum und an den Rändern stärker besetzt als eine Normalverteilung. Einige Verteilungen sind darüber hinaus durch eine ausgeprägte (Rechts-) Schiefe gekennzeichnet. Für die monatlichen Renditen kann die Normalverteilungs-Hypothese teilweise beibehalten werden.

4.3 Zusammenfassung und Überblick über die Teilschritte der "eigentlichen" empirischen APT-Untersuchung

Die wesentlichen Merkmale der Datenbasis und die zentralen Ergebnisse der durchgeführten "Voruntersuchung" seien nachfolgend nochmals zusammengefaßt:

(1) Die empirische Untersuchung beruht auf den "historischen" Kursen von 138 inländischen, an der Frankfurter Wertpapierbörse notierten Inhaber-Stammaktien. Als Gesamt-Untersuchungsperiode wird der Zeitraum von Anfang Mai 1976 bis Ende April 1991 gewählt. Die Aktienkurse sind retrograd um sämtliche relevanten Ereignisse bereinigt. Durch eine eher restriktive (an 2 Kriterien ausgerichtete) Aktienauswahl soll vor allem gewährleistet werden, daß die Stichprobe keine "illiquiden" Aktien enthält.

(2) Die in der Strukturbruchpunkt-Untersuchung erzielten Resultate bestätigen zwar häufig die Stationaritätsannahme, es ergeben sich jedoch für mehrere Zeitreihen signifikante Strukturbruchpunkte. Insgesamt zeigt sich, daß eine Aufteilung der gewählten Stichprobe in Teilstichproben geboten ist. Der weiteren Betrachtung unterliegen daher vier Teilstichproben:
I. 5/1976-4/1991, 67 Aktien,
II. 1/1982-4/1991, 86 Aktien;
III. 1/1988-4/1991, 134 Aktien;
IV. 5/1976-4/1980, 80 Aktien.
Während für die Teilstichproben I und II sowohl wöchentliche als auch monatliche Renditen berechnet werden, ist die Analyse der Teilstichproben III und IV auf wöchentliche Renditen beschränkt, da für die beiden letztgenannten Teilstichproben bei monatlicher Renditefristigkeit keine hinreichende Anzahl an Beobachtungen je Aktie gegeben wäre.

(3) Die Überprüfung der Annahme serieller Unabhängigkeit bzw. fehlender Autokorrelation ergibt, daß diese Annahme für die zugrundeliegenden Zeitreihen als Arbeitshypothese beibehalten werden kann.

(4) Die verschiedenen Tests auf Normalverteilung offenbaren, daß die Verteilungen der wöchentlichen Aktienrenditen zumeist signifikant von einer Normalverteilung abweichen. Die empirischen Verteilungen sind stärker um den Mittelwert zentriert und besitzen an den Rändern mehr "Wahrscheinlichkeitsmasse" als eine Normalverteilung. Die monatlichen Aktienrenditen der Teilstichprobe I und vor allem die monatlichen Aktienrenditen der Teilstichprobe II genügen der Normalverteilungs-Annahme deutlich häufiger, wenngleich auch letztere nur bedingt als normalverteilt gelten können.

Die weiteren Schritte der empirischen Studie, die zum Abschluß dieses Abschnitts skizziert werden, leiten sich aus den in der Einleitung formulierten Haupt-Untersuchungszielen her. Die bedeutsame Frage nach der "wahren" Zahl der APT-Risikofaktoren (und damit gewissermaßen die erste Problemstellung) steht im Mittelpunkt des fünften Teils. Einen allgemein anerkannten Ansatz zur Schätzung der unbekannten Faktorenanzahl gibt es nicht, so daß in der vorliegenden Arbeit ein "Methodenmix" verwendet wird. Die Bestimmung der Faktorenanzahl wird sowohl mittels der im Abschnitt 3.2 erläuterten Heuristik, die auf der Prämisse eines approximativen k-Faktoren-Modells beruht, als auch mit Hilfe einer Reihe von "traditionellen" Kriterien und Tests versucht. Daran anschließend wird überprüft, ob die von der APT postulierte Bewertungsstruktur, die - basierend auf den erzielten Faktorenanzahl-Schätzwerten - partiell konkretisiert werden kann, gültig ist (Teil 6). Das betreffende Kapitel dient allein dem zweiten Haupt-Untersuchungsziel; eine (Vorab-) Spezifikation der systematischen Risikofaktoren wird also (noch) nicht vorgenommen. Der gewählte sequentielle Untersuchungsansatz, d. h. die nicht nur gedankliche Differenzierung zwischen "reinem" APT-Test und dem Versuch einer ökonomischen Interpretation der systematischen Risikofaktoren, ist zulässig[56] und darüber hinaus dem alternativen Vorgehen, den Test der APT-Bewertungsgleichung direkt auf der Grundlage vorabspezifizierter (ökonomischer) Risikofaktoren vorzunehmen, überlegen. So beinhaltet das letztgenannte Vorgehen, wie bereits mehrfach angemerkt, die Überprüfung einer verbundenen Hypothese; der entsprechende Untersuchungsansatz ist folglich mit offensichtlichen Schwierigkeiten bei der Interpretation eines "negativen" Testergebnisses verbunden.[57] Die vorherige Durchführung einer Faktorenanalyse besitzt ferner den Vorteil, daß sie zur Bestimmung der Faktorenanzahl beitragen und möglicherweise auch Anhaltspunkte für die Faktoren-Spezifizierung liefern kann.[58] Außerdem ist anzumerken, daß

---

[56] Vgl. Roll/Ross (1980), S. 1077.

[57] "Testing a joint hypothesis does not tell us which element has to be replaced" (Schmidt (1982), S. 397).

[58] Insbesondere Pari/Chen (1984) stellen auf der Basis der (transformierten) Ladungsmatrix einige Vermutungen zur Identität der systematischen Risikofaktoren an.

die unbekannten APT-Risikofaktoren keineswegs zwangsläufig beobachtbare (makro-) ökonomische Größen sein müssen.[59]

Bereits an dieser Stelle sei festgehalten, daß die in der vorliegenden Arbeit zur Überprüfung der empirischen Validität der APT herangezogene Vorgehensweise in zwei Schritte zerfällt: Im ersten Schritt werden die Risikomaße und die erwarteten Aktienrenditen geschätzt. Mit Hilfe verschiedener Querschnitts-Regressionsanalysen wird dann (unter Verwendung der Schätzungen) ermittelt, ob die APT-Bewertungshypothese gültig ist (Schritt 2). Zur Erinnerung sei ferner wiederholt, daß die Bewertungsgleichung der "traditionellen" APT nur approximativ gilt und strenggenommen nicht empirisch überprüfbar ist. Den vorzunehmenden Analysen wird infolgedessen die exakte APT-Bewertungsgleichung zugrunde gelegt, welche empirischen Tests zugänglich ist. Da sich die in der Einleitung formulierten Fragestellungen 3-5 anhand der erzielten Untersuchungsergebnisse letztlich affirmativ beantworten lassen, kann im Anschluß an die auf der Basis faktorenanalytischer Verfahren durchgeführten APT-Tests der Identifizierung der systematischen Risikofaktoren (und damit dem dritten Haupt-Untersuchungsziel) nachgegangen werden. Die entsprechenden Auswertungen sind Gegenstand des siebten Kapitels.

---

[59] Vgl. zu diesem Aspekt auch Franke (1984), S. 110.

5 Zur Anzahl der APT-Risikofaktoren: Spezifizierung und "Überprüfung" der Faktorenmodell-Annahme

5.1 Problemabgrenzung und -bedeutung

Wenn man einmal von der Forderung absieht, daß die Anzahl der systematischen Risikofaktoren erheblich kleiner als die Wertpapieranzahl sein soll, wird innerhalb der APT über die genaue Faktorenzahl, wie bereits mehrfach erwähnt, nichts ausgesagt. Des weiteren ist, wie besonders im Abschnitt 3.2 dargelegt, zu konstatieren, daß sich in den verschiedenen empirischen APT-Untersuchungen keine eindeutige Faktorenanzahl ergeben hat. Die "wahre" Zahl der APT-Risikofaktoren ist somit bislang nicht bekannt und muß deshalb mittels eines geeigneten ökonometrischen Instrumentariums bestimmt werden.

Aus dem Identifikationsproblem der Faktorenanalyse folgt, daß die Anzahl jener faktorenanalytisch ermittelten Faktoren, deren Risikoprämien signifikant von null abweichen, keine Anhaltspunkte bezüglich der unbekannten Faktorenanzahl liefert. Letztere muß daher bereits vor der eigentlichen Überprüfung der APT-Bewertungsgleichung bestimmt werden. Ferner ist darauf hinzuweisen, daß die "Validität" eines APT-Tests i. a. auch davon abhängt, wie "genau" die Faktorenanzahl geschätzt wird. Eine fehlerhafte Schätzung der Anzahl systematischer Risikofaktoren kann beispielsweise die Resultate, die sich bei der Überprüfung der Bewertungsirrelevanz unsystematischer Risiken einstellen, maßgeblich beeinflussen. Werden "zu viele" Faktoren extrahiert, so bewirkt die damit letztlich einhergehende Unterschätzung des unsystematischen Risikos, daß eine (bei ungültiger APT-Bewertungsgleichung möglicherweise) falsche Nullhypothese zu selten abgelehnt wird. Mit der Ermittlung einer "zu geringen" Faktorenanzahl ist hingegen prinzipiell eine Überschätzung des unsystematischen Risikos verbunden. Letztere bewirkt, daß eine (bei gültiger APT-Bewertungsgleichung) richtige Nullhypothese zu häufig abgelehnt wird. Die "korrekte" Bestimmung der Faktorenanzahl ist schließlich zur Beurteilung der praktischen Anwendungsmöglichkeiten der Arbitrage Pricing Theory erforderlich.[1]

Die genannten Aspekte belegen insgesamt, daß der Schätzung der Faktorenanzahl eine relativ große Bedeutung zukommt. Diese empirische Spezifizierung der Faktorenmodell-Annahme ist das Hauptanliegen der folgenden Abschnitte. Es erscheint als geboten, daß

---

1 Das Vorliegen einer (sehr) geringen Anzahl systematischer Faktoren ist dabei nicht nur aus anwendungsbezogener Sicht von elementarer Bedeutung für die Akzeptanz der APT. So wirft etwa Luedecke (1986), S. 74 die folgende Frage auf: "Is k sufficiently small so as to make the APT a parsimonious and therefore interesting theory?"

die Schätzung der Faktorenanzahl nicht nur auf der Grundlage eines Tests bzw. Kriteriums durchgeführt wird. In der vorliegenden Untersuchung soll deshalb ein "Methodenmix" verwendet werden. Die Bestimmung der Faktorenanzahl wird sowohl mittels einer Heuristik, die in mehreren Beiträgen zur empirischen APT-Forschung empfohlen wird (Abschnitt 5.2), als auch mit Hilfe von "traditionellen" Kriterien und Tests vorgenommen (Abschnitt 5.3). Der von Kosfeld (1986) präsentierte sequentielle Bonferroni-Test, der ebenso benutzt wird, kann den letztgenannten Ansätzen zugerechnet werden. Der Abschnitt 5.4 faßt die wichtigsten Ergebnisse zusammen. Dort wird ferner beurteilt, ob und wieweit auf der Basis der erzielten Resultate eine eindeutige Entscheidung über die Anzahl der zu extrahierenden Faktoren getroffen werden kann.

Ein weiterer und durchaus eigenständiger Untersuchungsgegenstand besteht in der Überprüfung der Frage, ob sich der Renditen-Generierungsprozeß tatsächlich durch ein (exaktes oder approximatives) k-Faktoren-Modell beschreiben läßt.[2] Die Realitätsnähe der Annahmen ist zweifellos ein Maß für die Güte der jeweiligen Theorie. Aus dem empirischen Befund, daß eine Prämisse in der Realität nicht erfüllt ist, kann man indes nur dann auf die Nicht-Geltung der Theorie-Ergebnisse schließen, wenn die entsprechende Prämisse eine notwendige Bedingung darstellt.[3] Im allgemeinen kann deshalb die Validität einer Theorie nur mittels einer empirischen Überprüfung der Theorie-Ergebnisse beurteilt werden. Die "Überprüfung" der Faktorenmodell-Annahme wird aus diesem Grund und wegen des Tatbestands, daß es faktisch kaum brauchbare Tests gibt, lediglich am Rande vorgenommen. Schließlich sei darauf hingewiesen, daß der Sphärentest von Bartlett die Nullhypothese, daß die Korrelationsmatrix der Aktienrenditen[4] eine Einheitsmatrix ist, in allen Teilstichproben selbst zum 0,001%-Niveau ablehnt. Es bestehen somit signifikante Abhängigkeiten zwischen den manifesten Variablen, so daß faktorenanalytische Untersuchungen angebracht sind.

---

2 Es sei daran erinnert, daß die verschiedenen APT-Ansätze genaugenommen nur die Faktorenmodell-Annahme als Gemeinsamkeit aufweisen.

3 Vgl. Schmidt (1977), S. 256 f.

4 Ausgangspunkt der folgenden Berechnungen sind grundsätzlich die empirischen Korrelationsmatrizen der jeweiligen Aktienrenditen. Die Untersuchung von Cho/Taylor (1987), der tägliche Aktienrenditen zugrunde liegen, zeigt, daß Korrelationsmatrizen im Zeitablauf geringere Veränderungen aufweisen als Kovarianzmatrizen. Vgl. auch Cho (1984), S. 1490.

5.2 Analyse der Eigenwerte von Folgen empirischer Korrelationsmatrizen

5.2.1 Wesentliche Merkmale der gewählten Vorgehensweise

Zur Bestimmung der Faktorenanzahl wird in diesem Abschnitt die z. B. von Luedecke (1986), Trzcinka (1986) und Faff (1988) empfohlene bzw. herangezogene Heuristik verwendet.[5] Für jede Teilstichprobe wird eine "nested sequence" von empirischen Aktienrenditen-Korrelationsmatrizen konstruiert. Zur Ermittlung der jeweils ersten Matrix werden die Renditen von 25 zufällig ausgewählten Aktien herangezogen. Die anderen Matrizen ergeben sich, indem die Anzahl der zugrundeliegenden Aktien (p) sukzessive um ca. 10% erhöht wird, wobei die hinzukommenden Aktien ebenfalls das Resultat einer Zufallsauswahl sind. Die letzte Matrix beruht stets auf den Renditen aller Aktien der entsprechenden Teilstichprobe.[6] Es wird vorausgesetzt, daß die so konstruierten Folgen die eigentlich zu untersuchende "nested sequence" von Grundgesamtheits-Kovarianzmatrizen hinreichend gut approximieren. Die betrachteten Folgen bestehen insgesamt aus 11 (Teilstichprobe I), 13 (Teilstichproben II und IV) sowie 18 $(p \times p)$-Matrizen (Teilstichprobe III). Für jede Matrix dieser Folgen werden die zugehörigen Eigenwerte berechnet. Einige Auswertungen sind dabei auf die Teilstichprobe mit der höchsten Aktienanzahl (Teilstichprobe III) beschränkt, deren Folge die Grundgesamtheits-Folge vermutlich am besten approximiert.

Der Beurteilung, welche der Eigenwerte als nach oben nicht beschränkt gelten können, dienen zwei lineare Regressionsmodelle.[7] Erstens wird für $j = 1, ..., 25$ das Regressionsmodell

$$(5/1) \qquad L_j = a_j + b_j p + u_j \qquad (p = 25, 28, 31, ...)$$

analysiert.[8] Die geschätzten Steigungsparameter derjenigen k Eigenwerte, die für p gegen unendlich unbegrenzt ansteigen, sollten positiv und signifikant von null verschieden

---

[5] Die Grundzüge dieses Ansatzes wurden bereits im dritten Teil der Arbeit dargestellt; vgl. die entsprechenden Ausführungen des Abschnitts 3.2.

[6] Die Aktienanzahl p nimmt beispielsweise für die Folge der Teilstichprobe III die Werte 25, 28, 31, 34, ..., 108, 119 und 134 an.

[7] Vgl. Trzcinka (1986), S. 352 f.

[8] Es ist zu beachten, daß aus dem approximativen k-Faktoren-Modell keineswegs folgt, daß die k größten Eigenwerte der Wertpapierrenditen-Kovarianzmatrix mit zunehmendem p linear ansteigen. Trotzdem kann erwartet werden, daß das einfache Regressionsmodell (5/1) einen nicht unwesentlichen Beitrag zur Bestimmung der Faktorenanzahl leistet; vgl. Trzcinka (1986), S. 352.

sein. Zweitens wird für $k = 1, ..., 25$ das Regressionsmodell

(5/2) $$T_k = a_k + c_k p + u_k \qquad (p = 25, 28, 31, ...)$$

untersucht, wobei der Regressand durch

$$T_k = \sum_{j=1}^{k} \frac{L_j}{p} 100$$

definiert ist. T_k verkörpert mithin den Anteil (in Prozent), den die Summe der ersten k Eigenwerte an der Spur der empirischen ($p \times p$)-Korrelationsmatrix hat. Gemäß den Überlegungen von Trzcinka (1986) sollte der (kumulierte) Spur-Anteil derjenigen k Eigenwerte, die für p gegen unendlich unbegrenzt ansteigen, mit zunehmender Aktienanzahl nicht kleiner werden. Daraus kann in bezug auf die zu überprüfenden Spezifizierungen von k die Forderung abgeleitet werden, daß sich für die "wahre" Faktorenanzahl keine Regressionsgerade ergeben sollte, die eine negative Steigung aufweist, welche signifikant von null abweicht.

Darüber hinaus werden für jede ($p \times p$)-Matrix der Teilstichprobe III zwei "within portfolio"-Regressionen geschätzt, bei welchen der transformierte Rang des j-ten Eigenwerts der eigentliche Regressor ist:

(5/3a) $$L_j = a_p + d_p \ln[j] + u_p \qquad (j = 1, ..., p),$$

(5/3b) $$L_j = a_p + d_p (1/j^2) + u_p \qquad (j = 1, ..., p)$$ [9] [10]

---

9 Die Ränge werden mithin nach absteigender Größe der Eigenwerte vergeben, d. h. der größte Eigenwert L_1 hat den Rang 1, der kleinste Eigenwert L_p den Rang p.

10 Adelberger/Lockert schätzen in Anlehnung an Trzcinka (1986) die Regression $L_j = a_p + d_p j + u_p$; vgl. Adelberger/Lockert (1992), S. 48. Professor Gerd Ronning, Universität Tübingen, wies jedoch darauf hin, daß der Zusammenhang zwischen L_j und j keineswegs linear ist. So geht die Erhöhung von j um jeweils 1 vor allem bei kleinen Rangzahlen, wie auch die Abbildung 5/2 im Gliederungspunkt 5.3.2 deutlich zeigt, mit einer dem Betrag nach immer geringeren Verminderung der Eigenwerthöhe einher. Dieser Zusammenhang läßt sich nicht durch eine lineare Regression von L_j auf j modellieren. In der vorliegenden Arbeit wird der Regressor j durch Transformationen von j ersetzt, um eine Linearisierung des Zusammenhangs (vgl. etwa Schlittgen (1993), S. 443-446) zu erreichen. Aus der Vielzahl möglicher Transformationen werden ln[j] und j^{-2} ausgewählt. Damit ergeben sich die beiden Regressionsmodelle (5/3a) und (5/3b), die zwar nichtlinear in der Variablen j, aber linear in den Parametern a_p und d_p sind. Der Steigungsparameter wird in Abhängigkeit von der gewählten Spezifikation entweder ein negatives (Gleichung (5/3a)) oder ein positives Vorzeichen (Gleichung (5/3b)) aufweisen.

Für den Fall, daß die k größten Eigenwerte für p gegen unendlich unbegrenzt ansteigen, während die anderen Eigenwerte nach oben beschränkt sind, sollte im Hinblick auf die Regressionen (5/3) für x > y die Ungleichung

$$(5/4) \qquad |d_x| > |d_y|$$

erfüllt sein. Es ist evident, daß mittels der Regressionen (5/3) in erster Linie die Realitätsnähe der Annahme eines k-Faktoren-Modells untersucht wird. Insgesamt sind für jede Folge jeweils 25 lineare Regressionen des Typs (5/1) und des Typs (5/2) zu schätzen. Die Schätzung der linearen Regressionen vom Typ (5/3) wird dagegen, wie bereits angedeutet, nur für die Folge der Teilstichprobe III durchgeführt. Schließlich sei angemerkt, daß zur Schätzung der Regressionsmodelle stets die OLS-Methode verwendet wird; die Signifikanzprüfung des jeweiligen Regressionskoeffizienten erfolgt ausnahmslos mittels des konventionellen t-Tests.

5.2.2 Ergebnisse

Die wesentlichen Resultate der Regressionen (5/1) und (5/2), welche sich für Teilstichprobe III ergeben, sind in der Tabelle 5/1 zusammengestellt. Der linke Teil der Tabelle zeigt die Resultate der Regressionen (5/1), während die Ergebnisse der Regressionen (5/2) dem rechten Tabellenteil zu entnehmen sind. Ein erster Blick auf die Resultate des linken Tabellenteils ergibt, daß alle Schätzwerte der Steigungsparameter b_j ($j = 1, ..., 25$) positiv und selbst zum 0,1%-Niveau signifikant von null verschieden sind. Die in den bisherigen APT-Untersuchungen regelmäßig angenommenen bzw. geschätzten Werte für k, die zwischen 1 und ca. 10 liegen, finden folglich (zunächst) keine Bestätigung. Bemerkenswert ist allerdings des weiteren, daß der erste Eigenwert deutlich stärker ansteigt als die anderen Eigenwerte.[11] So weist der Steigungsparameter $\hat{b}_1$ einen Wert von 0,3 auf, während etwa für den Steigungsparameter b_2 lediglich ein Schätzwert von 0,0237 erzielt wird. Ferner fällt auf, daß die Schätzwerte der Steigungsparameter b_j für $j = 4, ..., 25$ weitestgehend die gleiche Höhe annehmen. Die Abbildung 5/1 bestätigt die genannten Befunde. Sie zeigt für ausgewählte Eigenwerte, daß sich die Abhängigkeit der Eigen-

---

11 Vgl. auch Trzcinka (1986), S. 357 f., der zu ähnlichen Resultaten kommt. Connor/Korajczyk (1993), S. 1273 weisen darauf hin, daß sich aus diesen Ergebnissen widersprüchliche Handlungsempfehlungen ableiten lassen: Der signifikant positive Zusammenhang zwischen der Eigenwerthöhe und p, welcher in der Untersuchung von Trzcinka (1986) selbst für L_{20} besteht, legt die Extraktion von relativ vielen Faktoren nahe, wohingegen aufgrund der Dominanz des ersten Eigenwerts eher ein 1-Faktor-Modell zu wählen ist.

Tab. 5/1: Zur linearen Abhängigkeit der Höhe des j-ten Eigenwerts bzw. des Spur-Anteils der k größten Eigenwerte von der Aktienanzahl (1/1988-4/1991, wöchentliche Renditen)[a)]

LINEARE REGRESSION DER HÖHE DES j-TEN EIGENWERTS AUF p				LINEARE REGRESSION DES SPUR-ANTEILS DER k GRÖßTEN EIGENWERTE AUF p			
j	Absolutglied	Steigung	R^2	k	Absolutglied	Steigung	R^2
1	0,6833**	0,3000	0,9978	1	33,2638	-0,0272***	0,4211
2	0,7974	0,0237	0,9961	2	38,6415	-0,0493	0,5740
3	0,8657	0,0187	0,9901	3	43,7091	-0,0723	0,6530
4	0,8718	0,0142	0,9933	4	48,3719	-0,0958	0,6987
5	0,8507	0,0133	0,9837	5	52,7922	-0,1178	0,7386
6	0,8013	0,0128	0,9808	6	56,9500	-0,1381	0,7672
7	0,7222	0,0128	0,9839	7	60,8401	-0,1566	0,7832
8	0,6962	0,0119	0,9877	8	64,5615	-0,1747	0,7935
9	0,6303	0,0117	0,9804	9	67,9943	-0,1906	0,8050
10	0,5559	0,0119	0,9812	10	71,1666	-0,2045	0,8145
11	0,5251	0,0116	0,9799	11	74,1792	-0,2175	0,8232
12	0,4897	0,0113	0,9775	12	77,0367	-0,2295	0,8307
13	0,4587	0,0111	0,9795	13	79,7615	-0,2408	0,8371
14	0,4280	0,0109	0,9830	14	82,3564	-0,2513	0,8429
15	0,3922	0,0107	0,9824	15	84,8037	-0,2608	0,8476
16	0,3449	0,0107	0,9884	16	87,0905	-0,2693	0,8520
17	0,3193	0,0105	0,9885	17	89,2681	-0,2771	0,8559
18	0,2661	0,0107	0,9855	18	91,2426	-0,2833	0,8605
19	0,2347	0,0107	0,9861	19	93,1064	-0,2887	0,8645
20	0,2096	0,0106	0,9849	20	94,8690	-0,2934	0,8685
21	0,1748	0,0105	0,9879	21	96,4998	-0,2972	0,8722
22	0,1328	0,0107	0,9857	22	97,9824	-0,2998	0,8764
23	0,0949	0,0108	0,9875	23	99,3364	-0,3014	0,8804
24	0,0822**	0,0104	0,9776	24	100,5819	-0,3024	0,8857
25	0,0322•	0,0105	0,9628	25	101,6241	-0,3017	0,8929

a) Die betrachteten (p × p)-Korrelationsmatrizen der Aktienrenditen bilden eine sog. "nested sequence". Die Aktienanzahl p nimmt die Werte 25, 28, 31, 34, 37, 41, 45, 50, 55, 61, 67, 74, 81, 89, 98, 108, 119 und 134 an. Fast alle Schätzwerte der Regressionskoeffizienten sind zum 0,1%-Niveau signifikant von null verschieden (t-Test). Schätzwerte, für die das nicht gilt, sind entsprechend kenntlich gemacht (• nicht signifikant zum 5%-Niveau, ** signifikant zum 5%-Niveau, *** signifikant zum 1%-Niveau).

Abb. 5/1: Zur Abhängigkeit der Höhe des j-ten Eigenwerts von der Aktienanzahl (1/1988-4/1991, wöchentliche Renditen)[a)]

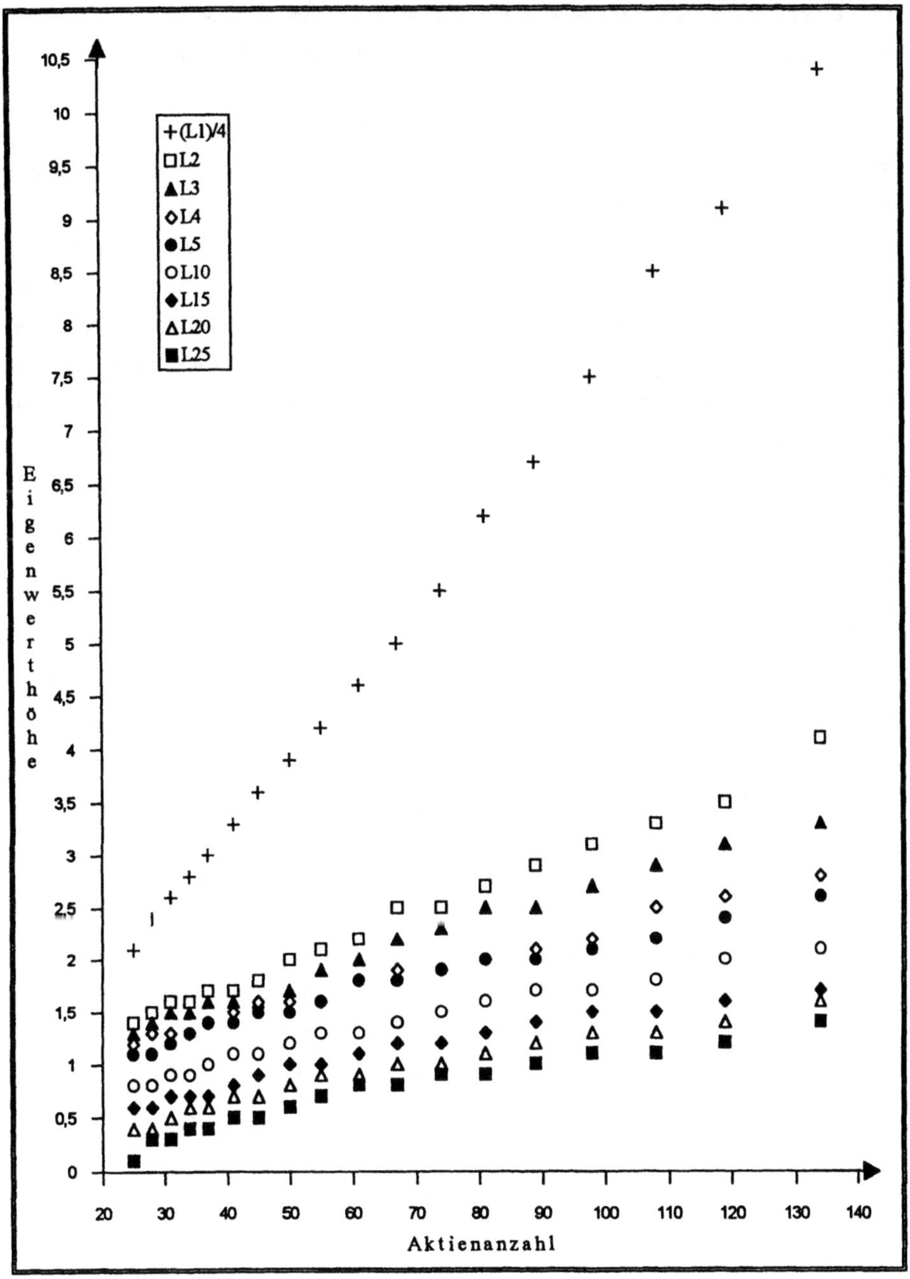

a) Die betrachteten (p × p)-Korrelationsmatrizen der Aktienrenditen bilden eine sog. "nested sequence". L_j bezeichnet den j-ten der geordneten Eigenwerte ($L_1 > L_2 > ... > L_p > 0$) der empirischen (p × p)-Korrelationsmatrix. Die Ausprägungen des ersten Eigenwerts sind durch 4 dividiert.

werthöhe von der Aktienanzahl tatsächlich annähernd exakt durch eine Regressionsgerade mit positivem Steigungsparameter beschreiben läßt. Obwohl die Ausprägungen des ersten Eigenwerts durch 4 dividiert sind, wird auch aus der Abbildung 5/1 ersichtlich, daß der erste Eigenwert deutlich stärker zunimmt als die anderen Eigenwerte.

Aus dem rechten Teil der Tabelle 5/1 geht hervor, daß alle Schätzwerte der Steigungsparameter c_k ($k = 1, ..., 25$) negativ und zum 1%-Niveau signifikant von null verschieden sind. Der Betrag von $\hat{c}_k$ steigt dabei (von $k = 25$ einmal abgesehen) mit zunehmendem k streng monoton an. Die Tabelle 5/2 ergänzt den rechten Teil der Tabelle 5/1, indem sie die konkreten Werte des jeweiligen T_k in Abhängigkeit von p angibt.[12] Es fällt auf, daß der Spur-Anteil des ersten Eigenwerts für $p > 31$ (weitgehend) unabhängig von p ist. Diese Einschätzung wird bestätigt, wenn zur Schätzung der Regressionsbeziehung zwischen T_1 und p nur die letzten 15 Folgenglieder verwendet werden. Der geschätzte Steigungsparameter der Regressionsgeraden ist dann zum 5%-Niveau nicht signifikant von null verschieden.[13] Das entsprechende Ergebnis erhält man für T_2 (T_3), falls $p > 41$ ($p > 50$) gesetzt wird.

Maßgebliche Anhaltspunkte zur Festlegung der Faktorenanzahl, die sich mittels der Regressionen (5/1) und (5/2) für alle Teilstichproben ergeben, seien nachstehend aufgeführt:

- Unabhängig von der betrachteten Folge (Teilstichprobe) sind die geschätzten Steigungsparameter der Regressionen von L_j auf p für $j = 1, ..., 25$ positiv und selbst zum 0,1%-Niveau signifikant von null verschieden. Der erste Eigenwert steigt allerdings in jeder Folge deutlich stärker an als die anderen Eigenwerte. So beträgt $\hat{b}_1$ mindestens 0,2619 (Teilstichprobe IV) und maximal 0,4216 (Teilstichprobe II, monatliche Renditen), während etwa für den Steigungsparameter b_2 Schätzwerte erzielt werden, die sämtlich zwischen 0,0203 und 0,0441 liegen. Der Koeffizient $\hat{b}_2$ ist wiederum stets größer als der Schätzwert für b_3, der seinerseits den geschätzten Wert von b_4 in allen Folgen übertrifft. Dagegen sind für die geschätzten Steigungsparameter der anderen Eigenwerte, die ausnahmslos kleiner als $\hat{b}_4$ sind, keine eindeutigen Größenbeziehungen feststellbar. Ferner ist anzumerken, daß sich die Koeffizienten $\hat{b}_4$ bis $\hat{b}_{25}$ z. T. nur relativ gering unterscheiden. Insbesondere die für die Eigenwerte L_{10} bis L_{25} geschätzten Regressionsgeraden verlaufen i. a. sogar weitestgehend parallel. In der Tabelle 5/3 sind ausgewählte Steigungsparameter der Regressionen (5/1), die für die zugrundeliegenden Teilstichproben ermittelt werden, zusammengestellt.

---

[12] Aus Raumgründen erfolgt eine Beschränkung auf k = 1, 2, 3, 4, 5, 10, 15, 20, 25.

[13] Siehe auch Trzcinka (1986), S. 362-364.

Tab. 5/2: Zur Abhängigkeit des Spur-Anteils der k größten Eigenwerte von der Aktienanzahl (1/1988-4/1991, wöchentliche Renditen)[a)]

	T_1	T_2	T_3	T_4	T_5	T_{10}	T_{15}	T_{20}	T_{25}
p = 25	34,06	39,79	44,97	49,86	54,24	72,69	85,97	95,02	100
p = 28	34,26	39,51	44,52	48,99	52,99	70,17	82,68	92,00	98,15
p = 31	33,48	38,53	43,23	47,39	51,36	67,50	79,71	88,99	95,50
p = 34	32,66	37,40	41,86	45,70	49,52	65,09	76,98	86,35	93,20
p = 37	32,37	36,93	41,17	45,08	48,82	63,90	75,36	84,34	91,01
p = 41	31,89	36,06	39,96	43,50	46,98	61,80	72,98	81,74	88,44
p = 45	32,09	36,08	39,72	43,18	46,45	60,23	71,09	79,58	86,27
p = 50	30,91	34,92	38,31	41,48	44,54	57,81	68,36	76,89	83,63
p = 55	30,59	34,38	37,78	40,74	43,64	56,29	66,55	74,82	81,53
p = 61	30,17	33,76	37,00	39,94	42,84	55,03	64,84	72,63	79,19
p = 67	30,00	33,71	37,06	39,83	42,58	54,24	63,73	71,44	77,74
p = 74	29,87	33,28	36,40	39,02	41,57	52,73	61,68	69,10	75,39
p = 81	30,49	33,88	36,95	39,42	41,85	52,48	61,12	68,32	74,41
p = 89	30,21	33,44	36,29	38,62	40,92	51,09	59,43	66,42	72,42
p = 98	30,61	33,81	36,55	38,80	40,95	50,57	58,57	65,33	71,24
p = 108	31,39	34,47	37,16	39,44	41,49	50,53	58,06	64,50	70,18
p = 119	30,65	33,63	36,23	38,42	40,45	49,24	56,51	62,91	68,48
p = 134	30,99	34,02	36,45	38,50	40,45	48,87	55,84	61,95	67,37

a) Die betrachteten ($p \times p$)-Korrelationsmatrizen der Aktienrenditen bilden eine sog. "nested sequence". T_k bezeichnet den (auf 2 Stellen nach dem Komma gerundeten) Anteil (in Prozent), den die Summe der k größten Eigenwerte an der Spur der empirischen ($p \times p$)-Korrelationsmatrix hat.

Tab. 5/3: Geschätzte Steigungsparameter[a)] linearer Regressionen der Höhe des j-ten Eigenwerts auf die Aktienanzahl (alle Teilstichproben)[b)]

Regressand	Wöchentliche Renditen				Monatliche Renditen	
	I. 5/1976-4/1991	II. 1/1982-4/1991	III. 1/1988-4/1991	IV. 5/1976-4/1980	I. 5/1976-4/1991	II. 1/1982-4/1991
L_1	0,3490	0,3560	0,3000	0,2619	0,4096	0,4216
L_2	0,0203	0,0208	0,0237	0,0260	0,0333	0,0441
L_3	0,0144	0,0155	0,0187	0,0209	0,0325	0,0368
L_4	0,0117	0,0143	0,0142	0,0166	0,0243	0,0239
L_5	0,0105	0,0095	0,0133	0,0160	0,0185	0,0202
L_{10}	0,0075	0,0081	0,0119	0,0125	0,0120	0,0117
L_{15}	0,0077	0,0075	0,0107	0,0121	0,0107	0,0103
L_{20}	0,0075	0,0070	0,0106	0,0122	0,0106	0,0107
L_{25}	0,0109	0,0077	0,0105	0,0125	0,0105	0,0090

a) Alle geschätzten Steigungsparameter sind zum 0,1%-Niveau signifikant von null verschieden (t-Test).

b) Die betrachteten ($p \times p$)-Korrelationsmatrizen der Aktienrenditen bilden jeweils eine sog. "nested sequence". Die Aktienanzahl p nimmt für die Teilstichprobe I die Werte 25, 28, 31, 34, 37, 41, 45, 50, 55, 61 und 67 an, für die Teilstichprobe II (bzw. III) zusätzlich die Werte 74 und 86 (bzw. 74, 81, 89, 98, 108, 119 und 134), während sie für die Teilstichprobe IV gleich 25, ..., 67, 74 und 80 ist. L_j bezeichnet den j-ten der geordneten Eigenwerte ($L_1 > L_2 > ... > L_p > 0$) der empirischen ($p \times p$)-Korrelationsmatrix.

- Unabhängig von der betrachteten Folge (Teilstichprobe) sind die geschätzten Steigungsparameter der Regressionen von T_k auf p für k = 4, ..., 25 negativ und selbst zum 0,1%-Niveau signifikant von null verschieden. Dagegen werden c_1 und c_2 für die beiden Folgen der Teilstichprobe II positiv geschätzt. Ferner ist $\hat{c}_3$ dort zwar jeweils negativ, aber in beiden Fällen zum 5%-Niveau nicht signifikant von null verschieden. Auch bezüglich der Folge, die auf den wöchentlichen Renditen der Teilstichprobe I beruht, ergibt sich ein positiver Schätzwert $\hat{c}_1$. Für die auf den monatlichen Renditen dieser Teilstichprobe basierende Folge ist der entsprechende Schätzwert zwar negativ, er weicht jedoch zum 5%-Niveau nicht signifikant von null ab. Lediglich für die Folge der Teilstichprobe IV ergeben sich durchgängig Regressionsgeraden mit negativer und zum 0,1%-Niveau signifikant von null verschiedener Steigung. Die eingehende Betrachtung der Ausprägungen von T_k führt hinsichtlich dieser Folge ebenfalls zum Resultat, daß der Spur-Anteil der ersten k Eigenwerte unabhängig von der spezifizierten Faktorenanzahl mit steigender Aktienanzahl deutlich abnimmt. Im Gegensatz dazu ergibt sich für die Folge der Teilstichprobe III, wie oben bereits geschildert, daß der Spur-Anteil des ersten Eigenwerts für $p > 31$ weitgehend konstant ist. Die Tabelle 5/4 gibt einen Überblick über ausgewählte Steigungsparameter der Regressionen (5/2), die für die zugrundeliegenden Teilstichproben geschätzt werden.

Tab. 5/4: Geschätzte Steigungsparameter[a)] linearer Regressionen des Spur-Anteils der k größten Eigenwerte auf die Aktienanzahl (alle Teilstichproben)[b)]

	Wöchentliche Renditen				Monatliche Renditen	
Regressand	I. 5/1976-4/1991	II. 1/1982-4/1991	III. 1/1988-4/1991	IV. 5/1976-4/1980	I. 5/1976-4/1991	II. 1/1982-4/1991
T_1	0,0114•	0,0542	-0,0272***	-0,1107	-0,0036•	0,0232**
T_2	-0,0308**	0,0230**	-0,0493	-0,1474	-0,0627	0,0025•
T_3	-0,0781	-0,0118•	-0,0723	-0,1808	-0,0970	-0,0124•
T_4	-0,1238	-0,0435	-0,0958	-0,2137	-0,1246	-0,0399
T_5	-0,1638	-0,0788	-0,1178	-0,2430	-0,1545	-0,0643
T_{10}	-0,3463	-0,2330	-0,2045	-0,3771	-0,2714	-0,1627
T_{15}	-0,4855	-0,3422	-0,2608	-0,4685	-0,3495	-0,2338
T_{20}	-0,5916	-0,4347	-0,2934	-0,5078	-0,3769	-0,2623
T_{25}	-0,6372	-0,4953	-0,3017	-0,5061	-0,3726	-0,2646

a) Fast alle geschätzten Steigungsparameter sind zum 0,1%-Niveau signifikant von null verschieden (t-Test). Werte, für die das nicht gilt, sind entsprechend kenntlich gemacht (• nicht signifikant zum 5%-Niveau, ** signifikant zum 5%-Niveau, *** signifikant zum 1%-Niveau).

b) Die betrachteten $(p \times p)$-Korrelationsmatrizen der Aktienrenditen bilden jeweils eine sog. "nested sequence". Die Aktienanzahl p nimmt für die Teilstichprobe I die Werte 25, 28, 31, 34, 37, 41, 45, 50, 55, 61 und 67 an, für die Teilstichprobe II (bzw. III) zusätzlich die Werte 74 und 86 (bzw. 74, 81, 89, 98, 108, 119 und 134), während sie für die Teilstichprobe IV gleich 25, ..., 67, 74 und 80 ist. T_k bezeichnet den Anteil (in Prozent), den die Summe der k größten Eigenwerte an der Spur der empirischen $(p \times p)$-Korrelationsmatrix hat.

Die Resultate der Regressionen (5/1) und (5/2) ähneln prinzipiell den empirischen Befunden, die Trzcinka (1986) mittels einer entsprechenden Studie für den US-amerikanischen Aktienmarkt erzielt hat. Insgesamt kann festgehalten werden, daß sich der Renditen-Generierungsprozeß z. T. durch ein 1-Faktor-Modell beschreiben läßt. Verschiedene Ergebnisse sind allerdings auch mit bestimmten Mehr-Faktoren-Modellen niedriger Ordnung, von denen einem 3-Faktoren-Modell offensichtlich die größte Bedeutung zukommt, vereinbar.

Abschließend werden die Resultate präsentiert, die sich mittels der Regressionen (5/3) für die Teilstichprobe III ergeben. Sie sind in der Tabelle 5/5 zusammengestellt. Dabei enthält der linke Tabellenteil die Ergebnisse der Regressionen (5/3a), während der rechte Teil der Tabelle jene der Regressionen (5/3b) zusammenfaßt. Die Tabelle zeigt, daß der Regressionsansatz (5/3b) adäquater zur Modellierung des Zusammenhangs zwischen der Höhe und dem Rang der Eigenwerte ist als der Regressionsansatz (5/3a). Die ermittelten Bestimmtheitsmaße sind für ersteren ausnahmslos größer als 0,95, während sie für letzteren zwischen 0,30 und 0,55 liegen. Es ist ferner evident, daß der Betrag des geschätzten (stets hochsignifikant von null verschiedenen) Steigungsparameters in beiden Fällen mit steigender Aktienanzahl streng monoton zunimmt. Dieses Ergebnis bestätigt die weiter oben formulierte Hypothese, nach der der Betrag des Steigungsparameters d_p positiv von der Aktienanzahl abhängen sollte.[14] Das Hauptergebnis der Regressionen (5/3) ist folglich mit der Annahme eines (approximativen) k-Faktoren-Modells vereinbar.

---

[14] Die bei Nicht-Transformation des Regressors für die betrachtete Teilstichprobe erzielten Ergebnisse stehen dagegen im Widerspruch zur Hypothese (5/4). Der mit steigender Aktienanzahl zunehmend "flachere" Verlauf der Regressionsgerade (siehe die Tabelle 4/8 von Adelberger/Lockert (1992)) spiegelt allerdings weitestgehend den Tatbestand wider, daß sich die p-1 (p-3?) kleinsten Eigenwerte für große p letztlich nur geringfügig unterscheiden. Wie weiter oben bereits dargelegt, ist die von Adelberger/Lockert (1992) untersuchte lineare Regressionsbeziehung fehlspezifiziert, was sich auch in den vergleichsweise geringen Bestimmtheitsmaßen, die zwischen 0,1083 (p = 134) und 0,2871 (p = 25) liegen, äußert. Ein hypotheseninkonformes Resultat stellt sich im übrigen auch in der Untersuchung von Trzcinka (1986) ein.

Tab. 5/5: Zur nichtlinearen Abhängigkeit der Höhe der Eigenwerte vom Rang der Eigenwerte (1/1988-4/1991, wöchentliche Renditen)[a)]

	Lineare Regression der Höhe des j-ten Eigenwerts auf ln[j] [b)]			Lineare Regression der Höhe des j-ten Eigenwerts auf $1/j^2$ [b)]			
p	Absolutglied	Steigung	R^2	Absolutglied	Steigung	R^2	p
25	4,3107	-1,4270	0,5502	0,4986	7,8058	0,9651	25
28	4,5774	-1,4754	0,5228	0,4918	8,8385	0,9644	28
31	4,7496	-1,4885	0,5078	0,5008	9,5925	0,9641	31
34	4,8884	-1,4925	0,4938	0,5117	10,2730	0,9620	34
37	5,0968	-1,5260	0,4847	0,5137	11,1179	0,9606	37
41	5,2973	-1,5450	0,4660	0,5199	12,1443	0,9568	41
45	5,5591	-1,5889	0,4465	0,5150	13,4488	0,9569	45
50	5,7328	-1,5938	0,4388	0,5309	14,4334	0,9564	50
55	5,9761	-1,6259	0,4265	0,5344	15,7413	0,9550	55
61	6,2496	-1,6614	0,4151	0,5392	17,2586	0,9535	61
67	6,5758	-1,7157	0,4088	0,5393	18,9349	0,9554	67
74	6,8376	-1,7449	0,3894	0,5410	20,8177	0,9533	74
81	7,2487	-1,8202	0,3733	0,5300	23,3175	0,9541	81
89	7,5117	-1,8477	0,3591	0,5339	25,3892	0,9527	89
98	7,9262	-1,9145	0,3431	0,5268	28,3692	0,9534	98
108	8,4149	-1,9974	0,3244	0,5139	32,0946	0,9539	108
119	8,7016	-2,0231	0,3182	0,5248	34,5515	0,9522	119
134	9,2722	-2,1087	0,3022	0,5184	39,4097	0,9530	134

a) Die betrachteten (p × p)-Korrelationsmatrizen der Aktienrenditen bilden eine sog. "nested sequence". Alle Schätzwerte der Regressionskoeffizienten sind zum 0,01%-Niveau signifikant von null verschieden (t-Test).

b) j = 1, 2, ..., p. Die Ränge werden mithin nach absteigender Größe der Eigenwerte vergeben, d. h. der größte Eigenwert L_1 hat den Rang 1, der kleinste Eigenwert L_p den Rang p.

5.3 Schätzung der Faktorenanzahl mittels "traditioneller" Kriterien und Tests

5.3.1 Verwendete Kriterien und Tests

Zur Bestimmung der unbekannten Faktorenanzahl werden neben dem Gesamtvarianz-Erklärungsanteil sowie dem Eigenwertkriterium u. a. der Scree-Test, der Bartlett-Test und der innerhalb der ML-Faktorenanalyse gebräuchliche Likelihood-Quotienten-Test herangezogen.[15] Bezüglich des letztgenannten Tests ist anzumerken, daß die sequentiell getesteten Hypothesen nicht unabhängig voneinander sind. Die Wahrscheinlichkeit, daß die ermittelte Faktorenanzahl größer als der "wahre" Wert k^* ist, kann das vorgegebene Signifikanzniveau des Tests von $H_0(k^*)$ nicht überschreiten.[16] Das multiple Signifikanzniveau der Testsequenz ist jedoch nicht bekannt.[17] Aufgrund dieses Aspekts erscheint es als notwendig und sachdienlich, daß in der vorliegenden Untersuchung auch der von Kosfeld (1986) präsentierte sequentielle Bonferroni-Test verwendet wird.[18] Im sequentiellen Bonferroni-Test werden die Signifikanzniveaus $\alpha(k)$ für die Tests der Hypothesen $H_0(k)$ $(k = (0,)\ 1, 2, ..., p-1)$ nicht konstant gleich α gesetzt, sondern sie sind durch

$$\alpha(k) = \frac{\alpha}{p-k}$$

gegeben, wobei α (nunmehr) das multiple Signifikanzniveau der Testprozedur bezeichnet.[19]

Die vorzunehmenden Berechnungen beruhen angesichts der von Shanken (1982) aufgezeigten Probleme, die bei der (Faktoren-) Analyse transformierter Wertpapiere auftreten (können)[20], ausnahmslos nicht auf Portefeuillerenditen, sondern auf den Renditen der einzelnen Aktien. Bei der Interpretation der nachfolgend vorgestellten Ergebnisse ist erstens zu berücksichtigen, daß der Likelihood-Quotienten-Test eine multivariate Normal-

---

15 Zusätzlich werden das Akaike- und das Schwarz-Kriterium verwandt. Auf die mit deren Hilfe erzielten Faktorenanzahl-Schätzwerte wird im Abschnitt 5.4 eingegangen. Eine ausführliche Präsentation der entsprechenden Ergebnisse findet man in Adelberger/Lockert (1996).

16 Das vorgegebene Signifikanzniveau ist in jedem der Einzeltests gleich α.

17 Vgl. Kosfeld (1986), S. 140.

18 Dieser multiple Test wurde von Holm (1979) entwickelt. Eine gute Darstellung der Testprozedur findet sich bei Krämer/Sonnberger (1986), S. 152-154.

19 Zur Überprüfung der Nullhypothese beim sequentiellen Bonferroni-Test mußte in einigen Fällen der kritische Wert bestimmt werden. Hierzu wurden die bei Pearson/Hartley (1970), S. 137 angeführten Approximationen benutzt.

20 Vgl. die entsprechenden Ausführungen des Abschnitts 3.2.

verteilung der manifesten Variablen voraussetzt. Starke Abweichungen von der Normalverteilung - wie sie hier überwiegend vorhanden sind - bewirken, daß die Testprozedur tendenziell zu einer überhöhten Anzahl gemeinsamer Faktoren führt.[21] Da sich der Likelihood-Quotienten-Test vom sequentiellen Bonferroni-Test nur hinsichtlich der Festlegung des Signifikanzniveaus, das für die Überprüfung der jeweiligen Hypothese vorgegeben wird, unterscheidet, liegt auch dem letztgenannten Test die Annahme normalverteilter Daten zugrunde. Strenggenommen geht selbst der Scree-Test (implizit) von der Normalverteilung der manifesten Variablen aus.[22] Zweitens sei daran erinnert, daß das Verwenden des Likelihood-Quotienten-Tests genaugenommen nur dann zulässig ist, wenn ein exaktes Faktorenmodell vorliegt. Dieser Test tendiert für den Fall, daß kein exaktes, sondern lediglich ein approximatives Faktorenmodell gegeben ist, zur Überschätzung der Faktorenanzahl.[23]

5.3.2 Ergebnisse

Die Tabelle 5/6 gibt eine Übersicht über die jeweilige Faktorenanzahl, die sich auf der Grundlage der herangezogenen Kriterien und Tests für die Teilstichprobe III ergibt. Wie aus der Tabelle ersichtlich ist, sind zur Erklärung von mindestens 95% (90%) der Gesamtvarianz der standardisierten Daten 77 (61) Hauptkomponenten zu extrahieren. 98 der 134 Eigenwerte sind kleiner als 1. Nach dem Eigenwertkriterium sind folglich 36 Hauptkomponenten von Bedeutung. Der Scree-Test (siehe Abbildung 5/2) führt zu keinem eindeutigen Resultat. Er weist auf $k = 1$ bzw. $k = 3$ hin. Der Bartlett-Test auf Signifikanz der Hauptkomponenten liefert keine brauchbare Faktorenanzahl. Nach ihm sind 132 Hauptkomponenten zum 5%-Niveau signifikant.[24] Der Likelihood-Quotienten-Test ergibt, daß die Nullhypothese erst nach der Extraktion von 19 Faktoren zum 5%-Niveau nicht mehr abgelehnt werden kann. Bei keiner der vorgenommenen Modellspezifikationen ($k = 1, \ldots, 19$) tritt im übrigen der sog. Heywood-Case auf.[25] Auf der Grundlage

---

21 Vgl. Jöreskog/Sörbom (1982), S. 408.

22 Vgl. Ost (1984), S. 603 f.

23 Vgl. Connor/Korajczyk (1993), S. 1264.

24 Hinsichtlich der letzten 17 Stichproben-Korrelationsmatrizen der im Abschnitt 5.2 betrachteten Folge der Teilstichprobe III gilt, daß der Bartlett-Test die Nullhypothese, daß die p-k kleinsten Eigenwerte gleich sind, für $k = 1, \ldots, 25$ selbst zum 0,01%-Niveau stets ablehnt. Von einer weiteren Verwendung dieses Tests wird abgesehen.

25 So beträgt der größte Kommunalitäten-Schätzwert 0,96584. Der Heywood-Case ist dadurch gekennzeichnet, daß zumindest eine der Varianzen der Einzelrestfaktoren den Wert 0 erreicht. Vgl. Lawley/Maxwell (1971), S. 31 f., Ost (1984), S. 591 und Kosfeld (1986), S. 12.

Tab. 5/6: Ergebnisse unterschiedlicher Ansätze zur Bestimmung der Faktorenanzahl (1/1988-4/1991, wöchentliche Renditen)

KRITERIUM/TEST	FAKTORENANZAHL (p = 134)	
Erklärung von 90% der Gesamtvarianz	61	
Erklärung von 95% der Gesamtvarianz	77	
Eigenwertkriterium	36	
Scree-Test	1 (3)	
	$\alpha = 0{,}01$	$\alpha = 0{,}05$
Bartlett-Test	132	132
Likelihood-Quotienten-Test	17	19
Sequentieller Bonferroni-Test	14	15

des sequentiellen Bonferroni-Tests wird $H_0(15)$ als erste der schrittweise getesteten Hypothesen bei einem vorgegebenen (multiplen) Signifikanzniveau von $\alpha = 0{,}05$ nicht mehr abgelehnt. Es ist insgesamt festzuhalten, daß sich die auf der Basis der verwendeten Kriterien und Tests ergebenden Schätzungen für k teilweise deutlich voneinander unterscheiden. Vom Scree-Test einmal abgesehen, zeigen die Resultate jedoch einheitlich an, daß eine relativ große Anzahl an gemeinsamen Faktoren (Hauptkomponenten) extrahiert werden sollte.

Die Tabelle 5/7 gibt einen Überblick über die Faktorenanzahl-Schätzwerte, die für alle betrachteten Teilstichproben auf der Basis der verschiedenen Kriterien und Tests ermittelt werden. Wie aus der Tabelle ersichtlich ist, unterscheiden sich die Schätzwerte für k je nach gewähltem Kriterium/Test und zugrundeliegender Teilstichprobe (sowie Renditefristigkeit) teilweise deutlich voneinander. Die Ergebnisse zeigen jedoch überwiegend an, daß eine relativ große Anzahl an gemeinsamen Faktoren extrahiert werden sollte. So führt etwa die Vorgabe eines (Mindest-) Gesamtvarianz-Erklärungsanteils von 95% stets zu einer Faktorenanzahl, die größer als p/2 ist. Nach dem Eigenwertkriterium sind der weiteren Analyse der Teilstichproben I bis IV zwischen 13 und 36 Faktoren zugrunde zu legen. Der Likelihood-Quotienten-Test sowie der sequentielle Bonferroni-Test weisen bei einem vorgegebenen Signifikanzniveau von 5% auf eine Faktorenanzahl hin, die für

Abb. 5/2: Eigenwertdiagramm für den Scree-Test (1/1988-4/1991, wöchentliche Renditen)[a)]

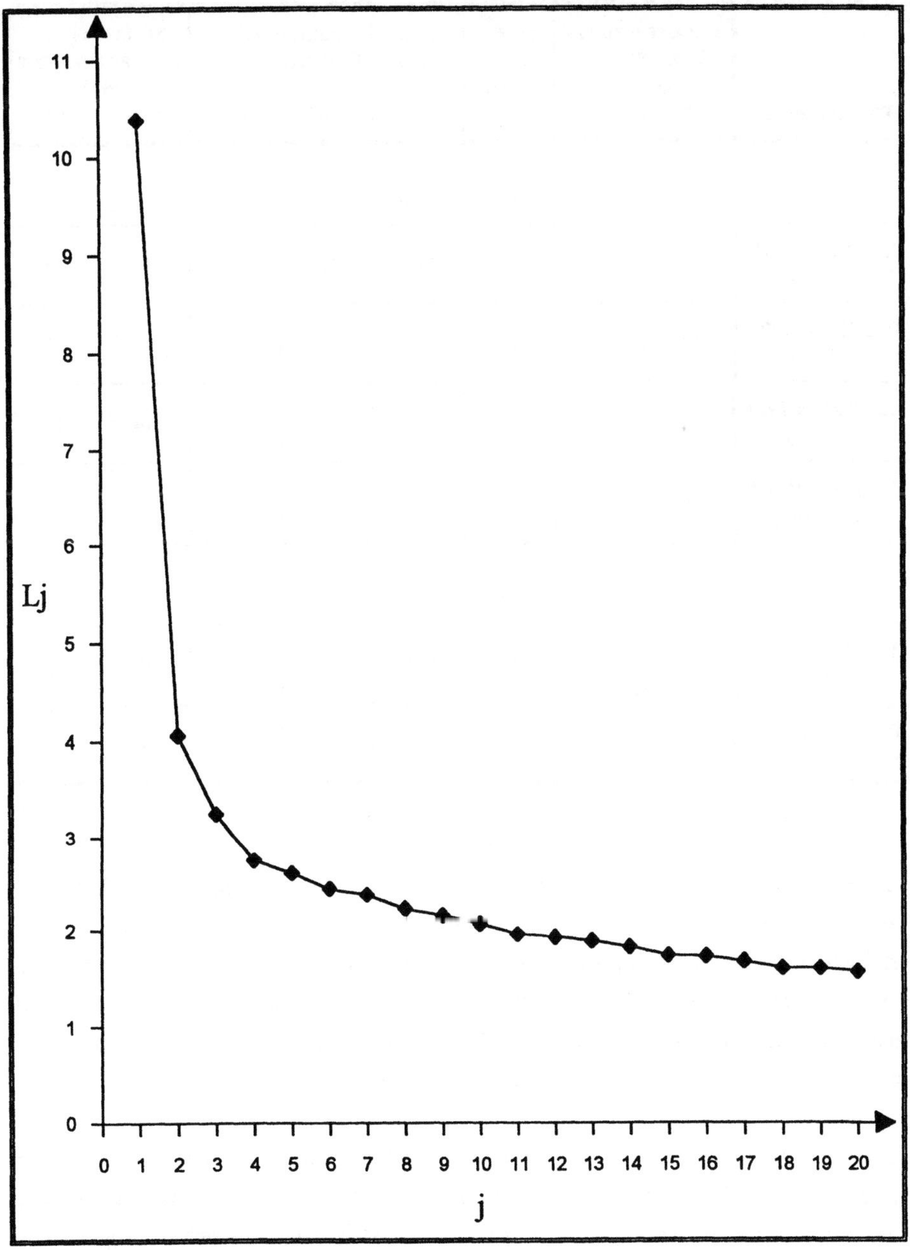

a) L_j bezeichnet den j-ten der geordneten Eigenwerte ($L_1 > L_2 > ... > L_{134} > 0$) der empirischen (134 × 134)-Korrelationsmatrix der Aktienrenditen. Der erste Eigenwert ist durch 4 dividiert.

Tab. 5/7: Ergebnisse unterschiedlicher Ansätze zur Bestimmung der Faktorenanzahl (alle Teilstichproben)

Teilstichprobe	Gesamtvarianz-Erklärungs-anteil 90%	95%	Eigen-wert-krit.	Scree-Test	Likelihood-Quotienten-Test α = 0,01	0,05	Sequentieller Bonferroni-Test α = 0,01	0,05
wöchentliche Renditen								
I. 5/1976-4/1991 (p = 67)	45	53	13	1 (5)	16	16	14	15
II. 1/1982-4/1991 (p = 86)	54	66	17	1 (4)	16	17	14	15
III. 1/1988-4/1991 (p = 134)	61	77	36	1 (3)	17	19	14	15
IV. 5/1976-4/1980 (p = 80)	46	56	21	1 (3)	6	6	5	5
monatliche Renditen								
I. 5/1976-4/1991 (p = 67)	33	43	13	1 (3)	14	15	12	13
II. 1/1982-4/1991 (p = 86)	34	46	18	1 (3)	11	12	9	9

die Teilstichproben I bis III zwischen 12 und 19 bzw. 9 und 15 liegt. Lediglich auf der Basis des Scree-Tests ergibt sich stets eine geringe Faktorenanzahl. Der Scree-Test liefert allerdings - im Gegensatz zu den anderen Kriterien und Tests - für keine Teilstichprobe einen eindeutigen Schätzwert. Es existiert zwar immer ein deutlicher Knickpunkt nach dem ersten Eigenwert, jedoch kann für alle Teilstichproben eine zweite Knickstelle (oftmals nach dem dritten Eigenwert) ausgemacht werden.[26]

Der Scree-Test führt - unabhängig von der betrachteten Teilstichprobe - zur geringsten Faktorenanzahl. Die meisten Faktoren sind dagegen für jede Teilstichprobe bei Vorgabe eines Gesamtvarianz-Erklärungsanteils von 95% zu extrahieren. Die sich bei Zugrundele-

[26] Bereits Cattell (1966), S. 267 äußert die Vermutung, daß "double screes" (bzw. "split-scree cases") sehr wahrscheinlich sind: ".., the single scree line may well turn out to be the exception."

gung des sequentiellen Bonferroni-Tests ergebende Faktorenanzahl ist i. a. nicht wesentlich niedriger als die Faktorenanzahl, die mit Hilfe des Likelihood-Quotienten-Tests erzielt wird. Dieses Teilergebnis läßt vermuten, daß der sequentielle Bonferroni-Test das Problem der Überfaktorisierung in der vorliegenden Studie zwar mildern, aber nicht beseitigen kann.

Vom Scree-Test einmal abgesehen, der hinsichtlich der verschiedenen Teilstichproben zu weitestgehend identischen Schätzwerten führt, ergibt sich die höchste Faktorenanzahl jeweils für die Teilstichprobe III, während die wenigsten Faktoren einerseits für die Teilstichprobe IV (Likelihood-Quotienten- und sequentieller Bonferroni-Test), andererseits für die monatlichen Renditen der Teilstichprobe I (Vorgabe eines Gesamtvarianz-Erklärungsanteils von 90 bzw. 95%, Eigenwertkriterium) zu extrahieren sind. Auffallend ist des weiteren, daß mittels des Likelihood-Quotienten- und des sequentiellen Bonferroni-Tests sowie bei Vorgabe eines Gesamtvarianz-Erklärungsanteils von 90 bzw. 95% für die monatlichen Renditen der Teilstichproben I und II häufig eine deutlich geringere Faktorenanzahl geschätzt wird als für die wöchentlichen Renditen der betreffenden Aktien.[27] Da der Likelihood-Quotienten-Test, wie bereits angemerkt, bei starken Abweichungen von der Normalverteilung zur Überschätzung der Faktorenanzahl neigt, kann der geschilderte Befund z. T. dadurch erklärt werden, daß die Normalverteilungs-Annahme für die monatlichen Renditen der Teilstichproben I und II wesentlich seltener verletzt ist als für die wöchentlichen Renditen dieser Teilstichproben.

5.3.3 Zur Abhängigkeit der Faktorenanzahl von der Anzahl der Zeitreihen-Beobachtungen

Wie bereits im Abschnitt 3.2 erwähnt wurde, hat sich in einigen APT-Untersuchungen gezeigt, daß der mittels des Likelihood-Quotienten-Tests erzielte Schätzwert für k positiv vom Stichprobenumfang abhängt, der im gegebenen Zusammenhang gleich der An-

---

[27] Die nähere Betrachtung der Korrelationsmatrizen dieser Teilstichproben ergibt, daß die Korrelation zwischen den monatlichen Aktienrenditen höher ist als die Korrelation zwischen den wöchentlichen Aktienrenditen. So nimmt der mittlere Korrelationskoeffizient für die monatlichen Renditen die Werte 0,388 (Teilstichprobe I) und 0,403 (Teilstichprobe II) an, während der mittlere Korrelationskoeffizient für die wöchentlichen Renditen lediglich 0,315 (Teilstichprobe I) bzw. 0,317 (Teilstichprobe II) beträgt. Die für beide Teilstichproben durchgeführten Mittelwerttests deuten an, daß die Differenz der durchschnittlichen Korrelationskoeffizienten jeweils hochsignifikant ist. Darüber hinaus zeigt der paarweise Vergleich der einzelnen Korrelationskoeffizienten, daß der "monatliche" Korrelationskoeffizient in 85,7% (Teilstichprobe I) bzw. 85% der Fälle (Teilstichprobe II) größer ist als der entsprechende "wöchentliche" Korrelationskoeffizient.

zahl der Zeitpunkte ist, zu denen die Aktienrenditen beobachtet werden.[28] Da die Zeiträume der Teilstichproben II, III und IV vollständig im Zeitraum enthalten sind, der der Teilstichprobe I zugrunde liegt, und der Zeitraum der Teilstichprobe II den der Teilstichprobe III beinhaltet, eignet sich die vorliegende Datenbasis prinzipiell für die Durchführung der entsprechenden Analyse.[29] Die potentielle Beeinflussung der Faktorenanzahl-Schätzwerte durch die unterschiedliche Aktienanzahl der Teilstichproben ist allerdings noch auszuschließen. Hierzu werden die den Teilstichproben II, III und IV zugrundeliegenden Aktien auf diejenigen 67 Aktien reduziert, die Bestandteil der Teilstichprobe I sind. Damit unterscheiden sich die Teilstichproben (gleicher Renditefristigkeit) nur noch hinsichtlich des betrachteten Zeitraums.

Die Tabelle 5/8 zeigt, daß eine positive Abhängigkeit der mittels des Likelihood-Quotienten-Tests geschätzten Faktorenanzahl von der Anzahl der Zeitreihen-Beobachtungen für die verwendete Datenbasis festgestellt werden kann. Beispielsweise sind bei einem vorgegebenen Signifikanzniveau von 5% für die wöchentlichen Renditen der Teilstichprobe I (745-769 Beobachtungen) 16 Faktoren zu extrahieren, während die geschätzte Faktorenanzahl für die Teilstichprobe III (161-169 wöchentliche Renditen) lediglich den Wert 10 annimmt. Offensichtlich hängt die geschätzte Faktorenanzahl auch dann positiv von der Anzahl der Zeitreihen-Beobachtungen ab, wenn zu ihrer Bestimmung der sequentielle Bonferroni-Test herangezogen oder ein Gesamtvarianz-Erklärungsanteil von 90 bzw. 95% gefordert wird. Die sowohl mit dem Eigenwertkriterium als auch auf der Basis des Scree-Tests erzielten Faktorenanzahl-Schätzwerte scheinen dagegen weitestgehend unabhängig von der Anzahl der Zeitreihen-Beobachtungen zu sein.

---

28 Roll/Ross (1984b), S. 349 weisen diesbezüglich auf die mit zunehmendem Stichprobenumfang steigende Güte des betreffenden Tests hin. Die festgestellte Abhängigkeit ist mit der folgenden Aussage von Jöreskog/Sörbom (1982), S. 408 durchaus vereinbar: "Large sample sizes ... tend to increase χ^2 beyond the value expected from specification error in the model."

29 Möglicherweise zeigt sich die zu überprüfende Abhängigkeit bereits in dem weiter oben dargelegten Einfluß, den die Renditefristigkeit auf die mit Hilfe des Likelihood-Quotienten-Tests geschätzte Faktorenanzahl ausübt.

Tab. 5/8: Ergebnisse unterschiedlicher Ansätze zur Bestimmung der Faktorenanzahl (alle Teilstichproben, identische Aktien)

Teilstichprobe	Gesamtvarianz-Erklärungs-anteil 90%	95%	Eigen-wert-krit.	Scree-Test	Likelihood-Quotienten-Test α = 0,01	0,05	Sequentieller Bonferroni-Test α = 0,01	0,05
wöchentliche Renditen (p = 67)								
I. 5/1976-4/1991	45	53	13	1 (5)	16	16	14	15
II. 1/1982-4/1991	43	51	13	1 (4)	13	14	12	12
III. 1/1988-4/1991	35	45	15	1 (4)	9	10	7	8
IV. 5/1976-4/1980	40	49	18	1 (3)	5	6	5	5
monatliche Renditen (p = 67)								
I. 5/1976-4/1991	33	43	13	1 (3)	14	15	12	13
II. 1/1982-4/1991	29	38	13	1 (3)	9	10	8	8

5.3.4 Zur Abhängigkeit der Faktorenanzahl von der Aktienanzahl

Zum Abschluß des Abschnitts 5.3 wird der Frage nachgegangen, ob die mit Hilfe "traditioneller" Kriterien und Tests geschätzte Faktorenanzahl von der Aktienanzahl abhängt. Hierzu kann auf die bereits konstruierten Folgen empirischer Aktienrenditen-Korrelationsmatrizen zurückgegriffen werden, die sich ja gerade dadurch auszeichnen, daß die Aktien, welche der Ermittlung der i-ten Matrix zugrunde liegen, stets eine echte Teilmenge derjenigen Aktien bilden, welche zur Berechnung der (i+1)-ten Matrix verwendet werden. Im weiteren wird exemplarisch die Folge der Teilstichprobe III näher betrachtet. Die Faktorenanzahl-Schätzwerte, welche sich mittels der gewählten "traditionellen" Kriterien und Tests für die entsprechenden Korrelationsmatrizen ergeben, können der Tabelle 5/9 entnommen werden. Die Faktorenanzahl, die auf der Grundlage des Scree-Tests

Tab. 5/9: Ergebnisse unterschiedlicher Ansätze zur Bestimmung der Faktorenanzahl (1/1988-4/1991, wöchentliche Renditen, "nested sequence")

	Gesamtvarianz-Erklärungs-anteil		Eigen-wert-krit.	Scree-Test	Likelihood-Quotienten-Test α =		Sequentieller Bonferroni-Test α =	
	90%	95%			0,01	0,05	0,01	0,05
p = 25	18	20	6	1 (4)	3	3	2	2
p = 28	19	23	7	1 (4)	3	4	2	3
p = 31	21	25	8	1 (3)	4	4	3	3
p = 34	23	27	8	1 (3)	4	4	3	3
p = 37	25	29	9	1 (5)	5	6	3	4
p = 41	27	32	10	1 (3)	5	6	4	4
p = 45	29	35	12	1 (2)	5	6	3	4
p = 50	32	38	14	1 (2)	5	6	3	4
p = 55	34	41	15	1 (3)	6	7	4	5
p = 61	37	45	16	1 (3)	6	6	4	5
p = 67	39	48	19	1 (3)	7	8	6	6
p = 74	43	53	21	1 (3)	6	7	5	6
p = 81	45	56	22	1 (3)	8	9	6	7
p = 89	48	60	24	1 (3)	8	9	6	6
p = 98	51	64	26	1 (3)	8	9	7	7
p = 108	54	68	29	1 (4)	8	9	7	7
p = 119	57	72	33	1 (3)	10	12	8	9
p = 134	61	77	36	1 (3)	17	19	14	15

erzielt wird, scheint unabhängig von der Anzahl der analysierten Aktien zu sein. Für die anderen Kriterien und Tests ist dagegen eine positive Abhängigkeit der geschätzten Faktorenanzahl von der Aktienanzahl zu konstatieren. So steigt die Faktorenanzahl, die nach dem Eigenwertkriterium ermittelt wird, mit zunehmender Aktienanzahl monoton an.[30] Auch die Schätzwerte für k, die sich auf der Basis des Likelihood-Quotienten- und des sequentiellen Bonferroni-Tests ergeben, werden mit zunehmender Aktienanzahl größer. Beispielsweise sind bei Zugrundelegung des Likelihood-Quotienten-Tests (des sequentiellen Bonferroni-Tests) und einem vorgegebenen Signifikanzniveau von 5% für p = 25 lediglich 3 (2) Faktoren zu extrahieren, während die Nullhypothese für p = 134 erst nach der Extraktion von 19 (15) Faktoren zum 5%-Niveau nicht mehr abgelehnt werden kann. Bei Festlegung eines Gesamtvarianz-Erklärungsanteils in Höhe von 90 oder 95% stellen sich Schätzwerte für k ein, die mit zunehmendem p sogar streng monoton ansteigen. Dieser stark ausgeprägte Zusammenhang zwischen Aktien- und Hauptkomponentenanzahl ist weitgehend unabhängig von der Höhe des geforderten Gesamtvarianz-Erklärungsanteils. So kann der Tabelle 5/10 entnommen werden, daß auch bei Vorgabe eines geringeren Gesamtvarianz-Erklärungsanteils mit zunehmender Aktienanzahl i. a. erheblich mehr Hauptkomponenten zu extrahieren sind. Beispielsweise sind zur Erklärung eines 80prozentigen Anteils der Gesamtvarianz von 25 Aktien wenigstens 13 Hauptkomponenten zu extrahieren, während für 134 Aktien die Extraktion von 41 Hauptkomponenten notwendig ist, um den gleichen Erklärungsanteil zu erreichen.

Entsprechende Befunde liegen insbesondere für den US-amerikanischen Aktienmarkt bereits vor.[31] So steigt die Anzahl der Hauptkomponenten, die in der Untersuchung von Trzcinka (1986) erforderlich sind, um 30% der Gesamtvarianz der Aktienrenditen zu erklären, mit zunehmender Aktienanzahl deutlich an. Weiterhin berichten etwa Dhrymes/Friend/Gultekin (1984), daß sich mit Hilfe des Likelihood-Quotienten-Tests bei einem Signifikanzniveau von 5% z. B. für eine Gruppe von 30 Aktien 3 gemeinsame Faktoren ergeben, während für eine Gruppe, die weitere 60 Aktien enthält, 9 Faktoren zu extrahieren sind.[32] Die vergleichbaren (Aktienanzahl, Faktorenanzahl)-Wertepaare der Teilstichprobe III betragen (31, 4) und (89, 9).

---

30 Hinsichtlich des Eigenwertkriteriums stellen Cattell (1966), S. 248 und Revenstorf (1976), S. 321 fest, daß es für große Werte von p zur Überfaktorisierung neigt.

31 Raveh (1985) weist darauf hin, daß sich eine positive Abhängigkeit der geschätzten Faktorenanzahl von der Anzahl manifester Variablen auch bei der Anwendung der Faktorenanalyse in sozialwissenschaftlichen und vor allem psychologischen Studien gezeigt hat.

32 Vgl. die betreffenden Ausführungen des Abschnitts 3.2.

Tab. 5/10: Zur Abhängigkeit der Hauptkomponentenanzahl von der Aktienanzahl (1/1988-4/1991, wöchentliche Renditen, "nested sequence"; Kriterium: Gesamtvarianz-Erklärungsanteil)

	(Mindest-) Hauptkomponentenanzahl für ausgewählte Gesamtvarianz-Erklärungsanteile							
	30%	40%	50%	60%	70%	80%	90%	95%
p = 25	1	3	5	7	10	13	18	20
p = 28	1	3	5	7	10	14	19	23
p = 31	1	3	5	8	11	16	21	25
p = 34	1	3	6	9	12	17	23	27
p = 37	1	3	6	9	13	18	25	29
p = 41	1	4	6	10	14	19	27	32
p = 45	1	4	7	10	15	21	29	35
p = 50	1	4	7	11	16	23	32	38
p = 55	1	4	8	12	17	24	34	41
p = 61	1	5	8	13	19	26	37	45
p = 67	2	5	9	13	19	28	39	48
p = 74	2	5	9	14	21	30	43	53
p = 81	1	5	9	15	22	31	45	56
p = 89	1	5	10	16	23	33	48	60
p = 98	1	5	10	16	24	35	51	64
p = 108	1	5	10	17	25	36	54	68
p = 119	1	5	11	18	27	39	57	72
p = 134	1	5	11	19	28	41	61	77

5.4 Zusammenfassung

Die Ergebnisse zur Ermittlung der Anzahl der APT-Risikofaktoren können wie folgt zusammengefaßt werden:

(1) Die Analyse der Eigenwerte von Folgen empirischer Kovarianzmatrizen der standardisierten Aktienrenditen legt z. T. die Vermutung nahe, daß die Aktienrenditen der betrachteten Teilstichproben durch ein 1-Faktor-Modell generiert werden. Zumindest für einige Teilstichproben ergeben sich aber auch Resultate, die auf bestimmte Mehr-Faktoren-Modelle niedriger Ordnung (insbesondere auf ein 3-Faktoren-Modell) hinweisen.

(2) Weitgehend identische Aussagen hinsichtlich der Faktorenanzahl lassen sich bei Zugrundelegung des Scree-Tests formulieren. Die anderen "traditionellen" Kriterien und Tests zeigen dagegen einheitlich an, daß grundsätzlich für alle Teilstichproben eine relativ große Anzahl gemeinsamer Faktoren extrahiert werden sollte. Die erzielten Schätzwerte für k unterscheiden sich allerdings je nach Kriterium/Test häufig deutlich voneinander. Auch die Ergebnisdifferenzen zwischen den einzelnen Teilstichproben sind recht ausgeprägt.

(3) Die auf der Basis "traditioneller" Kriterien und Tests ermittelte Faktorenanzahl scheint außerdem von der Anzahl der Zeitreihen-Beobachtungen (Ausnahmen: Scree-Test sowie Eigenwertkriterium) und von der Aktienanzahl (Ausnahme: Scree-Test) positiv abhängig zu sein.[33] Diese Abhängigkeiten werden teilweise auch in mehreren APT-Untersuchungen, die Daten des US-amerikanischen Aktienmarkts verwenden, beobachtet.

Es ist evident, daß sich anhand der erzielten Resultate, die vor allem deutlich methodenabhängig sind, keine eindeutige Aussage zur Anzahl der APT-Risikofaktoren formulieren läßt. Da einige der "traditionellen" Kriterien und Tests (insbesondere wegen der häufig fehlenden Normalverteilungs-Eigenschaft der betrachteten Aktienrenditen) zur Überfaktorisierung neigen sowie in Anbetracht des im Abschnitt 5.1 dargelegten Sachverhalts, daß mit einer "zu hohen" Faktorenanzahl (in bestimmten Tests) eine Begünstigung der APT verbunden sein kann, wird sich die Spezifikation des Renditen-Generierungsprozes-

[33] In den empirischen Untersuchungen von Diacogiannis (1986) und Abeysekera/Mahajan (1987) ergeben sich selbst für Gruppen mit identischer Anzahl von Aktien, deren monatliche Renditen für denselben Zeitraum berechnet werden, verschiedene Faktorenanzahl-Schätzwerte. Ein Vergleich der für die Teilstichprobe III erzielten Resultate, wenn dieser lediglich die 67 Aktien der Teilstichprobe I zugrunde liegen (Tabelle 5/8), mit denjenigen Resultaten, die für 67 zufällig ausgewählte Aktien der Teilstichprobe III ermittelt werden (Tabelle 5/9, Zeile p = 67), läßt vermuten, daß der angeführte Sachverhalt wahrscheinlich auch für die Datenbasis der vorliegenden Arbeit relevant ist. Eine diesbezügliche Untersuchung soll hier indes nicht vorgenommen werden.

ses hauptsächlich an den Ergebnissen der verwendeten Heuristik orientieren. Die Resultate der "traditionellen" Kriterien und Tests werden allerdings (zumindest) insoweit berücksichtigt, als sie deutlich anzeigen, daß die Extraktion nur eines Faktors keineswegs ausreicht. Schließlich ist zu beachten, daß für die Teilstichproben ein einheitlicher Schätzwert der Faktorenanzahl gewählt werden sollte. Andernfalls, d. h. bei unterschiedlicher Festlegung der Faktorenanzahl je nach betrachteter Teilstichprobe, würden die vorzunehmenden Tests der APT-Bewertungsgleichung einen Bias zugunsten der APT aufweisen, da die APT von einer einheitlichen (und damit auch Stichproben-unabhängigen) Zahl systematischer Risikofaktoren ausgeht.[34]

Insgesamt scheint es sachdienlich zu sein, daß für alle Teilstichproben 3 Faktoren extrahiert werden. Den Tests der APT-Bewertungsgleichung wird zusätzlich ein 5-Faktoren-Modell zugrunde gelegt. So ergeben sich bereits aus den in den Abschnitten 5.2 und 5.3 geschilderten Resultaten einige Hinweise auf ein Modell mit 5 Faktoren. Ferner gelangt man bei Anwendung des Schwarz-Kriteriums sowohl für die Teilstichprobe I (wöchentliche und monatliche Renditen) als auch für die Teilstichprobe II (wöchentliche Renditen) zu dem Ergebnis, daß ein 5-Faktoren-Modell zu wählen ist.[35] Dieses Faktorenmodell kann darüber hinaus wegen seiner häufigen Verwendung in der empirischen APT-Forschung durchaus als "Standard-Spezifikation" des Renditen-Generierungsprozesses gelten.[36] Ein 5-Faktoren-Modell wird etwa in den APT-Untersuchungen von Roll/Ross (1980), Chen (1983) und Dhrymes u. a. (1985a) als einzige Spezifikation des Renditen-Generierungsprozesses verwendet. Daneben beruhen beispielsweise auch die Studien von Reinganum (1981), Brown/Weinstein (1983), Lehmann/Modest (1988), Robin/Shukla (1991) und Müller, Wolfgang (1992) z. T. auf einer 5-Faktoren-Version der APT.

Weder bei der Extraktion von 3 noch bei der von 5 Faktoren tritt im übrigen der Heywood-Case auf, der allerdings in einigen Teilstichproben verschiedentlich beobachtet wird, wenn mehr als 5 Faktoren extrahiert werden.[37] Schließlich sei kurz auf die Anpassung der geschätzten Faktorenmodelle eingegangen. Die Tabelle 5/11 enthält die prozentualen Gesamtvarianz-Erklärungsanteile, die sich bei der Extraktion von 3 bzw. 5 Fak-

---

[34] Vgl. Cho (1984), S. 1497.

[35] Für die Teilstichproben III und IV ist nach dem Schwarz-Kriterium 1 Faktor zu extrahieren, während sich für die monatlichen Renditen der Teilstichprobe II ein 2-Faktoren-Modell ergibt. Die mittels des Akaike-Kriteriums erzielten Faktorenanzahl-Schätzwerte entsprechen in den meisten Teilstichproben denen, die sich auf der Grundlage des sequentiellen Bonferroni-Tests bei einem Signifikanzniveau von 1% eingestellt haben.

[36] Ähnlich auch Dhrymes u. a. (1985a), S. 78.

[37] Auf einen ähnlichen Befund weisen beispielsweise auch Cho/Elton/Gruber (1984), S. 4 sowie Dhrymes u. a. (1985a), S. 92 hin.

toren für die betrachteten Teilstichproben ergeben, falls hierzu die Maximum-Likelihood-Methode verwandt wird:

Tab. 5/11: Überblick über den prozentualen Gesamtvarianz-Erklärungsanteil bei Extraktion von 3 bzw. 5 Faktoren nach der Maximum-Likelihood-Methode (alle Teilstichproben)

TEILSTICHPROBE	EXTRAKTION VON 3 Faktoren	EXTRAKTION VON 5 Faktoren
wöchentliche Renditen		
I. 5/1976-4/1991 (p = 67)	37,5	40,5
II. 1/1982-4/1991 (p = 86)	36,6	39,8
III. 1/1988-4/1991 (p = 134)	35,0	37,9
IV. 5/1976-4/1980 (p = 80)	33,3	37,3
monatliche Renditen		
I. 5/1976-4/1991 (p = 67)	47,6	51,2
II. 1/1982-4/1991 (p = 86)	49,1	53,6

Es fällt auf, daß die Differenzen in den ermittelten Erklärungsanteilen weniger von der alternativen Spezifikation der Faktorenanzahl als vielmehr von der unterschiedlichen Fristigkeit der analysierten Renditen herrühren. Während sowohl durch 3 als auch durch 5 Faktoren ca. die Hälfte der Gesamtvarianz der monatlichen Aktienrenditen erklärt werden kann, sind es bei Zugrundelegung wöchentlicher Renditen zumeist lediglich zwischen 35 und 40 Prozent. Die für die monatlichen Renditen der Teilstichproben I (67 Aktien, Mai 1976 bis April 1991) und II (86 Aktien, Januar 1982 bis April 1991) erzielten Erklärungsanteile des 5-Faktoren-Modells stimmen weitgehend mit den Gesamtvarianz-Erklärungsanteilen überein, die Verleger (1993) für seine 75 Aktien umfassende Stichprobe erhält, wenn er 5 Faktoren aus den Korrelationen der monatlichen Renditen des Zeitraums Februar 1973 bis Januar 1991 respektive des Zeitraums Februar 1980 bis Januar 1991 extrahiert: In der vorliegenden Untersuchung ergeben sich Werte von 51,2 und 53,6%, während die entsprechenden Gesamtvarianz-Erklärungsanteile in der Untersuchung von Verleger 50,9 respektive 52,1% betragen.

6 Zur Bewertung der APT-Risikofaktoren: Überprüfung der empirischen Validität der APT ohne Vorabspezifikation der systematischen Risikofaktoren

Zentraler Gegenstand dieses sechsten Teils ist die Überprüfung der empirischen Gültigkeit der (exakten) APT-Bewertungsgleichung. Die von der APT postulierte Bewertungsstruktur wird dazu insoweit konkretisiert, als im folgenden (basierend auf den Resultaten des fünften Teils) ausschließlich Modelle mit 3 oder 5 Risikofaktoren betrachtet werden. Eine weitergehende "Beseitigung" der Unbestimmtheiten der APT-Bewertungsgleichung, die sich nur durch das Einführen von a priori Restriktionen erreichen ließe, erfolgt dagegen nicht. Dies bedeutet insbesondere auch, daß (zunächst) keine Vorabspezifikation der APT-Risikofaktoren vorgenommen wird. Die relevanten Risikomaße werden statt dessen mittels faktorenanalytischer Verfahren aus den Korrelationsmatrizen der Aktienrenditen geschätzt. Die Identifikation der systematischen Risikofaktoren ist erst im Rahmen der Analysen des siebten Kapitels von vorrangigem Interesse.

6.1 Formulierung der Nullhypothesen

Den durchzuführenden statistischen Tests werden die folgenden Nullhypothesen zugrunde gelegt:

I. Der Vektor der faktorenbezogenen Risikoprämien ist gleich dem Nullvektor.[1]

II. Die Risikoprämie unsystematischer Risiken ist gleich null.

Die erste Nullhypothese ist eine allgemeine Gegenhypothese zur APT-Bewertungsgleichung. Die zweite Nullhypothese stellt hingegen eine wichtige Implikation der Gleichung (2/11) dar; die Verneinung dieser Nullhypothese kann als spezifische Gegenhypothese zur exakten APT-Bewertungsgleichung aufgefaßt werden. Ferner wäre zu überprüfen, ob der Parameter λ_0 der Rendite eines Wertpapiers oder Portefeuilles, das kein Risiko (bzw. kein systematisches Risiko) aufweist, entspricht. Ein risikoloser Zinssatz läßt sich in der Realität jedoch kaum beobachten.[2] Die Prüfung, ob der Koeffizient λ_0 signifikant von null verschieden ist, kann dagegen ohne weiteres vorgenommen werden. Es ist allerdings

---

1 Aufgrund des Identifikationsproblems der Faktorenanalyse ist, wie schon im Abschnitt 3.3.1 dargelegt, von jenen Tests abzusehen, in denen die Risikoprämien der faktorenanalytisch ermittelten Faktoren einzeln daraufhin überprüft werden, ob sie signifikant von null abweichen. Die angestrebte Prüfung, ob die Gesamtheit der auf der Basis faktorenanalytischer Verfahren geschätzten APT-Risikofaktoren bewertet wird, ist dagegen zulässig.

2 Vgl. in diesem Sinne Müller, Wolfgang (1992), S. 125.

evident, daß dem entsprechenden Test strenggenommen nicht die "richtige" Hypothese zugrunde liegt.[3] Deshalb wird dieser Signifikanztest im folgenden gewissermaßen nur "am Rande" durchgeführt.

6.2 Erste Tests der APT-Bewertungsgleichung

6.2.1 Begründung und Darstellung der gewählten Vorgehensweise

Zur Überprüfung der Nullhypothesen I und II wird die klassische zweistufige Vorgehensweise verwendet: Im ersten Schritt sind die verschiedenen Risikomaße (die Sensitivitätskoeffizienten und die Maße für das unsystematische Risiko) zu schätzen (Gliederungspunkt 6.2.1.1). Im zweiten Schritt werden unter Zugrundelegung der geschätzten Risikomaße mehrere Querschnitts-Regressionsanalysen durchgeführt, um die jeweiligen Risikoprämien (die faktorenbezogenen Risikoprämien und die Risikoprämien des unsystematischen Risikos) zu ermitteln (6.2.1.2). Diese Risikoprämien dienen dann der Prüfung, ob die betrachteten Risikomaße bewertet werden.

6.2.1.1 Schätzung der Risikomaße

Zur Schätzung der Sensitivitätskoeffizienten (Faktorenladungen) für die gewählten k-Faktoren-Modelle (k = 3 und k = 5) kommen vor allem die ML-Faktorenanalyse sowie die Hauptkomponentenmethode in Betracht. Einige der komparativen Vor- und Nachteile, die mit der Anwendung des jeweiligen Verfahrens im Rahmen der empirischen APT-Forschung verbunden sind, werden beispielsweise von Winkelmann (1984), Brown (1989), Frantzmann (1989) und Shukla/Trzcinka (1990) aufgezeigt.

Das der Hauptkomponentenmethode zugrundeliegende Modell unterscheidet sich, wie bereits angemerkt, von dem Modell der Faktorenanalyse. So beruht der Modellansatz der Hauptkomponentenmethode auf der Vorstellung, daß hinter den p manifesten Variablen p gemeinsame Faktoren (Hauptkomponenten) stecken, von denen zur Datenreduktion die k "wichtigsten" zu entnehmen sind. Das faktorenanalytische Modell geht hingegen davon aus, daß hinter den p manifesten Variablen k gemeinsame und p spezifische Faktoren verborgen sind. Es ist evident, daß besonders das exakte k-Faktoren-Modell, welches in der APT angenommen wird, weitgehend dem faktorenanalytischen Modellansatz entspricht. Aufgrund des skizzierten Sachverhalts erscheint die Schätzung der Sensitivi-

---

[3] Vgl. Ross (1984), S. 55 und Cho/Taylor (1987), S. 1202.

tätskoeffizienten mit Hilfe der Hauptkomponentenmethode als wenig konsequent. Für den Fall, daß die Aktienanzahl über alle Grenzen wächst, weisen allerdings Chamberlain/Rothschild (1983) in ihrer theoretischen Studie nach, daß Hauptkomponentenmethode und Faktorenanalyse i. e. S. - unter mehreren (schwachen) Regularitätsbedingungen, aber unabhängig davon, ob nun ein exaktes oder ein approximatives Faktorenmodell gilt - zu den gleichen Sensitivitätskoeffizienten führen.[4] Die Hauptkomponentenmethode kann demnach zur Schätzung der Matrix **B** verwendet werden, sofern eine genügend große Anzahl von Aktien zur Verfügung steht (asymptotische Hauptkomponentenmethode). Es ist jedoch äußerst zweifelhaft, ob die hier betrachteten Teilstichproben diese Anforderung erfüllen.[5]

In der empirischen APT-Forschung wird bisweilen die Einschätzung vertreten, daß die (ML-) Faktorenanalyse gerade in kleinen und mittelgroßen Stichproben besser zur Bestimmung der Sensitivitätskoeffizienten geeignet sei als die Hauptkomponentenmethode.[6] Die ML-Faktorenanalyse setzt ihrerseits allerdings voraus, daß die manifesten Variablen (multivariat) normalverteilt sind. Der Hauptkomponentenmethode (wie auch den Faktorenmodellen der APT) liegt dagegen keine explizite Verteilungsannahme zugrunde. Andersen (1981) weist jedoch darauf hin, daß Analysen, die auf die ersten beiden Momente beschränkt sind, faktisch der Annahme einer Normalverteilung gleichkommen. Darüber hinaus lassen die Ergebnisse der begrenzten Robustheitsstudie von Fuller/Hemmerle (1966) vermuten, daß die ML-Faktorenanalyse relativ unempfindlich gegenüber Abweichungen von der Normalverteilung ist. Folglich kann der im Rahmen der "Voruntersuchung" des Abschnitts 4.2 erzielte Befund, daß besonders die wöchentlichen Aktienrenditen überwiegend nicht (multivariat) normalverteilt sind, bei der zu treffenden Auswahlentscheidung vernachlässigt werden. Aufgrund des Umfangs der einzelnen Teilstichproben hat auch der Tatbestand, daß die Durchführung der Hauptkomponentenmethode einfacher und weniger rechenzeitintensiv ist als die der ML-Faktorenanalyse, in der

---

4 Die Argumentation von Chamberlain/Rothschild (1983) soll an dieser Stelle nicht nochmals dargestellt werden; vgl. die entsprechenden Ausführungen des Abschnitts 2.2.4.

5 Es sei ferner daran erinnert, daß die von Chamberlain/Rothschild (1983) hergeleitete (asymptotische) Äquivalenzbeziehung zwischen der Matrix der faktorenanalytisch ermittelten Sensitivitätskoeffizienten und jener (p × k)-Matrix, die sich aus den ersten k Eigenvektoren der Aktienrenditen-Kovarianzmatrix zusammensetzt, strenggenommen nur dann gilt, wenn die Grundgesamtheits-Kovarianzmatrix der Aktienrenditen bekannt ist. Der asymptotische Hauptkomponenten-Ansatz von Connor/Korajczyk (1986) setzt die Kenntnis dieser Matrix allerdings nicht voraus; vgl. Connor/Korajczyk (1986), S. 374.

6 Vgl. Shukla/Trzcinka (1990), S. 1541. Das Heranziehen der Hauptkomponentenmethode dürfte vor allem dann problematisch sein, wenn der unsystematische Teil der Rendite-Varianz entweder jeweils einen hohen Prozentsatz der entsprechenden Gesamtvarianz ausmacht oder im Querschnitt (über alle Aktien) stark divergierende Werte annimmt; vgl. Shukla/Trzcinka (1990), S. 1544.

vorliegenden Untersuchung keinen Einfluß auf die "relative Vorteilhaftigkeit" der betrachteten Verfahren.[7] Zugunsten der ML-Faktorenanalyse spricht dagegen ihre Invarianz gegenüber einer Maßstabsänderung der manifesten Variablen.[8] Darüber hinaus sind die ML-Schätzer unter gewissen Regularitätsbedingungen konsistent und asymptotisch normalverteilt.[9]

Die angeführten Aspekte lassen es insgesamt als geboten erscheinen, daß die verschiedenen Teilstichproben im weiteren Verlauf der Untersuchung einer ML-Faktorenanalyse unterzogen werden. Der Schätzung der Faktorenmodelle liegen die Renditen der einzelnen Aktien zugrunde, so daß man Schätzwerte für die Sensitivitätskoeffizienten der Aktien und die Standardabweichung der jeweiligen Einzelrestfaktoren erhält. Für jede Aktie wird außerdem die Rendite-Standardabweichung berechnet.

6.2.1.2 Schätzung der Risikoprämien

Das im folgenden zu verwendende lineare Regressionsmodell lautet

$$y_i = \alpha_0 X_{i0} + \alpha_1 X_{i1} + \ldots + \alpha_K X_{iK} + u_i \qquad (i = 1, \ldots, p \text{ und } X_{i0} = 1 \ \forall\, i)$$

bzw. in Matrixschreibweise

$$\mathbf{y} = \mathbf{X}\boldsymbol{\alpha} + \mathbf{u}\,, \qquad \text{mit } \mathbf{X} = \begin{bmatrix} \mathbf{1} & \tilde{\mathbf{X}} \end{bmatrix}.$$

Dabei symbolisieren

- **y** den $(p \times 1)$-Vektor der y_i (y_i bezeichnet die i-te Beobachtung des Regressanden),
- **X** die $(p \times K{+}1)$-Matrix der X_{ij} (X_{ij} ist die i-te Beobachtung des j-ten Regressors),
- **α** den $(K{+}1 \times 1)$-Vektor der Regressionskoeffizienten α_j,
- **u** den $(p \times 1)$-Vektor der Störgrößen u_i,

---

7 Anders verhält es sich bei den entsprechenden Studien, die für den US-amerikanischen Aktienmarkt vorgenommen werden. Wegen der (gemessen an der Zahl notierter Aktien und an den Börsenumsätzen) enormen Größe dieses Aktienmarkts (vor allem der New York Stock Exchange) können erheblich mehr Aktien in die Analysen einbezogen werden. So liegen den APT-Untersuchungen, die auf Daten des US-amerikanischen Aktienmarkts beruhen, häufig mehr als 1000 Aktien, vereinzelt sogar über 2500 Aktien zugrunde. Die Durchführung einer ML-Faktorenanalyse ist dann mit erheblichen Schwierigkeiten verbunden. Vgl. die diesbezüglichen Ausführungen des Abschnitts 3.3.1.

8 Vgl. für viele Weber (1974), S. 39 sowie Ost (1984), S. 592.

9 Vgl. etwa Ost (1984), S. 585 und Kosfeld (1986), S. 10, 118.

$\mathbf{1}$ den (p × 1)-Summationsvektor,

$\tilde{\mathbf{X}}$ die (p × K)-Matrix der Beobachtungen der eigentlichen Regressoren.

Der Überprüfung der eingangs des Abschnitts 6.1 formulierten Hypothesen dienen verschiedene Regressionsansätze, in die stets die erwartete Aktienrendite als abhängige Variable eingeht:

$$\mathbf{y} = (\mu_1 \ldots \mu_p)' .$$

Die Regressionsansätze unterscheiden sich hinsichtlich der Spezifikation von $\tilde{\mathbf{X}}$ (in eckigen Klammern ist jeweils die Nummer des zugehörigen Regressionsansatzes angegeben):

$$(6/1a) \qquad \tilde{\mathbf{X}} = \begin{bmatrix} \sigma(r_1) \\ \vdots \\ \sigma(r_p) \end{bmatrix} [1], \quad \tilde{\mathbf{X}} = \begin{bmatrix} \sigma(e_1) \\ \vdots \\ \sigma(e_p) \end{bmatrix} [2],$$

$$(6/1b) \qquad \tilde{\mathbf{X}} = \begin{bmatrix} b_{11} & \cdots & b_{1k} \\ \vdots & \ddots & \vdots \\ b_{p1} & \cdots & b_{pk} \end{bmatrix} [3],$$

$$(6/1c) \qquad \tilde{\mathbf{X}} = \begin{bmatrix} b_{11} & \cdots & b_{1k} & \sigma(e_1) \\ \vdots & \ddots & \vdots & \vdots \\ b_{p1} & \cdots & b_{pk} & \sigma(e_p) \end{bmatrix} [4], \quad \tilde{\mathbf{X}} = \begin{bmatrix} b_{11} & \cdots & b_{1k} & \sigma(r_1) \\ \vdots & \ddots & \vdots & \vdots \\ b_{p1} & \cdots & b_{pk} & \sigma(r_p) \end{bmatrix} [5].$$

Die Regressionsansätze 4 und 5 können dabei als übergeordnete Gesamtmodelle gelten, während die Spezifikationen 1, 2 und 3 bestimmte Sondermodelle darstellen.[10] Bei Gültigkeit der APT ist der Regressionsansatz 3 das "wahre" Modell.[11] Die anderen Regressionsansätze sind dann insofern fehlspezifiziert, als sie relevante Variablen unterdrücken (Regressionen 1-2) bzw. irrelevante Variablen berücksichtigen (Regressionen 1-2, 4-5).

Die Nullhypothese I kann mittels der Regressionsansätze 3, 4 und 5 getestet werden. Die von der "exakten" APT implizit behauptete Bewertungsirrelevanz unsystematischer Risiken (Nullhypothese II) wird sowohl durch zwei eigene Regressionsansätze (Regressionen

[10] Genaugenommen liegen aufgrund der alternativen Festlegung der Faktorenanzahl (die Regressionen 2-5 sind sowohl für k = 3 als auch für k = 5 zu betrachten) insgesamt 9 Regressionsansätze vor.

[11] In diesem Fall ist $\boldsymbol{\alpha} = (\lambda_0\ \lambda_1 \ldots \lambda_k)'$.

1-2) als auch durch entsprechende Erweiterungen des Regressionsansatzes 3 (Regressionen 4-5)[12] überprüft. Während eine signifikante Bewertung der Standardabweichung des Einzelrestfaktors stets im Widerspruch zur APT-Bewertungsgleichung steht, gilt dies hinsichtlich der Rendite-Standardabweichung strenggenommen nur für den Regressionsansatz 5. Die Risikoprämie von $\sigma(r_i)$ sollte dort nicht signifikant von null verschieden geschätzt werden, da der unsystematische Teil der Rendite-Standardabweichung nach der APT nicht bewertet wird und der systematische Teil bereits in den Sensitivitätskoeffizienten berücksichtigt sein sollte.

Im weiteren Verlauf des Abschnitts 6.2 wird, wie schon durch die Symbolverwendung in den Spezifikationen (6/1a) bis (6/1c) angedeutet, vereinfachend davon ausgegangen, daß zufällige Meßfehler in den eigentlichen Regressoren vernachlässigbar klein sind. Diese Annahme, die im Rahmen der empirischen APT-Forschung häufig getroffen wird, ist zweifelsohne restriktiv[13], da die Querschnitts-Regressionsanalysen strenggenommen nicht die "wahren" Regressoren verwenden, sondern infolge der gewählten zweistufigen Vorgehensweise auf "erzeugten" Regressoren-Beobachtungen beruhen.[14] Die Sensitivitätskoeffizienten beispielsweise sind in der Faktorenanalyse die zu schätzenden Parameter, während sie in der jeweiligen Querschnittsanalyse als Beobachtungen der unabhängigen Variablen interpretiert werden.

In einigen APT-Untersuchungen versucht man, das Ausmaß der Zufallsmeßfehler dadurch zu reduzieren, daß der Querschnittsanalyse Portefeuilles zugrunde gelegt werden.[15] Diese Vorgehensweise wird hier jedoch aus mehreren Gründen, von denen einige kurz zu nennen sind, nicht gewählt. So ist evident, daß die zu testende APT-Bewertungsgleichung (die behauptete Rendite-Erwartungswert/Risiko-Relation) auf individuelle Wertpapiere abstellt.[16] Ferner ist mit der Bildung von Portefeuilles naturgemäß ein nicht unerheblicher Informationsverlust verbunden. Zudem könnten die entsprechenden

---

12 Die Selektion dieser Regressionsmodelle bedeutet, daß der übliche Ansatz zur Überprüfung der Bewertungsirrelevanz unsystematischer Risiken gewählt wird.

13 Vgl. Gultekin/Gultekin (1987), S. 1214.

14 Vgl. auch Ronning (1992), S. 3 f., der sich auf die gebräuchlichen Ansätze bei der empirischen Überprüfung des CAPM bezieht.

15 Dies gilt z. B. für die auf den deutschen Kapitalmarkt bezogenen APT-Tests von Frantzmann (1989) und Müller, Wolfgang (1992). Hinsichtlich der Konstruktion von Wertpapierportefeuilles als Ansatz zur Reduzierung des angedeuteten Fehler-in-den-Variablen-Problems sei insbesondere auf den Beitrag von Fama/MacBeth (1973) verwiesen.

16 Vgl. auch Spremann (1991), S. 481, der auf den genannten Aspekt im Rahmen seiner kritischen Analyse der herkömmlichen CAPM-Tests hinweist.

Tests einen Bias zugunsten der APT aufweisen.[17] Darüber hinaus ist die Festlegung des Portefeuillebildungs-Kriteriums insbesondere bei multiplen Regressionsanalysen, die hier zumeist durchzuführen sind, schlecht begründbar.[18] Schließlich würde eine Portefeuillebildung bei der Aktienanzahl der betrachteten Teilstichproben zwangsläufig bewirken, daß zur Schätzung der Regressionsmodelle nur sehr wenige Beobachtungen vorlägen.[19] Somit wären vor allem asymptotische Schätz- und Testverfahren kaum anwendbar. Darüber hinaus zeigt Cramer (1987), daß das korrigierte Bestimmtheitsmaß für Regressionsanalysen, die auf weniger als ca. 50 Beobachtungen beruhen, keine zuverlässige Statistik darstellt.[20] Bei geringen Stichprobenumfängen ist auch das unbereinigte Bestimmtheitsmaß - trotz eines im Vergleich zum bereinigten Bestimmtheitsmaß niedrigeren Standardfehlers - keine zuverlässige Statistik. Der Schätzer R^2 weist zudem in (sehr) kleinen Stichproben eine beträchtliche positive Verzerrung auf, d. h. er überschätzt dort das theoretische Bestimmtheitsmaß (den Wahrscheinlichkeitslimes von R^2) im Mittel deutlich.[21]

Für jedes Regressionsmodell wird, entsprechend der von Roll/Ross (1980) gewählten Vorgehensweise, genau eine Schätzung vorgenommen. Die erwartete Rendite wird dabei in den APT-Tests des Abschnitts 6.2 als arithmetisches Mittel aller beobachteten Renditen des jeweiligen Zeitraums berechnet[22]:

$$\mathbf{y} = (\bar{r}_1 \ldots \bar{r}_p)' .$$

---

[17] Vgl. ebenfalls Roll (1977), S. 131 f.

[18] Der zuletzt genannte Aspekt ist für jenen Teil des APT-Tests von Frantzmann (1989), der auf den Aktienmarkt beschränkt ist, weitestgehend irrelevant, da Frantzmann dort grundsätzlich ein 1-Faktor-Modell verwendet. Vgl. Frantzmann (1989), S. 183 f.

[19] Beispielsweise führt die Portefeuillebildung innerhalb der Teilstudie von Frantzmann (1989), die in der vorstehenden Fußnote erwähnt wird, zu einer Reduktion des Stichprobenumfangs von 100 auf 20 Beobachtungen. Auch der APT-Untersuchung von Chen/Roll/Ross (1986), die vorabspezifizierte Risikofaktoren verwenden, liegen lediglich 20 Portefeuilles zugrunde.

[20] Vgl. Cramer (1987), S. 253, 265.

[21] Vgl. Cramer (1987), S. 258-262. Die im Teil 5 der Arbeit berichteten unbereinigten Bestimmtheitsmaße (siehe die Tabellen 5/1 und 5/5), die das Ergebnis von inhomogenen Einfachregressionen sind, denen jeweils nur 18 Beobachtungen zugrunde liegen, sollten aus den genannten Gründen mit einer gewissen Vorsicht betrachtet werden. Es ist allerdings auch zu bedenken, daß der erwartete Stichprobenfehler von R^2 für $K = 1$ und $p = 20$ i. a. kleiner als 0,03 ist (siehe die Tabelle 1 von Cramer (1987)); er kann somit weitgehend vernachlässigt werden. Gleiches gilt für die Standardabweichung dieses Schätzers, sofern das theoretische Bestimmtheitsmaß hohe Werte annimmt. Eine dementsprechende Prämisse erscheint mit Blick auf die zumeist beachtliche Größenordnung der in den Regressionen (5/1) bis (5/3) geschätzten Bestimmtheitsmaße als wenig restriktiv.

[22] Zur Begründung der Verwendung arithmetischer anstelle geometrischer Mittelwerte sei auf Kolbe/Read/Hall (1984), S. 73 f. verwiesen.

Die verwendete empirische Variable, der Rendite-Mittelwert der Aktie i, wird zwangsläufig nicht mit der "wahren" Variablen μ_i übereinstimmen, sondern zusätzlich einen zufälligen Beobachtungsfehler beinhalten. Die Störgröße u_i ergibt sich damit strenggenommen aus diesem Fehler im Regressanden und dem üblichen Fehler in der Gleichung.[23] Das gewählte Vorgehen setzt voraus, daß der Koeffizient λ_0 und die faktorenbezogenen Risikoprämien während des betrachteten Zeitraums konstant sind. Die gegenteilige Annahme im Zeitablauf schwankender Risikoprämien ist angesichts der anderen Prämissen, die in empirischen APT-Tests auf der Grundlage faktorenanalytischer Verfahren üblicherweise getroffen werden (müssen), "inkonsistent". So unterstellt etwa die Schätzung der Kovarianzmatrix (Korrelationsmatrix) der Aktienrenditen, die den Ausgangspunkt der Faktorenanalyse markiert, implizit, daß die mittleren Aktienrenditen im betrachteten Zeitraum konstant bleiben. Zusätzlich ist darauf hinzuweisen, daß sich die Annahme instationärer faktorenbezogener Risikoprämien wegen der Prämisse stationärer "systematischer" Risikomaße (die Matrix **B** soll aus festen, nicht-stochastischen Parametern bestehen) und der Prämisse stationärer systematischer Risikofaktoren (die k-dimensionalen Spaltenvektoren $\mathbf{f}_{(t)}$ (t = 1, ..., n) sollen identisch verteilt sein) kaum begründen läßt.[24]

Dennoch schätzt beispielsweise Chen (1983) jedes Regressionsmodell mehrmals, indem er den Untersuchungszeitraum in Bereiche zu je 5 Beobachtungen aufteilt und für diese Zeitabschnitte jeweils die mittleren Aktienrenditen (die Regressanden-Ausprägungen) errechnet. Letztlich erhält man für jeden Regressionskoeffizienten eine Zeitreihe mit den zugehörigen Schätzwerten. Die Signifikanztests werden dann für die durchschnittlichen Regressionskoeffizienten-Schätzwerte vorgenommen. Es ist evident, daß die skizzierte (alternative) Vorgehensweise implizit ebenfalls auf der Annahme im Zeitablauf konstanter Parameter λ_j (j = 0, ..., k) beruht. Der aus wenigen Beobachtungen errechnete Rendite-Mittelwert ist zudem i. a. ein schlechter Schätzer für die erwartete Rendite. Der letztgenannte Aspekt ist naturgemäß für jene Querschnitts-Regressionsanalysen bedeutungslos, in denen der Regressand keine Schätzung der erwarteten Rendite, sondern die zum jeweiligen Beobachtungszeitpunkt realisierte Rendite darstellt. Entsprechende APT-Tests werden etwa von Dhrymes u. a. (1985a, 1985b) durchgeführt. Diese Tests unterstellen allerdings, daß die Aktienrenditen tatsächlich in jedem Zeitpunkt t (t = 1, ..., n) durch ein lineares Faktorenmodell generiert werden. Es handelt sich damit um Tests einer verbundenen Hypothese (Gültigkeit der APT-Bewertungsgleichung und Gültigkeit der Fak-

---

23 Vgl. Schneeweiß/Mittag (1986), S. 13 f. Es ist ferner darauf hinzuweisen, daß im Abschnitt 6.2 nicht nur zur Schätzung der Ausprägungen des Regressanden, sondern auch zur Ermittlung der Regressoren-Werte alle Zeitreihen-Beobachtungen der entsprechenden Teilstichprobe herangezogen werden.

24 Vgl. Dhrymes/Friend/Gultekin (1984), S. 330.

torenmodell-Annahme), die mit den bekannten Schwierigkeiten bei der Interpretation "negativer" Testergebnisse behaftet sind.

Bei Gültigkeit der idealisierenden Annahmen des klassischen linearen Regressionsmodells[25] sind die OLS-Schätzer beste unverzerrte Schätzer der Regressionskoeffizienten. Falls dagegen eine nicht skalare Kovarianzmatrix der Störgrößen vorliegt, führt die OLS-Methode zu ineffizienten Schätzungen der Regressionskoeffizienten, die allerdings weiterhin unverzerrt und i. a. konsistent sind.[26] Mit der GLS-Methode steht ein Verfahren zur Verfügung, das unter den Annahmen des verallgemeinerten linearen Regressionsmodells effiziente Schätzungen der Regressionskoeffizienten ergibt. Die GLS-Methode setzt jedoch voraus, daß die (nicht skalare) Kovarianzmatrix der Störgrößen bekannt ist. Diese Prämisse ist i. a. nicht erfüllt.[27] Somit scheint es sachdienlich und pragmatisch zu sein, daß das klassische lineare Regressionsmodell als Ausgangspunkt der weiteren Analysen gewählt wird. Im nächsten Gliederungspunkt wird überprüft, ob die hinsichtlich der Störgrößen getroffenen Annahmen des klassischen Regressionsmodells für die betrachteten Teilstichproben erfüllt sind.[28] Danach werden die eingesetzten Schätz- und Testverfah-

---

[25] In der einschlägigen Lehrbuchliteratur werden gewöhnlich die folgenden Prämissen erwähnt:
- Die Regressoren sind deterministische Variablen.
- $rg(\mathbf{X}) = K+1$.
- Für die Matrix $(\mathbf{X}'\mathbf{X})/p$ existiert für p gegen unendlich eine endliche, positiv definite Matrix.
- $E(\mathbf{u}) = \mathbf{0}$.
- $cov(\mathbf{u}) = E(\mathbf{uu}') = \sigma^2\mathbf{I}$.
- Der Vektor **u** ist p-dimensional normalverteilt.

Bezüglich einer ausführlicheren Darstellung dieser Prämissen sei auf die Literatur verwiesen. Vgl. für viele Krämer/Sonnberger (1986), S. 3 f. Krämer/Sonnberger betonen, daß dem klassischen Regressionsmodell implizit weitere Annahmen zugrunde liegen. Sie nennen die Annahme, daß der Zusammenhang zwischen dem Regressanden und den Regressoren linear ist, die Annahme, daß alle relevanten Variablen im Regressionsansatz enthalten sind, die Annahme, daß die Regressoren meßfehlerfrei beobachtet werden können, sowie die Annahme, daß α ein fester (nicht-stochastischer) Parametervektor ist, vgl. Krämer/Sonnberger (1986), S. 4.

[26] Vgl. z. B. White (1984), S. 2-4 und Krämer/Sonnberger (1986), S. 4.

[27] Vgl. etwa Hübler (1989), S. 152. Für den Fall, daß die Stichprobeninformationen (**X**, **y**) durch entsprechende Zusatzinformationen angereichert werden können, ist die höhere Effizienz der GLS-Methode nicht allzu verwunderlich; vgl. Spanos (1986), S. 464. Sofern sich der Renditen-Generierungsprozeß tatsächlich durch ein (zeitinvariantes) lineares Faktorenmodell beschreiben läßt, sind a priori Kenntnisse hinsichtlich der Kovarianzmatrix der Störgrößen vorhanden; die Störgrößen-Kovarianzmatrix stimmt bei Gültigkeit der Faktorenmodell-Annahme mit der "wahren" (i. a. nicht skalaren) Kovarianzmatrix der Aktienrenditen überein. Letztere ist allerdings unbekannt und muß deshalb geschätzt werden.

[28] In der Literatur wird nachdrücklich auf die Notwendigkeit einer umfassenden Residuenanalyse hingewiesen. Als Beleg mag die folgende Aussage von Büning (1991), S. 190 dienen: "Regressionsanalyse ohne Residualanalyse ist keine Regressionsanalyse!" Dessenungeachtet wurde im Rahmen der entsprechenden Auswertungen des Teils 5 keine Residuenanalyse vorgenommen. Diese Entscheidung kann vor allem mit der sehr geringen Anzahl an Beobachtungen, die dort zur Durchführung der Regressionsanalysen zur Verfügung standen, begründet werden. Damit wäre besonders die Verwendung von asymptotischen Test- und Schätzverfahren (in der Residuenanalyse respektive als mög-

ren vorgestellt; im Mittelpunkt stehen dabei jene Verfahren, die bei prämisseninkonformen Befunden Verwendung finden. Anschließend wird ausführlich dargelegt, inwieweit sich die APT-Bewertungsgleichung in den durchgeführten ("ersten") Tests bewährt. Es sei daran erinnert, daß die zugelassene Irrtumswahrscheinlicheit grundsätzlich 5% beträgt.

6.2.2 Residuenanalyse und Kollinearitätsmessung

Die folgende Residuenanalyse beschränkt sich darauf, die Spezifikation des stochastischen Teils des klassischen Regressionsmodells zu überprüfen. Es wird somit nicht untersucht, ob der deterministische Teil fehlspezifiziert ist.[29] Diese Beschränkung der Modellüberprüfung scheint hinsichtlich der vorliegenden Anwendung des klassischen Regressionsmodells durchaus vertretbar zu sein. So besteht beispielsweise kein Spezifikationsproblem hinsichtlich des Funktionstyps, da die Linearität des Regressionsansatzes durch die Gestalt der APT-Bewertungsgleichung vorgegeben ist. Die Selektion der Regressoren ist einerseits ebenfalls nicht problematisch, da die "wahren" Regressoren bei Gültigkeit der APT von vornherein bekannt sind. Andererseits sind - unabhängig von der APT-Gültigkeit - (wenigstens) einige Regressionsmodelle aufgrund der alternativen Regressoren-Auswahl zwangsläufig fehlspezifiziert.[30] Angesichts der Verwendung geschätzter ("generierter") Regressoren-Beobachtungen ist darüber hinaus zu vermuten, daß zufällige "Meß"-Fehler in den eigentlichen Regressoren vorhanden sind; diese sollen jedoch annahmegemäß vernachlässigbar klein sein.

Nachfolgend wird jeweils untersucht, ob die Störgrößen des Regressionsmodells stochastisch unabhängig und identisch normalverteilte Zufallsvariablen sind. Da die Störgrößen nicht beobachtet werden können, bilden die OLS-Residuen die Basis für die durchzuführenden Tests. Die OLS-Residuen sind allerdings weder stochastisch unabhängig noch homoskedastisch, selbst wenn für die Störgrößen die entsprechenden Annahmen erfüllt sind. Ferner ist zu berücksichtigen, daß die OLS-Residuen tendenziell auch dann als normalverteilt erscheinen, wenn die Störgrößen keiner multivariaten Normalverteilung un-

---

liche Konsequenz derselben) unzulässig. Darüber hinaus ist der in den Regressionen (5/1) bis (5/3) beobachtete lineare Zusammenhang stets so eng, daß sich auf der Grundlage alternativer Verfahren kaum (qualitativ) andere Ergebnisse einstellen dürften.

29 Eine detaillierte Erörterung entsprechender Tests findet sich bei Krämer/Sonnberger (1986), S. 43-109.

30 Umfassende Ausführungen zu den Konsequenzen der Nicht-Berücksichtigung relevanter Variablen bzw. der Berücksichtigung irrelevanter Variablen finden sich etwa in den Lehrbüchern von Johnston (1984), Judge u. a. (1988) und Hübler (1989).

terliegen.[31] Weitaus problematischer ist jedoch i. a., daß eine signifikante Teststatistik häufig keineswegs darauf beruhen muß, daß die getestete Prämisse tatsächlich verletzt ist. Ursächlich für ein "negatives" Testergebnis können vielmehr auch Verstöße gegen andere Prämissen des klassischen Regressionsmodells sein. Dem angesprochenen Problem kommt insbesondere dann eine erhebliche Bedeutung zu, wenn die Gültigkeit mehrerer Annahmen zu überprüfen ist.[32] Dennoch ist der Position von Krämer/Sonnberger, "... multiple testing is a research activity with many unsolved problems and few solutions. Still, it is better than not to test at all ..."[33], zuzustimmen. Hinsichtlich der Reihenfolge der durchzuführenden Tests erscheint es als sachdienlich, daß zuerst die Annahme stochastisch unabhängiger Störgrößen geprüft wird.[34]

Die Wahrscheinlichkeit, daß bei Querschnitts-Regressionsanalysen seriell korrelierte Störgrößen vorliegen, wird in der Literatur eher niedrig angesetzt.[35] Deshalb scheint es gerechtfertigt zu sein, daß zur Überprüfung der Annahme stochastischer Unabhängigkeit lediglich der gebräuchliche Durbin-Watson-Test benutzt wird. Unbeschadet der Tatsache, daß die Alternativhypothese des Durbin-Watson-Tests strenggenommen besagt, daß die Störgrößen durch einen autoregressiven Prozeß 1. Ordnung erzeugt werden, kann dieser Test als genereller Test auf Autokorrelation zum Lag 1 verwendet werden.[36] Für die betrachteten Regressionsmodelle wird die Nullhypothese, daß keine Autokorrelation 1. Ordnung vorliegt, durch die Ergebnisse des Durbin-Watson-Tests fast durchgängig bestätigt. So kann die Nullhypothese für alle Regressionsmodelle der Teilstichproben I bis III zum 5%-Niveau nicht verworfen werden. Eine bemerkenswerte Ausnahme bilden allerdings die mit den Daten der Teilstichprobe IV geschätzten Regressionsmodelle, für die der Durbin-Watson-Test die Nullhypothese überwiegend ablehnt.

Zur Überprüfung der Homoskedastizitäts-Annahme wird der auf White (1980) zurückgehende Test herangezogen. Dieser Test ist dem gebräuchlicheren Goldfeld-Quandt-Test insofern überlegen, als er prinzipiell keine a priori Kenntnisse bezüglich der Form der He-

---

31 Vgl. z. B. Krämer/Sonnberger (1986), S. 42.

32 Vgl. Krämer/Sonnberger (1986), S. 2, 154 f. und Spanos (1986), S. 443 f.

33 Krämer/Sonnberger (1986), S. 155.

34 Vgl. Spanos (1986), S. 444.

35 Vgl. u. a. Kockläuner (1988), S. 70 und Hübler (1989), S. 173. Dem Problem heteroskedastischer Störgrößen wird dagegen eine vergleichsweise große Bedeutung beigemessen; vgl. Hübler (1989), S. 154 sowie Ronning (1992), S. 5.

36 Vgl. Spanos (1986), S. 518. Darüber hinaus merkt Spanos (1986), S. 518 hinsichtlich des Durbin-Watson-Tests an: ".., the DW-test is likely to have power against higher-order dependence in so far as the first order autocorrelation coefficient 'captures' part of this temporal dependence."

teroskedastizität voraussetzt.[37] Wegen seiner allgemeinen Verwendbarkeit ist allerdings zu erwarten, daß der White-Test für bestimmte Alternativen eine geringe Güte aufweist. Deshalb wird dem Vorschlag von Hsieh (1983) gefolgt, der eine Erhöhung des üblichen Signifikanzniveaus vorsieht. Entsprechend dem jeweiligen Stichprobenumfang beträgt die zugelassene Irrtumswahrscheinlichkeit für den Test von White in der vorliegenden Arbeit entweder 10% (Teilstichprobe III) oder 15% (Teilstichproben II und IV) bzw. sogar 20% (Teilstichprobe I). Der White-Test beruht auf der Schätzung der folgenden "künstlichen" Regressionsgleichung:

$$\hat{u}_i^2 = \gamma_0 + \sum_{j=0}^{K} \sum_{h=j}^{K} \gamma_q X_{ij} X_{ih} \qquad (i = 1, \ldots, p),$$

mit

$$\hat{u}_i = y_i - \mathbf{x}_i \hat{\alpha} \qquad (i = 1, \ldots, p),$$

wobei $\mathbf{x}_i$ die i-te Zeile der Regressoren-Matrix $\mathbf{X}$ ist und $\hat{\alpha}$ die OLS-Schätzung für α bezeichnet. Man erhält die Teststatistik, indem man das Bestimmtheitsmaß dieser Regression mit dem Stichprobenumfang p multipliziert. White (1980) zeigt, daß das Produkt $p \cdot R^2$ für den Fall, daß der Stichprobenumfang über alle Grenzen wächst, mit der "ursprünglichen" Teststatistik, die kompliziert und nur mühsam zu berechnen ist, übereinstimmt. Die Teststatistik $p \cdot R^2$ ist unter der Nullhypothese homoskedastischer Störgrößen asymptotisch χ^2-verteilt, wobei die Anzahl der Freiheitsgrade gleich der Zahl der linear unabhängigen Regressoren in der "künstlichen" Regression ist. Die Nullhypothese wird zum Niveau α abgelehnt, wenn der Wert der Teststatistik den entsprechenden Wert der χ^2-Verteilung übersteigt. Der White-Test ergibt, daß die Nullhypothese für die Regressionsmodelle der Teilstichproben I und IV zum jeweils gegebenen Signifikanzniveau häufig beibehalten werden kann. Verschiedentlich ist die Alternativhypothese heteroskedastischer Störgrößen selbst zum 50%-Niveau nicht signifikant. Für die Mehrzahl der Regressionsmodelle der Teilstichprobe II und fast alle Regressionsmodelle der Teilstichprobe III muß die Nullhypothese dagegen verworfen werden.

Zur Überprüfung der <u>Normalverteilungs-Annahme</u> werden auf die standardisierten OLS-Residuen der Studentized-Range-Test und der Kolmogoroff-Smirnoff-Anpassungstest angewendet. Darüber hinaus wird je Residuenverteilung getestet, ob die Werte, die sich für das 3. und 4. (standardisierte) Stichprobenmoment ergeben, signifikant von den bei

---

[37] Vgl. Krämer/Sonnberger (1986), S. 39 f. und Spanos (1986), S. 467.

Gültigkeit der Normalverteilungs-Annahme erwarteten Werten abweichen. Die durchgeführten Tests offenbaren, daß die Normalverteilungs-Hypothese für die Regressionsmodelle der Teilstichproben II bis IV regelmäßig beibehalten werden kann. Für die Regressionsmodelle der Teilstichprobe I ist sie dagegen fast durchgängig abzulehnen. Die betreffenden Residuenverteilungen weisen im Vergleich zur Normalverteilung überwiegend sehr starke Tails sowie deutlich mehr "Wahrscheinlichkeitsmasse" im Zentrum auf und sind häufig auch durch eine ausgeprägte Rechtsschiefe gekennzeichnet.

Zum Abschluß dieses Gliederungspunkts wird für die Regressionsmodelle der Teilstichproben untersucht, ob ein zu starker (d. h. nicht mehr tolerabler) Grad an unvollständiger Kollinearität vorliegt.[38] Als Indikatoren zur Messung des Kollinearitätsgrads werden die von Belsley/Kuh/Welsch (1980) entwickelten Kollinearitätsmaße (Konditionsindizes der Regressoren-Matrix und Zerlegung der Regressionskoeffizienten-Varianzen) sowie die Varianzinflationsfaktoren der echten Regressoren herangezogen. Zur Unterscheidung zwischen noch tolerabler und zu starker Kollinearität sind die kritischen Werte dieser Indikatoren festzulegen, was allerdings nicht "objektiv" möglich ist. In der vorliegenden Arbeit sollen Konditionsindizes, die größer als 30 sind, zu starke Kollinearität anzeigen, während Konditionsindizes, die mindestens 22,5 und höchstens 30 betragen, als Hinweis auf beachtenswerte Abhängigkeiten gewertet werden. Hinzutreten muß stets, daß zwei oder mehr der mit dem jeweiligen Konditionsindex verbundenen Varianzanteile der Regressionskoeffizienten größer als 0,5 sind. Der kritische Wert für die Varianzinflationsfaktoren soll gleich 10 sein.[39] Auf der Grundlage der Konditionsindizes und der Zerlegung der Regressionskoeffizienten-Varianzen ergeben sich für alle Teilstichproben einige starke Kollinearitätsbeziehungen.[40] Insbesondere zwischen der Scheinvariablen, dem Risikomaß $\sigma(e_i)$ und dem Sensitivitätskoeffizienten b_{i1} ist sowohl für $k = 3$ als auch für $k = 5$ durchweg eine sehr hohe Kollinearität vorhanden. So ist der entsprechende Konditionsindex stets größer als 30; nicht selten übersteigt er sogar den Wert 50. Für die monatlichen Renditen der Teilstichproben I und II sind außerdem die Scheinvariable, die Rendite-Standardabweichung und der Sensitivitätskoeffizient b_{i1} des 5-Faktoren-Modells verhältnismäßig stark kollinear verbunden.[41] Der kritische Wert für die Varianzinflati-

38 Auf die statistischen Konsequenzen von (unvollständiger) Kollinearität soll hier nicht eingegangen werden; vgl. dazu beispielsweise Belsley/Kuh/Welsch (1980), S. 114 f. und Johnston (1984), S. 239-241, 245-249.

39 Die gewählten Werte sind mit den kritischen Werten, die in der Literatur vorgeschlagen werden, vereinbar; vgl. Belsley/Kuh/Welsch (1980), S. 112 f. und Hübler (1989), S. 99.

40 Die von Belsley/Kuh/Welsch (1980) geschilderten Fälle "konkurrierende" hohe Konditionsindizes und "dominierender" Konditionsindex, die bei der Ergebnisinterpretation zu Schwierigkeiten führen können, sind in der vorliegenden Studie von untergeordneter Bedeutung.

41 Der zugehörige Konditionsindex nimmt jeweils einen Wert von rund 23 an.

onsfaktoren wird dagegen grundsätzlich nicht überschritten. Vor allem der Varianzinflationsfaktor von $\sigma(e_i)$ ist allerdings i. a. recht hoch. Der Befund, daß die Standardabweichung des Einzelrestfaktors wesentlich stärker als die Rendite-Standardabweichung von Kollinearität betroffen ist, mag zunächst überraschen. Es ist jedoch zu berücksichtigen, daß Kollinearität gewöhnlich ein Stichprobenproblem und weniger ein Problem der Grundgesamtheit darstellt.[42] Angesichts der Ergebnisse der Kollinearitätsmessung müssen insbesondere die für den Regressionsansatz 4 erzielten Resultate der Signifikanztests mit einer gewissen Vorsicht betrachtet werden.

6.2.3 Darstellung der verwendeten Schätz- und Testverfahren

Für jeden Regressionsansatz sind die entsprechenden Parameterschätzungen und Signifikanztests der Regressionskoeffizienten vorzunehmen. Zur Schätzung der Regressionsmodelle wird grundsätzlich die OLS-Methode herangezogen. Das Verwenden der OLS-Methode ist selbst bei starker Kollinearität empfehlenswert.[43] Die zu testenden Hypothesen I und II beziehen sich entweder auf den gesamten Vektor der eigentlichen Regressionskoeffizienten ($\tilde{\alpha}$) (Regressionen 1-3) oder auf Teile dieses Koeffizientenvektors bei geeignet partitioniertem Regressionsmodell (Regressionen 4-5):

$$\mathbf{y} = \mathbf{1}\alpha_0 + \tilde{\mathbf{X}}_1\tilde{\alpha}_1 + \tilde{\mathbf{X}}_2\tilde{\alpha}_2 + \mathbf{u}\,.$$

Die Hypothese, daß der Vektor der faktorenbezogenen Risikoprämien dem Nullvektor entspricht, wird prinzipiell mittels des gewöhnlichen F-Tests überprüft. Für die Regression 3 wird hierzu der Wert des sog. Overall-F-Tests berechnet, während die Prüfung eines statistisch relevanten (gemeinsamen) Erklärungsgehalts der Sensitivitätskoeffizienten für die Regressionsansätze 4 und 5 über den partiellen F-Test erfolgt. Letzterer kann ebenfalls zur Signifikanzprüfung des jeweiligen Regressionskoeffizienten, der für die Rendite-Standardabweichung bzw. die Standardabweichung des Einzelrestfaktors geschätzt wird, verwandt werden.[44] Es erscheint zudem als sachdienlich, daß stets das korrigierte Bestimmtheitsmaß als Kennzahl zur Beurteilung der Anpassungsgüte des betreffenden Regressionsansatzes ermittelt wird. Die Prüfung, ob das Absolutglied α_0 signifikant von null

---

42 Vgl. u. a. Hübler (1989), S. 85.

43 Vgl. etwa Assenmacher (1991), S. 138.

44 Der F-Test und der gewöhnliche t-Test gelangen bei der Signifikanzprüfung für einen bestimmten Regressionskoeffizienten bekanntlich zu übereinstimmenden empirischen Signifikanzniveaus.

abweicht, ist hingegen auf die Regressionsansätze 3-5 beschränkt und wird ausnahmslos mit Hilfe des konventionellen t-Tests vorgenommen.

Aufgrund der deutlichen Verstöße gegen die Annahme fehlender Autokorrelation scheint es ratsam zu sein, daß die Regressionsmodelle der Teilstichprobe IV nicht nach der gewöhnlichen Methode der kleinsten Quadrate, sondern mittels eines zweiphasigen Prais-Winsten-Schätzers geschätzt werden. Hierzu wird jeweils für die OLS-Residuen des Ausgangs-Regressionsmodells der Autokorrelationskoeffizient 1. Ordnung berechnet, mit dessen Hilfe dann die geeignete Transformation[45] der Ausprägungen des Regressanden und der Regressoren vorgenommen wird.[46] Die transformierte Regressionsgleichung kann danach mit der OLS-Methode geschätzt werden. Diese Vorgehensweise bedeutet, daß eine E(Estimated)GLS-Schätzung durchgeführt wird. Der stochastische Teil der transformierten Regressionsmodelle muß schließlich ebenfalls den entsprechenden Spezifikationstests unterworfen werden. Dabei lehnt der Durbin-Watson-Test die Nullhypothese fehlender Autokorrelation 1. Ordnung für alle transformierten Regressionsmodelle der Teilstichprobe IV zum 5%-Niveau nicht ab.

Die Ergebnisse des White-Tests zeigen an, daß die Homoskedastizitäts-Annahme für die meisten Regressionsmodelle der Teilstichproben II und III verletzt ist. Während die OLS-Methode bei heteroskedastischen Störgrößen zu erwartungstreuen und i. a. konsistenten Schätzungen der Regressionskoeffizienten führt, liefert die übliche Schätzfunktion der Regressionskoeffizienten-Kovarianzmatrix weder unverzerrte noch konsistente Schätzwerte. Deshalb wird für alle Regressionsmodelle der Teilstichproben II und III eine modifizierte Schätzung dieser Kovarianzmatrix vorgenommen, mit der dann die Statistiken der gebräuchlichen Signifikanztests der Regressionskoeffizienten berechnet werden.[47]

In der Literatur sind mehrere Schätzer der Regressionskoeffizienten-Kovarianzmatrix entwickelt worden, die bei heteroskedastischen Störgrößen konsistent sind. Zu nennen ist insbesondere der Schätzer von White (1980), der teilweise auch in der empirischen Kapi-

---

45 Bezüglich der zu verwendenden Transformationsmatrix sei etwa auf Johnston (1984), S. 322 verwiesen.

46 Da sich die für die Regressionsmodelle geschätzten Autokorrelationskoeffizienten 1. Ordnung kaum voneinander unterscheiden, wird den Transformationen ein einheitlicher Schätzwert (0,3) zugrunde gelegt.

47 Die fehlende Effizienz der Regressionskoeffizienten-Schätzung nach der OLS-Methode bleibt bei diesem Vorgehen natürlich bestehen; vgl. Spanos (1986), S. 465.

talmarktforschung benutzt wird.[48] Hier wird dagegen der bei MacKinnon/White (1985) geschilderte Jackknife-Schätzer verwendet, der eine modifizierte Version des White-Schätzers darstellt. Asymptotisch sind zwar beide Schätzfunktionen äquivalent, für kleine Stichproben ist jedoch der Jackknife-Schätzer dem Schätzer von White vorzuziehen.[49] Der Jackknife-Schätzer der Regressionskoeffizienten-Kovarianzmatrix ist durch

(6/2) $$\frac{p-1}{p}(\mathbf{X'X})^{-1}[\mathbf{X'}\hat{\mathbf{\Omega}}\mathbf{X} - \frac{1}{p}(\mathbf{X'u^\circ u^{\circ\prime}X})](\mathbf{X'X})^{-1},$$

mit

$$\hat{\mathbf{\Omega}} = \text{diag}[(u_1{}^\circ)^2 \dots (u_p{}^\circ)^2],$$

$$\mathbf{u}^\circ = (u_1{}^\circ \dots u_p{}^\circ)' \quad \text{und}$$

$$u_i{}^\circ = \frac{\hat{u}_i}{1-d_{ii}} \qquad (i = 1, \dots, p),$$

gegeben, wobei d_{ii} für das i-te Element der Hauptdiagonalen von $\mathbf{X}(\mathbf{X'X})^{-1}\mathbf{X'}$ steht.

Bei verletzter Normalverteilungs-Annahme bleiben die günstigen Eigenschaften der OLS-Methode weitestgehend erhalten. Der OLS-Schätzer für den Regressionskoeffizienten-Vektor ist dann allerdings nur noch hinsichtlich der Klasse der linearen unverzerrten Schätzer effizient. Schwerwiegender sind dagegen die Konsequenzen für die üblichen Signifikanztests der Regressionskoeffizienten, da diese parametrischen Tests bei (deutlichen) Verstößen gegen die Annahme normalverteilter Störgrößen zumindest für endliche Stichprobenumfänge ungültig sind.[50] Die Normalverteilungs-Voraussetzung ist dabei insbesondere für die Anwendbarkeit des F-Tests wesentlich. Deshalb werden für die Regressionsmodelle der Teilstichprobe I anstelle der herkömmlichen F-Tests die von Adichie (1984) entwickelten nichtparametrischen Rang-Tests verwendet, um die Signifikanz der Koeffizienten der echten Regressoren zu prüfen.

---

48 Vgl. u. a. die Untersuchungen von Campbell (1987), Fama/French (1989), Chang/Pinegar (1990), Fama (1990) und Schwert (1990).

49 Vgl. MacKinnon/White (1985), S. 313.

50 Vgl. etwa Hübler (1989), S. 147.

Für das Testproblem H_0: $\tilde{\boldsymbol{\alpha}} = \mathbf{0}$, H_1: $\tilde{\boldsymbol{\alpha}} \neq \mathbf{0}$ geht man von den ursprünglichen Beobachtungen der eigentlichen Regressoren zu den zentrierten Beobachtungen dieser Variablen über:

$$\tilde{\mathbf{X}}^* = \mathbf{A}\tilde{\mathbf{X}}\,, \qquad \text{mit} \quad \mathbf{A} = \mathbf{I} - (1/p)\mathbf{1}\mathbf{1}'\,.$$

Den Ausprägungen des Regressanden werden Ränge zugewiesen, die dann (etwa) in Wilcoxon-Scores

$$\text{(6/3)} \qquad \psi(R_i) = \frac{R_i}{p+1} \qquad (i = 1, \ldots, p)$$

transformiert werden, wobei R_i den Rang der i-ten Ausprägung des Regressanden verkörpert. Ermittelt man für alle $j = 1, \ldots, K$ den Ausdruck

$$s_j = \sum_{i=1}^{p} \tilde{X}^*_{ij}\psi(R_i)\,,$$

so erhält man die Teststatistik

$$\text{(6/4)} \qquad M_K = \frac{\mathbf{s}'(\tilde{\mathbf{X}}^{*\prime}\tilde{\mathbf{X}}^*)^{-1}\mathbf{s}}{A^2(\psi)}\,,$$

mit

$$\mathbf{s} = (s_1 \ldots s_K)' \quad \text{und}$$

$$\text{(6/5)} \qquad A^2(\psi) = \frac{1}{p}\sum_{i=1}^{p}(\psi(R_i) - \overline{\psi}(R))^2\,.$$

Die Prüfgröße M_K ist bei Gültigkeit von H_0 asymptotisch χ^2-verteilt mit K Freiheitsgraden. Die Nullhypothese wird verworfen, falls $M_K > \chi^2(K, 1-\alpha)$ gilt.

Hinsichtlich des Tests von H_0: $\tilde{\boldsymbol{\alpha}}_1 = \mathbf{0}$ gegen H_1: $\tilde{\boldsymbol{\alpha}}_1 \neq \mathbf{0}$ ist anstelle der tatsächlichen Regressanden-Werte von den Werten $\hat{y}_{i.2}$ auszugehen, die sich nach Bereinigung des Einflusses der Variablen von $\tilde{\mathbf{X}}^*_2$ ergeben:

$$\hat{y}_{i.2} = y_i(\hat{\tilde{\boldsymbol{\alpha}}}_2) = (\mathbf{y} - \tilde{\mathbf{X}}^*_2\hat{\tilde{\boldsymbol{\alpha}}}_2)_i \qquad (i = 1, \ldots, p).$$

Hierbei ist $\hat{\tilde{\alpha}}_2$ (in der vorliegenden Untersuchung) die OLS-Schätzung von $\tilde{\alpha}_2$, die unter H_0 ermittelt wird. Bezeichnet $\hat{R}_{i2}$ den Rang von $\hat{y}_{i2}$ und gelten die Gleichungen (6/3) und (6/5) entsprechend, dann läßt sich die Teststatistik folgendermaßen schreiben:

(6/6) $$M_1 = \frac{\psi'(\hat{R}_2)W_1\psi(\hat{R}_2)}{A^2(\psi)},$$

mit

$$\psi(\hat{R}_2) = (\psi(\hat{R}_{12}) \ldots \psi(\hat{R}_{p2}))' \quad \text{und}$$

$$W_1 = \tilde{X}^*(\tilde{X}^{*\prime}\tilde{X}^*)^{-1}\tilde{X}^{*\prime} - \tilde{X}_2^*(\tilde{X}_2^{*\prime}\tilde{X}_2^*)^{-1}\tilde{X}_2^{*\prime}.$$

Die Prüfgröße M_1 ist bei Gültigkeit von H_0 asymptotisch χ^2-verteilt, wobei die Zahl der Freiheitsgrade gleich der Anzahl der Komponenten des Vektors $\tilde{\alpha}_1$ ist. Die Nullhypothese wird abgelehnt, falls das zugehörige (1-α)-Quantil überschritten wird. Der Test von $\tilde{\alpha}_2 = 0$ gegen $\tilde{\alpha}_2 \neq 0$ ist analog vorzunehmen.

6.2.4 Ergebnisse der APT-Tests

Die wesentlichen Ergebnisse der verschiedenen Querschnitts-Regressionsanalysen sind in den Tabellen 6/1 bis 6/6 dargestellt. Die Resultate, die sich für die wöchentlichen Renditen der Teilstichprobe I ergeben, sind dabei der Tabelle 6/1 zu entnehmen. Die Tabelle zeigt, daß zwischen den Sensitivitätskoeffizienten und der durchschnittlichen Aktienrendite grundsätzlich ein signifikanter (linearer) Zusammenhang besteht. So ist der Vektor der faktorenbezogenen Risikoprämien, der für den (bei Gültigkeit der APT "wahren") Regressionsansatz 3 geschätzt wird, zum 1%- (k = 3) respektive 5%-Niveau (k = 5) signifikant vom entsprechenden Nullvektor verschieden. Darüber hinaus zeigt der durch Gleichung (6/6) definierte Rang-Test an, daß die Sensitivitätskoeffizienten auch bei gleichzeitiger Berücksichtigung des unsystematischen Risikos (Regressionen 4 und 5) zumeist einen (selbst zum 1%-Niveau) signifikanten Erklärungswert besitzen. Dagegen übt das unsystematische Risiko regelmäßig keinen statistisch gesicherten Einfluß auf die mittlere Aktienrendite aus. Lediglich für die Standardabweichung des Einzelrestfaktors des 3-Faktoren-Modells ergibt sich in einem Fall (Regressionsansatz 4) ein signifikant von null abweichender Koeffizient. Auch der Befund, daß der Rang-Test (6/6) bezüglich des Regressionsansatzes 4 keinen Nachweis eines signifikanten (gemeinsamen) Einflusses der

Tab. 6/1: Ergebnisse der Querschnitts-Regressionsanalysen des Rendite-Mittelwerts auf verschiedene Risikomaße (5/1976-4/1991, wöchentliche Renditen; OLS-Schätzung)a)

EIGENTLICHE REGRESSOREN	α_0 b)	RANG-TEST c)	$R^2_{adj.}$	RANG-TEST d) $\sigma(e_i)$ od. $\sigma(r_i)$	RANG-TEST d) $b_{i1} \dots b_{ik}$
k = 0					
$\sigma(r_i)$		0,1170 (0,7323)	-0,0148		
k = 3					
$\sigma(e_i)$		2,4269 (0,1193)	0,0169		
$b_{i1} \dots b_{ik}$	0,0021*** (< 0,0001)	12,1037*** (0,0070)	0,1257		
$b_{i1} \dots b_{ik}$ & $\sigma(e_i)$	0,0079*** (0,0037)		0,1776	6,5778** (0,0103)	11,8248*** (0,0080)
$b_{i1} \dots b_{ik}$ & $\sigma(r_i)$	0,0031*** (0,0001)		0,1472	1,7000 (0,1923)	14,8358*** (0,0020)
k = 5					
$\sigma(e_i)$		2,1589 (0,1417)	0,0165		
$b_{i1} \dots b_{ik}$	0,0020*** (0,0004)	13,4720** (0,0193)	0,1021		
$b_{i1} \dots b_{ik}$ & $\sigma(e_i)$	0,0037 (0,0669)		0,0989	1,4319 (0,2315)	10,6291 (0,0593)
$b_{i1} \dots b_{ik}$ & $\sigma(r_i)$	0,0032*** (0,0005)		0,1284	2,0160 (0,1556)	17,4236*** (0,0038)

a) ** (***): signifikant zum 5%- (1%-) Niveau. In Klammern ist jeweils das empirische Signifikanzniveau angegeben.

b) 1. Zeile: Schätzwert des Absolutglieds des Regressionsmodells. 2. Zeile: empirisches Signifikanzniveau des t-Tests von H_0: $\alpha_0 = 0$ gegen H_1: $\alpha_0 \neq 0$.

c) Die Nullhypothese besagt, daß die K eigentlichen Regressoren keinen Einfluß auf den Rendite-Mittelwert ausüben. Die Teststatistik ist unter H_0 asymptotisch χ^2-verteilt mit K Freiheitsgraden.

d) Die Nullhypothese besagt, daß die genannte(n) Variable(n) keinen zusätzlichen Beitrag zur Erklärung des Rendite-Mittelwerts leistet (leisten). Die Teststatistik ist unter H_0 asymptotisch χ^2-verteilt, wobei die Zahl der Freiheitsgrade entweder gleich 1 (linke Spalte) oder gleich k (rechte Spalte) ist.

Sensitivitätskoeffizienten des 5-Faktoren-Modells erbringt, stellt ein Indiz gegen die Gültigkeit der APT-Bewertungsgleichung dar.[51] Des weiteren muß konstatiert werden, daß die Anpassungsgüte des Regressionsansatzes 3, ausgedrückt durch das korrigierte Bestimmtheitsmaß, mit ca. 12,5% (3 Faktoren) bzw. rund 10% (5 Faktoren) relativ gering ist.

In der Tabelle 6/2 sind die Resultate für die wöchentlichen Renditen der Teilstichprobe II aufgeführt. Aus der Tabelle geht hervor, daß die erzielten Ergebnisse z. T. durchaus im Einklang mit der APT-Bewertungsgleichung stehen. So ist sowohl für $k = 3$ als auch für $k = 5$ mindestens eine der faktorenbezogenen Risikoprämien, die für den Regressionsansatz 3 geschätzt werden, signifikant von null verschieden, während der Schätzwert des Regressionskoeffizienten von $\sigma(r_i)$ stets nur zufällig von null abweicht. Die korrigierten Bestimmtheitsmaße des Regressionsansatzes 3 sind allerdings noch geringer als die entsprechenden Bestimmtheitsmaße, die sich bei Zugrundelegung der wöchentlichen Renditen der Teilstichprobe I ergeben haben. Ferner ist die Risikoprämie von $\sigma(e_i)$, die für den Regressionsansatz 2 ermittelt wird, jeweils signifikant von null verschieden, was im Widerspruch zur APT steht. Außerdem ist evident, daß die Sensitivitätskoeffizienten bei gleichzeitiger Berücksichtigung des unsystematischen Risikos in allen Fällen keinen statistisch gesicherten (gemeinsamen) Einfluß auf den Rendite-Mittelwert ausüben.

Die Tabelle 6/3 enthält die Ergebnisse der Querschnitts-Regressionsanalysen für die Teilstichprobe III. Sie zeigt, daß sich der geschätzte Vektor der faktorenbezogenen Risikoprämien stets selbst zum 0,1%-Niveau signifikant vom Nullvektor unterscheidet. Dagegen ist die Differenz zwischen dem empirischen Regressionskoeffizienten von $\sigma(e_i)$ und null teilweise als zufällig zu erachten. In zwei Fällen wird für $\sigma(e_i)$ allerdings ein Koeffizient geschätzt, der signifikant von null abweicht. Darüber hinaus wird der Standardabweichung der Aktienrendite eine in allen Tests sogar zum 0,01%-Niveau signifikant von null verschiedene Risikoprämie beigemessen, die mit einem positiven Vorzeichen versehen ist. Insbesondere die signifikante Bewertung von $\sigma(r_i)$, die sich jeweils bei der Schätzung des Regressionsansatzes 5 ergibt, steht vordergründig im Gegensatz zur APT. Die positive Abhängigkeit des Rendite-Mittelwerts von der (empirischen) Rendite-Standardabweichung wird jedoch möglicherweise allein durch die Rechtsschiefe der zugrundeliegenden Renditeverteilungen verursacht. So weisen ungefähr 68% der Renditeverteilungen

51 Dieses Resultat läßt sich jedoch möglicherweise auf den hohen Kollinearitätsgrad zurückführen, der für den Regressionsansatz 4 durchweg gegeben ist.

Tab. 6/2: Ergebnisse der Querschnitts-Regressionsanalysen des Rendite-Mittelwerts auf verschiedene Risikomaße (1/1982-4/1991, wöchentliche Renditen; OLS-Schätzung)[a)]

Eigentliche Regressoren	α_0 [b)]	F-Test[c)]	$R^2_{adj.}$	F-Test[d)] $\sigma(e_i)$ od. $\sigma(r_i)$	F-Test[d)] $b_{i1} \ldots b_{ik}$
		$k = 0$			
$\sigma(r_i)$		1,1237 (0,2921)	0,0015		
		$k = 3$			
$\sigma(e_i)$		5,3920** (0,0226)	0,0491		
$b_{i1} \ldots b_{ik}$	0,0040*** (< 0,0001)	3,5143** (0,0185)	0,0815		
$b_{i1} \ldots b_{ik}$ & $\sigma(e_i)$	0,0048 (0,0504)		0,0933	0,0932 (0,7609)	1,4349 (0,2382)
$b_{i1} \ldots b_{ik}$ & $\sigma(r_i)$	0,0034*** (0,0030)		0,0663	0,3535 (0,5537)	1,4784 (0,2261)
		$k = 5$			
$\sigma(e_i)$		6,3028** (0,0139)	0,0587		
$b_{i1} \ldots b_{ik}$	0,0039*** (< 0,0001)	2,6428** (0,0285)	0,0881		
$b_{i1} \ldots b_{ik}$ & $\sigma(e_i)$	0,0034 (0,1650)		0,0826	0,0387 (0,8446)	1,2683 (0,2850)
$b_{i1} \ldots b_{ik}$ & $\sigma(r_i)$	0,0032*** (0,0048)		0,0751	0,2752 (0,6012)	1,6780 (0,1485)

a) ** (***): signifikant zum 5%- (1%-) Niveau. In Klammern ist jeweils das empirische Signifikanzniveau angegeben. Die Tests beruhen auf einem Jackknife-Schätzer der Regressionskoeffizienten-Kovarianzmatrix, der bei heteroskedastischen Störgrößen konsistent ist.

b) 1. Zeile: Schätzwert des Absolutglieds des Regressionsmodells. 2. Zeile: empirisches Signifikanzniveau des t-Tests von H_0: $\alpha_0 = 0$ gegen H_1: $\alpha_0 \neq 0$.

c) Die Nullhypothese besagt, daß die eigentlichen Regressoren keinen Einfluß auf den Rendite-Mittelwert ausüben.

d) Die Nullhypothese besagt, daß die genannte(n) Variable(n) keinen zusätzlichen Beitrag zur Erklärung des Rendite-Mittelwerts leistet (leisten).

Tab.: 6/3: Ergebnisse der Querschnitts-Regressionsanalysen des Rendite-Mittelwerts auf verschiedene Risikomaße (1/1988-4/1991, wöchentliche Renditen; OLS-Schätzung)[a)]

EIGENTLICHE REGRESSOREN	α_0 [b)]	F-TEST[c)]	$R^2_{adj.}$	F-TEST[d)] $\sigma(e_i)$ od. $\sigma(r_i)$	F-TEST[d)] $b_{i1} \dots b_{ik}$
$k = 0$					
$\sigma(r_i)$		30,7578*** (< 0,0001)	0,1828		
$k = 3$					
$\sigma(e_i)$		3,4878 (0,0640)	0,0184		
$b_{i1} \dots b_{ik}$	0,0070*** (< 0,0001)	11,6537*** (< 0,0001)	0,1937		
$b_{i1} \dots b_{ik}$ & $\sigma(e_i)$	0,0186*** (0,0042)		0,2366	4,0399** (0,0464)	11,8983*** (< 0,0001)
$b_{i1} \dots b_{ik}$ & $\sigma(r_i)$	0,0021 (0,2892)		0,3233	22,6706*** (< 0,0001)	6,9644*** (0,0002)
$k = 5$					
$\sigma(e_i)$		7,9604*** (0,0055)	0,0497		
$b_{i1} \dots b_{ik}$	0,0080*** (< 0,0001)	9,2320*** (< 0,0001)	0,2363		
$b_{i1} \dots b_{ik}$ & $\sigma(e_i)$	0,0082 (0,1472)		0,2602	0,0014 (0,9700)	6,2085*** (< 0,0001)
$b_{i1} \dots b_{ik}$ & $\sigma(r_i)$	0,0032 (0,0964)		0,3842	21,5755*** (< 0,0001)	5,4109*** (0,0001)

a) ** (***): signifikant zum 5%- (1%-) Niveau. In Klammern ist jeweils das empirische Signifikanzniveau angegeben. Die Tests beruhen auf einem Jackknife-Schätzer der Regressionskoeffizienten-Kovarianzmatrix, der bei heteroskedastischen Störgrößen konsistent ist.

b) 1. Zeile: Schätzwert des Absolutglieds des Regressionsmodells. 2. Zeile: empirisches Signifikanzniveau des t-Tests von H_0: $\alpha_0 = 0$ gegen H_1: $\alpha_0 \neq 0$.

c) Die Nullhypothese besagt, daß die eigentlichen Regressoren keinen Einfluß auf den Rendite-Mittelwert ausüben.

d) Die Nullhypothese besagt, daß die genannte(n) Variable(n) keinen zusätzlichen Beitrag zur Erklärung des Rendite-Mittelwerts leistet (leisten).

der Teilstichprobe III eine Momentschiefe auf, die größer als null ist.[52] Das korrigierte Bestimmtheitsmaß ist außer in den beiden Fällen, in denen $\sigma(e_i)$ als einziger (echter) Regressor dient, vergleichsweise hoch. Den höchsten Wert, rund 38%, nimmt es für das Regressionsmodell, in dem die Sensitivitätskoeffizienten des 5-Faktoren-Modells und die Rendite-Standardabweichung die eigentlichen Regressoren sind, an. Für den Regressionsansatz 3 ergeben sich korrigierte Bestimmtheitsmaße von rund 19% (k = 3) bzw. ca. 24% (k = 5).

Die Schätz- und Testresultate, welche für die Teilstichprobe IV erzielt werden, sind, wie aus der Tabelle 6/4 zu ersehen ist, mit der APT-Bewertungsgleichung vereinbar. So ist die Nullhypothese, daß der Vektor der faktorenbezogenen Risikoprämien dem Nullvektor entspricht, in allen Fällen zu verwerfen. Die geschätzte Risikoprämie des unsystematischen Risikos weicht dagegen stets nicht signifikant von null ab. Damit erweisen sich allein die Sensitivitätskoeffizienten als bewertete Risikomaße. Das korrigierte Bestimmtheitsmaß beträgt für den bei Gültigkeit der APT korrekt spezifizierten Regressionsansatz 9% (k = 3) bzw. 12,5% (k = 5).

Die Tabelle 6/5 zeigt, daß sich für die monatlichen Renditen der Teilstichprobe I keine Bestätigung der APT mit 3 Risikofaktoren ergibt. So muß die Hypothese, daß die Sensitivitätskoeffizienten b_{i1}, b_{i2} und b_{i3} gemeinsam nicht zur Erklärung der mittleren Aktienrendite beitragen, ausnahmslos beibehalten werden. Bei Zugrundelegung von 5 APT-Risikofaktoren weicht die Schätzung des zugehörigen Risikoprämien-Vektors hingegen in allen Fällen signifikant vom Nullvektor ab. Somit scheint die 5-Faktoren-Version der APT ein geeigneter Ansatz zur Bewertung der betrachteten Aktien zu sein. Die Ergebnisse der Signifikanztests für die Regressionskoeffizienten der "unsystematischen" Risikomaße sind einheitlich. Das unsystematische Risiko besitzt durchgängig keinen statistisch signifikanten Einfluß auf den Rendite-Mittelwert. Das Entfernen der entsprechenden Risikomaße aus der Regressionsgleichung führt zudem stets zur Erhöhung des korrigierten Bestimmtheitsmaßes.

---

[52] In der APT-Untersuchung von Roll/Ross (1980) sind sogar 96,3% der Renditeverteilungen durch eine positive Momentschiefe gekennzeichnet. Vgl. bezüglich des "Schiefe-Effekts", der den Nachweis eines "Schein"-Einflusses der Rendite-Standardabweichung auf die erwartete Rendite bewirken kann, Miller/Scholes (1972), S. 66-68 und Roll/Ross (1980), S. 1095. Das von Roll/Ross zur Beseitigung der zwischen den Variablen bestehenden "Stichproben-Abhängigkeiten" empfohlene Vorgehen (vgl. im einzelnen Roll/Ross (1980), S. 1095-1097) ist für die Teilstichprobe III nicht realisierbar, da keine hinreichende Anzahl an Zeitreihen-Beobachtungen vorliegt. Die alternative Vorgehensweise, die das Verwenden des Schiefemaßes als zusätzlichen Regressor vorsieht (vgl. etwa Dhrymes u. a. (1985a), S. 81-84), ist dagegen wenig zweckmäßig; vgl. Martin (1978), S. 9-12.

Tab. 6/4: Ergebnisse der Querschnitts-Regressionsanalysen des Rendite-Mittelwerts auf verschiedene Risikomaße (5/1976-4/1980, wöchentliche Renditen; EGLS-Schätzung)[a)]

EIGENTLICHE REGRESSOREN	α_0 [b)]	F-TEST[c)]	$R^2_{adj.}$	F-TEST[d)] $\sigma(e_i)$ od. $\sigma(r_i)$	F-TEST[d)] $b_{i1} \dots b_{ik}$
		k = 0			
$\sigma(r_i)$		0,7594 (0,3862)	-0,0031		
		k = 3			
$\sigma(e_i)$		0,0253 (0,8743)	-0,0125		
$b_{i1} \dots b_{ik}$	-0,0007 (0,4167)	3,6018** (0,0172)	0,0899		
$b_{i1} \dots b_{ik}$ & $\sigma(e_i)$	0,0074 (0,1786)		0,1051	2,2935 (0,1341)	4,4181*** (0,0065)
$b_{i1} \dots b_{ik}$ & $\sigma(r_i)$	0,0017 (0,3650)		0,1054	2,3104 (0,1326)	4,1507*** (0,0089)
		k = 5			
$\sigma(e_i)$		0,0010 (0,9753)	-0,0128		
$b_{i1} \dots b_{ik}$	-0,0010 (0,3016)	3,2567** (0,0103)	0,1250		
$b_{i1} \dots b_{ik}$ & $\sigma(e_i)$	0,0051 (0,3288)		0,1300	1,4256 (0,2363)	3,5604*** (0,0062)
$b_{i1} \dots b_{ik}$ & $\sigma(r_i)$	0,0012 (0,5225)		0,1359	1,9321 (0,1688)	3,5077*** (0,0068)

a) ** (***): signifikant zum 5%- (1%-) Niveau. In Klammern ist jeweils das empirische Signifikanzniveau angegeben. Zur Schätzung der Regressionsparameter wird ein zweiphasiger Prais-Winsten-Schätzer verwendet.

b) 1. Zeile: Schätzwert des Absolutglieds des Regressionsmodells. 2. Zeile: empirisches Signifikanzniveau des t-Tests von H_0: $\alpha_0 = 0$ gegen H_1: $\alpha_0 \neq 0$.

c) Die Nullhypothese besagt, daß die eigentlichen Regressoren keinen Einfluß auf den Rendite-Mittelwert ausüben.

d) Die Nullhypothese besagt, daß die genannte(n) Variable(n) keinen zusätzlichen Beitrag zur Erklärung des Rendite-Mittelwerts leistet (leisten).

Tab. 6/5: Ergebnisse der Querschnitts-Regressionsanalysen des Rendite-Mittelwerts auf verschiedene Risikomaße (5/1976-4/1991, monatliche Renditen; OLS-Schätzung)[a)]

EIGENTLICHE REGRESSOREN	α_0 [b)]	RANG-TEST[c)]	$R^2_{adj.}$	RANG-TEST[d)] $\sigma(e_i)$ od. $\sigma(r_i)$	RANG-TEST[d)] $b_{i1} \dots b_{ik}$
k = 0					
$\sigma(r_i)$		0,0085 (0,9264)	-0,0144		
k = 3					
$\sigma(e_i)$		0,0793 (0,7783)	-0,0135		
$b_{i1} \dots b_{ik}$	0,0061** (0,0446)	6,9265 (0,0743)	0,0440		
$b_{i1} \dots b_{ik}$ & $\sigma(e_i)$	-0,0039 (0,7644)		0,0383	0,1220 (0,7268)	6,9651 (0,0730)
$b_{i1} \dots b_{ik}$ & $\sigma(r_i)$	0,0055 (0,2349)		0,0290	0,1163 (0,7331)	6,6236 (0,0849)
k = 5					
$\sigma(e_i)$		0,0367 (0,8481)	-0,0135		
$b_{i1} \dots b_{ik}$	0,0066** (0,0290)	14,0287** (0,0154)	0,1196		
$b_{i1} \dots b_{ik}$ & $\sigma(e_i)$	0,0054 (0,5325)		0,1052	0,0199 (0,8878)	13,7804** (0,0171)
$b_{i1} \dots b_{ik}$ & $\sigma(r_i)$	0,0095 (0,0501)		0,1139	0,3283 (0,5666)	15,0479** (0,0102)

a) ** (***): signifikant zum 5%- (1%-) Niveau. In Klammern ist jeweils das empirische Signifikanzniveau angegeben.

b) 1. Zeile: Schätzwert des Absolutglieds des Regressionsmodells. 2. Zeile: empirisches Signifikanzniveau des t-Tests von H_0: $\alpha_0 = 0$ gegen H_1: $\alpha_0 \neq 0$.

c) Die Nullhypothese besagt, daß die K eigentlichen Regressoren keinen Einfluß auf den Rendite-Mittelwert ausüben. Die Teststatistik ist unter H_0 asymptotisch χ^2-verteilt mit K Freiheitsgraden.

d) Die Nullhypothese besagt, daß die genannte(n) Variable(n) keinen zusätzlichen Beitrag zur Erklärung des Rendite-Mittelwerts leistet (leisten). Die Teststatistik ist unter H_0 asymptotisch χ^2-verteilt, wobei die Zahl der Freiheitsgrade entweder gleich 1 (linke Spalte) oder gleich k (rechte Spalte) ist.

In der Tabelle 6/6 sind die Resultate für die monatlichen Renditen der Teilstichprobe II zusammengefaßt. Aus der Tabelle geht hervor, daß weder die "systematischen" noch die "unsystematischen" Risikomaße den Rendite-Mittelwert signifikant erklären. Es erweisen sich damit alle verwendeten Risikomaße als bewertungsirrelevant. Auch das korrigierte Bestimmtheitsmaß zeigt stets an, daß die (echten) Regressoren faktisch keinen Erklärungsgehalt besitzen. In einigen Fällen (z. B. für den bei Gültigkeit der APT "wahren" Regressionsansatz mit k = 3) nimmt der bereinigte Determinationskoeffizient sogar negative Werte an. Angesichts des insignifikanten Einflusses der Sensitivitätskoeffizienten auf die durchschnittliche Aktienrendite muß die APT-Bewertungsgleichung für diese Teilstichprobe abgelehnt werden.

Ein unmittelbarer Vergleich der bislang erzielten Ergebnisse mit den Resultaten der APT-Untersuchungen von Winkelmann (1984), Frantzmann (1989) und Müller, Wolfgang (1992), die zur Schätzung der APT-Bewertungsgleichung Daten des deutschen Aktienmarkts und die OLS-Methode heranziehen, ist nur sehr begrenzt möglich. Ursächlich dafür sind zunächst einmal die Unterschiede in der verwendeten Datenbasis. Hinsichtlich der (auch in Anbetracht des frühen Veröffentlichungszeitpunkts) äußerst bemerkenswerten Studie von Winkelmann (1984) muß darüber hinaus konstatiert werden, daß Winkelmann bis zu 43 gemeinsame Faktoren extrahiert, die er anschließend einzeln auf ihre Bewertungsrelevanz hin überprüft. In der Untersuchung von Frantzmann (1989) wird die Querschnitts-Regressionsanalyse nicht für Einzelwerte, sondern ausschließlich für Portefeuilles durchgeführt. Außerdem legt Frantzmann, wie schon erwähnt, jenem Teil seines APT-Tests, der auf den Aktienmarkt beschränkt ist, generell ein 1-Faktor-Modell zugrunde.[53] Die in diesem Abschnitt gefundenen Ergebnisse lassen sich am ehesten mit den Resultaten des APT-Tests von Müller, Wolfgang (1992) vergleichen. Von besonderem Interesse sind dabei die Resultate, die Müller erhält, wenn er auf eine Portefeuillebildung verzichtet und 3 bzw. 5 Faktoren mittels der ML-Faktorenanalyse aus den Zeitreihen der wöchentlichen Aktienrenditen extrahiert: Der Vektor der faktorenbezogenen Risikoprämien ist in beiden Teilzeiträumen (1/1972-12/1978, 1/1979-12/1985) sowohl für k = 3 als auch für k = 5 zum 1%-Niveau signifikant vom entsprechenden Nullvektor verschieden. Die Resultate der Signifikanztests der eigentlichen Regressionskoeffizienten ähneln damit denjenigen, die sich hier für die wöchentlichen Renditen der Teilstichproben I bis

---

53 Erwähnenswert ist im gegebenen Zusammenhang die enorme Verbesserung der Anpassungsgüte der Querschnitts-Regressionsanalyse, die innerhalb der Studie von Frantzmann häufig beobachtet wird, wenn $\sigma(e_i)$ als zusätzliche (unabhängige) Variable in die Regression eingeht. Das korrigierte Bestimmtheitsmaß erhöht sich beispielsweise für die durch Zufallsauswahl (nach der Höhe des Rendite-Mittelwerts) gebildeten Aktienportefeuilles im Zeitraum 1/1980-9/1982 (10/1982-12/1985) von -0,066 auf 0,417 (von 0,337 auf 0,786 (!)); vgl. Frantzmann (1989), S. 194, 196.

Tab. 6/6: Ergebnisse der Querschnitts-Regressionsanalysen des Rendite-Mittelwerts auf verschiedene Risikomaße (1/1982-4/1991, monatliche Renditen; OLS-Schätzung)[a]

EIGENTLICHE REGRESSOREN	α_0 [b]	F-TEST[c]	$R^2_{adj.}$	F-TEST[d] $\sigma(e_i)$ od. $\sigma(r_i)$	F-TEST[d] $b_{i1} \dots b_{ik}$
$k = 0$					
$\sigma(r_i)$		2,1169 (0,1493)	0,0130		
$k = 3$					
$\sigma(e_i)$		0,4214 (0,5180)	-0,0069		
$b_{i1} \dots b_{ik}$	0,0146*** (0,0066)	0,8848 (0,4524)	-0,0041		
$b_{i1} \dots b_{ik}$ & $\sigma(e_i)$	0,0091 (0,6402)		-0,0116	0,1072 (0,7442)	0,3616 (0,7809)
$b_{i1} \dots b_{ik}$ & $\sigma(r_i)$	0,0061 (0,2150)		0,0208	2,5889 (0,1113)	0,8892 (0,4502)
$k = 5$					
$\sigma(e_i)$		1,9400 (0,1673)	0,0109		
$b_{i1} \dots b_{ik}$	0,0171*** (0,0022)	1,6786 (0,1484)	0,0384		
$b_{i1} \dots b_{ik}$ & $\sigma(e_i)$	0,0019 (0,8760)		0,0719	2,0315 (0,1577)	2,1844 (0,0632)
$b_{i1} \dots b_{ik}$ & $\sigma(r_i)$	0,0093 (0,1746)		0,0600	1,3086 (0,2558)	0,7071 (0,6197)

a) ** (***): signifikant zum 5%- (1%-) Niveau. In Klammern ist jeweils das empirische Signifikanzniveau angegeben. Die Tests beruhen auf einem Jackknife-Schätzer der Regressionskoeffizienten-Kovarianzmatrix, der bei heteroskedastischen Störgrößen konsistent ist.

b) 1. Zeile: Schätzwert des Absolutglieds des Regressionsmodells. 2. Zeile: empirisches Signifikanzniveau des t-Tests von H_0: $\alpha_0 = 0$ gegen H_1: $\alpha_0 \neq 0$.

c) Die Nullhypothese besagt, daß die eigentlichen Regressoren keinen Einfluß auf den Rendite-Mittelwert ausüben.

d) Die Nullhypothese besagt, daß die genannte(n) Variable(n) keinen zusätzlichen Beitrag zur Erklärung des Rendite-Mittelwerts leistet (leisten).

IV ergeben haben. Auch hinsichtlich der am korrigierten Bestimmtheitsmaß gemessenen Anpassungsgüte des bei Gültigkeit der APT "wahren" Regressionsmodells, das von Müller ausschließlich betrachtet wird, können - von der Teilstichprobe III abgesehen - keine wesentlichen Unterschiede festgestellt werden: Die Schätzwerte des korrigierten Bestimmtheitsmaßes liegen in der zum Vergleich herangezogenen Teilstudie von Müller zwischen ca. 7 und 11,5%, während sie für die Teilstichproben I, II und IV (jeweils wöchentliche Renditen) wenigstens 8 und maximal 12,5% betragen.

Die Schätzwerte für α_0 (λ_0) sind grundsätzlich positiv und in ca. der Hälfte der Fälle signifikant von null verschieden. Lediglich für die Regressionsmodelle der Teilstichprobe IV weicht das empirische Absolutglied stets nur zufällig von null ab. Der Koeffizient α_0 wird für den bei Gültigkeit der APT "wahren" Regressionsansatz in den anderen Teilstichproben ausnahmslos signifikant geschätzt und ist jeweils mit einem positiven Vorzeichen versehen. Diese signifikanten Regressionskoeffizienten weisen allerdings häufig eine beachtliche Höhe auf.[54] So ergeben sich außer für die Teilstichprobe I überwiegend Schätzwerte, die mit Jahreszinssätzen einhergehen, die größer als 20% sind.[55]

Die für die betrachteten Teilstichproben erzielten Resultate jener Signifikanztests, die sich auf die Koeffizienten der eigentlichen Regressoren beziehen, sind in der Tabelle 6/7 zusammengefaßt. Aus der Tabelle wird noch einmal ersichtlich, daß die bisherigen Testergebnisse überwiegend eine Bewährung der APT andeuten. So wird vor allem für die wöchentlichen Renditen der Teilstichproben zumeist eine signifikante (lineare) Beziehung zwischen den Sensitivitätskoeffizienten und dem Rendite-Mittelwert beobachtet. Verschiedentlich ergibt sich allerdings im Widerspruch zur APT auch eine Bewertung des unsystematisches Risikos. Es sei außerdem daran erinnert, daß die korrigierten Bestimmtheitsmaße, die für den bei Gültigkeit der APT korrekt spezifizierten Regressionsansatz geschätzt werden, häufig recht gering sind. Schließlich unterliegt die gewählte Vorgehensweise gewissen Beschränkungen. Aufgrund dieser Aspekte soll die APT-Bewertungsgleichung weiteren Tests unterworfen werden, wobei die Standardabweichung des Einzelrestfaktors angesichts der Ergebnisse der Kollinearitätsmessung nicht mehr als Regressor verwendet wird.

---

54 Der geschilderte Befund kann möglicherweise auf die relativ geringe Aktienanzahl zurückgeführt werden, die den Teilstichproben jeweils zugrunde liegt. Vgl. dazu Shukla/Trzcinka (1991), die konstatieren, daß die Höhe der von ihnen ermittelten Schätzwerte des Absolutglieds mit steigender Aktienanzahl deutlich abnimmt. Die Erklärungskraft der "systematischen" Risikomaße (ausgedrückt durch den bereinigten Determinationskoeffizienten) scheint in ihrer Untersuchung hingegen weitestgehend unabhängig von der Aktienanzahl zu sein.

55 Für die wöchentlichen (monatlichen) Renditen der Teilstichprobe I beträgt das geschätzte Absolutglied des Regressionsansatzes 3 ca. 11% (8%) p. a.

Tab. 6/7: Ergebnisse der Querschnitts-Regressionsanalysen des Rendite-Mittelwerts auf verschiedene Risikomaße (alle Teilstichproben)[a)]

EIGENTLICHE REGRESSOREN	RANG-TEST/ F-TEST[b)]	RANG-TEST/F-TEST[c)]	
		$\sigma(e_i)$ oder $\sigma(r_i)$	b_{i1} ... b_{ik}
k = 0			
$\sigma(r_i)$	X X 1 X X X		
k = 3			
$\sigma(e_i)$	X 5 X X X X		
b_{i1} ... b_{ik}	1 5 1 5 X X		
b_{i1} ... b_{ik} & $\sigma(e_i)$		5 X 5 X X X	1 X 1 1 X X
b_{i1} ... b_{ik} & $\sigma(r_i)$		X X 1 X X X	1 X 1 1 X X
k = 5			
$\sigma(e_i)$	X 5 1 X X X		
b_{i1} ... b_{ik}	5 5 1 5 5 X		
b_{i1} ... b_{ik} & $\sigma(e_i)$		X X X X X X	X X 1 1 5 X
b_{i1} ... b_{ik} & $\sigma(r_i)$		X X 1 X X X	1 X 1 1 5 X

a) 1. Symbol: 5/1976-4/1991, 2. Symbol: 1/1982-4/1991, 3. Symbol: 1/1988-4/1991, 4. Symbol: 5/1976-4/1980 (jeweils wöchentliche Renditen); 5. Symbol: 5/1976-4/1991, 6. Symbol: 1/1982-4/1991 (jeweils monatliche Renditen). Es bedeuten X nicht signifikant zum 5%-Niveau, 5 signifikant zum 5%-Niveau, 1 signifikant zum 1%-Niveau.

b) Die Nullhypothese besagt, daß die eigentlichen Regressoren keinen Einfluß auf den Rendite-Mittelwert ausüben.

c) Die Nullhypothese besagt, daß die genannte(n) Variable(n) keinen zusätzlichen Beitrag zur Erklärung des Rendite-Mittelwerts leistet (leisten).

6.3 Ergänzende Tests der APT-Bewertungsgleichung

6.3.1 Einführende Bemerkungen

Es wird zum einen untersucht, ob die statistische Signifikanz des Vektors der faktorenbezogenen Risikoprämien, die ja häufig gegeben ist, auf den Einfluß der Renditen bestimmter Monate zurückgeführt werden kann (Abschnitt 6.3.2). Zum anderen wird überprüft, ob die Sensitivitätskoeffizienten auch dann signifikant zur Erklärung der mittleren Aktienrendite beitragen, wenn letztere mit Beobachtungen geschätzt wird, die zur Schätzung der Risikomaße nicht verwendet werden. Diese "Out-of-Sample"-Tests sind Gegenstand des Abschnitts 6.3.3. In den bisherigen Tests wurde, wie bereits mehrfach erwähnt, davon ausgegangen, daß stochastische Meßfehler in den eigentlichen Regressoren vernachlässigbar klein sind. Nehmen diese Zufallsmeßfehler dagegen ein beachtliches Ausmaß an, so besteht zwischen den fehlerbehafteten Regressoren und den (in diesem Fall neu zu interpretierenden) Störgrößen eine Korrelationsbeziehung, die dazu führt, daß der OLS-Schätzer des Vektors der Regressionskoeffizienten inkonsistent ist. Im Gegensatz dazu ist die Schätzung der Regressionskoeffizienten mittels Instrumentalvariablen konsistent. Deshalb wird die APT-Bewertungsgleichung im Rahmen der "Out-of-Sample"-Tests nicht nur mit dem OLS-Verfahren (Gliederungspunkt 6.3.3.1), sondern auch mit der Instrumentalvariablen-Methode geschätzt (6.3.3.2). Die folgenden APT-Tests sind auf die wöchentlichen sowie monatlichen Renditen der Teilstichprobe I und die wöchentlichen Renditen der Teilstichprobe II beschränkt, da die anderen Teilstichproben hinsichtlich der durchzuführenden Schätzungen i. a. eine zu geringe Anzahl an Zeitreihen-Beobachtungen besitzen.

6.3.2 Untersuchung monatlicher Saisonalitäten in der Bewertung der APT-Risikofaktoren

Zur Klärung der Frage, ob die statistische Signifikanz des Vektors der faktorenbezogenen Risikoprämien eine monatliche Saisonalität aufweist, werden die im vorstehenden Abschnitt genannten Teilstichproben herangezogen. Einen Überblick über die grundsätzlichen Vorgehensweisen der Untersuchung monatlicher Saisonalitäten in der Bewertung der APT-Risikofaktoren bietet die Tabelle 6/8. Das Verwenden der Daten aller Monate zur Schätzung des Regressanden (mittlere oder realisierte Rendite) und der Sensitivitätskoeffizienten (= Faktorenladungen) kennzeichnet die übliche Form der APT-Tests. Diese Vorgehensweise läßt naturgemäß keine Untersuchung monatlicher Saisonalitäten zu.

Tab. 6/8: Untersuchung monatlicher Saisonalitäten in der Bewertung der APT-Risikofaktoren: Grundsätzliche Vorgehensweisen[a)]

Schätzung des Regressanden	Schätzung der Sensitivitätskoeffizienten (Faktorenanalyse)		
	Verwenden der Daten aller Monate	Ausschluß der Daten einer "Monatsart"	Verwenden der Daten nur einer "Monatsart"
Verwenden der Daten aller Monate	Untersuch. monatl. Saisonalitäten nicht mögl.		
Ausschluß der Daten einer "Monatsart"	Gultekin/Gultekin (1987) Frantzmann (1989)		
Verwenden der Daten nur einer "Monatsart"	Gultekin/Gultekin (1987)		Cho/Taylor (1987) Frantzmann (1989)

a) Die markierten Felder kennzeichnen jene Vorgehensweisen, die in der vorliegenden Arbeit gewählt werden.

Auch das Verwenden der Daten nur einer "Monatsart" zur Schätzung der Faktorenladungen[56] erscheint angesichts des (in mehreren APT-Untersuchungen und für die betrachteten Teilstichproben festgestellten) Einflusses, den die Anzahl der Zeitreihen-Beobachtungen auf die Ergebnisse der Faktorenanalyse ausübt, als wenig geeignet.[57] In der vorliegenden Arbeit wird vielmehr hauptsächlich dem Vorgehen von Gultekin/Gultekin (1987) gefolgt. Die Schätzung der Sensitivitätskoeffizienten beruht jeweils auf den Renditen aller Monate, während gleichzeitig die mittleren Aktienrenditen entweder

- mit den Beobachtungen nur einer "Monatsart" (Vorgehensweise 1) oder
- unter Ausschluß der Beobachtungen einer bestimmten "Monatsart" berechnet werden (Vorgehensweise 2).

Infolge der Möglichkeit, daß die Sensitivitätskoeffizienten gleichfalls eine monatliche Saisonalität aufweisen, scheint es sachdienlich zu sein, daß zusätzlich eine weitere Vorgehensweise Verwendung findet. Hierzu wird die zweite Vorgehensweise dergestalt modifiziert, daß die Beobachtungen einer bestimmten "Monatsart" nicht nur von der Ermittlung der durchschnittlichen Renditen, sondern auch von der Schätzung der Sensitivitätskoeffizienten ausgeschlossen werden (Vorgehensweise 3). Es ist anzumerken, daß die erste Vorgehensweise nicht für die monatlichen Renditen der Teilstichprobe I herangezo-

56 Vgl. dazu insbesondere Cho/Taylor (1987), S. 1201.

57 Vgl. Gultekin/Gultekin (1987), S. 1222 f.

gen wird, da zur Bestimmung der Regressanden-Ausprägungen jeweils nur 15 Beobachtungen vorlägen. Die durchgeführte Residuenanalyse zeigt, daß die Normalverteilungs-Annahme für die Regressionen der Teilstichprobe I (wöchentliche und monatliche Renditen) zumeist verletzt ist. Deshalb wird zur Signifikanzprüfung der zugehörigen Regressionskoeffizienten stets der Rang-Test (6/4) benutzt.

In den Tabellen 6/9 bis 6/11 sind die Resultate, die mittels der gewählten Vorgehensweisen für den Regressionsansatz 3 erzielt werden, zusammengefaßt. Liegen der Berechnung der Rendite-Mittelwerte jeweils nur die Beobachtungen einer bestimmten "Monatsart" zugrunde, während die Sensitivitätskoeffizienten stets auf der Basis aller Daten geschätzt werden, so ergeben sich die in der Tabelle 6/9 dargestellten Resultate. Aus der Tabelle ist zu ersehen, daß für die Teilstichprobe I (wöchentliche Renditen) häufig ein statistisch relevanter (linearer) Zusammenhang zwischen den Sensitivitätskoeffizienten und der mittleren Rendite besteht. Es lassen sich in 8 ($k = 3$) bzw. 9 von 12 Fällen ($k = 5$) signifikant vom Nullvektor abweichende Risikoprämien-Vektoren schätzen. Den Sensitivitätskoeffizienten des 5-Faktoren-Modells kann auch bei Zugrundelegung der Teilstichprobe II (wöchentliche Renditen) oft ein signifikanter Erklärungswert beigemessen werden. Die geschilderten Ergebnisse der Signifikanztests stimmen mit den Testresultaten, die für die betrachteten Teilstichproben bei Verwendung aller Beobachtungen zur Schätzung der Rendite-Mittelwerte und Sensitivitätskoeffizienten erzielt wurden, mehr oder weniger überein. Hinsichtlich der Teilstichprobe II ist allerdings ein Einfluß der Renditen bestimmter Monate auf die statistische Signifikanz des Risikoprämien-Vektors insofern erkennbar, als die Sensitivitätskoeffizienten des 3-Faktoren-Modells nur in wenigen Monaten signifikant bewertet werden. Es fällt darüber hinaus auf, daß sich unabhängig von der Teilstichprobe und der Faktorenanzahl-Spezifikation in den Monaten März, Mai sowie September stets eine Bewertungsirrelevanz der Sensitivitätskoeffizienten ergibt. Ferner ist anzumerken, daß in beiden Teilstichproben die Erklärungskraft sowohl der 3- als auch der 5-Faktoren-APT durchweg relativ hoch ist, wenn die Schätzung der mittleren Renditen entweder aus den Dezember- oder aus den Januar-Daten vorgenommen wird. Die entsprechenden Bestimmtheitsmaße übersteigen die Determinationskoeffizienten, die ansonsten errechnet werden, zumeist deutlich.[58]

---

[58] In der APT-Untersuchung von Frantzmann (1989) wird für den Fall, daß die Schätzung der Rendite-Mittelwerte und Sensitivitätskoeffizienten der Aktienportefeuilles (Kriterium: durchschnittliche Rendite) nur auf den Beobachtungen der "Monatsart" Dezember beruht, ein (korrigiertes) Bestimmtheitsmaß von ca. 65% ermittelt, wohingegen sich etwa bei der alleinigen Verwendung der September-Renditen ein negatives Bestimmtheitsmaß einstellt. Vgl. Frantzmann (1989), S. 218.

Tab. 6/9: Ergebnisse der Untersuchung monatlicher Saisonalitäten in der Bewertung der APT-Risikofaktoren: Schätzung des Rendite-Mittelwerts auf Basis der Daten nur einer "Monatsart"a)

"Monatsart"	I. 5/1976-4/1991 wöchentliche Renditen		II. 1/1982-4/1991 wöchentliche Renditen	
	k = 3	k = 5	k = 3	k = 5
Januar	24,3092*** 0,2778	31,1077*** 0,3879	5,5369*** 0,1380	8,9542*** 0,3188
Februar	14,5649*** 0,1191	16,8674*** 0,1737	2,1539 0,0391	3,2069** 0,1149
März	4,4506 0,0007	4,9360 -0,0186	0,4486 -0,0199	0,6873 -0,0187
April	9,8169** 0,0220	11,9270** 0,0393	1,1578 0,0055	1,3948 0,0227
Mai	5,8890 0,0427	9,2550 0,0542	0,4484 -0,0199	1,2194 0,0127
Juni	17,3311*** 0,1608	19,5419*** 0,1490	7,6476*** 0,1900	4,6592*** 0,1771
Juli	7,5207 0,0457	12,7810** 0,0832	0,7156 -0,0101	13,7475*** 0,4285
August	9,7015** 0,0928	14,5774** 0,1106	1,6013 0,0208	4,1543*** 0,1565
September	3,1627 0,0011	10,6439 0,0883	0,9280 -0,0026	0,5432 -0,0276
Oktober	16,5937*** 0,1944	18,8529*** 0,1843	3,6069** 0,0843	2,4209** 0,0771
November	11,2276** 0,1070	20,1872*** 0,2197	1,4706 0,0163	4,7231*** 0,1797
Dezember	16,0403*** 0,1585	33,1849*** 0,4386	3,8207** 0,0905	6,8036*** 0,2545
Verwenden der Daten aller Monate	12,1037*** 0,1257	13,4720** 0,1021	3,5143** 0,0815	2,6428** 0,0881

a) Zur Schätzung des Regressionsmodells (Regressand: Rendite-Mittelwert; eigentliche Regressoren: Sensitivitätskoeffizienten) wird die OLS-Methode verwendet. 1. Zeile: Wert des Rang-Tests (5/1976-4/1991) bzw. F-Tests (1/1982-4/1991) der Nullhypothese, daß die Sensitivitätskoeffizienten keinen Einfluß auf den Rendite-Mittelwert ausüben [** (***): signifikant zum 5%- (1%-) Niveau; die Statistik des Rang-Tests ist unter H_0 asymptotisch χ^2-verteilt mit k Freiheitsgraden]. 2. Zeile: korrigiertes Bestimmtheitsmaß.

Schließt man zur Schätzung der Rendite-Mittelwerte jeweils die Beobachtungen einer bestimmten "Monatsart" aus, während die Sensitivitätskoeffizienten (wie bislang) auf der Basis aller Daten geschätzt werden, so stellen sich die in der Tabelle 6/10 zusammengefaßten Resultate ein. Die Tabelle zeigt, daß der Vektor der faktorenbezogenen Risikoprämien für die wöchentlichen Renditen der Teilstichprobe I in 11 (k = 3) bzw. 9 von 12 Fällen (k = 5) signifikant vom Nullvektor abweicht. Auch zwischen den durchschnittlichen monatlichen Renditen der Teilstichprobe I und den Sensitivitätskoeffizienten des 5-Faktoren-Modells ist sehr oft ein signifikanter (linearer) Zusammenhang gegeben. Die beschriebenen Testergebnisse sind mit den Resultaten, die bei der Verwendung aller Daten zur Schätzung der Rendite-Mittelwerte und Sensitivitätskoeffizienten erzielt wurden, weitgehend vereinbar. Dies gilt prinzipiell auch für den Befund, daß die Sensitivitätskoeffizienten des 3-Faktoren-Modells in der Hälfte der Fälle keinen statistisch gesicherten (gemeinsamen) Einfluß auf die mittleren monatlichen Renditen der Teilstichprobe I ausüben. Für die Teilstichprobe II (wöchentliche Renditen) scheint dagegen eine monatliche Saisonalität in der Bewertung der APT-Risikofaktoren vorzuliegen. So wird ein Risikoprämien-Vektor, der sich analog zur Schätzung der relevanten Variablen aus allen Daten signifikant vom Nullvektor unterscheidet, sowohl für k = 3 als auch für k = 5 nur unter Ausschluß der Juni- oder Dezember-Renditen beobachtet. Bemerkenswert ist darüber hinaus, daß die Anpassungsgüte der geschätzten Regressionsgleichungen in allen Teilstichproben vergleichsweise hoch ist, wenn die Dezember-Renditen von der Schätzung der Rendite-Mittelwerte ausgeschlossen werden.

Die Tabelle 6/11 gibt einen Überblick über die Resultate, welche sich ergeben, wenn man sowohl zur Bestimmung der Rendite-Mittelwerte als auch zur Schätzung der Sensitivitätskoeffizienten jeweils die Beobachtungen einer bestimmten "Monatsart" ausschließt. Es fällt auf, daß diese Resultate weitgehend den Ergebnissen entsprechen, welche bei Zugrundelegung der zweiten Vorgehensweise (Ermittlung der durchschnittlichen Renditen unter Ausschluß der Daten einer "Monatsart" und Verwendung aller Daten zur Schätzung der Sensitivitätskoeffizienten) erzielt wurden. Auf eine ausführliche Diskussion der Resultate der dritten Vorgehensweise kann deshalb verzichtet werden.[59] Ein spezifisches Ergebnis dieser Vorgehensweise besteht allerdings darin, daß sich bei Ausschluß der August- bzw. September-Renditen in keinem Fall ein signifikanter Risikoprämien-Vektor schätzen läßt.

---

59 Erwähnenswert ist, daß die Anpassungsgüte der geschätzten Regressionsgleichung erneut in allen Teilstichproben (sowohl für k = 3 als auch für k = 5) vergleichsweise hoch ist, wenn die Dezember-Renditen von der Analyse ausgeschlossen werden.

Tab. 6/10: Ergebnisse der Untersuchung monatlicher Saisonalitäten in der Bewertung der APT-Risikofaktoren: Schätzung des Rendite-Mittelwerts unter Ausschluß der Daten einer "Monatsart"[a)]

"Monatsart"	I. 5/1976-4/1991 wöchentl. Renditen		II. 1/1982-4/1991 wöchentl. Renditen		I. 5/1976-4/1991 monatliche Renditen	
	k = 3	k = 5	k = 3	k = 5	k = 3	k = 5
Januar	12,3298*** 0,0804	13,4750** 0,0605	0,4449 -0,0200	1,4853 0,0278	8,8719** 0,0912	21,5946*** 0,1924
Februar	12,8927*** 0,1048	13,6928** 0,0951	1,5283 0,0183	1,0203 0,0012	5,2101 0,0500	17,5981*** 0,1489
März	15,9291*** 0,1538	17,3464*** 0,1282	1,6884 0,0237	1,9093 0,0508	7,3784 0,0614	15,8866*** 0,1494
April	10,8569** 0,1023	12,5580** 0,0910	0,9839 -0,0006	1,0491 0,0029	6,0646 0,0257	10,5167 0,0617
Mai	11,7289*** 0,1285	11,8049** 0,1027	1,4376 0,0152	1,1299 0,0076	8,2525** 0,0764	16,1493*** 0,1454
Juni	14,9848*** 0,1741	14,9216** 0,1483	3,9124** 0,0932	2,7653** 0,0941	6,6537 0,0572	9,9320 0,0902
Juli	12,9177*** 0,1219	16,6366*** 0,1388	0,9738 -0,0009	2,1065 0,0611	8,4870** 0,0467	13,7769** 0,0986
August	8,5553** 0,0635	11,0365 0,0569	1,7753 0,0266	1,0774 0,0045	3,3611 -0,0027	12,1652** 0,0739
September	6,6144 0,0825	10,8505 0,0890	1,1104 0,0039	0,9926 -0,0004	7,1531 0,0331	11,1887** 0,0767
Oktober	8,2331** 0,0894	8,8020 0,0667	0,4248 -0,0207	0,7484 -0,0150	10,7756** 0,1063	17,3076*** 0,1691
November	16,3707*** 0,1615	21,0434*** 0,1581	1,9024 0,0309	1,5591 0,0318	10,2256** 0,0507	20,7315*** 0,1550
Dezember	24,2387*** 0,2305	26,0164*** 0,2243	3,2570** 0,0738	3,7493*** 0,1392	16,9910*** 0,1512	25,9523*** 0,2369
Verwenden aller Daten	12,1037*** 0,1257	13,4720** 0,1021	3,5143** 0,0815	2,6428** 0,0881	6,9265 0,0440	14,0287** 0,1196

a) Zur Schätzung des Regressionsmodells (Regressand: Rendite-Mittelwert; eigentliche Regressoren: Sensitivitätskoeffizienten) wird die OLS-Methode verwendet. 1. Zeile: Wert des Rang-Tests (5/1976-4/1991) bzw. F-Tests (1/1982-4/1991) der Nullhypothese, daß die Sensitivitätskoeffizienten keinen Einfluß auf den Rendite-Mittelwert ausüben [** (***): signifikant zum 5%- (1%-) Niveau; die Statistik des Rang-Tests ist unter H_0 asymptotisch χ^2-verteilt mit k Freiheitsgraden]. 2. Zeile: korrigiertes Bestimmtheitsmaß.

Tab. 6/11: Ergebnisse der Untersuchung monatlicher Saisonalitäten in der Bewertung der APT-Risikofaktoren: Schätzung des Rendite-Mittelwerts und der Sensitivitätskoeffizienten unter Ausschluß der Daten einer "Monatsart"[a)]

"Monatsart"	I. 5/1976-4/1991 wöchentl. Renditen		II. 1/1982-4/1991 wöchentl. Renditen		I. 5/1976-4/1991 monatliche Renditen	
	k = 3	k = 5	k = 3	k = 5	k = 3	k = 5
Januar	14,2823*** 0,1105	15,0283** 0,0891	0,5305 -0,0169	1,4945 0,0283	12,3101*** 0,1376	22,0583*** 0,2051
Februar	13,1066*** 0,1134	13,8985** 0,0977	1,4705 0,0163	0,9834 -0,0010	6,3543 0,0688	16,0535*** 0,1232
März	11,7775*** 0,0727	15,5994*** 0,0980	1,6454 0,0223	2,0425 0,0578	4,9597 0,0342	12,9711** 0,1060
April	7,3112 0,0585	12,8577** 0,0964	1,0949 0,0033	1,0681 0,0040	6,6151 0,0270	10,9385 0,0817
Mai	11,6528*** 0,1268	11,6943** 0,1031	1,1309 0,0046	1,1217 0,0071	10,9935** 0,1156	16,3158*** 0,1481
Juni	14,4926*** 0,1626	15,0590** 0,1543	4,1036*** 0,0987	2,7078** 0,0913	6,5781 0,0604	10,3260 0,1082
Juli	11,5652*** 0,0961	16,3432*** 0,1288	2,0931 0,0372	1,6104 0,0347	4,8400 -0,0007	14,9572** 0,1146
August	4,5478 0,0149	10,6073 0,0527	1,8205 0,0281	1,0588 0,0034	3,4037 0,0009	10,8382 0,0657
September	6,0207 0,0722	11,0331 0,0867	1,3138 0,0110	0,9131 -0,0051	4,5010 -0,0011	8,7765 0,0528
Oktober	8,1509** 0,0781	9,2960 0,0647	0,3968 -0,0218	0,5972 -0,0243	6,9441 0,0390	12,1693** 0,0685
November	14,6567*** 0,1438	20,3234*** 0,1396	2,4636 0,0491	1,5616 0,0320	4,6638 0,0008	19,0481*** 0,1381
Dezember	23,8100*** 0,2290	25,9054*** 0,2266	3,3362** 0,0762	3,7792*** 0,1405	16,1417*** 0,1559	25,4090*** 0,2445
Verwenden aller Daten	12,1037*** 0,1257	13,4720** 0,1021	3,5143** 0,0815	2,6428** 0,0881	6,9265 0,0440	14,0287** 0,1196

a) Zur Schätzung des Regressionsmodells (Regressand: Rendite-Mittelwert; eigentliche Regressoren: Sensitivitätskoeffizienten) wird die OLS-Methode verwendet. 1. Zeile: Wert des Rang-Tests (5/1976-4/1991) bzw. F-Tests (1/1982-4/1991) der Nullhypothese, daß die Sensitivitätskoeffizienten keinen Einfluß auf den Rendite-Mittelwert ausüben [** (***): signifikant zum 5%- (1%-) Niveau; die Statistik des Rang-Tests ist unter H_0 asymptotisch χ^2-verteilt k Freiheitsgraden]. 2. Zeile: korrigiertes Bestimmtheitsmaß.

Festgehalten sei hier, daß die für die Teilstichprobe II (wöchentliche Renditen) erzielten Ergebnisse zumeist eine monatliche Saisonalität in der Bewertung der APT-Risikofaktoren andeuten. Darüber hinaus ist evident, daß sich in allen Teilstichproben eine relativ hohe Erklärungskraft der Sensitivitätskoeffizienten einstellt, wenn die mittleren Renditen entweder nur aus den Dezember-Beobachtungen oder unter Ausschluß dieser Beobachtungen berechnet werden. Die gefundenen Resultate lassen in ihrer Gesamtheit jedoch nicht die Schlußfolgerung zu, daß die statistische Signifikanz des Vektors der faktorenbezogenen Risikoprämien eine monatliche Saisonalität aufweist.

6.3.3 "Out-of-Sample"-Tests der APT-Bewertungsgleichung

Ein "Out-of-Sample"-Test der APT-Bewertungsgleichung wird sowohl für die wöchentlichen Renditen der Teilstichproben I und II als auch für die monatlichen Renditen der Teilstichprobe I vorgenommen. Die verwendeten Risikomaße werden dabei aus den Renditen des Zeitraums Mai 1976 bis Dezember 1987 (Teilstichprobe I) bzw. Januar 1982 bis Dezember 1988 (Teilstichprobe II) geschätzt, während die Ermittlung der durchschnittlichen Aktienrenditen auf den Beobachtungen des Zeitraums Januar 1988 bis April 1991 (Teilstichprobe I) respektive Januar 1989 bis April 1991 (Teilstichprobe II) beruht.[60] Die APT-Bewertungsgleichung wird in den "Out-of-Sample"-Tests entweder mit der OLS- (Gliederungspunkt 6.3.3.1) oder mit der Instrumentalvariablen-Methode geschätzt (6.3.3.2). Die Verwendung von Instrumentalvariablen ist aus Gründen der Datenverfügbarkeit auf jene Regressionsanalysen beschränkt, denen die wöchentlichen Renditen der Teilstichproben I und II zugrunde liegen.

6.3.3.1 OLS-Schätzung

Die Tabelle 6/12 gibt einen Überblick über die Resultate, die sich für die <u>wöchentlichen Renditen der Teilstichprobe I</u> einstellen. Aus der Tabelle geht hervor, daß zwischen den Sensitivitätskoeffizienten und der mittleren Aktienrendite stets ein (sogar zum 0,1%-Niveau) signifikanter linearer Zusammenhang besteht. Dagegen ist die Risikoprämie der Rendite-Standardabweichung, die für den Regressionsansatz 5 geschätzt wird, in beiden

---

[60] Dieser Ansatz, der auf einer Zerlegung der Menge der Zeitreihen-Beobachtungen in zwei Teile basiert, ähnelt der Vorgehensweise, die beispielsweise von Dhrymes u. a. (1985b), S. 663 gewählt wird. Ein alternativer Ansatz wird von Kraus (1985), S. 675 vorgeschlagen.

Tab. 6/12: Ergebnisse der Querschnitts-Regressionsanalysen des Rendite-Mittelwerts auf verschiedene Risikomaße (5/1976-4/1991, wöchentliche Renditen; OLS-Schätzung; "Out-of-Sample"-Test[a])[b])

EIGENTLICHE REGRESSOREN	α_0 [c])	F-TEST[d])	$R^2_{adj.}$	F-TEST[e]) $\sigma(r_i)$	F-TEST[e]) $b_{i1} \dots b_{ik}$
		$k = 0$			
$\sigma(r_i)$		6,0064** (0,0170)	0,0705		
		$k = 3$			
$b_{i1} \dots b_{ik}$	0,0071*** (< 0,0001)	10,0210*** (< 0,0001)	0,2908		
$b_{i1} \dots b_{ik}$ & $\sigma(r_i)$	0,0061** (0,0105)		0,2828	0,2949 (0,5890)	7,4124*** (0,0003)
		$k = 5$			
$b_{i1} \dots b_{ik}$	0,0046*** (0,0049)	8,0617*** (< 0,0001)	0,3485		
$b_{i1} \dots b_{ik}$ & $\sigma(r_i)$	0,0030 (0,2754)		0,3442	0,5992 (0,4419)	6,4259*** (0,0001)

a) Schätzung des Rendite-Mittelwerts: 1/1988-4/1991. Schätzung der Risikomaße: 5/1976-12/1987.

b) ** (***): signifikant zum 5%- (1%-) Niveau. In Klammern ist jeweils das empirische Signifikanzniveau angegeben.

c) 1. Zeile: Schätzwert des Absolutglieds des Regressionsmodells. 2. Zeile: empirisches Signifikanzniveau des t-Tests von H_0: $\alpha_0 = 0$ gegen H_1: $\alpha_0 \neq 0$.

d) Die Nullhypothese besagt, daß die eigentlichen Regressoren keinen Einfluß auf den Rendite-Mittelwert ausüben.

e) Die Nullhypothese besagt, daß die genannte(n) Variable(n) keinen zusätzlichen Beitrag zur Erklärung des Rendite-Mittelwerts leistet (leisten).

Fällen nur zufällig von null verschieden. Die Resultate der Signifikanzprüfungen der (eigentlichen) Regressionskoeffizienten, welche für die betrachtete Teilstichprobe im Rahmen der "Out-of-Sample"-Tests erzielt werden, sind folglich ohne Einschränkung[61] mit der APT-Bewertungsgleichung vereinbar. Darüber hinaus zeigt ein Vergleich der in den

[61] Die signifikante Bewertung der Rendite-Standardabweichung, die sich bei der Schätzung des Regressionsansatzes 1 ergibt, steht, wie schon angemerkt, nicht im Widerspruch zu den Aussagen der APT.

Tabellen 6/12 und 6/1 dargestellten Ergebnisse, daß die Erklärungskraft der Sensitivitätskoeffizienten in den "Out-of-Sample"-Tests jene, die in den entsprechenden "In-Sample"-Tests des Abschnitts 6.2 festgestellt wurde, deutlich übersteigt. So weist das korrigierte Bestimmtheitsmaß des Regressionsansatzes 3 im "Out-of-Sample"-Test eine Höhe von rund 29 (k = 3) bzw. fast 35% (k = 5) auf, während die zugehörigen Determinationskoeffizienten, die bei Durchführung des "üblichen" APT-Tests geschätzt wurden, lediglich 12,5 (k = 3) und rund 10% (k = 5) betragen.

In der Tabelle 6/13 sind die Resultate zusammengestellt, die für die wöchentlichen Renditen der Teilstichprobe II erzielt werden. Es ergibt sich qualitativ ein ähnliches Bild wie bei den zuvor betrachteten Resultaten der Teilstichprobe I (wöchentliche Renditen): Der geschätzte Vektor der faktorenbezogenen Risikoprämien ist in allen Fällen selbst zum 0,1%-Niveau signifikant vom Nullvektor verschieden, wohingegen sich die Standardabweichung der Aktienrendite stets als bewertungsirrelevant erweist. Die korrigierten Bestimmtheitsmaße des bei Gültigkeit der APT korrekt spezifizierten Regressionsansatzes sind jeweils gleich ca. 22% und damit mehr als doppelt so hoch wie die Bestimmtheitsmaße, die sich im Rahmen des entsprechenden "In-Sample"-Tests für den Regressionsansatz 3 ergeben haben.

Die Tabelle 6/14 enthält die Resultate für die monatlichen Renditen der Teilstichprobe I. Aus der Tabelle ist ersichtlich, daß die erzielten Testresultate[62] vor allem bei Zugrundelegung von 5 Risikofaktoren im Einklang mit der APT-Bewertungsgleichung stehen, da der Vektor der faktorenbezogenen Risikoprämien in beiden Regressionsansätzen hochsignifikant vom Nullvektor abweicht. Für den bei Gültigkeit der APT korrekt spezifizierten Regressionsansatz wird darüber hinaus eine signifikante Bewertung der Sensitivitätskoeffizienten des 3-Faktoren-Modells festgestellt, wogegen der zugehörige Risikoprämien-Vektor nicht signifikant vom Nullvektor verschieden ist, wenn zusätzlich die Rendite-Standardabweichung als unabhängige Variable in die Regression aufgenommen wird. Die Standardabweichung der Aktienrendite besitzt stets keinen statistisch relevanten Einfluß auf den Rendite-Mittelwert. Ein Vergleich der in den Tabellen 6/14 und 6/5 dargestellten Resultate zeigt, daß sich auch für diese Teilstichprobe im Rahmen des "Out-of-Sample"-Tests ein stärkerer (linearer) Zusammenhang zwischen den Sensitivitätskoeffizienten und dem Rendite-Mittelwert einstellt, als er im "üblichen" APT-Test des Abschnitts 6.2 be-

---

62 Die Ergebnisse des White-Tests zeigen, daß die Annahme homoskedastischer Störgrößen bezüglich der betrachteten Regressionsmodelle dieser Teilstichprobe stets verletzt ist. Deshalb wird für die Signifikanztests der Regressionskoeffizienten nicht der gebräuchliche Schätzer der Regressionskoeffizienten-Kovarianzmatrix, sondern die Jackknife-Schätzfunktion (6/2) herangezogen.

Tab. 6/13: Ergebnisse der Querschnitts-Regressionsanalysen des Rendite-Mittelwerts auf verschiedene Risikomaße (1/1982-4/1991, wöchentliche Renditen; OLS-Schätzung; "Out-of-Sample"-Test[a])[b]

EIGENTLICHE REGRESSOREN	α_0 [c]	F-TEST[d]	$R^2_{adj.}$	F-TEST[e] $\sigma(r_i)$	F-TEST[e] $b_{i1} \dots b_{ik}$
k = 0					
$\sigma(r_i)$		1,4816 (0,2269)	0,0056		
k = 3					
$b_{i1} \dots b_{ik}$	0,0083*** (< 0,0001)	9,1411*** (< 0,0001)	0,2232		
$b_{i1} \dots b_{ik}$ & $\sigma(r_i)$	0,0095*** (< 0,0001)		0,2190	0,5628 (0,4553)	8,6511*** (< 0,0001)
k = 5					
$b_{i1} \dots b_{ik}$	0,0074*** (< 0,0001)	5,7839*** (0,0001)	0,2196		
$b_{i1} \dots b_{ik}$ & $\sigma(r_i)$	0,0083*** (0,0004)		0,2123	0,2553 (0,6148)	5,4071*** (0,0003)

a) Schätzung des Rendite-Mittelwerts: 1/1989-4/1991. Schätzung der Risikomaße: 1/1982-12/1988.
b) ** (***): signifikant zum 5%- (1%-) Niveau. In Klammern ist jeweils das empirische Signifikanzniveau angegeben.
c) 1. Zeile: Schätzwert des Absolutglieds des Regressionsmodells. 2. Zeile: empirisches Signifikanzniveau des t-Tests von H_0: $\alpha_0 = 0$ gegen H_1: $\alpha_0 \neq 0$.
d) Die Nullhypothese besagt, daß die eigentlichen Regressoren keinen Einfluß auf den Rendite-Mittelwert ausüben.
e) Die Nullhypothese besagt, daß die genannte(n) Variable(n) keinen zusätzlichen Beitrag zur Erklärung des Rendite-Mittelwerts leistet (leisten).

obachtet wurde. Gemessen am korrigierten Bestimmtheitsmaß ist die höhere Erklärungskraft der Sensitivitätskoeffizienten, die innerhalb des "Out-of-Sample"-Tests vorliegt, besonders bei der Extraktion von 5 APT-Risikofaktoren deutlich erkennbar. So weist das korrigierte Bestimmtheitsmaß des Regressionsansatzes 3 im "Out-of-Sample"-Test eine Höhe von rund 24% auf, während der Determinationskoeffizient, der bei Durchführung des entsprechenden "In-Sample"-Tests geschätzt wurde, lediglich 12% beträgt.

Tab. 6/14: Ergebnisse der Querschnitts-Regressionsanalysen des Rendite-Mittelwerts auf verschiedene Risikomaße (5/1976-4/1991, monatliche Renditen; OLS-Schätzung; "Out-of-Sample"-Test[a])[b]

EIGENTLICHE REGRESSOREN	α_0 [c]	F-TEST[d]	$R^2_{adj.}$	F-TEST[e] $\sigma(r_i)$	F-TEST[e] $b_{i1} \ldots b_{ik}$
		k = 0			
$\sigma(r_i)$		2,3712 (0,1283)	0,0204		
		k = 3			
$b_{i1} \ldots b_{ik}$	0,0292*** (0,0081)	2,8350** (0,0447)	0,0770		
$b_{i1} \ldots b_{ik}$ & $\sigma(r_i)$	0,0089 (0,5735)		0,0647	1,5943 (0,2111)	2,6554 (0,0555)
		k = 5			
$b_{i1} \ldots b_{ik}$	0,0172 (0,1737)	5,2664*** (0,0004)	0,2443		
$b_{i1} \ldots b_{ik}$ & $\sigma(r_i)$	-0,0030 (0,8688)		0,2433	1,6701 (0,2007)	5,0920*** (0,0005)

a) Schätzung des Rendite-Mittelwerts: 1/1988-4/1991. Schätzung der Risikomaße: 5/1976-12/1987.

b) ** (***): signifikant zum 5%- (1%-) Niveau. In Klammern ist jeweils das empirische Signifikanzniveau angegeben. Die Tests beruhen auf einem Jackknife-Schätzer der Regressionskoeffizienten-Kovarianzmatrix, der bei heteroskedastischen Störgrößen konsistent ist.

c) 1. Zeile: Schätzwert des Absolutglieds des Regressionsmodells. 2. Zeile: empirisches Signifikanzniveau des t-Tests von H_0: $\alpha_0 = 0$ gegen H_1: $\alpha_0 \neq 0$.

d) Die Nullhypothese besagt, daß die eigentlichen Regressoren keinen Einfluß auf den Rendite-Mittelwert ausüben.

e) Die Nullhypothese besagt, daß die genannte(n) Variable(n) keinen zusätzlichen Beitrag zur Erklärung des Rendite-Mittelwerts leistet (leisten).

Zusammenfassend läßt sich sagen, daß die in diesem Gliederungspunkt vorgenommenen "Out-of-Sample"-Tests der APT-Bewertungsgleichung zu weitgehend homogenen Resultaten geführt haben. Die erzielten Ergebnisse der Signifikanztests deuten fast ausnahmslos eine Bewährung der APT an. Der lineare Zusammenhang zwischen den Sensitivitätskoeffizienten und der mittleren Aktienrendite ist (gemessen am korrigierten Bestimmtheitsmaß des Regressionsansatzes 3) in den "Out-of-Sample"-Tests meist beträchtlich enger als in den "In-Sample"-Tests des Abschnitts 6.2. Speziell für die monatlichen Renditen der Teilstichprobe I ist zu konstatieren, daß die Sensitivitätskoeffizienten des 5-Faktoren-Modells besser zur Erklärung der Variabilität der mittleren Aktienrendite geeignet sind als die Sensitivitätskoeffizienten des Modells mit 3 Faktoren.

6.3.3.2 Instrumentalvariablen-Schätzung

In diesem Abschnitt wird explizit von einem linearen Regressionsmodell mit stochastischen Fehlern in den Regressoren ausgegangen. Entsprechend wird im folgenden zwischen der Matrix $\hat{\mathbf{X}}$ auf der einen Seite, die sich aus den Werten der gemessenen Variablen zusammensetzt, und der Matrix $\mathbf{X}$ auf der anderen Seite, deren Elemente die Ausprägungen der latenten Variablen sind, unterschieden. Das Heranziehen von Instrumentalvariablen eröffnet, wie bereits erwähnt, die Möglichkeit zur konsistenten Schätzung der Parameter des Regressionsmodells. Die prinzipielle Schwierigkeit der Instrumentalvariablen- (IV-) Methode besteht in der Auswahl geeigneter Instrumentalvariablen. Im nächsten Absatz wird gezeigt, daß für die hier durchzuführenden Regressionsanalysen einfache Instrumentalvariablen bekannt sind. Eine IV-Schätzung wird, wie bereits angesprochen, für jedes Regressionsmodell der Teilstichproben I und II (jeweils wöchentliche Renditen) vorgenommen.

Die Realisationen der (echten) Regressoren der Matrix $\hat{\mathbf{X}}$ werden dabei mit den "ungeraden" Beobachtungen der Zeiträume 5/1976-12/1987 (Teilstichprobe I) bzw. 1/1982-12/1988 (Teilstichprobe II) geschätzt, während die Schätzung der Realisationen der analog definierten (echten) Instrumentalvariablen der $(p \times K+1)$-Matrix $\mathbf{Z}$ auf den "geraden" Beobachtungen der genannten Zeiträume beruht. Die aus den beiden Mengen von Zeitreihen-Beobachtungen separat ermittelten Werte der relevanten Risikomaße können natürlich auch genau umgekehrt zugeordnet werden; die aus den "ungeraden" Beobachtungen geschätzten Werte stellen dann die Realisationen der Instrumentalvariablen dar und die Realisationen der Regressoren sind durch die aus den "geraden" Beobachtungen geschätzten Werte gegeben.[63] Von den verwendeten (echten) Instrumentalvariablen wird erwartet, daß sie zum einen mit den "wahren" (eigentlichen) Regressoren hoch korreliert sind. Zum anderen sollen sie - wenigstens in großen Stichproben - keine Korrelation mit

---

[63] Der gewählte Ansatz geht auf Mankiw/Shapiro (1986), S. 456 zurück. Die durchschnittlichen Aktienrenditen werden wie im Gliederungspunkt 6.3.3.1 aus den Beobachtungen der Zeiträume 1/1988-4/1991 (Teilstichprobe I) bzw. 1/1989-4/1991 (Teilstichprobe II) ermittelt.

den stochastischen Meßfehlern aufweisen.[64] Zusätzlich wird im weiteren die Scheinvariable X_{i0} als Instrumentalvariable herangezogen. Die Zahl der Instrumentalvariablen stimmt folglich mit der Zahl der Regressoren überein. Der IV-Schätzer für den Vektor α ist durch

$$\hat{\alpha}_{IV} = (Z'\hat{X})^{-1}Z'y$$

gegeben. Zur Schätzung der Regressionskoeffizienten-Kovarianzmatrix geht man gewöhnlich nach der Gleichung

$$\text{cov}(\hat{\alpha}_{IV}) = s^2(\hat{u})(Z'\hat{X})^{-1}Z'Z(\hat{X}'Z)^{-1}$$

vor, wobei $s^2(\hat{u})$ die durch die entsprechende Anzahl an Freiheitsgraden (p-K) dividierte Summe der Residuenquadrate bedeutet.[65]

Die wesentlichen Ergebnisse, die durch die IV-Schätzung der Regressionsansätze im Rahmen der "Out-of-Sample"-Tests für die beiden betrachteten Teilstichproben erzielt werden, sind in den Tabellen 6/15a bis 6/16b zusammengestellt. Die Tabellen 6/15a und 6/15b enthalten dabei die Resultate der Querschnitts-Regressionsanalysen für die Teilstichprobe I (wöchentliche Renditen). Die Tabelle 6/15a zeigt, daß sich die Unterschiede in der Bewertung der Aktien durch die Sensitivitätskoeffizienten des 5-Faktoren-Modells erklären lassen. So weicht der Vektor der faktorenbezogenen Risikoprämien jeweils signifikant vom Nullvektor ab. Der geschätzte Risikoprämien-Vektor der 3-Faktoren-APT ist dagegen für den Regressionsansatz, in den auch die Rendite-Standardabweichung als Regressor eingeht, nicht signifikant vom Nullvektor verschieden. Aus der Tabelle 6/15a ist ferner ersichtlich, daß die Standardabweichung der Aktienrendite in beiden Fällen keinen zusätzlichen Beitrag zur Erklärung des Rendite-Mittelwerts leistet. Vergleicht man die Tabellen 6/15a und 6/1 hinsichtlich der Anpassungsgüte des "wahren" Regressionsansatzes bei Extraktion von 5 Risikofaktoren, so fällt auf, daß das im hier durchgeführten APT-Test ermittelte Bestimmtheitsmaß deutlich höher ist als der entsprechende Determinationskoeffizient, der im "üblichen" APT-Test des Abschnitts 6.2 geschätzt wurde. Ein Vergleich der Tabellen 6/15a und 6/15b ergibt, daß die bei der IV-Schätzung zu treffende Entscheidung, aus welchen Beobachtungen die Realisationen der echten Regressoren (Instrumentalvariablen) geschätzt werden, keinen nennenswerten Einfluß auf die

---

64 Vgl. Johnston (1984), S. 430, Hübler (1989), S. 230 und Harvey (1994), S. 77.

65 Vgl. etwa Johnston (1984), S. 430 sowie Hübler (1989), S. 230 f.

Tab. 6/15a: Ergebnisse der Querschnitts-Regressionsanalysen des Rendite-Mittelwerts auf verschiedene Risikomaße (5/1976-4/1991, wöchentliche Renditen; IV-Schätzung; "Out-of-Sample"-Test[a])[b]

EIGENTLICHE REGRESSOREN	α_0 [c]	F-TEST[d]	$R^2_{adj.}$	F-TEST[e]	
				$\sigma(r_i)$	$b_{i1} \ldots b_{ik}$
k = 0					
$\sigma(r_i)$		7,0126** (0,0101)	0,0835		
k = 3					
$b_{i1} \ldots b_{ik}$	0,0175*** (0,0031)	2,8765** (0,0425)	0,0786		
$b_{i1} \ldots b_{ik}$ & $\sigma(r_i)$	0,0237 (0,0929)		0,0507	0,4482 (0,5055)	1,5189 (0,2176)
k = 5					
$b_{i1} \ldots b_{ik}$	0,0034 (0,1581)	6,2804*** (0,0001)	0,2857		
$b_{i1} \ldots b_{ik}$ & $\sigma(r_i)$	0,0002 (0,9490)		0,2806	1,5725 (0,2142)	4,3505*** (0,0017)

a) Schätzung des Rendite-Mittelwerts: 1/1988-4/1991. Schätzung der Risikomaße: 5/1976-12/1987 (Schätzung der Regressoren (ohne Scheinvariable): "ungerade" Beobachtungen; Schätzung der analog definierten Instrumentalvariablen (ohne Scheinvariable): "gerade" Beobachtungen).

b) ** (***): signifikant zum 5%- (1%-) Niveau. In Klammern ist jeweils das empirische Signifikanzniveau angegeben.

c) 1. Zeile: Schätzwert des Absolutglieds des Regressionsmodells. 2. Zeile: empirisches Signifikanzniveau des t-Tests von H_0: $\alpha_0 = 0$ gegen H_1: $\alpha_0 \neq 0$.

d) Die Nullhypothese besagt, daß die eigentlichen Regressoren keinen Einfluß auf den Rendite-Mittelwert ausüben.

e) Die Nullhypothese besagt, daß die genannte(n) Variable(n) keinen zusätzlichen Beitrag zur Erklärung des Rendite-Mittelwerts leistet (leisten).

Resultate der Signifikanztests der eigentlichen Regressionskoeffizienten und die geschätzten Bestimmtheitsmaße ausübt. Schließlich ist zu konstatieren, daß beide Vorgehensweisen nur für die 5-Faktoren-Version der APT zu Ergebnissen gelangen, die denen ähneln, die im Gliederungspunkt 6.3.3.1 ("Out-of-Sample"-Tests und OLS-Schätzung) bei Zugrundelegung der wöchentlichen Renditen der Teilstichprobe I erzielt wurden.

Tab. 6/15b: Ergebnisse der Querschnitts-Regressionsanalysen des Rendite-Mittelwerts auf verschiedene Risikomaße (5/1976-4/1991, wöchentliche Renditen; IV-Schätzung; "Out-of-Sample"-Test[a])[b])

EIGENTLICHE REGRESSOREN	α_0 [c])	F-TEST[d])	$R^2_{adj.}$	F-TEST[e]) $\sigma(r_i)$	F-TEST[e]) $b_{i1} \dots b_{ik}$
		$k = 0$			
$\sigma(r_i)$		4,8410** (0,0312)	0,0550		
		$k = 3$			
$b_{i1} \dots b_{ik}$	0,0084*** (< 0,0001)	3,6533** (0,0167)	0,1076		
$b_{i1} \dots b_{ik}$ & $\sigma(r_i)$	0,0065** (0,0406)		0,0971	0,4672 (0,4966)	1,7839 (0,1586)
		$k = 5$			
$b_{i1} \dots b_{ik}$	0,0057*** (0,0027)	5,7824*** (0,0002)	0,2659		
$b_{i1} \dots b_{ik}$ & $\sigma(r_i)$	0,0069** (0,0446)		0,2597	0,1630 (0,6877)	4,4793*** (0,0014)

a) Schätzung des Rendite-Mittelwerts: 1/1988-4/1991. Schätzung der Risikomaße: 5/1976-12/1987 (Schätzung der Regressoren (ohne Scheinvariable): "gerade" Beobachtungen; Schätzung der analog definierten Instrumentalvariablen (ohne Scheinvariable): "ungerade" Beobachtungen).

b) ** (***): signifikant zum 5%- (1%-) Niveau. In Klammern ist jeweils das empirische Signifikanzniveau angegeben.

c) 1. Zeile: Schätzwert des Absolutglieds des Regressionsmodells. 2. Zeile: empirisches Signifikanzniveau des t-Tests von H_0: $\alpha_0 = 0$ gegen H_1: $\alpha_0 \neq 0$.

d) Die Nullhypothese besagt, daß die eigentlichen Regressoren keinen Einfluß auf den Rendite-Mittelwert ausüben.

e) Die Nullhypothese besagt, daß die genannte(n) Variable(n) keinen zusätzlichen Beitrag zur Erklärung des Rendite-Mittelwerts leistet (leisten).

In den Tabellen 6/16a und 6/16b sind die Resultate zusammengefaßt, die sich für die wöchentlichen Renditen der Teilstichprobe II ergeben. Eine nähere Betrachtung der separat dargestellten Resultate führt zu identischen Aussagen: Einen statistisch relevanten Einfluß auf den Rendite-Mittelwert üben nur die Sensitivitätskoeffizienten aus, wobei der

Tab. 6/16a: Ergebnisse der Querschnitts-Regressionsanalysen des Rendite-Mittelwerts auf verschiedene Risikomaße (1/1982-4/1991, wöchentliche Renditen; IV-Schätzung; "Out-of-Sample"-Test[a])[b])

EIGENTLICHE REGRESSOREN	α_0 [c)]	F-TEST[d)]	$R^2_{adj.}$	F-TEST[e)] $\sigma(r_i)$	F-TEST[e)] $b_{i1} \ldots b_{ik}$
			k = 0		
$\sigma(r_i)$		2,3749 (0,1270)	0,0159		
			k = 3		
$b_{i1} \ldots b_{ik}$	0,0080*** (< 0,0001)	7,6244*** (0,0001)	0,1895		
$b_{i1} \ldots b_{ik}$ & $\sigma(r_i)$	0,0103*** (0,0001)		0,1783	0,9752 (0,3262)	6,4949*** (0,0005)
			k = 5		
$b_{i1} \ldots b_{ik}$	0,0064*** (0,0065)	4,8752*** (0,0006)	0,1856		
$b_{i1} \ldots b_{ik}$ & $\sigma(r_i)$	0,0071 (0,0566)		0,1757	0,0964 (0,7570)	4,2135*** (0,0018)

a) Schätzung des Rendite-Mittelwerts: 1/1989-4/1991. Schätzung der Risikomaße: 1/1982-12/1988 (Schätzung der Regressoren (ohne Scheinvariable): "ungerade" Beobachtungen; Schätzung der analog definierten Instrumentalvariablen (ohne Scheinvariable): "gerade" Beobachtungen).

b) ** (***): signifikant zum 5%- (1%-) Niveau. In Klammern ist jeweils das empirische Signifikanzniveau angegeben.

c) 1. Zeile: Schätzwert des Absolutglieds des Regressionsmodells. 2. Zeile: empirisches Signifikanzniveau des t-Tests von H_0: $\alpha_0 = 0$ gegen H_1: $\alpha_0 \neq 0$.

d) Die Nullhypothese besagt, daß die eigentlichen Regressoren keinen Einfluß auf den Rendite-Mittelwert ausüben.

e) Die Nullhypothese besagt, daß die genannte(n) Variable(n) keinen zusätzlichen Beitrag zur Erklärung des Rendite-Mittelwerts leistet (leisten).

Vektor der faktorenbezogenen Risikoprämien in allen Fällen sogar zum 1%-Niveau vom entsprechenden Nullvektor verschieden ist. Die Ergebnisse, die für die Regressionsansätze bei der Extraktion von 3 Risikofaktoren erzielt werden, ähneln dabei den Resultaten, die sich für die 5-Faktoren-Version der APT einstellen. Es lassen sich zudem keine we-

Tab. 6/16b: Ergebnisse der Querschnitts-Regressionsanalysen des Rendite-Mittelwerts auf verschiedene Risikomaße (1/1982-4/1991, wöchentliche Renditen; IV-Schätzung; "Out-of-Sample"-Test[a])[b]

EIGENTLICHE REGRESSOREN	α_0 [c]	F-TEST[d]	$R^2_{adj.}$	F-TEST[e] $\sigma(r_i)$	F-TEST[e] $b_{i1} \ldots b_{ik}$
$k = 0$					
$\sigma(r_i)$		0,7782 (0,3802)	-0,0026		
$k = 3$					
$b_{i1} \ldots b_{ik}$	0,0087*** (< 0,0001)	7,5691*** (0,0001)	0,1882		
$b_{i1} \ldots b_{ik}$ & $\sigma(r_i)$	0,0107*** (< 0,0001)		0,1800	1,3224 (0,2534)	6,8875*** (0,0003)
$k = 5$					
$b_{i1} \ldots b_{ik}$	0,0073*** (0,0007)	4,8276*** (0,0006)	0,1838		
$b_{i1} \ldots b_{ik}$ & $\sigma(r_i)$	0,0100*** (0,0009)		0,1783	1,3360 (0,2510)	4,5360*** (0,0010)

a) Schätzung des Rendite-Mittelwerts: 1/1989-4/1991. Schätzung der Risikomaße: 1/1982-12/1988 (Schätzung der Regressoren (ohne Scheinvariable): "gerade" Beobachtungen; Schätzung der analog definierten Instrumentalvariablen (ohne Scheinvariable): "ungerade" Beobachtungen).

b) ** (***): signifikant zum 5%- (1%-) Niveau. In Klammern ist jeweils das empirische Signifikanzniveau angegeben.

c) 1. Zeile: Schätzwert des Absolutglieds des Regressionsmodells. 2. Zeile: empirisches Signifikanzniveau des t-Tests von H_0: $\alpha_0 = 0$ gegen H_1: $\alpha_0 \neq 0$.

d) Die Nullhypothese besagt, daß die eigentlichen Regressoren keinen Einfluß auf den Rendite-Mittelwert ausüben.

e) Die Nullhypothese besagt, daß die genannte(n) Variable(n) keinen zusätzlichen Beitrag zur Erklärung des Rendite-Mittelwerts leistet (leisten).

sentlichen Unterschiede zu denjenigen Resultaten der analysierten Teilstichprobe ausmachen, die durch die OLS-Schätzung der Regressionsansätze im Rahmen der "Out-of-Sample"-Tests des Abschnitts 6.3.3.1 erzielt wurden.

Die Resultate der mit Hilfe von Instrumentalvariablen durchgeführten "Out-of-Sample"-Tests der APT-Bewertungsgleichung können insgesamt als Bestätigung der APT aufgefaßt werden. Die gefundenen Resultate stimmen ferner mit den Ergebnissen des vorigen Abschnitts, die auf OLS-Schätzungen der Regressionsmodelle beruhen, zu einem hohen Grad überein. Das zur Schätzung der Regressionsmodelle verwendete Verfahren hat für die betrachteten Teilstichproben folglich keinen bedeutenden Einfluß auf die Resultate. Schließlich sei festgehalten, daß sich für die Teilstichprobe I (wöchentliche Renditen) eine Überlegenheit der 5-Faktoren-APT gegenüber der APT-Version mit 3 Faktoren ergibt.

6.4 Zusammenfassung

Die in diesem Kapitel vorgenommene Überprüfung der empirischen Validität der exakten APT-Bewertungsgleichung geht von latenten Risikofaktoren aus und verzichtet dementsprechend auf eine Vorabspezifikation der systematischen Risikofaktoren. Es wird stets die klassische zweistufige Vorgehensweise herangezogen. Die Sensitivitätskoeffizienten der Aktien für die betrachteten 3- und 5-Faktoren-Modelle werden dabei mittels der Maximum-Likelihood-Faktorenanalyse geschätzt. Der Bestimmung der Risikoprämien dienen mehrere Querschnitts-Regressionsanalysen. Die Festlegung der eingesetzten Schätz- und Testverfahren basiert insbesondere auf einer umfassenden Residuenanalyse. Auf der Grundlage der verschiedenen Querschnitts-Regressionsanalysen wird zum einen getestet, ob der Vektor der faktorenbezogenen Risikoprämien dem Nullvektor entspricht; zum anderen wird geprüft, ob unsystematische Risiken bewertungsirrelevant sind. Die hierbei gewonnenen Ergebnisse lassen sich wie folgt zusammenfassen:

(1) Die im Rahmen der "In-Sample"-Tests erzielten Resultate zeigen, daß die APT hinsichtlich der wöchentlichen Renditen der analysierten Teilstichproben zumeist akzeptiert werden kann. Die korrigierten Bestimmtheitsmaße, die für den bei Gültigkeit der APT "wahren" Regressionsansatz geschätzt werden, liegen zwischen 8 und 24%. Diese eher geringe Erklärungskraft der Sensitivitätskoeffizienten ist allerdings insofern zu relativieren, als der Regressand (die durchschnittliche Aktienrendite) besonders in den Regressionsmodellen der Teilstichproben I und II jeweils aus den Beobachtungen eines ziemlich langen Zeitraums berechnet wird.[66] Die sich für die monatlichen Aktienrenditen ergebenden Resultate stehen - abgesehen von denen, die sich

[66] So stellen beispielsweise Shukla/Trzcinka (1991), S. 15 fest, daß die mit ihrem APT-Test einhergehende "Aufgabe", wonach die Sensitivitätskoeffizienten zur Erklärung der Unterschiede zwischen den mittleren (wöchentlichen) Aktienrenditen eines (rund) 20jährigen Zeitraums beitragen sollen, einem "heroic task" gleichkommt.

bei Zugrundelegung des 5-Faktoren-Modells für die Teilstichprobe I einstellen - im Widerspruch zur APT-Bewertungsgleichung.

(2) Die Resultate der Untersuchung, ob die Bewertung der APT-Risikofaktoren einer monatlichen Saisonalität unterliegt, deuten vor allem für die Teilstichprobe II (wöchentliche Renditen) an, daß die statistische Signifikanz des Vektors der faktorenbezogenen Risikoprämien auf dem Einfluß der Daten bestimmter Monate beruht. Bemerkenswert ist ebenfalls, daß die Anpassungsgüte der geschätzten Regressionsgleichungen in allen betrachteten Teilstichproben relativ hoch ist, wenn die Dezember-Renditen von der Ermittlung der durchschnittlichen Renditen ausgeschlossen und gleichzeitig die Sensitivitätskoeffizienten entweder ebenfalls unter Ausschluß der Dezember-Renditen oder aus allen Daten geschätzt werden. Das korrigierte Bestimmtheitsmaß nimmt auch dann hohe Werte an, wenn die durchschnittlichen Renditen nur mittels der Dezember-Renditen berechnet werden, während die Schätzung der Sensitivitätskoeffizienten aus allen Daten vorgenommen wird. Die Gesamtbetrachtung der erzielten Ergebnisse läßt jedoch nicht die Schlußfolgerung zu, daß die Signifikanz des Zusammenhangs zwischen den Sensitivitätskoeffizienten und der mittleren Rendite eine monatliche Saisonalität aufweist.

(3) Die durchgeführten "Out-of-Sample"-Tests zeigen übereinstimmend, daß die APT mit 5 Risikofaktoren hinsichtlich der analysierten Teilstichproben akzeptiert werden kann. Der lineare Zusammenhang zwischen den Sensitivitätskoeffizienten des 5-Faktoren-Modells und der mittleren Aktienrendite ist (gemessen am bereinigten Bestimmtheitsmaß des korrekt spezifizierten Regressionsansatzes) in den "Out-of-Sample"-Tests stets beträchtlich enger als in den entsprechenden "In-Sample"-Tests. So betragen die Schätzwerte des korrigierten Bestimmtheitsmaßes wenigstens 18 und maximal 35%, falls den "Out-of-Sample"-Tests der APT-Bewertungsgleichung das 5-Faktoren-Modell zugrunde gelegt wird. Einige Resultate, die sich für die 3-Faktoren-Version der APT einstellen, sind nicht mit den Aussagen der APT vereinbar. Die zentralen Ergebnisse erweisen sich als relativ robust gegenüber dem zur Schätzung der Regressionsansätze verwendeten Verfahren.

Angesichts des überwiegend signifikanten Einflusses der Sensitivitätskoeffizienten auf den Rendite-Mittelwert und in Anbetracht der häufig insignifikanten Risikoprämie des unsystematischen Risikos lassen sich die Resultate dieses Kapitels alles in allem als Bestätigung der APT interpretieren. Zur Bewertung der betrachteten Aktien scheint dabei eine 5-Faktoren-Version der APT besser geeignet zu sein als die APT mit 3 Risikofaktoren.

7 Zur makroökonomischen Interpretation der APT-Risikofaktoren: Überprüfung der empirischen Validität der APT auf der Grundlage vorabspezifizierter Risikofaktoren

7.1 Einführende Bemerkungen

In diesem Kapitel wird überprüft, ob APT-Risikofaktoren, die mit Hilfe makroökonomischer Variablen vorabspezifiziert werden, zur Erklärung der Preisbildung am deutschen Aktienmarkt beitragen. Eine derartige Untersuchung kann nicht auf den wöchentlichen Renditen der betrachteten Teilstichproben basieren, da die relevanten makroökonomischen Daten, wie bereits mehrfach erwähnt, regelmäßig bestenfalls in monatlicher Periodizität verfügbar sind. Für die monatlichen Renditen der Teilstichprobe II wurde die exakte APT-Bewertungsgleichung in den unterschiedlichen Tests des sechsten Kapitels sowohl für $k = 3$ als für $k = 5$ abgelehnt. Dagegen hat sich für die monatlichen Renditen der Teilstichprobe I bei Zugrundelegung von 5 (latenten) systematischen Risikofaktoren durchweg eine Bewährung der Arbitrage Pricing Theory ergeben. Die für diese Teilstichprobe erzielten Resultate der 3-Faktoren-APT fielen indes weniger eindeutig aus. Da nun die vorliegende Arbeit, wie im vierten Kapitel näher ausgeführt, auf einem sequentiellen Untersuchungsansatz beruht, werden im weiteren ausschließlich die monatlichen Renditen der Teilstichprobe I und APT-Versionen mit jeweils 5 makroökonomischen Risikofaktoren analysiert.

Der Abschnitt 7.2 beschäftigt sich mit der Auswahl derjenigen makroökonomischen Variablen, welche möglicherweise einen Bezug zu den unbekannten APT-Risikofaktoren haben. Die Messung der (entsprechend) vorabspezifizierten Risikofaktoren steht im Mittelpunkt des Abschnitts 7.3. Der an die Beschaffung makroökonomischer Daten (Gliederungspunkt 7.3.1) anknüpfende Meßvorgang i. e. S. sieht eine Separation von erwarteten und unerwarteten Veränderungen vor. Die dabei zu beachtenden Probleme und die gewählten Vorgehensweisen werden im Punkt 7.3.2 ausführlich erörtert. Im Abschnitt 7.3.3 wird zum einen der Frage nachgegangen, ob die ermittelten Zeitreihen die geforderten statistischen Eigenschaften besitzen, zum anderen werden mehrere Faktorenmodelle definiert, welche die Basis der verschiedenen Tests bilden. Die zur Überprüfung der Gültigkeit der konkretisierten APT-Bewertungsaussage verwendeten Ansätze und die erzielten Testresultate werden im Abschnitt 7.4 präsentiert und diskutiert. Der Abschnitt 7.5 ist schließlich der Zusammenfassung der zentralen Ergebnisse dieses Kapitels gewidmet.

7.2 Auswahl der makroökonomischen Variablen

Die Variablenauswahl ist in hohem Maße willkürbehaftet, da sich aus der Arbitrage-Pricing-Theorie keine konkreten Anhaltspunkte für die Faktoren-Spezifizierung ableiten lassen. Eine pragmatische und sachdienliche Vorabspezifikation der systematischen Risikofaktoren wird daher vor allem jene volkswirtschaftlichen Variablen berücksichtigen, die sich in mehreren empirischen APT-Untersuchungen als bewertungsrelevant erwiesen haben.[1] Theoretische oder sachlogische Überlegungen dürfen bei der zu treffenden Auswahlentscheidung dennoch keineswegs in den Hintergrund treten. Darüber hinaus müssen naturgemäß auch die entsprechenden Datenbeschaffungs- und Quantifizierungs-Möglichkeiten beachtet werden, was insbesondere die Wahl von Größen wie die a priori als bedeutsam erscheinende unerwartete Veränderung der politischen Lage ausschließt. Außerdem ist zu betonen, daß die Variablenselektion von vornherein "restriktiv" erfolgen sollte, damit ein sog. data mining vermieden wird. So wäre das alternative Vorgehen, d. h. zunächst eine vergleichsweise große Anzahl makroökonomischer Variablen auszuwählen, um dann letztendlich nur diejenigen Variablen in das Modell aufzunehmen, welche den größten Erklärungsbeitrag für die (Aktien-) Preisbildung besitzen, wenig zweckmäßig. Die zu testende Hypothese, die die Gültigkeit der "exakten" APT sowie die Bewertungsrelevanz der vorabspezifizierten Risikofaktoren behauptet, hätte in diesem Fall nämlich nicht bereits vor Ansicht der Daten (also ex ante) festgestanden, sondern sie würde - zumindest partiell - erst als Resultat derselben (d. h. ex post) formuliert.[2]

Eine auf "theoretischen" Überlegungen beruhende Auswahl der (makro-) ökonomischen Variablen kann anhand des traditionellen Dividenden-Barwertmodells vorgenommen werden. Der Gegenwartspreis einer Aktie ist nach diesem Modell durch den Barwert aller künftig zu erwartenden Dividenden gegeben. Unter der vereinfachenden Annahme, daß für die risikoangepaßten Kalkulationszinsfüße der zukünftigen Perioden die Beziehung

$$k_{t+1} = k_{t+2} = \ldots = k_{t+"\infty"} \equiv k_t$$

---

1 Siehe dazu insbesondere die für den US-amerikanischen Aktienmarkt durchgeführten Studien von Chan/Chen/Hsieh (1985) und Chen/Roll/Ross (1986) sowie den Punkt 3.4.2 dieser Arbeit. Die mit Daten des deutschen Aktienmarkts bislang erzielten Resultate können dagegen nur sehr eingeschränkt als Orientierungshilfe dienen, da speziell Nowak (1994) in seiner umfassenden Untersuchung kaum signifikante Risikoprämien ermittelt, während die von Sauer (1994) vorgelegten Ergebnisse, wie im Abschnitt 3.4.3 erörtert, mit einer gewissen Vorsicht zu betrachten sind.

2 Vgl. zu den Kennzeichen und Folgen eines data mining Krämer/Runde (1993), S. 93 f. Auf ein potentielles data mining im Rahmen der empirischen APT-Forschung weist, wenngleich in einem etwas anderen Kontext, auch Chen (1983), S. 1397 hin.

gilt, bestimmt sich der Preis einer Aktie[3] im Bewertungszeitpunkt t (t = 0, 1, ...) mithin gemäß der folgenden Gleichung:

(7/1) $$P_t = \sum_{h=1}^{\infty} \frac{E(D_{t+h})}{(1+k_t)^h}.$$ [4]

Hierbei bezeichnet P_t den Aktienpreis im Zeitpunkt t, während D_{t+h} die Dividende je Aktie im Zeitpunkt t+h symbolisiert. Die in der Periode (t, t+1) realisierte Aktienrendite ergibt sich aus

$$\frac{P_{t+1} - P_t}{P_t} + \frac{D_{t+1}}{P_t}.$$

Abstrahiert man von einer möglichen Differenz zwischen $E(D_{t+1})$ und D_{t+1}, dann läßt sich ein Abweichen der im Zeitpunkt t+1 realisierten Rendite von der erwarteten Rendite (letztere entspricht dem Quotienten $E(D_{t+1})/P_t$) auf einen Unterschied zwischen P_{t+1} und P_t zurückführen. Für die unerwartete Komponente der Periodenrendite ist somit eine Diskrepanz zwischen dem Aktienpreis zu Beginn der Periode und dem am Ende der Periode verantwortlich. Eine derartige Preisdifferenz ist nun wiederum - gemäß der Gleichung (7/1) - durch eine Änderung der Anlegererwartungen hinsichtlich der künftigen Dividenden und/oder den Ansatz eines sich von k_t unterscheidenden Kalkulationszinsfußes bedingt.[5] Der von der APT postulierte Renditen-Generierungsprozeß beinhaltet die Vorstellung, daß die unter Umständen auftretende Differenz zwischen realisierter und erwarteter Periodenrendite, d. h. die unerwartete Renditekomponente, bei Vernachlässigung der wertpapierspezifischen Störgröße durch den Einfluß einer geringen Anzahl von systematischen Risikofaktoren zustande kommt. Daher kann festgehalten werden, daß jene ökonomischen Variablen, die Veränderungen bezüglich der Dividendenerwartungen bzw. der Höhe des Kalkulationszinsfußes bewirken, potentielle Kandidaten für die APT-Risikofaktoren darstellen. Die maßgeblichen ökonomischen Variablen sind ferner dadurch charakterisiert, daß sie jeweils die Renditen (fast) aller Aktien beeinflussen[6] und zu

---

3 Aus Gründen der Übersichtlichkeit wird im weiteren davon abgesehen, den jeweiligen Größen der betrachteten Aktie den Index i hinzuzufügen.

4 Vgl. etwa Burmeister/Wall (1986), S. 1.

5 Vgl. auch Burmeister/Wall (1986), S. 3 sowie Chen/Roll/Ross (1986), S. 385.

6 "Each APT factor must have a pervasive influence on stock returns." (Berry/Burmeister/McElroy (1988), S. 30.)

Beginn der Periode einen auf die zu diesem Zeitpunkt verfügbare Informationsmenge der Anleger bezogenen (bedingten) Erwartungswert von null aufweisen.[7]

In der vorliegenden Arbeit werden in Anlehnung an die bisherige empirische APT-Forschung, aufgrund der Überlegungen zur Verbindung zwischen Dividenden-Barwertmodell und Faktorenmodell-Annahme sowie unter Berücksichtigung bestehender Operationalisierungs-Möglichkeiten folgende makroökonomischen Risikofaktoren ausgewählt:

1. die unerwartete Veränderung der industriellen Nettoproduktion;
2. die unerwartete Veränderung der Auftragseingänge des Verarbeitenden Gewerbes;
3. die unerwartete Inflationsrate;
4. die Veränderung der erwarteten Inflationsrate;
5. die unerwartete Veränderung der Terminstruktur der Zinssätze;
6. die unerwartete Veränderung des nominalen Wechselkurses der DM gegenüber dem US-Dollar;
7. die unerwartete Veränderung der terms of trade[8].

Die relevante Periode ist ein Monat, d. h. bei den angeführten Veränderungen handelt es sich ohne Ausnahme um monatliche Veränderungen. Es ist evident, daß die ersten beiden Variablen die Dividendenerwartungen der Anleger beeinflussen.[9] Eine unerwartete Veränderung der Inflation ist sowohl für die Erwartungen hinsichtlich der künftigen Dividenden als auch für den anzusetzenden Kalkulationszinsfuß von Bedeutung.[10] Als zusätzlicher Risikofaktor wird, wie in den meisten vergleichbaren APT-Untersuchungen, die Veränderung der antizipierten Inflationsrate verwandt, die immer dann Informationen enthält, die nicht bereits durch die dritte Variable erfaßt sind, wenn die Inflationserwartungen der Anleger nicht allein durch die Vorhersagefehler der Vergangenheit determiniert werden.[11] Die fünfte Variable wirkt hauptsächlich auf den Kalkulationszinsfuß ein.[12] Die Selektion der "inländischen" makroökonomischen Faktoren 1-5 läßt sich offensichtlich mit dem grundlegenden Dividenden-Barwertmodell "begründen", das seiner-

---

7 Vgl. McElroy/Burmeister (1988), S. 38 und Chang (1991), S. 389.

8 Mit dem Begriff "terms of trade" wird das in gleichen Währungseinheiten ausgedrückte Verhältnis zwischen Export- und Importpreisen bezeichnet; vgl. etwa Rose/Sauernheimer (1992), S. 87.

9 Vgl. auch Burmeister/Wall (1986), S. 6.

10 Vgl. Burmeister/Wall (1986), S. 6.

11 Vgl. z. B. Chen/Roll/Ross (1986), S. 388.

12 Vgl. Burmeister/Wall (1986), S. 6 sowie Chen/Roll/Ross (1986), S. 385. Darüber hinaus wird auch ein Einfluß auf die erwarteten Dividendenzahlungen vorliegen, da unerwartete Änderungen der Zinsstruktur naturgemäß Auswirkungen auf die (fremdfinanzierungsbedingten) Kapitalkosten der Unternehmen besitzen; vgl. ebenfalls Burmeister/Wall (1986), S. 6.

seits gewissermaßen unabhängig vom betrachteten Aktienmarkt anwendbar sein sollte.[13] Hingegen ergibt sich die Notwendigkeit zur Berücksichtigung der "internationalen" Variablen 6 und 7 zum einen aus den starken außenwirtschaftlichen Verflechtungen der deutschen Wirtschaft (vor allem aus der beträchtlichen Exportabhängigkeit), zum anderen aus dem großen Einfluß, den ausländische institutionelle Anleger auf den Handel am deutschen Aktienmarkt ausüben.

Der Zinssatz k_t beinhaltet eine Risikoprämie, deren Höhe sowohl vom Ausmaß des Geschäfts- und des finanziellen Risikos des betreffenden Unternehmens als auch von der Risikobereitschaft der Anleger (d. h. vom "Marktpreis des Risikos") abhängt. In den mit Daten des US-amerikanischen Aktienmarkts durchgeführten APT-Untersuchungen stellt daher die unerwartete Veränderung der Prämie für das Bonitätsrisiko grundsätzlich einen der vorabspezifizierten Risikofaktoren dar. Seine Messung setzt insbesondere voraus, daß auf dem jeweiligen Rentenmarkt ausreichend viele Anleihen umlaufen[14], die einem hohen Bonitätsrisiko unterliegen. Für den deutschen Rentenmarkt gilt jedoch als Folge des stark regulierten Marktzugangs, daß neben dem Staat lediglich Unternehmen mit erstklassiger Bonität festverzinsliche Papiere emittieren können.[15] Die (Bonitäts-) Risikoprämie läßt sich deshalb nicht genügend präzise messen, so daß in dieser Arbeit auf die entsprechende Variable verzichtet werden muß.[16] Schließlich ist anzumerken, daß zusätzlich zu den makroökonomischen Risikofaktoren im weiteren ebenfalls die monatliche Rendite des Deutschen Aktienindex (DAX)[17] sowie das gleichgewichtete arithmetische Mittel der monatlichen Renditen jener 67 Aktien, die zur Teilstichprobe I gehören (die Variable EW), betrachtet werden.[18]

---

[13] Das Dividenden-Barwertmodell ist im Schrifttum allerdings keineswegs unumstritten. Seine empirische Gültigkeit wird insbesondere durch die in verschiedenen Untersuchungen ermittelte "zu hohe" Volatilität der realen Aktienkurse massiv in Frage gestellt; vgl. für viele Shiller (1981). Die aus praktischer Sicht maßgeblichen Probleme dieses Bewertungsansatzes werden u. a. von Uhlir/Steiner (1994), S. 105-112 erörtert.

[14] "A well-diversified portfolio is desirable to obtain economy-wide figures." (Hamao (1988), S. 51.)

[15] Vgl. Uhlir/Steiner (1994), S. 58.

[16] Vgl. auch Nowak (1994), S. 149 f.

[17] Vgl. zu den Konstruktionsmerkmalen des DAX u. a. Göppl/Schütz (1992), S. 20 und Uhlir (1995), Sp. 305 f.

[18] Die Gründe für die Hinzunahme eines Aktienindex sollen hier nicht nochmals genannt werden; vgl. die diesbezüglichen Ausführungen des Abschnitts 3.4.1.

7.3 Messung und Eigenschaften der vorabspezifizierten Risikofaktoren

7.3.1 Beschaffung makroökonomischer Daten

Die makroökonomischen Daten sind überwiegend den Beiheften zu den Monatsberichten der Deutschen Bundesbank und mehreren Publikationen des Statistischen Bundesamtes entnommen. Bisweilen wird auch auf den Wirtschaftsteil der Frankfurter Allgemeinen Zeitung zurückgegriffen. Der mittels der Tabelle 7/1 gegebene Überblick über die herangezogenen Basis-Zeitreihen verdeutlicht, daß den weiteren Analyseschritten sowohl di-

Tab. 7/1: Die zur Ermittlung der makroökonomischen Risikofaktoren verwendeten Basis-Zeitreihen im Überblick

SYMBOL	ZEITREIHE	ZEITRAUM	QUELLE
IPI	Index der industriellen Nettoproduktion bzw. Index der Nettoproduktion für das Produzierende Gewerbe [Originalwerte]	12/1969-4/1991	Statistisches Bundesamt
ORI	Index des Auftragseingangs für die Verarbeitende Industrie bzw. Index des Auftragseingangs für das Verarbeitende Gewerbe [Wertindex, Originalwerte]	12/1969-4/1991	Statistisches Bundesamt
CPI	Preisindex für die Lebenshaltung aller privaten Haushalte [Originalwerte]	12/1969-4/1991	Statistisches Bundesamt
TS	Terminstruktur der Zinssätze (Differenz zwischen den geschätzten Umlaufrenditen von Bundesanleihen mit zehnjähriger und einjähriger Restlaufzeit)	4/1976-4/1991	Deutsche Bundesbank
S(USD)	DM/US-Dollar-Wechselkurs (Kassakurs)	5/1976-4/1991	Deutsche Bundesbank
F(USD)	DM/US-Dollar-Wechselkurs (1-Monats-Terminkurs)	4/1976-3/1991	Frankfurter Allgemeine Zeitung
TT	terms of trade (Index der Ausfuhrpreise in Prozent des Index der Einfuhrpreise) [Originalwerte]	12/1969-4/1991	Statistisches Bundesamt

rekt beobachtbare Marktpreise[19] als auch Indexwerte der amtlichen Statistik, wie die Ausprägungen des gewählten Produktionsindex oder die Realisationen des Index der Auftragseingänge des Verarbeitenden Gewerbes, zugrunde liegen. Die erstmalig veröffentlichten Werte der beiden letztgenannten Konjunkturstatistiken haben grundsätzlich vorläufigen Charakter, da sie i. d. R. nachträglich noch etwas revidiert werden. Vorläufige Werte sind für empirische Untersuchungen naturgemäß nur bedingt geeignet, so daß im folgenden stets die endgültigen Werte des Produktions- und des Auftragseingangsindex verwendet werden.

7.3.2 Quantifizierung unerwarteter Veränderungen

Es sind praktikable Meßprozeduren festzulegen, um die unerwarteten Realisationen der ausgewählten makroökonomischen Variablen für den Untersuchungszeitraum Mai 1976 bis April 1991 ermitteln zu können. Zunächst wird von den beobachteten Indexzahlen zu logarithmierten Werten übergegangen, aus denen dann kontinuierliche Wachstumsraten berechnet werden. Die unerwartete Ausprägung (Veränderung) einer beliebigen ökonomischen Variablen ist definitionsgemäß durch die Differenz zwischen dem realisierten Wert und dem erwarteten Wert der betreffenden Variablen gegeben. Der antizipierte Wert ist im Gegensatz zum realisierten jedoch häufig nicht beobachtbar. Die Erwartungen der Marktteilnehmer bezüglich der künftigen Wechselkursentwicklung lassen sich allerdings durch den Terminkurs und damit direkt durch eine beobachtbare Größe messen. Es sei S_t der Kassakurs am Ende des t-ten Monats[20], während ${}_{t-1}F_t$ den entsprechenden 1-Monats-Terminkurs, der am Ende des Vormonats notiert wurde, bezeichnet. Die unerwartete (monatliche) Veränderung des Wechselkurses kann dann wie folgt errechnet werden:

(7/2) $$UDS_t = \ln[S_t] - \ln[{}_{t-1}F_t]\,.$$ [21]

Der Beziehung (7/2) liegt die sog. Terminkurstheorie der Wechselkurserwartung zugrunde, nach der der Terminkurs bei informationseffizienten Devisenmärkten und unter der

---

[19] Hier können speziell die DM/US-Dollar-Kassakurse sowie die entsprechenden 1-Monats-Terminkurse angeführt werden.

[20] Im Rahmen dieser Arbeit handelt es sich um den amtlichen DM/US-Dollar-Mittelkurs (den Preis für einen US-Dollar ausgedrückt in DM).

[21] Vgl. auch Hamao (1988), S. 51 f. und Martinez/Rubio (1989), S. 11.

Prämisse risikoneutraler (sowie rationaler) Marktteilnehmer einen unverzerrten Schätzer des (zugehörigen) künftigen Kassakurses darstellt.[22]

Die Fristigkeitsstruktur der Zinssätze wird in dieser Arbeit durch die Differenz zwischen den effektiven Zinssätzen von Bundesanleihen mit zehnjähriger und einjähriger Restlaufzeit abgebildet.[23] Die eingehende Analyse vor allem der empirischen Autokorrelationen und der empirischen partiellen Autokorrelationen der Ursprungsreihe ergibt, daß die beobachteten Werte relativ gut durch ein Random-Walk-Modell beschrieben werden können. Dementsprechend spricht, besonders vom praktischen Standpunkt aus gesehen, einiges dafür, daß in den Auswertungen des Abschnitts 7.4 unmittelbar mit den ersten Differenzen dieser Zeitreihe gearbeitet wird.[24] Im Gegensatz dazu zeigt die analog durchgeführte Detailanalyse der Reihen Wachstumsrate der industriellen Nettoproduktion, Wachstumsrate der Auftragseingänge des Verarbeitenden Gewerbes sowie Wachstumsrate der terms of trade, daß jeweils bestimmte Regelmäßigkeiten vorhanden sind. Jede der drei Zeitreihen enthält also noch Informationen, die eine (Teil-) Vorhersage "künftiger" Werte aus vergangenen Werten der betreffenden Zeitreihe erlauben. Die genannten Reihen müssen folglich weiteren Transformationen unterzogen werden. Die Zeitreihen (oder gegebenenfalls deren d-te Differenzen) werden dazu jeweils als (endliche) Realisation eines geeignet spezifizierten ARMA-Prozesses aufgefaßt:

(7/3) $$X_t = \phi_1 X_{t-1} + \ldots + \phi_p X_{t-p} + \varepsilon_t - \theta_1 \varepsilon_{t-1} - \ldots - \theta_q \varepsilon_{t-q}\,.$$ [25]

---

[22] Vgl. Gaab (1983), S. 234 und Büschgen (1993), S. 129. Eine Auswertung der bis einschließlich 1980 veröffentlichten empirischen Untersuchungen zur Gültigkeit der Hypothese, daß der Terminkurs ein unverzerrter Prädiktor des zukünftigen Kassakurses ist, findet man bei Gaab (1983), S. 244-250. Einige der neueren empirischen Arbeiten, die sich mit der Güte entsprechender Wechselkursprognosen befassen, werden etwa im Beitrag von MacDonald/Taylor (1992), S. 31 aufgeführt.

[23] Bühler/Schulze (1993) können mit Hilfe faktorenanalytischer Verfahren zeigen, daß sich der überwiegende Teil der Variabilität jener Zinsstrukturen, die von den Autoren für das Segment der von Bund, Bahn und Post emittierten Anleihen geschätzt werden, durch 2 Faktoren erklären läßt. Ihre Studie belegt darüber hinaus, daß ein enger linearer Zusammenhang zwischen dem zweiten Faktor und dem Zinsspread, definiert als Differenz zwischen dem 10-Jahres- und dem 1-Jahres-Zinssatz, besteht. Hingegen ist der erste Faktor u. a. mit dem Zinssatz von Anleihen verbunden, die eine Restlaufzeit von einem Monat aufweisen; ein vergleichbarer Zinssatz soll in der vorliegenden Arbeit zur Bestimmung der erwarteten Inflationsrate verwendet werden. Vgl. zu den beiden letztgenannten Befunden Bühler/Schulze (1993), S. 31 (Tabelle 3).

[24] Vgl. auch Poon/Taylor (1991), S. 626.

[25] Vgl. zur ARIMA-Analyse von Zeitreihen - neben der grundlegenden Monographie von Box/Jenkins (1976) - beispielsweise die Lehrbücher von Pankratz (1983), Vandaele (1983) und Schlittgen/Streitberg (1991).

Die Parameter $\phi_1, ..., \phi_p$ bzw. $\theta_1, ..., \theta_q$ symbolisieren die AR- bzw. MA-Koeffizienten[26], während die Folge der Störgrößen einen White-Noise-Prozeß[27] repräsentiert. Auf eine Modellkonstante kann verzichtet werden, da in allen drei Fällen anstelle der Ausprägungen des jeweiligen Index die entsprechenden Wachstumsraten betrachtet werden, zu deren Berechnung für die Reihe der logarithmierten Indexwerte eine Differenzenbildung erster Ordnung durchgeführt wurde.[28] Die Zeitreihen der beiden "inländischen" realwirtschaftlichen Variablen, Veränderung der industriellen Nettoproduktion und Veränderung der Auftragseingänge des Verarbeitenden Gewerbes, weisen neben nichtsaisonalen Abhängigkeiten auch ein ausgeprägtes zyklisches Verhalten auf. Es liegt nahe, die saisonale Komponente wiederum durch einen ARIMA-Prozeß zu modellieren.[29] Die Bereinigung der Zeitreihen von den saisonalen Einflüssen wird also in die Box-Jenkins-Analyse integriert. Für die beiden Variablen ergibt sich ein multiplikatives saisonales ARIMA-Modell der Ordnung $(p, d, q) \times (P, D, Q)_s$.[30]

Zur Anpassung eines ARMA-Modells an eine *stationäre* Zeitreihe wird dreistufig vorgegangen. Ausgangspunkt der Box-Jenkins-Analyse von Zeitreihen ist die Phase der Modellspezifikation. In dieser Phase werden die Ordnungen p und q (sowie P und Q) festgelegt. An die Identifizierung des Modelltyps schließt sich die Phase der Modellschätzung an, während die dritte und letzte Phase die Überprüfung der Gültigkeit des geschätzten Modells beinhaltet. Charakteristisch für den Box-Jenkins-Ansatz ist sein iteratives Vorgehen. Deuten die Resultate der Modellschätzung und besonders die der Modelldiagnose an, daß ein fehlspezifiziertes Modell gewählt wurde, so ist erneut der erste Analyseschritt vorzunehmen.[31] Liegt schließlich ein adäquates ARMA- bzw. ARIMA-Modell vor, dann läßt sich dieses zur Prognose künftiger Werte verwenden. Man kann zeigen, daß (korrekt

---

26 Die Ordnung des AR-Teils wird mithin, wie im einschlägigen Schrifttum üblich, mit p bezeichnet, obwohl der betreffende Buchstabe in dieser Arbeit (ansonsten) grundsätzlich die Aktienanzahl verkörpert.

27 Unter einem White-Noise-Prozeß versteht man gewöhnlich eine Folge von unkorrelierten Zufallsvariablen mit einem Erwartungswert von null und konstanter Varianz; vgl. etwa Box/Jenkins (1976), S. 46 sowie Harvey (1994), S. 22. Enger gefaßte Definitionen finden sich beispielsweise bei Pankratz (1983), S. 49 oder Schlittgen/Streitberg (1991), S. 71.

28 Überführt man eine gegebene Zeitreihe durch Anwendung adäquater Differenzenfilter in eine stationäre Reihe, so besitzt letztere regelmäßig einen Mittelwert von null; vgl. Pankratz (1983), S. 28.

29 Hingegen nehmen etwa Chan/Chen/Hsieh (1985) eine der eigentlichen Analyse vorgelagerte Saisonbereinigung vor. Ihre einfache Form der Saisonbereinigung hat mit dem hier gewählten Vorgehen gemeinsam, daß sie ausschließlich auf Informationen basiert, die den Investoren zum Bereinigungszeitpunkt tatsächlich zur Verfügung standen; vgl. Chan/Chen/Hsieh (1985), S. 453.

30 Für die zugrundeliegenden Monatsdaten gilt bei jährlichen Saisonfiguren $s = 12$.

31 Vgl. zu einer ausführlichen Darstellung der einzelnen Schritte der Modellanpassung etwa Pankratz (1983) oder Schlittgen/Streitberg (1991).

spezifizierte) univariate ARIMA-Modelle insofern *im Durchschnitt* optimale Prognosen liefern, als kein anderes univariates Prognosemodell zu einem geringeren mittleren quadratischen Vorhersagefehler führt.[32] Die (optimale) 1-Schritt-Prognose von X_{t+1} im Prognosezeitpunkt t, $X_t(1)$, die dem bedingten Erwartungswert von X_{t+1} bei gegebenen Beobachtungen x_t, x_{t-1}, ... entspricht, lautet gemäß der Definitionsgleichung (7/3) wie folgt:

$$X_t(1) = \hat{\phi}_1 x_t + \ldots + \hat{\phi}_p x_{t+1-p} - \hat{\theta}_1 \hat{\varepsilon}_t - \ldots - \hat{\theta}_q \hat{\varepsilon}_{t+1-q} .$$

Die Prognosefehler der 1-Schritt-Prognosen, d. h. die (geschätzten) Modellresiduen[33], sind gerade die unerwarteten Veränderungen und damit die maßgeblichen Ausprägungen der betreffenden makroökonomischen Variablen.

In mehreren APT-Studien wird die Schätzung der Parameter des ARIMA-Modells lediglich einmal ausgeführt, und zwar unter Verwendung aller Zeitreihen-Beobachtungen der jeweiligen Variablen. Dieses Vorgehen bedeutet genaugenommen, daß die ex post Prognose im Zeitpunkt t nicht allein auf Vergangenheitswerten beruht, sondern (implizit) auch "zukünftige" Werte der Variablen einbezieht. Mit diesen "In-Sample"-Vorhersagen kann dem zu lösenden Meßproblem jedoch kaum sinnvoll begegnet werden, da man zur (ex post) Schätzung der erwarteten Werte folglich zwangsläufig auch Informationen nutzt, die den Anlegern in den entsprechenden Zeitpunkten definitiv nicht zur Verfügung gestanden haben.[34] Deshalb werden in der vorliegenden Arbeit ausschließlich "Out-of-Sample"-Prognosen erstellt. Zu diesem Zweck wird dem Vorschlag von Poon/Taylor (1991) gefolgt, der eine rollierende Schätzung des betreffenden ARIMA-Modells vorsieht. Konkret wird dergestalt vorgegangen, daß zur jeweiligen Schätzung der Modellparameter grundsätzlich 84 vergangene Werte der zu prognostizierenden Variablen herangezogen werden.[35] Dabei handelt es sich stets um die "aktuellsten" Beobachtungen, die

[32] Vgl. Box/Jenkins (1976), S. 127 f. Allerdings ist einschränkend anzumerken, daß als "Vergleichsobjekte" lediglich Prognoseverfahren zugelassen sind, die Vorhersagewerte als lineare Funktion vergangener Werte der betrachteten Variablen sowie unter Zugrundelegung von festen (im Zeitablauf konstanten) Modellkoeffizienten bestimmen; vgl. Pankratz (1983), S. 259. Ferner sei nochmals betont, daß die Optimalitätseigenschaft der mit Hilfe von ARIMA-Modellen erstellten Prognosen nur dann gilt, wenn die Alternativenmenge auf univariate Prognosemodelle beschränkt ist.

[33] Vgl. Box/Jenkins (1976), S. 129.

[34] Nicht zuletzt aufgrund der geschilderten Überlegung wurden im Rahmen der Datenbeschaffung keine saisonbereinigten Basis-Zeitreihen gewählt, da die von den maßgeblichen Institutionen (Deutsche Bundesbank und Statistisches Bundesamt) eingesetzten Verfahren zur Saisonbereinigung auch "zukünftige" Werte verwenden, um die endgültigen Saisonkomponenten der einzelnen Monate zu ermitteln. Eine ähnliche Position vertritt beispielsweise Chen (1991), S. 531: "Seasonally unadjusted data avoid the use of future data in the seasonal adjustment. This consideration is important when the constructed variable is used for extracting ex ante expectations."

[35] Poon/Taylor (1991) führen die Modellanpassung mit 60 Beobachtungen durch.

zum Prognosezeitpunkt verfügbar waren. Für jede Variable wird schließlich aus den tatsächlichen Realisationen des Zeitraums Mai 1976 bis April 1991 und den zugehörigen 1-Schritt-Prognosen eine Zeitreihe mit insgesamt 180 Prognosefehlern gebildet.

Für die Reihen Wachstumsrate der industriellen Nettoproduktion, Wachstumsrate der Auftragseingänge des Verarbeitenden Gewerbes sowie Wachstumsrate der terms of trade wird - wie im vorigen Absatz näher ausgeführt - jeweils 180-mal ein passendes ARIMA-Modell identifiziert und geschätzt. Die Vielzahl der auf diese Weise ermittelten Resultate kann hier zwangsläufig weder vollständig dokumentiert noch umfassend erörtert werden. Auf einige besondere Aspekte und Ergebnisse der Modellanpassung sei allerdings im Detail hingewiesen:

1. Bei der Modellspezifikation wird insbesondere das Prinzip der Sparsamkeit beachtet. Der endgültigen Festlegung des Modelltyps liegen darüber hinaus gebräuchliche Modell-Selektionskriterien, wie das Akaike-Informationskriterium, und jene Resultate zugrunde, die sich im Rahmen der Modelldiagnose einstellen. Letztere wird hauptsächlich mittels verschiedener Tests vorgenommen, die auf der Reihe der Modellresiduen basieren. Die entsprechenden Analysen zeigen für die Zeitreihe der Veränderung der Auftragseingänge, daß es geboten ist, zwei unterschiedliche ARIMA-Modelle zu wählen. So wird zur Prognose der Werte des Zeitraums Mai 1976 bis Juni 1985 ein ARIMA-Modell der Ordnung $(0, 0, 1) \times (1, 0, 0)_{12}$ verwandt, das für die anderen 1-Schritt-Prognosen um den Term $\phi_3 X_{t-3}$ erweitert wird. Für den zweiten Teilzeitraum (Juli 1985 bis April 1991) ergibt sich damit ein ARIMA$(3, 0, 1) \times (1, 0, 0)_{12}$-Modell, dessen AR-Koeffizienten ϕ_1 und ϕ_2 von vornherein gleich null gesetzt werden. Hingegen beruhen die 1-Schritt-Prognosen der Wachstumsrate der industriellen Nettoproduktion respektive der Veränderung der terms of trade durchgängig auf einem ARIMA-Modell der Ordnung $(2, 0, 0) \times (2, 1, 0)_{12}$ bzw. auf einem ARIMA(1, 0, 0)-Modell.
2. Die Resultate der Signifikanzprüfung der Modellkoeffizienten sind eindeutig; sowohl die geschätzten AR- als auch die geschätzten MA-Parameter der jeweiligen ARIMA-Modelle weichen überwiegend hochsignifikant von null ab.[36] Um einen Eindruck von den numerischen Werten der betreffenden Schätzungen zu vermitteln, seien nachfolgend jene AR- und MA-Koeffizienten präsentiert, die bei Zugrundelegung der Beob-

36 Faktisch identische Testresultate werden erzielt, wenn die Anpassung der ARIMA-Modelle unter Berücksichtigung einer Konstanten durchgeführt wird. Für das Absolutglied ergeben sich dagegen keine auf dem 5%-Niveau signifikanten Schätzwerte.

achtungen des Untersuchungszeitraums Mai 1976 bis April 1991 geschätzt werden[37] (in runden Klammern ist jeweils der zugehörige Wert des t-Tests angegeben):

industrielle Produktion: $\hat{\phi}_1 = -0{,}980\ (-16{,}210)$, $\hat{\phi}_2 = -0{,}602\ (-9{,}829)$,
$\hat{\Phi}_1 = -0{,}361\ (-4{,}853)$, $\hat{\Phi}_2 = -0{,}326\ (-4{,}278)$;

Auftragseingänge: $\hat{\theta}_1 = 0{,}705\ (10{,}586)$, $\hat{\Phi}_1 = 0{,}693\ (10{,}456)$
[Mai 1976 bis Juni 1985] bzw.
$\hat{\phi}_3 = 0{,}343\ (2{,}875)$, $\hat{\theta}_1 = 0{,}813\ (11{,}282)$, $\hat{\Phi}_1 = 0{,}729\ (9{,}328)$
[Juli 1985 bis April 1991];

terms of trade: $\hat{\phi}_1 = 0{,}543\ (8{,}673)$.

Die (rollierend) geschätzten AR- und MA-Parameter genügen darüber hinaus durchweg den Bedingungen, welche die Stationarität sowie die Invertierbarkeit des stochastischen Prozesses gewährleisten.[38] Zudem bestehen zwischen den Schätzungen regelmäßig keine hohen Korrelationen.[39]

Zur Quantifizierung der erwarteten Inflationsrate wird auf den Ansatz von Fama/Gibbons (1984) zurückgegriffen.[40] Die Autoren gehen von der bekannten Fisher-Gleichung für den - am Ende des Monats t-1 geltenden - risikolosen Nominalzins (r_{ft-1}) aus, wonach sich dieser als Summe der erwarteten realen Rendite, $E(R_{ft})$, und der erwarteten Inflationsrate, $E(I_t)$, ergibt. Sie unterstellen bezüglich der erwarteten realen Rendite einen Random Walk. Bezeichnet w_t [$\equiv E(I_t) - I_t$] die unerwartete reale Rendite des t-ten Monats, dann resultiert für die Differenz der tatsächlichen realen Renditen zweier aufeinanderfolgender Monate die Beziehung

$$(7/4) \qquad (r_{ft-1} - I_t) - (r_{ft-2} - I_{t-1}) = E(R_{ft}) - E(R_{ft-1}) + w_t - w_{t-1}\,.$$

Die durch die erste Differenz auf der rechten Seite der Gleichung (7/4) gegebene Folge von Zufallsvariablen stellt annahmegemäß einen White-Noise-Prozeß dar, während die

---

[37] Die Schätzung des ARIMA-Modells für die Zeitreihe der Wachstumsrate der industriellen Nettoproduktion basiert wegen des Datenverlusts, der mit der saisonalen Differenzenbildung 1. Ordnung einhergeht, auf dem Zeitraum Mai 1975 bis April 1991. Des weiteren sei noch einmal ausdrücklich darauf hingewiesen, daß die Koeffizienten dieser "full sample period ARIMA models" (Poon/Taylor (1991), S. 627) nicht zur Erstellung der 1-Schritt-Prognosen herangezogen werden.

[38] Vgl. bezüglich einer zusammenfassenden Übersicht über die konkreten Restriktionen, die den AR- sowie den MA-Koeffizienten einfacher ARMA-Prozesse auferlegt werden müssen, Pankratz (1983), S. 299.

[39] Vgl. dazu etwa Pankratz (1983), S. 202 f.

[40] Vgl. Fama/Gibbons (1984), S. 329-332. Burmeister/Wall/Hamilton (1986) schlagen als alternative Methode zur Ermittlung der erwarteten Inflationsrate den sog. Kalman-Filter vor.

Reihe der Differenz aus w_t und w_{t-1} als Realisierung eines (wegen $\theta_1 = 1$ nicht invertierbaren) MA(1)-Prozesses interpretiert werden kann, sofern sich die unerwartete Komponente der realen Rendite als White-Noise-Prozeß modellieren läßt. In diesem Fall erhält man insgesamt einen MA(1)-Prozeß,

$$(r_{ft-1} - I_t) - (r_{ft-2} - I_{t-1}) = \varepsilon_t - \theta_1 \varepsilon_{t-1} ,$$

dessen Schätzung die Ermittlung der Zeitreihe des erwarteten Realzinses gestattet.[41] Die am Ende des Monats t-1 für den t-ten Monat erwartete Inflationsrate wird letztlich gemessen, indem man den zugehörigen Schätzwert der erwarteten realen Rendite von dem Nominalzins subtrahiert, der im Zeitpunkt t-1 beobachtet wird. Um den US-amerikanischen Untersuchungen, die als Stellvertreter für die kurzfristige risikolose Rendite durchweg den Zinssatz von einmonatigen Treasury-bills verwenden, weitgehend zu entsprechen, wird hier der Zinssatz für Monatsgeld herangezogen. Die in dieser Arbeit gewählte Umsetzung des Ansatzes von Fama/Gibbons (1984) unterscheidet sich jedoch in zweierlei Hinsicht von der konventionellen Vorgehensweise: Erstens finden sich in den Korrelogrammen der Zeitreihe des tatsächlichen Realzinssatzes sowie der mittels gewöhnlicher und saisonaler Differenzenbildung 1. Ordnung gefilterten Realzins-Reihe deutliche Hinweise dafür, daß der tatsächliche Realzins weniger einem ARIMA(0, 1, 1)-Prozeß, als vielmehr einem ARIMA-Prozeß der Ordnung $(0, 1, 1) \times (0, 1, 1)_{12}$ folgt.[42] Zweitens werden die Werte des erwarteten Realzinssatzes generiert, indem das betreffende ARIMA-Modell[43] - analog zum weiter oben beschriebenen Vorgehen - rollierend geschätzt wird.[44] Die Zeitreihen der beiden betrachteten Inflationsvariablen (unerwartete

---

41 Vgl. zur Abhängigkeit der Höhe des zu schätzenden MA-Parameters von den beiden "Input"-Prozessen Fama/Gibbons (1984), S. 331. Siehe zur Überlagerung von ARMA-Prozessen, die hier prinzipiell gegeben ist, etwa Schlittgen/Streitberg (1991), S. 109.

42 Die saisonalen Schwankungen der Veränderung des tatsächlichen Realzinses resultieren dabei aus der Saisonfigur, die in der Zeitreihe der monatlichen Inflationsrate vorhanden ist. Die Reihe der Veränderung des Nominalzinssatzes kann hingegen approximativ als Realisierung eines White-Noise-Prozesses aufgefaßt werden.

43 Hafer/Hein (1990) wählen ebenfalls ein ARIMA(0, 1, 1) × (0, 1, 1)-Modell für den tatsächlichen (monatlichen) Realzins, der von den Autoren als Differenz zwischen einem 1-Monats-Nominalzinssatz des Euro-DM-Markts und der kontinuierlichen (monatlichen) Wachstumsrate des bundesdeutschen Konsumentenpreisindex definiert wird. Vgl. zu den wesentlichen Ergebnissen ihrer Modellschätzung, die auf Beobachtungen des Zeitraums Juni 1967 bis Dezember 1977 basiert, Hafer/Hein (1990), S. 9 (Tabelle 4).

44 Werden der Modellschätzung alle Beobachtungen des Zeitraums April 1975 bis April 1991 zugrunde gelegt, so ergibt sich für den Koeffizienten θ_1 ein Schätzwert von 0,752, während der Schätzwert des Parameters Θ_1 0,802 beträgt.

Inflationsrate und Veränderung der erwarteten Inflationsrate) werden schließlich anhand der im gegebenen Zusammenhang üblichen Definitionsgleichungen gebildet.[45]

Einen zusammenfassenden Überblick über die Vorgehensweisen, die in der vorliegenden Untersuchung zur Ermittlung der volkswirtschaftlichen Risikofaktoren gewählt werden, bietet die Tabelle 7/2. Die Tabelle enthält außerdem die Kürzel, mit denen die makroökonomischen Risikofaktoren nachfolgend grundsätzlich bezeichnet werden. Die Überprüfung der Bewertungsrelevanz dieser Risikofaktoren setzt voraus, daß sich die unerwarteten Ausprägungen der volkswirtschaftlichen Variablen mit Hilfe der verwendeten Ansätze hinreichend genau approximieren lassen. Der nächste Abschnitt beschäftigt sich daher u. a. mit der Frage, ob die entsprechende Prämisse als Arbeitshypothese beibehalten werden kann.

7.3.3 Statistische Eigenschaften der Risikofaktoren

Die Tabellen 7/3 und 7/4 vermitteln einen Eindruck von den statistischen Eigenschaften der vorabspezifizierten Risikofaktoren. Für die gebildeten Zeitreihen lassen sich vor dem Hintergrund, daß die APT-Risikofaktoren jeweils einen bedingten Erwartungswert von null besitzen müssen, zwei grundlegende Anforderungen formulieren[46]: Erstens muß der Mittelwert jeder Zeitreihe gleich null sein, zweitens dürfen die Zeitreihen keine (hohen) Autokorrelationen aufweisen. Die Tabelle 7/3, in der einige deskriptive Statistiken für die Risikofaktoren zusammengestellt sind, zeigt, daß die durchschnittlichen Zeitreihen-Ausprägungen - mit Ausnahme des zeitlichen Mittelwerts der Variablen EW - zum 5%-Niveau nicht signifikant von null verschieden sind. Weiterhin geht aus der Tabelle hervor, daß die makroökonomischen Risikofaktoren - im Gegensatz zu den ("nicht makroökonomischen") Variablen DAX und EW - annähernd der Normalverteilungs-Prämisse genügen. Die Tabelle 7/4 gibt Auskunft darüber, inwieweit die Zeitreihen der vorabspezifizierten Risikofaktoren Autokorrelation aufweisen. Aus der Tabelle wird ersichtlich, daß die meisten Faktoren nicht seriell korreliert sind. So ist die überwiegende Zahl der empirischen Autokorrelationen bei einer Irrtumswahrscheinlichkeit von 5% nicht signifikant von null verschieden. Zudem deutet der Box-Ljung-Test lediglich für die Zeitreihen UDIP, UDOR und DEINF an, daß die Autokorrelationskoeffizienten $\rho(i)$, $i = 1, ..., 24$,

45 Vgl. dazu die diesbezüglichen Angaben der Tabelle 7/2. Im übrigen sei darauf hingewiesen, daß die ermittelte unerwartete Inflationsrate zwangsläufig vollkommen negativ mit der nicht antizipierten Veränderung des (einmonatigen) Realzinssatzes korreliert ist; vgl. Chen/Roll/Ross (1986), S. 388.

46 Vgl. Chang (1991), S. 389 f.

Tab. 7/2: Überblick über die Ermittlung der makroökonomischen Risikofaktoren (5/1976-4/1991, monatliche Werte)

SYMBOL	VARIABLE	INPUT[a)]	(GGF.) ZWISCHEN-SCHRITT	DEFINITIONS-/ ERMITTLUNGSGLEICHUNG[b)]
UDIP	unerwartete Veränderung der industriellen Nettoproduktion	IPI_t	$DIP_t = \ln[IPI_t/IPI_{t-1}]$	$UDIP_t =$ Residuum eines ARIMA-Modells der Ordnung $(2, 0, 0) \times (2, 1, 0)_{12}$ für DIP_t
UDOR	unerwartete Veränderung der Auftrags-eingänge des Verarbeitenden Gewerbes	ORI_t	$DOR_t = \ln[ORI_t/ORI_{t-1}]$	$UDOR_t =$ Residuum eines ARIMA-Modells der Ordnung $(0, 0, 1) \times (1, 0, 0)_{12}$ (1.-110. Beobachtung) bzw. der Ordnung $(3, 0, 1) \times (1, 0, 0)_{12}$ [mit $\phi_1 = 0, \phi_2 = 0$] (111.-180. Beob.) für DOR_t
UINF	unerwartete Inflationsrate	CPI_t	$INF_t = \ln[CPI_t/CPI_{t-1}]$ $E(INF_t)$: Berechn. nach Fama/Gibbons (1984)	$UINF_t = INF_t - E(INF_t)$
DEINF	Veränderung der erwarteten Inflationsrate	CPI_t	(siehe UINF)	$DEINF_t = E(INF_{t+1}) - E(INF_t)$
DTS	Veränderung der Terminstruktur der Zinssätze	TS_t	------	$DTS_t = TS_t - TS_{t-1}$
UDUSD	unerwartete Veränderung des DM/US-Dollar-Wechselkurses	$S_t(USD)$ $_{t-1}F_t(...)$	------	$UDUSD_t = \ln[S_t(USD)/_{t-1}F_t(USD)]$
UDTT	unerwartete Veränderung der terms of trade	TT_t	$DTT_t = \ln[TT_t/TT_{t-1}]$	$UDTT_t =$ Residuum eines ARIMA-Modells der Ordnung (1, 0, 0) für DTT_t

a) Hinsichtlich der Bedeutung der Symbole wird auf die Tabelle 7/1 verwiesen.

b) UDIP, UDOR und UDTT sind die Prognosefehler der 1-Schritt-Prognosen von DIP, DOR und DTT, wobei die entsprechenden ARIMA-Modelle grundsätzlich nur mit den aktuellsten 84 Beobachtungen dieser Größen, die zum Zeitpunkt der Prognose verfügbar sind, geschätzt werden.

Tab. 7/3: Deskriptive Statistiken für die vorabspezifizierten Risikofaktoren (5/1976-4/1991, monatliche Werte)[a)]

ZEITREIHE	MITTELWERT[b)]	STANDARD-ABWEICHUNG[b)]	SCHIEFE	WÖLBUNG	STUDENT. SPANNWEITE
UDIP	0,0429	4,1758	-0,3004	3,1433	5,9732
UDOR	0,3692	5,5097	-0,3875**	3,2062	5,9724
UINF	-0,0099	0,2398	0,3167	3,6750	5,7123
DEINF	-0,0014	0,2355	0,0457	3,2382	5,8972
DTS	-0,0018	0,0237	0,0496	4,0827**	6,4726
UDUSD	0,0738	3,5057	0,1530	4,0234**	6,4097
UDTT	0,0427	0,8858	0,2599	3,5563	6,2067
DAX	0,7354	5,2170	-0,4900***	5,8841***	7,2319***
EW	1,0670***	4,6629	-0,8180***	6,1534***	6,8839**

a) UDIP: unerwartete Veränderung der industriellen Nettoproduktion; UDOR: unerwartete Veränderung der Auftragseingänge des Verarbeitenden Gewerbes; UINF: unerwartete Inflationsrate; DEINF: Veränderung der erwarteten Inflationsrate; DTS: Veränderung der Terminstruktur der Zinssätze; UDUSD: unerwartete Veränderung des DM/US-Dollar-Wechselkurses; UDTT: unerwartete Veränderung der terms of trade; DAX: monatliche Rendite des Deutschen Aktienindex; EW: gleichgewichtetes arithmetisches Mittel der monatlichen Renditen jener 67 Aktien, die zur Teilstichprobe I gehören. Es bedeuten ** signifikant zum 5%-Niveau, *** signifikant zum 1%-Niveau [einfacher t-Test von H_0: $\mu = 0$ gegen H_1: $\mu \neq 0$ sowie 3 Tests auf Normalverteilung (Test der Schiefe, Test der Wölbung und Studentized-Range-Test)].

b) Die Ausprägungen sind mit 10^{-2} zu multiplizieren.

nicht alle gleich null sind. Bezieht man in den Box-Ljung-Test nur die ersten 12 Autokorrelationen ein, dann lehnt dieser die Nullhypothese fehlender Autokorrelation zum 5%-Niveau allein für die Reihe DEINF ab. Die betreffende Zeitreihe ist dabei durch ein ausgeprägtes zyklisches Verhalten gekennzeichnet, da besonders die Autokorrelationskoeffizienten 12., 24. und 36. Ordnung[47] (absolut gesehen) große Schätzwerte anneh-

47 In der APT-Studie von Hamao (1988) ergibt sich dagegen eine ähnlich hohe Autokorrelation zum Lag 12 für die unerwartete Inflationsrate. Die saisonalen Schwankungen der tatsächlichen Inflationsrate kommen daher nicht bzw. nur unzureichend in der von Hamao - mittels des Ansatzes von Fama/Gibbons (1984) - konstruierten erwarteten Inflationsrate zum Ausdruck; vgl. Hamao (1988), S. 55.

Tab. 7/4: Autokorrelationen der vorabspezifizierten Risikofaktoren (5/1976-4/1991, monatliche Werte)[a)]

ZEITREIHE	AUTOKORRELATION ZUM LAG												BOX-LJUNG-T. (LAG 12)[b)]	BOX-LJUNG-T. (LAG 24)[b)]
	1	2	3	4	5	6	7	8	9	10	11	12		
UDIP	-0,094	-0,050	-0,056	-0,097	-0,007	0,010	-0,036	0,018	0,144	-0,117	0,047	-0,040	12,045	34,490**
UDOR	-0,090	-0,033	0,058	-0,155	0,066	0,109	-0,110	0,036	-0,019	-0,133	0,073	-0,010	16,921*	36,344**
UINF	0,081	-0,066	-0,090	-0,058	-0,133	-0,131	-0,056	0,063	0,063	0,005	0,094	-0,040	14,763	23,092
DEINF	-0,184	-0,153	-0,019	0,025	0,060	-0,478	0,146	0,005	-0,004	-0,096	-0,013	0,572	124,133***	221,849***
DTS	0,171	0,123	0,053	0,025	0,061	-0,053	-0,030	-0,007	-0,055	0,015	0,002	-0,053	11,394	19,115
UDUSD	-0,012	0,156	0,040	0,026	0,082	-0,033	0,111	-0,028	0,035	0,057	0,155	-0,004	14,391	26,955
UDTT	-0,071	0,018	0,073	-0,007	0,037	-0,033	0,135	-0,045	0,168	0,003	-0,010	-0,007	11,689	22,720
DAX	0,065	-0,009	0,040	0,004	-0,053	-0,119	0,099	-0,023	-0,052	0,095	0,075	-0,032	9,782	19,022
EW	0,120	-0,031	0,058	0,063	-0,111	-0,057	0,117	0,016	-0,062	0,098	0,127	-0,091	17,128	31,086

a) UDIP: unerwartete Veränderung der industriellen Nettoproduktion; UDOR: unerwartete Veränderung der Auftragseingänge des Verarbeitenden Gewerbes; UINF: unerwartete Inflationsrate; DEINF: Veränderung der erwarteten Inflationsrate; DTS: Veränderung der Terminstruktur der Zinssätze; UDUSD: unerwartete Veränderung des DM/US-Dollar-Wechselkurses; UDTT: unerwartete Veränderung der terms of trade; DAX: monatliche Rendite des Deutschen Aktienindex; EW: gleichgewichtetes arithmetisches Mittel der monatlichen Renditen jener 67 Aktien, die zur Teilstichprobe I gehören.

b) Es bedeuten * signifikant zum 10%-Niveau, ** signifikant zum 5%-Niveau, *** signifikant zum 1%-Niveau.

men.[48] Dennoch lassen die erzielten Resultate insgesamt den Schluß zu, daß die vorabspezifizierten Risikofaktoren die eingangs des Abschnitts genannten Anforderungen prinzipiell erfüllen.[49]

Die empirische Korrelationsmatrix der vorabspezifizierten Risikofaktoren liefert Anhaltspunkte für die Formulierung der zu testenden Modellansätze. Hohe Korrelationskoeffizienten zwischen den Risikofaktoren würden bedeuten, daß in den entsprechenden Regressionsanalysen ernsthafte Kollinearität vorläge.[50] Aus der Tabelle 7/5 wird deutlich, daß der Absolutbetrag der meisten (empirischen) Korrelationskoeffizienten kleiner als 0,1 ist. Von der erwartungsgemäß sehr starken Korrelation zwischen den Aktienmarkt-Variablen DAX und EW abgesehen, sind lediglich die Faktoren UDIP und UDOR bzw. die Variablen UINF und DEINF ziemlich hoch korreliert mit einem Korrelationskoeffizienten von 0,604 respektive 0,516. Die starke Korrelation der beiden Inflationsvariablen[51] kann dabei auf den Sachverhalt zurückgeführt werden, daß sowohl UINF als auch DEINF aus der konstruierten Zeitreihe der erwarteten Inflationsrate hervorgehen.[52] Bemerkenswert ist ferner, daß sämtliche makroökonomischen Risikofaktoren nur schwach mit den Variablen DAX und EW korreliert sind.[53] Insgesamt bleibt festzuhalten, daß zum einen die Variablen UDIP und UDOR, zum anderen die Variablen UINF und DEINF nicht gemeinsam in die weiteren Analysen aufgenommen werden sollten, da andernfalls eine (zu) starke Abhängigkeit zwischen den Regressoren bestehen würde.[54] Bezeichnet g_j den

[48] Daß darüber hinaus auch die empirischen Autokorrelationen zu den Lags 6 (= 0,5·12), 18 (= 1,5·12) sowie 30 (= 2,5·12) hochsignifikant von null abweichen, ist aufgrund der festgestellten starken Saisonabhängigkeit durchaus nicht ungewöhnlich; vgl. Pankratz (1983), S. 292.

[49] Die großen Werte der empirischen Autokorrelationsfunktion der Reihe DEINF, die zu den Lags 12, 24 und 36 auftreten, implizieren allerdings die Existenz eines Fehler-in-den-Variablen-Problems.

[50] Von ausnahmslos niedrigen Korrelationskoeffizienten kann allerdings nicht auf das Fehlen starker Kollinearität geschlossen werden, da die Korrelationskoeffizienten nur die paarweisen Abhängigkeiten messen.

[51] Eine ähnliche hohe (positive) Korrelation zwischen der nicht antizipierten Inflationsrate und der Veränderung der erwarteten Inflationsrate wird durchweg auch in den bisherigen APT-Untersuchungen beobachtet. So nimmt der betreffende Korrelationskoeffizient z. B. in der Studie von Chen/Jordan (1993) den Wert 0,64 an, während Martinez/Rubio (1989) sogar eine Korrelation von 0,697 feststellen.

[52] Der lineare Zusammenhang zwischen den Inflationsvariablen kann auch durch ein Modell adaptiver Erwartungen bezüglich der künftigen Inflationsrate erklärt werden; vgl. Martinez/Rubio (1989), S. 11.

[53] In der APT-Untersuchung von Nowak (1994) stellt sich ein ähnliches Ergebnis ein; vgl. Nowak (1994), S. 167 f.

[54] Vgl. auch Hamao (1988), S. 55.

Tab. 7/5: Korrelationsmatrix der vorabspezifizierten Risikofaktoren (5/1976-4/1991, monatliche Werte)[a)]

	UDIP	UDOR	UINF	DEINF	DTS	UDUSD	UDTT	DAX	EW
UDIP	1								
UDOR	0,604	1							
UINF	0,039	-0,024	1						
DEINF	-0,042	0,071	0,516	1					
DTS	-0,088	-0,044	-0,039	-0,066	1				
UDUSD	-0,082	-0,040	0,021	-0,024	-0,053	1			
UDTT	0,058	-0,011	-0,148	-0,069	0,152	-0,287	1		
DAX	0,074	-0,083	-0,033	-0,037	-0,059	0,044	0,088	1	
EW	0,112	-0,063	-0,011	-0,050	-0,056	0,023	0,100	0,931	1

a) UDIP: unerwartete Veränderung der industriellen Nettoproduktion; UDOR: unerwartete Veränderung der Auftragseingänge des Verarbeitenden Gewerbes; UINF: unerwartete Inflationsrate; DEINF: Veränderung der erwarteten Inflationsrate; DTS: Veränderung der Terminstruktur der Zinssätze; UDUSD: unerwartete Veränderung des DM/US-Dollar-Wechselkurses; UDTT: unerwartete Veränderung der terms of trade; DAX: monatliche Rendite des Deutschen Aktienindex; EW: gleichgewichtetes arithmetisches Mittel der monatlichen Renditen jener 67 Aktien, die zur Teilstichprobe I gehören.

j-ten vorabspezifizierten Risikofaktor, dann lassen sich unter Berücksichtigung der ermittelten Korrelationsbeziehungen mehrere 5-Faktoren-Modelle formulieren, die sich im Hinblick auf die einbezogenen makroökonomischen Risikofaktoren wie folgt unterscheiden:

(A): g_1 = UDIP, g_2 = UINF, g_3 = DTS, g_4 = UDUSD, g_5 = UDTT;

(B): g_1 = UDIP, g_2 = DEINF, g_3 - g_5 wie (A);

(C): g_1 = UDOR, g_2 = UINF, g_3 - g_5 wie (A);

(D): g_1 = UDOR, g_2 = DEINF, g_3 - g_5 wie (A).

In einigen Analysen wird außerdem, wie bereits angemerkt, entweder die Rendite des DAX oder die Rendite des gleichgewichteten Portefeuilles aus den Aktien der Teilstichprobe I als zusätzlicher Risikofaktor verwandt.

7.4 Zur Bewertungsrelevanz der vorabspezifizierten Risikofaktoren

7.4.1 Erste Tests

Zur Beantwortung der Frage, ob die vorabspezifizierten Risikofaktoren am deutschen Aktienmarkt bewertet werden, wird die klassische zweistufige Vorgehensweise eingesetzt. Für jede Aktie der Teilstichprobe I ist im ersten Schritt eine lineare (inhomogene) Längsschnitts-Regressionsanalyse durchzuführen, bei der die realisierte Monatsrendite der i-ten Aktie den Regressanden darstellt und die vorabspezifizierten Risikofaktoren die Regressoren sind.[55] Die in dieser Regressionsanalyse ermittelten eigentlichen Regressionskoeffizienten sind Schätzungen der Sensitivitätskoeffizienten der entsprechenden Aktie gegenüber den ausgewählten Risikofaktoren. Im Rahmen der sich anschließenden linearen Querschnitts-Regressionsanalyse, die über alle Aktien der betrachteten Teilstichprobe durchgeführt wird (Schritt 2), sind die geschätzten Sensitivitätskoeffizienten bezüglich der vorabspezifizierten Risikofaktoren die eigentlichen Regressoren, während die *mittlere* Aktienrendite den Regressanden repräsentiert. Als Ergebnis erhält man für jeden Faktor einen Schätzwert seiner Risikoprämie. Im Unterschied zur weiter oben vorgenommenen Überprüfung der empirischen Validität der APT auf der Basis faktorenanalytischer Verfahren kann nun jede (geschätzte) faktorenbezogene Risikoprämie einzeln auf Signifikanz geprüft werden. Des weiteren wird zu untersuchen sein, ob die Vorzeichen derjenigen Risikoprämien, die signifikant von null abweichen, ökonomisch plausibel sind. Dabei ist allerdings zu beachten, daß gegenwärtig keine theoretisch fundierten Aussagen zu den "richtigen" Vorzeichen der Risikoprämien der makroökonomischen Faktoren vorliegen.[56] Schließlich wird getestet, ob die Sensitivitätskoeffizienten einen statistisch gesicherten (gemeinsamen) Einfluß auf die mittleren Aktienrenditen ausüben.

Bevor nun die Schätz- und Testresultate im einzelnen referiert werden, sei auf mehrere Aspekte hingewiesen, die sich auf die konkrete Umsetzung der zweistufigen Vorgehensweise beziehen:

1. Einige inhaltliche Erwägungen[57], wie die mögliche Vorwegnahme künftiger gesamtwirtschaftlicher Entwicklungen in den aktuellen Aktienkursen oder der z. T. durch Veröffentlichungslags und spätere Datenrevisionen eingeschränkte Zugang der Anle-

---

[55] Den Längschnitts-Regressionsanalysen liegen die im vorangegangenen Abschnitt definierten Teilmengen (A) bis (D) der makroökonomischen Risikofaktoren zugrunde, die darüber hinaus z. T. auch die Variable DAX respektive die Variable EW beinhalten. Die jeweiligen Regressionsmodelle werden - im Einklang mit den bisherigen APT-Untersuchungen - stets mit der OLS-Methode geschätzt.

[56] Vgl. Chang/Pinegar (1990), S. 519.

[57] Vgl. z. B. Poon/Taylor (1991), S. 632.

ger zu den volkswirtschaftlichen Änderungen der laufenden Periode, lassen vermuten, daß der Zeitbezug der monatlichen Aktienrenditen strenggenommen nicht exakt mit dem der beobachteten Veränderungen der makroökonomischen Variablen übereinstimmt.[58] Die realisierten Aktienrenditen sind daher unter Umständen eher intertemporal als kontemporär mit den makroökonomischen Risikofaktoren korreliert. Über die potentiellen Lead/Lag-Beziehungen können jedoch keine hinreichend präzisen Aussagen gemacht werden.[59] Deshalb erscheint das an sich naheliegende Vorgehen, zeitlich verzögerte anstelle der unverzögerten Variablen in die Regressionsgleichung der Längsschnittsanalyse aufzunehmen, als wenig sachdienlich. Das betreffende Vorgehen würde zudem die Schätz- und Testergebnisse sehr wahrscheinlich in unkontrollierbarer Weise beeinflussen. Folglich wird darauf verzichtet, mit Zeitreihen der makroökonomischen Risikofaktoren zu arbeiten, die um eine bestimmte Anzahl von Zeiteinheiten rückwärts oder vorwärts verschoben sind.

2. Die Datenbasis für die Querschnittsanalysen des vorliegenden Abschnitts wird ermittelt, indem - entsprechend dem im Gliederungspunkt 6.2 gewählten Ansatz - sowohl zur Schätzung der Ausprägungen des Regressanden als auch zur Schätzung der Regressoren-Werte alle Zeitreihen-Beobachtungen der betrachteten Teilstichprobe herangezogen werden. Die durchzuführenden Tests stellen mithin "In-Sample"-Tests der APT dar. Ferner wird die Annahme getroffen, daß die Sensitivitätskoeffizienten (annähernd) fehlerfrei "gemessen" werden können.

3. Die Querschnitts-Regressionsansätze lassen sich unter den Prämissen des klassischen linearen Regressionsmodells nach der OLS-Methode schätzen. Mit Hilfe einer Residuenanalyse werden daher zunächst diese Anwendungsvoraussetzungen der OLS-Methode überprüft.[60] Als Ergebnis kann festgehalten werden, daß die Annahmen homoskedastischer und nicht autokorrelierter Störgrößen überwiegend erfüllt sind.[61]

---

58 Hinzu kommt u. a., daß die Zeitreihe des Preisindex für die Lebenshaltung das Ergebnis monatlicher Preiserhebungen ist, die jeweils Mitte des Monats vorgenommen werden. Darüber hinaus besteht beispielsweise die Zeitreihe des Index der industriellen Nettoproduktion aus Monatsdaten über Bewegungsgrößen; die Wachstumsrate des laufenden Monats mißt daher genaugenommen eine Veränderung, die zumindest teilweise der Produktionsentwicklung des vorangegangenen Monats zuzurechnen ist. Schließlich beruht die Statistik der Außenhandelspreise nicht auf Stichtagspreisen, sondern auf Durchschnittspreisen des Berichtmonats.

59 Auch jene Resultate der empirischen APT-Untersuchung von Poon/Taylor (1991), die sich auf der Grundlage von um bis zu 15 Perioden verschobenen Zeitreihen der vorabspezifizierten Risikofaktoren einstellen, lassen diesbezüglich keine näheren Aussagen zu; vgl. Poon/Taylor (1991), S. 630 (Tabelle 5).

60 Vgl. zum Inhalt der Residuenanalyse sowie zu den verwendeten Tests die Ausführungen des Gliederungspunkts 6.2.2.

61 Darüber hinaus zeigt die ebenfalls durchgeführte Kollinearitätsuntersuchung, daß der Grad an unvollständiger Kollinearität stets tolerabel ist.

Die Normalverteilungs-Hypothese muß dagegen häufig verworfen werden. Die Signifikanzprüfung der mit der OLS-Methode geschätzten (eigentlichen) Regressionskoeffizienten wird deshalb nicht nur mittels des gewöhnlichen t-Tests, sondern auch in Form des von Adichie (1984) präsentierten Rang-Tests ausgeführt, der zudem anstelle des konventionellen Overall-F-Tests benutzt wird.[62]

Die für die beiden Aktienmarkt-Variablen DAX und EW in den multiplen Längsschnitts-Regressionsanalysen geschätzten Koeffizienten sind ausnahmslos positiv sowie - mit t-Test-Werten, die zwischen 3,1 und 21,6 (DAX) bzw. 3,4 und 17,7 (EW) liegen - stets hochsignifikant von null verschieden. Im Gegensatz dazu weichen die meisten Schätzwerte der Sensitivitätskoeffizienten hinsichtlich der makroökonomischen Risikofaktoren zum 5%-Niveau nicht signifikant von null ab; dieser Befund stellt sich dabei für jeden der Regressionsansätze (A) bis (D) sowie unabhängig davon ein, ob eine der beiden Variablen DAX und EW als sechster Risikofaktor aufgenommen wird oder nicht. Die t-Test-Werte der geschätzten Sensitivitätskoeffizienten gegenüber den volkswirtschaftlichen Risikofaktoren betragen (absolut gesehen) maximal 2,8, sofern allein die makroökonomischen Risikofaktoren als eigentliche Regressoren verwendet werden, und höchstens 3,8, falls zusätzlich entweder die Variable DAX oder die Variable EW berücksichtigt wird.[63] Die im Vergleich zu den Bestimmtheitsmaßen der umfassenden Regressionsmodelle geringen korrigierten Bestimmtheitsmaße, die sich für jene Regressionsansätze ergeben, die lediglich die gesamtwirtschaftlichen Risikofaktoren als echte Regressoren enthalten, bestätigen die Resultate der Signifikanztests. Schließlich ist bezüglich der makroökonomischen Faktoren anzumerken, daß in den (wenigen) Fällen signifikanter Risikomaße vor allem der geschätzte Sensitivitätskoeffizient gegenüber der Variablen UDUSD statistisch gesichert von null abweicht. Eine mögliche Erklärung für die Dominanz der Variablen UDUSD könnte darin bestehen, daß die entsprechende Zeitreihe, deren Ermittlung ausschließlich auf direkt beobachtbaren Marktpreisen beruht, vermutlich geringere Meßfehler aufweist als die Zeitreihen der übrigen volkswirtschaftlichen Risikofaktoren.

Aus dem Sachverhalt, daß die makroökonomischen Faktoren nur einen sehr geringen Anteil zur Erklärung der Aktienrenditen-Variabilität beitragen, folgt nicht zwangsläufig, daß sich diese Faktoren in der Querschnittsanalyse als bewertungsirrelevant erweisen.[64] Die Resultate der Querschnitts-Regressionsanalysen sind jedoch, wie aus der Tabelle 7/6

---

[62] Hinsichtlich der Einzelheiten bei der Ermittlung der jeweiligen Teststatistiken sei auf den Abschnitt 6.2.3 verwiesen.

[63] Qualitativ sehr ähnliche Resultate werden im übrigen von Chen/Roll/Ross (1986) erzielt; vgl. Chen/Roll/Ross (1986), S. 399.

[64] Vgl. Stambaugh (1988), S. 20 und McCulloch/Rossi (1990), S. 14.

Tab. 7/6: Ergebnisse der Querschnitts-Regressionsanalysen des Rendite-Mittelwerts auf die Sensitivitätskoeffizienten bei Zugrundelegung von jeweils 5 vorabspezifizierten Risikofaktoren (5/1976-4/1991, monatliche Renditen; OLS-Schätzung)[a]

	SCHEIN-VARIABLE	$b_{i,UDIP}$	$b_{i,UDOR}$	$b_{i,UINF}$	$b_{i,DEINF}$	$b_{i,DTS}$	$b_{i,UDUSD}$	$b_{i,UDTT}$	RANG-TEST[d]	$R^2_{adj.}$
(A)	1,118[b] (10,891***)	-0,437 (-0,938) (0,377)[c]	-----	0,025 (0,913) (0,745)	-----	-0,003 (-1,047) (1,762)	0,207 (0,778) (1,148)	-0,085 (-0,927) (1,441)	5,9854 (0,3076)	-0,0110
(B)	1,132 (10,358***)	-0,449 (-0,958) (0,553)	-----	-----	0,019 (0,686) (0,677)	-0,003 (-1,022) (1,858)	0,226 (0,846) (1,248)	-0,088 (-0,945) (2,266)	5,9802 (0,3081)	-0,0175
(C)	0,991 (9,045***)	-----	-0,980 (-1,249) (1,348)	0,031 (1,106) (1,146)	-----	-0,004 (-1,217) (2,392)	0,092 (0,329) (0,166)	-0,057 (-0,602) (0,680)	6,8358 (0,2331)	-0,0016
(D)	1,015 (9,108***)	-----	-0,939 (-1,199) (1,341)	-----	0,022 (0,806) (0,721)	-0,004 (-1,196) (2,536)	0,104 (0,369) (0,047)	-0,061 (-0,641) (0,886)	6,9985 (0,2208)	-0,0068

a) UDIP: unerwartete Veränderung der industriellen Nettoproduktion; UDOR: unerwartete Veränderung der Auftragseingänge des Verarbeitenden Gewerbes; UINF: unerwartete Inflationsrate; DEINF: Veränderung der erwarteten Inflationsrate; DTS: Veränderung der Terminstruktur der Zinssätze; UDUSD: unerwartete Veränderung des DM/US-Dollar-Wechselkurses; UDTT: unerwartete Veränderung der terms of trade. Es bedeuten * signifikant zum 10%-Niveau, ** signifikant zum 5%-Niveau, *** signifikant zum 1%-Niveau.

b) 1. Zeile: (mit 100 multiplizierter) Schätzwert des Regressionskoeffizienten. 2. Zeile: Wert des t-Tests von H_0: $\alpha_j = 0$ gegen H_1: $\alpha_j \neq 0$.

c) Angegeben ist der Wert des Rang-Tests von H_0: $\alpha_j = 0$ gegen H_1: $\alpha_j \neq 0$. Die Teststatistik ist unter H_0 asymptotisch χ^2-verteilt mit einem Freiheitsgrad.

d) Die Nullhypothese besagt, daß die Sensitivitätskoeffizienten keinen Einfluß auf den Rendite-Mittelwert ausüben. Die Teststatistik ist unter H_0 asymptotisch χ^2-verteilt mit 5 Freiheitsgraden. In Klammern ist das empirische Signifikanzniveau angegeben.

ersichtlich wird, enttäuschend. Der Vektor der (geschätzten) faktorenbezogenen Risikoprämien beispielsweise ist in allen vier Fällen nicht signifikant vom Nullvektor verschieden, so daß jeweils der ganze Regressionsansatz verworfen werden muß. Die äußerst geringe Güte der Regressionsansätze kommt auch in den korrigierten Bestimmtheitsmaßen zum Ausdruck, die sämtlich negativ sind. Des weiteren ist zu konstatieren, daß die einzelnen Risikomaße stets keinen statistisch gesicherten Einfluß auf die durchschnittlichen Aktienrenditen ausüben, da alle Schätzwerte der eigentlichen Regressionskoeffizienten selbst zum 10%-Niveau (und unabhängig davon, ob die Signifikanzprüfung auf dem parametrischen t-Test oder auf dem nichtparametrischen Rang-Test basiert) nur zufällig von null abweichen.[65] Für das Absolutglied der Bewertungsgleichung werden dagegen Werte geschätzt, die ausnahmslos hochsignifikant von null verschieden sind. Sie gehen allerdings mit Jahreszinssätzen einher, die zwischen ca. 12 und rund 13,5 Prozent liegen.

Die wesentlichen Resultate der Querschnitts-Regressionsanalysen, die sich ergeben, wenn beiden Schritten der gewählten Vorgehensweise zusätzlich ein Marktfaktor zugrunde gelegt wird, sind den Tabellen 7/7a und 7/7b zu entnehmen.[66] Vergleicht man diese Resultate mit den in der Tabelle 7/6 zusammengefaßten Ergebnissen, dann sind weder im Hinblick auf die numerischen Werte der geschätzten Risikoprämien der volkswirtschaftlichen Faktoren noch bezüglich der Anpassungsgüte der Regressionsansätze nennenswerte Unterschiede feststellbar. Auch die entsprechenden Signifikanztests führen zu weitgehend übereinstimmenden Aussagen hinsichtlich der Gültigkeit der jeweiligen Nullhypothesen. So erweisen sich die Sensitivitätskoeffizienten gegenüber den makroökonomischen Faktoren wiederum nicht als bewertete Risikomaße. Die Tabellen 7/7a und 7/7b

---

65 Poon/Taylor (1991) stellen in ihrer empirischen APT-Untersuchung fest, daß sich die Testergebnisse, die mittels der zweistufigen Vorgehensweise erzielt werden, nicht invariant gegenüber der Anzahl der betrachteten Risikofaktoren verhalten; vgl. Poon/Taylor (1991), S. 632. Deshalb wurden hier zusätzlich lineare Einfachregressionen anstelle der multiplen Längsschnitts- und Querschnittsregressionen durchgeführt. Es zeigt sich, daß die zentralen Aussagen zur Bewertungs(ir)relevanz der makroökonomischen Risikofaktoren aufrechterhalten werden können; auch die mit Hilfe der modifizierten Vorgehensweise geschätzten Risikoprämien der volkswirtschaftlichen Faktoren sind stets zum 10%-Niveau nicht signifikant von null verschieden.

66 Die gleichzeitige Berücksichtigung eines Marktfaktors kann alternativ auch derart erfolgen, daß in die Regressorenmenge der Querschnittsanalyse zusätzlich ein "CAPM"-Betakoeffizient aufgenommen wird, dessen Ausprägungen durch lineare Einfachregressionen geschätzt werden, während die Schätzwerte der "makroökonomischen" Sensitivitätskoeffizienten multiplen Regressionen entstammen, in die allein die volkswirtschaftlichen Risikofaktoren als eigentliche Regressoren eingehen; vgl. Chen/Roll/Ross (1986), S. 398. Die auf diese Weise gewonenenen Ergebnisse der Querschnittsregressionen entsprechen weitgehend den Resultaten, die in den Tabellen 7/7a und 7/7b dargestellt sind, so daß auf ihre Wiedergabe verzichtet werden kann.

Tab. 7/7a: Ergebnisse der Querschnitts-Regressionsanalysen des Rendite-Mittelwerts auf die Sensitivitätskoeffizienten bei Zugrundelegung von jeweils (5+1) vorabspezifizierten Risikofaktoren (5/1976-4/1991, monatliche Renditen; OLS-Schätzung)[a]

	SCHEIN-VARIABLE	$b_{i,UDIP}$	$b_{i,UDOR}$	$b_{i,UINF}$	$b_{i,DEINF}$	$b_{i,DTS}$	$b_{i,UDUSD}$	$b_{i,UDTT}$	$b_{i,DAX}$	RANG-TEST[d]	$R^2_{adj.}$
(A)	1,157[b] (5,109***)	-0,442 (-0,940) (0,434)[c]	------	0,026 (0,912) (0,781)	------	-0,003 (-0,977) (1,907)	0,226 (0,791) (0,978)	-0,083 (-0,885) (1,672)	-0,082 (-0,315) (0,003)	6,0080 (0,4223)	-0,0272
(B)	1,186 (4,956***)	-0,458 (-0,966) (0,600)	------	------	0,020 (0,714) (0,642)	-0,003 (-0,936) (2,026)	0,249 (0,876) (1,100)	-0,085 (-0,900) (2,149)	-0,098 (-0,363) (0,036)	5,9829 (0,4251)	-0,0333
(C)	1,097 (4,988***)	------	-1,100 (-1,345) (1,303)	0,033 (1,148) (1,183)	------	-0,004 (-1,126) (2,177)	0,134 (0,458) (0,209)	-0,046 (-0,475) (0,582)	-0,028 (-0,110) (0,250)	6,8620 (0,3338)	-0,0131
(D)	1,154 (4,971***)	------	-1,107 (-1,343) (1,502)	------	0,027 (0,940) (1,068)	-0,004 (-1,090) (2,220)	0,148 (0,509) (0,120)	-0,048 (-0,493) (0,635)	-0,070 (-0,263) (0,003)	7,1136 (0,3105)	-0,0157

a) UDIP: unerwartete Veränderung der industriellen Nettoproduktion; UDOR: unerwartete Veränderung der Auftragseingänge des Verarbeitenden Gewerbes; UINF: unerwartete Inflationsrate; DEINF: Veränderung der erwarteten Inflationsrate; DTS: Veränderung der Terminstruktur der Zinssätze; UDUSD: unerwartete Veränderung des DM/US-Dollar-Wechselkurses; UDTT: unerwartete Veränderung der terms of trade; DAX: monatliche Rendite des Deutschen Aktienindex. Es bedeuten * signifikant zum 10%-Niveau, ** signifikant zum 5%-Niveau, *** signifikant zum 1%-Niveau.

b) 1. Zeile: (mit 100 multiplizierter) Schätzwert des Regressionskoeffizienten. 2. Zeile: Wert des t-Tests von H_0: $\alpha_j = 0$ gegen H_1: $\alpha_j \neq 0$.

c) Angegeben ist der Wert des Rang-Tests von H_0: $\alpha_j = 0$ gegen H_1: $\alpha_j \neq 0$. Die Teststatistik ist unter H_0 asymptotisch χ^2-verteilt mit einem Freiheitsgrad.

d) Die Nullhypothese besagt, daß die Sensitivitätskoeffizienten keinen Einfluß auf den Rendite-Mittelwert ausüben. Die Teststatistik ist unter H_0 asymptotisch χ^2-verteilt mit 6 Freiheitsgraden. In Klammern ist das empirische Signifikanzniveau angegeben.

Tab. 7/7b: Ergebnisse der Querschnitts-Regressionsanalysen des Rendite-Mittelwerts auf die Sensitivitätskoeffizienten bei Zugrundelegung von jeweils (5+1) vorabspezifizierten Risikofaktoren (5/1976-4/1991, monatliche Renditen; OLS-Schätzung)[a)]

	SCHEIN-VARIABLE	$b_{i,UDIP}$	$b_{i,UDOR}$	$b_{i,UINF}$	$b_{i,DEINF}$	$b_{i,DTS}$	$b_{i,UDUSD}$	$b_{i,UDTT}$	$b_{i,EW}$	RANG-TEST[d)]	$R^2_{adj.}$
(A)	1,021[b)] (3,751***)	-0,428 (-0,912) (0,308)[c)]	-----	0,023 (0,807) (0,586)	-----	-0,003 (-1,085) (2,160)	0,171 (0,603) (0,600)	-0,092 (-0,975) (1,604)	0,049 (0,183) (0,299)	6,3505 (0,3851)	-0,0253
(B)	1,010 (3,642***)	-0,437 (-0,923) (0,477)	-----	-----	0,016 (0,588) (0,277)	-0,003 (-1,076) (2,052)	0,180 (0,630) (0,623)	-0,095 (-1,006) (2,120)	0,060 (0,219) (0,138)	6,3869 (0,3813)	-0,0305
(C)	0,984 (3,674***)	-----	-0,973 (-1,185) (0,991)	0,031 (1,051) (0,950)	-----	-0,004 (-1,207) (2,415)	0,090 (0,309) (0,086)	-0,057 (-0,587) (0,812)	0,087 (0,329) (0,581)	6,9251 (0,3278)	-0,0183
(D)	0,986 (3,603***)	-----	-0,915 (-1,120) (1,051)	-----	0,021 (0,751) (0,595)	-0,004 (-1,192) (2,494)	0,096 (0,326) (0,033)	-0,063 (-0,646) (0,945)	0,084 (0,314) (0,206)	7,0943 (0,3122)	-0,0234

a) UDIP: unerwartete Veränderung der industriellen Nettoproduktion; UDOR: unerwartete Veränderung der Auftragseingänge des Verarbeitenden Gewerbes; UINF: unerwartete Inflationsrate; DEINF: Veränderung der erwarteten Inflationsrate; DTS: Veränderung der Terminstruktur der Zinssätze; UDUSD: unerwartete Veränderung des DM/US-Dollar-Wechselkurses; UDTT: unerwartete Veränderung der terms of trade; EW: gleichgewichtetes arithmetisches Mittel der monatlichen Renditen jener 67 Aktien, die zur Teilstichprobe I gehören. Es bedeuten * signifikant zum 10%-Niveau, ** signifikant zum 5%-Niveau, *** signifikant zum 1%-Niveau.

b) 1. Zeile: (mit 100 multiplizierter) Schätzwert des Regressionskoeffizienten. 2. Zeile: Wert des t-Tests von H_0: $\alpha_j = 0$ gegen H_1: $\alpha_j \neq 0$.

c) Angegeben ist der Wert des Rang-Tests von H_0: $\alpha_j = 0$ gegen H_1: $\alpha_j \neq 0$. Die Teststatistik ist unter H_0 asymptotisch χ^2-verteilt mit einem Freiheitsgrad.

d) Die Nullhypothese besagt, daß die Sensitivitätskoeffizienten keinen Einfluß auf den Rendite-Mittelwert ausüben. Die Teststatistik ist unter H_0 asymptotisch χ^2-verteilt mit 6 Freiheitsgraden. In Klammern ist das empirische Signifikanzniveau angegeben.

zeigen darüber hinaus, daß auch der "CAPM"-Betakoeffizient durchgängig bewertungsirrelevant ist. Dieser Befund steht gewissermaßen im Gegensatz zu dem (weiter oben konstatierten) ausgeprägten Zusammenhang, der zwischen den beiden Aktienmarkt-Variablen und den realisierten Aktienrenditen besteht.

Aus alledem wird in erster Linie deutlich, daß die spezifizierten APT-Versionen für die betrachtete Teilstichprobe abgelehnt werden müssen. Daraus kann vor dem Hintergrund, daß sich auf der Basis von 5 latenten Risikofaktoren prinzipiell eine Bewährung der APT-Bewertungsstruktur für die monatlichen Renditen der Teilstichprobe I ergeben hat[67], gefolgert werden, daß die ausgewählten makroökonomischen Faktoren nicht zu den am deutschen Aktienmarkt bewerteten APT-Risikofaktoren zählen. Im weiteren wird versucht, die Widerlegung der (Teil-) Hypothese von der Bewertungsrelevanz dieser volkswirtschaftlichen Risikofaktoren durch zusätzliche Tests zu untermauern. Mit Hilfe des betreffenden Vorgehens läßt sich auch eine Aussage darüber treffen, ob und wieweit die Ablehnung der konkretisierten APT-Bewertungsgleichung von der Wahl der Schätz- und Testverfahren abhängt. Die Auswertungen der nächsten beiden Abschnitte tragen dabei besonders jenem Fehler-in-den-Variablen-Problem Rechnung, das in der Querschnittsanalyse aufgrund der Verwendung geschätzter Risikomaße entsteht, während im Gliederungspunkt 7.4.4 verschiedene "Out-of-Sample"-Tests der APT-Bewertungsgleichung vorgenommen werden.

7.4.2 Instrumentalvariablen-Schätzung der APT-Bewertungsgleichung

Die Annahme meßfehlerfreier Regressoren ist zweifelsohne restriktiv, da die Querschnittsanalysen, wie bereits im Abschnitt 6.2.1 erwähnt, infolge der zweistufigen Vorgehensweise auf "generierten" Regressoren-Ausprägungen beruhen. Daher muß strenggenommen davon ausgegangen werden, daß die geschätzten Sensitivitätskoeffizienten nicht mit den "wahren" Werten übereinstimmen, wenngleich sich über die Größenordnung der stochastischen Meßfehler keine konkreten Aussagen formulieren lassen. Im vorliegenden Abschnitt wird nun die Prämisse (annähernd) meßfehlerfreier Sensitivitätskoeffizienten aufgegeben, d. h. es wird explizit ein lineares Regressionsmodell mit zufälligen Fehlern in den eigentlichen Regressoren unterstellt. Zur Schätzung der verschiedenen Regressionsansätze wird die IV-Methode herangezogen. Die Gesamtmenge an verfügbaren Zeitrei-

67 Vgl. vor allem die Tabellen 6/5, 6/10, 6/11 und 6/14.

hen-Beobachtungen wird zunächst in zwei Teile (Menge der "ungeraden" und Menge der "geraden" Beobachtungen) zerlegt. Die auf der Basis des einen Datensatzes geschätzten Sensitivitätskoeffizienten der Aktien repräsentieren dann die Realisationen der eigentlichen Regressoren, während die Ausprägungen der analog definierten Instrumentalvariablen durch jene Werte der Sensitivitätskoeffizienten gegeben sind, die mittels des anderen Datensatzes geschätzt werden.

Die Resultate, die sich bei Zugrundelegung der Menge der "ungeraden" ("geraden") Beobachtungen zur Schätzung der Instrumentalvariablen- (Regressoren-) Werte einstellen, sind der Tabelle 7/8 zu entnehmen. Es ist evident, daß die erzielten Ergebnisse im deutlichen Widerspruch zu den betrachteten 5-Faktoren-Versionen der APT stehen.[68] So muß die Nullhypothese, daß der Vektor der faktorenbezogenen Risikoprämien dem Nullvektor entspricht, in allen Fällen beibehalten werden. Des weiteren wird keinem der makroökonomischen Faktoren eine signifikant von null verschiedene Risikoprämie beigemessen. Allerdings ist darauf hinzuweisen, daß nur eine schwache Korrelation zwischen den gewählten Instrumentalvariablen und den zu ersetzenden Regressoren besteht. Grundsätzlich sollten die Instrumentalvariablen jedoch hoch mit den fehlerbehafteten Regressoren korreliert sein, da andernfalls die Standardabweichungen der Regressionskoeffizienten-Schätzwerte derart groß werden, daß die Statistiken der jeweiligen Signifikanztests zwangsläufig (betragsmäßig) geringe Werte annehmen.[69] Es erscheint angesichts der niedrigen Korrelationskoeffizienten auch als fraglich, ob die herangezogenen Instrumentalvariablen der Forderung nach einer starken Korrelation mit den (nicht beobachtbaren) "wahren" Sensitivitätskoeffizienten genügen. Im folgenden Abschnitt wird deshalb ein alternativer Untersuchungsansatz verwendet, mit dem sich stochastische Meßfehler in den geschätzten Risikomaßen gleichfalls berücksichtigen lassen.

---

68 Dies gilt in gleichem Maße für die hier nicht wiedergegebenen Resultate des alternativen Vorgehens, bei dem zur Schätzung der Instrumentalvariablen- (Regressoren-) Werte auf die Menge der "geraden" ("ungeraden") Beobachtungen zurückgegriffen wird.

69 Vgl. auch Mei (1993a), S. 340.

Tab. 7/8: Ergebnisse der Querschnitts-Regressionsanalysen des Rendite-Mittelwerts auf die Sensitivitätskoeffizienten bei Zugrundelegung von jeweils 5 vorabspezifizierten Risikofaktoren (5/1976-4/1991, monatliche Renditen; IV-Schätzung[a])[b])

	SCHEIN-VARIABLE	$b_{i,UDIP}$	$b_{i,UDOR}$	$b_{i,UINF}$	$b_{i,DEINF}$	$b_{i,DTS}$	$b_{i,UDUSD}$	$b_{i,UDTT}$	F-TEST[d])	$R^2_{adj.}$
(A)	1,802[c]) (0,182)	-1,646 (-0,105)	------	0,072 (0,052)	------	0,017 (0,374)	0,785 (0,245)	-0,740 (-0,134)	0,6015 (0,6989)	-0,0311
(B)	1,129 (1,257)	0,301 (0,067)	------	------	0,023 (0,140)	0,013 (0,875)	0,670 (0,655)	-0,391 (-0,786)	1,3098 (0,2718)	0,0229
(C)	0,720 (0,253)	------	-0,476 (-0,165)	-0,083 (-0,143)	------	0,012 (0,428)	1,482 (0,555)	-0,086 (-0,046)	1,1619 (0,3382)	0,0121
(D)	1,849 (0,402)	------	4,879 (0,136)	------	0,257 (0,147)	-0,014 (-0,079)	0,523 (0,121)	-0,327 (-0,359)	0,4847 (0,7864)	-0,0406

a) Schätzung der Regressoren (ohne Scheinvariable): "gerade" Beobachtungen; Schätzung der analog definierten Instrumentalvariablen (ohne Scheinvariable): "ungerade" Beobachtungen.

b) UDIP: unerwartete Veränderung der industriellen Nettoproduktion; UDOR: unerwartete Veränderung der Auftragseingänge des Verarbeitenden Gewerbes; UINF: unerwartete Inflationsrate; DEINF: Veränderung der erwarteten Inflationsrate; DTS: Veränderung der Terminstruktur der Zinssätze; UDUSD: unerwartete Veränderung des DM/US-Dollar-Wechselkurses; UDTT: unerwartete Veränderung der terms of trade. Es bedeuten * signifikant zum 10%-Niveau, ** signifikant zum 5%-Niveau, *** signifikant zum 1%-Niveau.

c) 1. Zeile: (mit 100 multiplizierter) Schätzwert des Regressionskoeffizienten. 2. Zeile: Wert des t-Tests von H_0: $\alpha_j = 0$ gegen H_1: $\alpha_j \neq 0$.

d) Die Nullhypothese besagt, daß die Sensitivitätskoeffizienten keinen Einfluß auf den Rendite-Mittelwert ausüben. In Klammern ist das empirische Signifikanzniveau angegeben.

7.4.3 Multivariate Tests der APT-Bewertungsgleichung

Zur Prüfung der Nullhypothese, daß die exakte APT-Bewertungsgleichung

$$(7/5) \qquad \boldsymbol{\mu} = \mathbf{1}\lambda_0 + \mathbf{B}\boldsymbol{\lambda}$$

gilt, wird in diesem Abschnitt der von Shanken (1985b) präsentierte sog. Cross-Sectional-Regression-Test (CSR-Test) verwandt. Bezeichnen $\bar{\mathbf{r}}$ und $\hat{\mathbf{X}}$ den (p × 1)-Vektor der Rendite-Mittelwerte der p Aktien respektive die um den (p × 1)-Summationsvektor erweiterte Matrix jener Risikomaße, die in p Längsschnittsregressionen (Gleichung (3/7)) mittels der OLS-Methode geschätzt werden, während $\hat{\boldsymbol{\Psi}}$ die empirische Kovarianzmatrix der p Zeitreihen der entsprechenden OLS-Residuen verkörpert, die einen unverzerrten Schätzer für die Kovarianzmatrix der wertpapierspezifischen Störgrößen darstellt. Dann führt die Anwendung der GLS-Methode im Rahmen der Querschnitts-Regressionsanalyse zu

$$\hat{\boldsymbol{\alpha}} = (\hat{\mathbf{X}}'\hat{\boldsymbol{\Psi}}^{-1}\hat{\mathbf{X}})^{-1}\hat{\mathbf{X}}'\hat{\boldsymbol{\Psi}}^{-1}\bar{\mathbf{r}} \,.$$[70]

Die Prüfgröße des CSR-Tests ist schließlich durch

$$(7/6) \qquad Q = n\hat{\mathbf{u}}'\hat{\boldsymbol{\Psi}}^{-1}\hat{\mathbf{u}} \,,$$

mit

$$\hat{\mathbf{u}} = \bar{\mathbf{r}} - \hat{\mathbf{X}}\hat{\boldsymbol{\alpha}} \,,$$

gegeben.[71] Man erhält also eine zu $\hat{\boldsymbol{\Psi}}^{-1}$ gehörige quadratische Form in den Residuen der GLS-Querschnittsregression des Rendite-Mittelwerts auf eine Konstante und die geschätzten Risikomaße. Die von Shanken (1985b) vorgenommene Modifikation der Teststatistik Q trägt dem Sachverhalt Rechnung, daß die Ausprägungen der Risikomaße unbekannt sind und daher zuerst geschätzt werden müssen. Die adjustierte Teststatistik, die stets kleinere Werte als Q (die Prüfgröße ohne "Fehler-in-den-Variablen-Anpassung")

---

70 Die Inversion der Stichproben-Kovarianzmatrix der OLS-Residuen setzt voraus, daß n größer als p ist; vgl. auch Shanken (1985b), S. 338.

71 Es ist evident, daß der CSR-Test eine Verbindung zum konventionellen Hotelling-T^2-Test aufweist.

annimmt, ist folgendermaßen definiert:

(7/7) $$Q^A = \frac{Q}{1+\hat{\hat{\alpha}}'\hat{\Lambda}^{-1}\hat{\hat{\alpha}}}.$$

Hierbei symbolisiert $\hat{\Lambda}$ den ML-Schätzer für die Kovarianzmatrix der vorabspezifizierten Risikofaktoren. Die Teststatistik Q^A ist approximativ Hotelling- (T^2-) verteilt mit den Freiheitsgraden p-k-1 ($\equiv m_1$) und n-k-1 ($\equiv m_2$), während die exakte Verteilungsfunktion der Prüfgröße Q von der zentralen $T^2(m_1, m_2)$-Verteilung nach oben beschränkt wird[72]. Zur Bestimmung des empirischen Signifikanzniveaus kann jeweils die Äquivalenzbeziehung[73]

$$\frac{m_2 - m_1 + 1}{m_2 m_1} T^2(m_1, m_2) \sim F(m_1, m_2 - m_1 + 1)$$

genutzt werden.

Die multivariaten Teststatistiken Q und Q^A können - bezogen auf die Beziehung (7/5) - als Goodness-of-fit-Maßzahlen interpretiert werden.[74] Um neben der Linearität des gesamten Bewertungsansatzes zusätzlich die statistische Signifikanz der einzelnen Risikoprämien überprüfen zu können, ist von folgendem (n-) konsistenten Schätzer für die (asymptotische) Kovarianzmatrix der Regressionskoeffizienten auszugehen[75]:

(7/8) $$(\hat{X}'\hat{\Psi}^{-1}\hat{X})^{-1}\frac{(1+\hat{\hat{\alpha}}'\hat{\Lambda}^{-1}\hat{\hat{\alpha}})}{n} + \begin{bmatrix} 0 & 0 & \cdots & 0 \\ 0 & s^2(g_1)/n & \cdots & 0 \\ \vdots & \vdots & \ddots & \vdots \\ 0 & 0 & \cdots & s^2(g_k)/n \end{bmatrix}.$$ [76]

Der Skalar $(1+\hat{\hat{\alpha}}'\hat{\Lambda}^{-1}\hat{\hat{\alpha}})/n$ ist (erneut) auf die Schätzfehler in den ermittelten Risikomaßen zurückzuführen. Mit Hilfe des Schätzers (7/8) lassen sich die entsprechenden t-Tests

72 Das sich auf der Grundlage dieser Verteilung ergebende empirische Signifikanzniveau des auf Q basierenden CSR-Tests ist folglich kleiner als der wahre p-Wert. Es bildet eine untere Schranke für den tatsächlichen p-Wert; vgl. Shanken (1985b), S. 336.

73 Vgl. etwa Shanken (1985b), S. 330.

74 Vgl. Shanken (1985b), S. 331.

75 Vgl. Martinez/Rubio (1989), S. 5 und Löflund (1992), S. 82.

76 Der letzte Term bewirkt eine Erhöhung der Varianz der eigentlichen Regressionskoeffizienten. Vgl. zur Rechtfertigung dieser Korrekturgröße u. a. Martinez/Rubio (1989), S. 5 f. sowie Löflund (1992), S. 82 f.

von H_0: $\alpha_j = 0$ gegen H_1: $\alpha_j \neq 0$ vornehmen; die Realisationen der Testfunktion können als korrigierte t-Test-Werte bezeichnet werden.

Die wesentlichen Ergebnisse der GLS-Querschnittsregressionen sind in den Tabellen 7/9 bis 7/10b dargestellt. Dabei faßt die Tabelle 7/9 jene Resultate zusammen, die sich ergeben, wenn allein die makroökonomischen Risikofaktoren betrachtet werden, während die Tabellen 7/10a und 7/10b die bei gleichzeitiger Berücksichtigung eines Marktfaktors erzielten Resultate enthalten. Aus den Tabellen geht hervor, daß die verwendeten Signifikanztests zu voneinander abweichenden Schlußfolgerungen hinsichtlich der Bewertungsrelevanz der vorabspezifizierten Risikofaktoren führen. So zeigen die korrigierten Werte des t-Tests an, daß die geschätzten Regressionskoeffizienten (Risikoprämien) ohne Ausnahme nur zufällig von null verschieden sind, wogegen die Nullhypothese, nach der die Gleichung (7/5) (bzw. die bei Hinzunahme des "CAPM"-Betakoeffizienten entsprechend erweiterte Gleichung) die erwarteten Aktienrenditen zutreffend erklärt, aufgrund der hohen p-Werte des CSR-Tests stets nicht abzulehnen ist.[77] Die letztgenannten Ergebnisse[78] sollten jedoch nicht überinterpretiert werden. So kann die Nichtablehnung der Nullhypothese zwar darin begründet sein, daß der überprüfte Bewertungsansatz empirisch gültig ist, die betreffende Testentscheidung kann alternativ jedoch auch darauf beruhen, daß der CSR-Test eine zu geringe Güte aufweist, um ökonomisch bedeutsame Abweichungen von der Gleichung (7/5) identifizieren zu können.[79] Zusammenfassend läßt sich deshalb festhalten, daß die gefundenen Resultate überwiegend im Widerspruch zu den analysierten APT-Versionen stehen; sie sind insofern prinzipiell mit den Resultaten der "In-Sample"-Tests der Abschnitte 7.4.1 und 7.4.2 vereinbar.

---

77 Ähnlich widersprüchliche Resultate werden auch von Martinez/Rubio (1989) ermittelt, falls die Autoren zur Portefeuillebildung nicht die Höhe des geschätzten "CAPM"-Betakoeffizienten heranziehen.

78 Die mit der "nicht-adjustierten" Teststatistik Q verbundenen empirischen Signifikanzniveaus, die ohne Rückgriff auf asymptotische Approximationen bestimmt werden können, sind ausnahmslos größer als 0,84. Diese p-Werte unterschätzen, wie bereits erwähnt, die wahren p-Werte. Es erscheint daher als gesichert, daß die Beibehaltung der Hypothese (7/5) nicht dadurch zustande kommt, daß sich die exakte Nullverteilung der Teststatistik Q^A im vorliegenden Fall nur unzureichend durch die T^2-Verteilung approximieren läßt; vgl. auch Shanken (1985b), S. 341. Fraglich ist allerdings, ob die Voraussetzung multivariat normalverteilter Störgrößen erfüllt ist.

79 Vgl. Martinez/Rubio (1989), S. 16.

Tab. 7/9: Ergebnisse der Querschnitts-Regressionsanalysen des Rendite-Mittelwerts auf die Sensitivitätskoeffizienten bei Zugrundelegung von jeweils 5 vorabspezifizierten Risikofaktoren (5/1976-4/1991, monatliche Renditen; GLS-Schätzung)[a)]

	SCHEIN-VARIABLE	$b_{i,UDIP}$	$b_{i,UDOR}$	$b_{i,UINF}$	$b_{i,DEINF}$	$b_{i,DTS}$	$b_{i,UDUSD}$	$b_{i,UDTT}$	F-TEST[c)] (BASIS: Q)	F-TEST[c)] (BASIS: Q^A)
(A)	1,310[b)] (6,434***)	-0,212 (-0,401)	------	0,007 (0,236)	------	0,000 (0,085)	0,196 (0,531)	-0,168 (-1,449)	0,7771 (0,8605)	0,7478 (0,8940)
(B)	1,311 (6,495***)	-0,223 (-0,420)	------	------	-0,002 (-0,067)	0,000 (0,098)	0,199 (0,538)	-0,167 (-1,434)	0,7768 (0,8609)	0,7475 (0,8944)
(C)	1,278 (6,135***)	------	-0,459 (-0,596)	0,009 (0,299)	------	-0,000 (-0,023)	0,163 (0,433)	-0,150 (-1,248)	0,7741 (0,8642)	0,7467 (0,8951)
(D)	1,280 (6,218***)	------	-0,450 (-0,586)	------	-0,001 (-0,025)	-0,000 (-0,008)	0,167 (0,445)	-0,150 (-1,255)	0,7741 (0,8642)	0,7468 (0,8950)

a) UDIP: unerwartete Veränderung der industriellen Nettoproduktion; UDOR: unerwartete Veränderung der Auftragseingänge des Verarbeitenden Gewerbes; UINF: unerwartete Inflationsrate; DEINF: Veränderung der erwarteten Inflationsrate; DTS: Veränderung der Terminstruktur der Zinssätze; UDUSD: unerwartete Veränderung des DM/US-Dollar-Wechselkurses; UDTT: unerwartete Veränderung der terms of trade. Es bedeuten * signifikant zum 10%-Niveau, ** signifikant zum 5%-Niveau, *** signifikant zum 1%-Niveau.

b) 1. Zeile: (mit 100 multiplizierter) Schätzwert des Regressionskoeffizienten. 2. Zeile: korrigierter Wert des t-Tests von H_0: $\alpha_j = 0$ gegen H_1: $\alpha_j \neq 0$. Hinsichtlich der vorgenommenen Korrektur der Werte des t-Tests sei auf den Text der Arbeit (Abschnitt 7.4.3) verwiesen.

c) Die Nullhypothese besagt, daß $\mu = 1\lambda_0 + B\lambda$ gilt. Hinsichtlich der verwendeten Prüfgröße sei auf die Gleichungen (7/6) und (7/7) verwiesen. In Klammern ist das empirische Signifikanzniveau angegeben.

Tab. 7/10a: Ergebnisse der Querschnitts-Regressionsanalysen des Rendite-Mittelwerts auf die Sensitivitätskoeffizienten bei Zugrundelegung von jeweils (5+1) vorabspezifizierten Risikofaktoren (5/1976-4/1991, monatliche Renditen; GLS-Schätzung)[a)]

	SCHEIN-VARIABLE	$b_{i,UDIP}$	$b_{i,UDOR}$	$b_{i,UINF}$	$b_{i,DEINF}$	$b_{i,DTS}$	$b_{i,UDUSD}$	$b_{i,UDTT}$	$b_{i,DAX}$	F-TEST[c)] (BASIS: Q)	F-TEST[c)] (BASIS: Q^A)
(A)	1,365[b)] (5,997***)	-0,207 (-0,389)	------	0,006 (0,185)	------	0,000 (0,124)	0,206 (0,555)	-0,167 (-1,433)	-0,362 (-0,800)	0,7867 (0,8469)	0,7555 (0,8842)
(B)	1,364 (6,078***)	-0,216 (-0,405)	------	------	-0,002 (-0,079)	0,000 (0,134)	0,207 (0,560)	-0,165 (-1,414)	-0,361 (-0,800)	0,7863 (0,8474)	0,7552 (0,8845)
(C)	1,338 (5,809***)	------	-0,482 (-0,623)	0,008 (0,241)	------	0,000 (0,007)	0,168 (0,446)	-0,146 (-1,213)	-0,333 (-0,734)	0,7825 (0,8522)	0,7531 (0,8869)
(D)	1,339 (5,905***)	------	-0,477 (-0,619)	------	-0,001 (-0,041)	0,000 (0,018)	0,171 (0,454)	-0,146 (-1,213)	-0,335 (-0,739)	0,7825 (0,8523)	0,7531 (0,8869)

a) UDIP: unerwartete Veränderung der industriellen Nettoproduktion; UDOR: unerwartete Veränderung der Auftragseingänge des Verarbeitenden Gewerbes; UINF: unerwartete Inflationsrate; DEINF: Veränderung der erwarteten Inflationsrate; DTS: Veränderung der Terminstruktur der Zinssätze; UDUSD: unerwartete Veränderung des DM/US-Dollar-Wechselkurses; UDTT: unerwartete Veränderung der terms of trade; DAX: monatliche Rendite des Deutschen Aktienindex. Es bedeuten * signifikant zum 10%-Niveau, ** signifikant zum 5%-Niveau, *** signifikant zum 1%-Niveau.

b) 1. Zeile: (mit 100 multiplizierter) Schätzwert des Regressionskoeffizienten. 2. Zeile: korrigierter Wert des t-Tests von H_0: $\alpha_j = 0$ gegen H_1: $\alpha_j \neq 0$. Hinsichtlich der vorgenommenen Korrektur der Werte des t-Tests sei auf den Text der Arbeit (Abschnitt 7.4.3) verwiesen.

c) Die Nullhypothese besagt, daß $\mu = 1\lambda_0 + B\lambda$ gilt. Hinsichtlich der verwendeten Prüfgröße sei auf die Gleichungen (7/6) und (7/7) verwiesen. In Klammern ist das empirische Signifikanzniveau angegeben.

Tab. 7/10b: Ergebnisse der Querschnitts-Regressionsanalysen des Rendite-Mittelwerts auf die Sensitivitätskoeffizienten bei Zugrundelegung von jeweils (5+1) vorabspezifizierten Risikofaktoren (5/1976-4/1991, monatliche Renditen; GLS-Schätzung)[a)]

	SCHEIN-VARIABLE	$b_{i,UDIP}$	$b_{i,UDOR}$	$b_{i,UINF}$	$b_{i,DEINF}$	$b_{i,DTS}$	$b_{i,UDUSD}$	$b_{i,UDTT}$	$b_{i,EW}$	F-TEST[c)] (BASIS: Q)	F-TEST[c)] (BASIS: Q^A)
(A)	1,358[b)] (5,745***)	-0,199 (-0,374)	-----	0,007 (0,211)	-----	0,000 (0,120)	0,202 (0,543)	-0,166 (-1,431)	-0,289 (-0,687)	0,7882 (0,8449)	0,7579 (0,8816)
(B)	1,359 (5,812***)	-0,210 (-0,394)	-----	-----	-0,002 (-0,084)	0,000 (0,133)	0,204 (0,551)	-0,164 (-1,412)	-0,290 (-0,691)	0,7878 (0,8455)	0,7575 (0,8821)
(C)	1,334 (5,569***)	-----	-0,469 (-0,607)	0,008 (0,266)	-----	0,000 (0,008)	0,164 (0,436)	-0,147 (-1,218)	-0,264 (-0,625)	0,7844 (0,8498)	0,7558 (0,8839)
(D)	1,337 (5,648***)	-----	-0,461 (-0,599)	-----	-0,001 (-0,050)	0,000 (0,024)	0,168 (0,448)	-0,147 (-1,219)	-0,267 (-0,635)	0,7843 (0,8499)	0,7558 (0,8839)

a) UDIP: unerwartete Veränderung der industriellen Nettoproduktion; UDOR: unerwartete Veränderung der Auftragseingänge des Verarbeitenden Gewerbes; UINF: unerwartete Inflationsrate; DEINF: Veränderung der erwarteten Inflationsrate; DTS: Veränderung der Terminstruktur der Zinssätze; UDUSD: unerwartete Veränderung des DM/US-Dollar-Wechselkurses; UDTT: unerwartete Veränderung der terms of trade; EW: gleichgewichtetes arithmetisches Mittel der monatlichen Renditen jener 67 Aktien, die zur Teilstichprobe I gehören. Es bedeuten * signifikant zum 10%-Niveau, ** signifikant zum 5%-Niveau, *** signifikant zum 1%-Niveau.

b) 1. Zeile: (mit 100 multiplizierter) Schätzwert des Regressionskoeffizienten. 2. Zeile: korrigierter Wert des t-Tests von H_0: $\alpha_j = 0$ gegen H_1: $\alpha_j \neq 0$. Hinsichtlich der vorgenommenen Korrektur der Werte des t-Tests sei auf den Text der Arbeit (Abschnitt 7.4.3) verwiesen.

c) Die Nullhypothese besagt, daß $\mu = 1\lambda_0 + B\lambda$ gilt. Hinsichtlich der verwendeten Prüfgröße sei auf die Gleichungen (7/6) und (7/7) verwiesen. In Klammern ist das empirische Signifikanzniveau angegeben.

7.4.4 "Out-of-Sample"-Tests der APT-Bewertungsgleichung

Die "Out-of-Sample"-Tests der spezifizierten APT-Bewertungsgleichung[80] werden zunächst in Anlehnung an das Vorgehen des Abschnitts 6.3.3 durchgeführt, d. h. die verwendeten Risikomaße werden aus den Beobachtungen des Zeitraums Mai 1976 bis Dezember 1987 geschätzt, während die Ermittlung der durchschnittlichen Aktienrenditen anhand der Renditen des Zeitraums Januar 1988 bis April 1991 erfolgt. Die erzielten Resultate sind in den Tabellen 7/11, 7/12a und 7/12b zusammengestellt. Die Tabelle 7/11 zeigt, daß der Vektor der (geschätzten) faktorenbezogenen Risikoprämien in zwei Fällen (Regressionsansätze (A) und (B)) zum 5%-Niveau signifikant vom Nullvektor abweicht. In den beiden anderen Fällen wird die Nullhypothese, daß die Sensitivitätskoeffizienten gegenüber den makroökonomischen Risikofaktoren keinen Einfluß auf den Rendite-Mittelwert ausüben, mit einer Irrtumswahrscheinlichkeit von 10% verworfen. Bemerkenswert ist weiterhin, daß die geschätzten Risikoprämien der Faktoren UDIP, DTS und UDUSD - bei einem vorgegebenen Signifikanzniveau von 0,05 (UDIP, UDUSD) bzw. 0,1 (DTS, UDUSD) - statistisch gesichert von null verschieden sind. Die Sensitivitäten hinsichtlich der übrigen volkswirtschaftlichen Faktoren erweisen sich allerdings wiederum nicht als bewertete Risikomaße. Ferner muß konstatiert werden, daß die korrigierten Bestimmtheitsmaße der Regressionsansätze (A) bis (D), die Werte zwischen knapp 8,5 und rund 13,5% annehmen, deutlich geringer sind als der bereinigte Determinationskoeffizient, der sich bei Zugrundelegung von 5 latenten Risikofaktoren im (ansonsten) vergleichbaren "Out-of-Sample"-Test des Abschnitts 6.3.3 ergeben hat.[81]

Vergleicht man die Resultate der Tabelle 7/11 mit den in den Tabellen 7/12a und 7/12b zusammengefaßten Ergebnissen, die bei gleichzeitiger Berücksichtigung eines Marktfaktors erzielt werden, dann sind für den Fall, daß der DAX als Marktportefeuille-Stellvertreter verwandt wird, mehrere Unterschiede feststellbar.[82] So geht aus der Tabelle 7/12a hervor, daß nun Risikoprämien-Vektoren geschätzt werden, die sämtlich zum 5%-Niveau signifikant vom Nullvektor abweichen. Die gleichzeitige Einbeziehung der Variablen DAX führt zudem - unabhängig vom betrachteten Regressionsansatz - zur Erhöhung des

---

80 Die Residuenanalyse ergibt, daß die Annahmen des klassischen linearen Regressionsmodells zumeist erfüllt sind. Die betrachteten Regressionsansätze können daher mit Hilfe der OLS-Methode geschätzt werden.

81 Letzterer beläuft sich - wie aus der Tabelle 6/14 ersichtlich ist - auf rund 24%.

82 Die durch Hinzunahme der Variablen EW gewonnenen Resultate entsprechen dagegen überwiegend den Ergebnissen, die sich bei ausschließlicher Berücksichtigung der makroökonomischen Risikofaktoren einstellen, so daß auf eine ausführliche Diskussion der betreffenden Resultate (siehe Tabelle 7/12b) verzichtet werden kann. Erwähnenswert ist allerdings, daß die Variable EW stets nicht bewertet wird.

Tab. 7/11: Ergebnisse der Querschnitts-Regressionsanalysen des Rendite-Mittelwerts auf die Sensitivitätskoeffizienten bei Zugrundelegung von jeweils 5 vorabspezifizierten Risikofaktoren (5/1976-4/1991, monatliche Renditen; OLS-Schätzung; "Out-of-Sample"-Test[a])[b])

	SCHEIN-VARIABLE	$b_{i,UDIP}$	$b_{i,UDOE}$	$b_{i,UINF}$	$b_{i,DEINF}$	$b_{i,DTS}$	$b_{i,UDUSD}$	$b_{i,UDTT}$	F-TEST[d)]	$R^2_{adj.}$
(A)	2,145[c)] (9,341***)	-3,660 (-2,162**)	----	0,026 (0,275)	----	0,017 (1,749*)	1,679 (1,987*)	0,254 (1,005)	3,0468** (0,0161)	0,1342
(B)	2,177 (8,771***)	-3,790 (-2,217**)	----	----	0,032 (0,385)	0,017 (1,857*)	1,691 (2,100**)	0,242 (0,972)	3,0718** (0,0154)	0,1357
(C)	1,718 (5,402***)	----	-2,124 (-0,942)	0,041 (0,410)	----	0,017 (1,693*)	1,596 (1,781*)	0,378 (1,445)	2,2287* (0,0627)	0,0852
(D)	1,722 (5,391***)	----	-2,115 (-0,937)	----	0,008 (0,099)	0,018 (1,853*)	1,648 (1,916*)	0,364 (1,415)	2,2227* (0,0633)	0,0848

a) Schätzung des Rendite-Mittelwerts: 1/1988-4/1991. Schätzung der Sensitivitätskoeffizienten: 5/1976-12/1987.

b) UDIP: unerwartete Veränderung der industriellen Nettoproduktion; UDOR: unerwartete Veränderung der Auftragseingänge des Verarbeitenden Gewerbes; UINF: unerwartete Inflationsrate; DEINF: Veränderung der erwarteten Inflationsrate; DTS: Veränderung der Terminstruktur der Zinssätze; UDUSD: unerwartete Veränderung des DM/US-Dollar-Wechselkurses; UDTT: unerwartete Veränderung der terms of trade. Es bedeuten * signifikant zum 10%-Niveau, ** signifikant zum 5%-Niveau, *** signifikant zum 1%-Niveau.

c) 1. Zeile: (mit 100 multiplizierter) Schätzwert des Regressionskoeffizienten. 2. Zeile: Wert des t-Tests von H_0: $\alpha_j = 0$ gegen H_1: $\alpha_j \neq 0$.

d) Die Nullhypothese besagt, daß die Sensitivitätskoeffizienten keinen Einfluß auf den Rendite-Mittelwert ausüben. In Klammern ist das empirische Signifikanzniveau angegeben.

Tab. 7/12a: Ergebnisse der Querschnitts-Regressionsanalysen des Rendite-Mittelwerts auf die Sensitivitätskoeffizienten bei Zugrundelegung von jeweils (5+1) vorabspezifizierten Risikofaktoren (5/1976-4/1991, monatliche Renditen; OLS-Schätzung; "Out-of-Sample"-Test[a])[b]

	SCHEIN-VARIABLE	$b_{i,UDIP}$	$b_{i,UDOR}$	$b_{i,UINF}$	$b_{i,DEINF}$	$b_{i,DTS}$	$b_{i,UDUSD}$	$b_{i,UDTT}$	$b_{i,DAX}$	F-TEST[d]	$R^2_{adj.}$
(A)	3,137[c] (5,276***)	-3,568 (-2,145**)	-----	0,044 (0,466)	-----	0,020 (2,026**)	2,286 (2,553**)	0,252 (1,013)	-1,179 (-1,681*)	3,1747*** (0,0090)	0,1651
(B)	3,415 (5,223***)	-3,888 (-2,331**)	-----	-----	0,088 (1,024)	0,020 (2,158**)	2,364 (2,776***)	0,227 (0,934)	-1,469 (-1,948*)	3,3839*** (0,0061)	0,1781
(C)	2,849 (4,640***)	-----	-2,930 (-1,317)	0,069 (0,709)	-----	0,020 (1,979*)	2,236 (2,427**)	0,389 (1,530)	-0,940 (-1,301)	2,7226** (0,0209)	0,1354
(D)	3,137 (4,773***)	-----	-3,389 (-1,517)	-----	0,091 (1,025)	0,020 (2,126**)	2,321 (2,661***)	0,376 (1,518)	-1,251 (-1,641)	2,9908** (0,0127)	0,1533

a) Schätzung des Rendite-Mittelwerts: 1/1988-4/1991. Schätzung der Sensitivitätskoeffizienten: 5/1976-12/1987.

b) UDIP: unerwartete Veränderung der industriellen Nettoproduktion; UDOR: unerwartete Veränderung der Auftragseingänge des Verarbeitenden Gewerbes; UINF: unerwartete Inflationsrate; DEINF: Veränderung der erwarteten Inflationsrate; DTS: Veränderung der Terminstruktur der Zinssätze; UDUSD: unerwartete Veränderung des DM/US-Dollar-Wechselkurses; UDTT: unerwartete Veränderung der terms of trade; DAX: monatliche Rendite des Deutschen Aktienindex. Es bedeuten * signifikant zum 10%-Niveau, ** signifikant zum 5%-Niveau, *** signifikant zum 1%-Niveau.

c) 1. Zeile: (mit 100 multiplizierter) Schätzwert des Regressionskoeffizienten. 2. Zeile: Wert des t-Tests von H_0: $\alpha_j = 0$ gegen H_1: $\alpha_j \neq 0$.

d) Die Nullhypothese besagt, daß die Sensitivitätskoeffizienten keinen Einfluß auf den Rendite-Mittelwert ausüben. In Klammern ist das empirische Signifikanzniveau angegeben.

Tab. 7/12b: Ergebnisse der Querschnitts-Regressionsanalysen des Rendite-Mittelwerts auf die Sensitivitätskoeffizienten bei Zugrundelegung von jeweils (5+1) vorabspezifizierten Risikofaktoren (5/1976-4/1991, monatliche Renditen; OLS-Schätzung; "Out-of-Sample"-Test[a)])[b)]

	SCHEIN-VARIABLE	$b_{i,UDIP}$	$b_{i,UDOR}$	$b_{i,UINF}$	$b_{i,DEINF}$	$b_{i,DTS}$	$b_{i,UDUSD}$	$b_{i,UDTT}$	$b_{i,EW}$	F-TEST[d)]	$R^2_{adj.}$
(A)	2,345[c)] (3,151***)	-3,652 (-2,140**)	-----	0,030 (0,304)	-----	0,018 (1,758*)	1,774 (1,939*)	0,258 (1,009)	-0,197 (-0,269)	2,5141** (0,0309)	0,1210
(B)	2,483 (3,076***)	-3,816 (-2,215**)	-----	-----	0,043 (0,486)	0,018 (1,886*)	1,823 (2,081**)	0,244 (0,974)	-0,335 (-0,421)	2,5510** (0,0288)	0,1236
(C)	2,150 (2,812***)	-----	-2,398 (-1,038)	0,051 (0,501)	-----	0,018 (1,762*)	1,778 (1,878*)	0,391 (1,482)	0,001 (0,002)	1,9031* (0,0950)	0,0759
(D)	2,293 (2,792***)	-----	-2,555 (-1,092)	-----	0,035 (0,377)	0,019 (1,934*)	1,856 (2,049**)	0,379 (1,465)	-0,143 (-0,177)	1,9344* (0,0898)	0,0783

a) Schätzung des Rendite-Mittelwerts: 1/1988-4/1991. Schätzung der Sensitivitätskoeffizienten: 5/1976-12/1987.

b) UDIP: unerwartete Veränderung der industriellen Nettoproduktion; UDOR: unerwartete Veränderung der Auftragseingänge des Verarbeitenden Gewerbes; UINF: unerwartete Inflationsrate; DEINF: Veränderung der erwarteten Inflationsrate; DTS: Veränderung der Terminstruktur der Zinssätze; UDUSD: unerwartete Veränderung des DM/US-Dollar-Wechselkurses; UDTT: unerwartete Veränderung der terms of trade; EW: gleichgewichtetes arithmetisches Mittel der monatlichen Renditen jener 67 Aktien, die zur Teilstichprobe I gehören. Es bedeuten * signifikant zum 10%-Niveau, ** signifikant zum 5%-Niveau, *** signifikant zum 1%-Niveau.

c) 1. Zeile: (mit 100 multiplizierter) Schätzwert des Regressionskoeffizienten. 2. Zeile: Wert des t-Tests von H_0: $\alpha_j = 0$ gegen H_1: $\alpha_j \neq 0$.

d) Die Nullhypothese besagt, daß die Sensitivitätskoeffizienten keinen Einfluß auf den Rendite-Mittelwert ausüben. In Klammern ist das empirische Signifikanzniveau angegeben.

korrigierten Bestimmtheitsmaßes. Die geschätzte Risikoprämie des "CAPM"-Betakoeffizienten, die teilweise zum 10%-Niveau signifikant von null verschieden ist, weist indes das "falsche" Vorzeichen auf. Zu den bewerteten makroökonomischen Risikofaktoren zählen (erneut) allein die Faktoren UDIP, DTS und UDUSD. Zwar lassen sich die Vorzeichen der entsprechenden Risikoprämien-Schätzwerte, wie bereits erwähnt, nicht anhand von theoretisch fundierten Aussagen auf ihre Plausibilität hin überprüfen, die positive Risikoprämie des Faktors DTS, die in den "Out-of-Sample"-Tests durchgängig ermittelt wird, scheint jedoch mit intuitiven Überlegungen vereinbar zu sein.[83] Die negativen Werte, die für die Risikoprämie des Faktors UDIP stets geschätzt werden[84], stehen dagegen im Widerspruch zu der in der Literatur gemeinhin vertretenen Auffassung, wonach mit der unerwarteten Veränderung der industriellen (Netto-) Produktion eine positive Risikoprämie verbunden sein sollte.[85]

Den bisherigen Querschnittsanalysen dieses Kapitels ist gemeinsam, daß für jeden Regressionsansatz genau eine Schätzung vorgenommen wird. Das gewählte Vorgehen wird nun dahingehend abgewandelt, daß die Parameter der jeweiligen Regressionsbeziehung mehrmals geschätzt werden.[86] Die Werte der eigentlichen Regressoren werden dazu in jährlichen Abständen neu berechnet, und zwar ausnahmslos mit den Daten von 80 Beobachtungszeitpunkten, wobei der erste Schätzzeitraum die Teilperiode Mai 1976 bis Dezember 1982 und der letzte Schätzzeitraum die Teilperiode Mai 1983 bis Dezember 1989 umfaßt. Die Ausprägungen des jeweils zugehörigen Regressanden werden aus den monatlichen Aktienrenditen desjenigen Kalenderjahres ermittelt, das sich an den betreffenden Schätzzeitraum unmittelbar anschließt, so daß man je Aktie die durchschnittlichen Renditen der Jahre 1983 bis 1990 erhält. Die für den Regressionsansatz (A) erzielten Ergebnisse der entsprechenden Querschnittsanalysen sind in der Tabelle 7/13 zusammengefaßt. Aus der Tabelle ist ersichtlich, daß lediglich in 2 (bzw. 3) der 8 Fälle zum 5%- (respektive 10%-) Niveau signifikant vom Nullvektor verschiedene Risikoprämien-Vektoren geschätzt werden. Die Relation zwischen den "makroökonomischen" Sensitivitätskoeffi-

83 Vgl. dazu Chen/Roll/Ross (1986), S. 395 f. Hinsichtlich des "richtigen" Vorzeichens der Risikoprämie des Faktors UDUSD können keine eindeutigen Aussagen getroffen werden.

84 Eine beliebige faktorenbezogene Risikoprämie wird grundsätzlich immer dann ein negatives Vorzeichen haben, wenn die Marktteilnehmer Aktien bevorzugen, deren Renditen positiv mit dem jeweiligen Faktor korreliert sind; vgl. Berry/Burmeister/McElroy (1988), S. 41. Die betreffenden Aktien würden in diesem Fall ceteris paribus einen geringeren Rendite-Erwartungswert aufweisen als jene Aktien, deren Renditen negativ mit dem Faktor korreliert sind.

85 Vgl. für viele Chen/Roll/Ross (1986), S. 395 und Martinez/Rubio (1989), S. 13. Roll/Ross (1984a), S. 22 merken an, daß ein Rückgang der industriellen Produktion i. a. mit steigender Arbeitslosigkeit einhergeht, die ihrerseits (naturgemäß) tendenziell negativ auf die ökonomische Position der Wirtschaftssubjekte wirkt.

86 Im weiteren wird exemplarisch der Regressionsansatz (A) näher betrachtet.

Tab. 7/13: Ergebnisse der Querschnitts-Regressionsanalysen des Rendite-Mittelwerts auf die Sensitivitätskoeffizienten bei Zugrundelegung von 5 vorabspezifizierten Risikofaktoren (5/1976-4/1991, monatliche Renditen; mehrere OLS-Schätzungen; "Out-of-Sample"-Test)[a)]

ZEITRAUM FÜR DIE SCHÄTZUNG DES RENDITE-MITTELWERTS (DER SENSITIVITÄTSKOEFFIZIENTEN)	SCHEIN-VARIABLE	$b_{i,UDIP}$	$b_{i,UINF}$	$b_{i,DTS}$	$b_{i,UDUSD}$	$b_{i,UDTT}$	F-TEST[c)]	$R^2_{adj.}$
1-12/1983 (5/1976-12/1982)	2,372***[b)]	-0,751	-0,135	-0,019	2,060	0,166	2,0810*	0,0757
1-12/1984 (5/1977-12/1983)	0,879**	0,861	-0,213*	0,000	2,174	-0,680**	1,7003	0,0504
1-12/1985 (5/1978-12/1984)	3,132***	-2,429	-0,071	0,005	-3,597**	0,255	1,2568	0,0191
1-12/1986 (5/1979-12/1985)	1,205***	-2,541	-0,191*	0,021**	1,398	-0,101	1,3019	0,0224
1-12/1987 (5/1980-12/1986)	-2,639***	-0,300	-0,142	-0,011	0,081	-0,271	1,2427	0,0181
1-12/1988 (5/1981-12/1987)	2,705***	-2,181	0,088	0,001	2,128**	-0,236	2,3760**	0,0944
1-12/1989 (5/1982-12/1988)	4,195***	-3,262*	0,026	0,011	-0,181	0,385	1,2260	0,0168
1-12/1990 (5/1983-12/1989)	-0,426	-4,360***	0,071	-0,020**	-1,048	-0,011	3,8111***	0,1756

a) UDIP: unerwartete Veränderung der industriellen Nettoproduktion; UINF: unerwartete Inflationsrate; DTS: Veränderung der Terminstruktur der Zinssätze; UDUSD: unerwartete Veränderung des DM/US-Dollar-Wechselkurses; UDTT: unerwartete Veränderung der terms of trade. Es bedeuten * signifikant zum 10%-Niveau, ** signifikant zum 5%-Niveau, *** signifikant zum 1%-Niveau.

b) Angegeben ist der (mit 100 multiplizierte) Schätzwert des Regressionskoeffizienten. Die Kennzeichnung der Werte bezieht sich auf den t-Test von H_0: $\alpha_j = 0$ gegen H_1: $\alpha_j \neq 0$.

c) Die Nullhypothese besagt, daß die eigentlichen Regressoren keinen Einfluß auf den Rendite-Mittelwert ausüben.

zienten und der durchschnittlichen Aktienrendite ist - gemessen am korrigierten Bestimmtheitsmaß - nur sehr schwach ausgeprägt, wenn man einmal von jener Regression absieht, in die die mittleren Renditen des Jahres 1990 eingehen. Ferner liegen nur vereinzelt Risikoprämien der volkswirtschaftlichen Faktoren vor, die statistisch gesichert von null abweichen. Die mehrheitlich negativen (und in zwei Fällen zum 10%-Niveau signifikant von null verschiedenen) Schätzwerte der Risikoprämie des Faktors UINF deuten an, daß die Anleger Aktien präferieren, deren Renditen positiv mit der unerwarteten Inflationsrate korreliert sind.[87] Bei der Interpretation der Testresultate ist allerdings zu bedenken, daß es prinzipiell mit der Nullhypothese vereinbar ist, daß diese in einigen (wenigen) Fällen abgelehnt wird. Mit anderen Worten: Es kann grundsätzlich nicht ausgeschlossen werden, daß auch bei Gültigkeit der Nullhypothese von der Bewertungsirrelevanz der makroökonomischen Faktoren, allein durch Zufall, "statistisch signifikante" Teststatistiken auftreten.[88] Vergleicht man die Ergebnisse der durchgeführten Querschnittsanalysen miteinander, dann fällt darüber hinaus auf, daß die numerischen (Schätz-) Werte der faktorenbezogenen Risikoprämien im Zeitablauf z. T. beträchtlich schwanken. Besonders die Risikoprämien, die mit den Variablen UDIP, UDUSD und UDTT verbunden sind, scheinen nicht zeitinvariant zu sein. Zudem weist keine der faktorenbezogenen Risikoprämien im Zeitablauf durchgängig das gleiche Vorzeichen auf. Für die Risikoprämien der Faktoren DTS und UDUSD lassen sich selbst dann, wenn man ausschließlich die signifikant von null verschiedenen Regressionskoeffizienten betrachtet, Vorzeichenwechsel feststellen.

Alles in allem ist festzuhalten, daß in den "Out-of-Sample"-Tests teilweise ein Einfluß der geschätzten Risikomaße auf die mittlere Aktienrendite nachgewiesen wird; es kann jedoch nicht ausgeschlossen werden, daß die beobachteten Beziehungen letztlich zufälliger Natur sind. Im gegebenen Zusammenhang ist auch darauf hinzuweisen, daß das empirische Absolutglied der getesteten Bewertungsgleichung(en) durchweg "zu hohe" Werte annimmt.[89]

---

87 Vgl. auch Chan/Chen/Hsieh (1985), S. 458. Diese Aktien sind zur Kompensation "unvorteilhafter" Inflationswirkungen geeignet, die bei anderen Vermögensgegenständen des jeweiligen Investors (wie festverzinslichen Wertpapieren) einsetzen.

88 Vgl. Krämer/Runde (1993), S. 93 f.

89 Martinez/Rubio (1989) gelangen zu einem ähnlichen Resultat; vgl. Martinez/Rubio (1989), S. 15.

7.5 Zusammenfassung

Die wesentlichen Resultate der verschiedenen Auswertungen dieses Kapitels, das die empirische Überprüfung der APT auf der Grundlage makroökonomischer Risikofaktoren zum Gegenstand hat, lassen sich wie folgt zusammenfassen:

(1) Die Analyse der konstruierten Zeitreihen der volkswirtschaftlichen Risikofaktoren legt die Schlußfolgerung nahe, daß die unerwarteten Ausprägungen (Veränderungen) der ausgewählten makroökonomischen Variablen mit Hilfe der verwendeten Ansätze hinreichend genau gemessen werden.

(2) Die Ergebnisse der multiplen Längsschnittsregressionen, d. h. des ersten Schritts der eingesetzten zweistufigen Vorgehensweise, zeigen, daß die volkswirtschaftlichen Risikofaktoren nur einen geringen Anteil der Variabilität der monatlichen Aktienrenditen erklären. Der lineare Zusammenhang zwischen den realisierten Aktienrenditen und den Aktienmarkt-Variablen DAX respektive EW, der bei entsprechender Erweiterung der Regressorenmenge ermittelt wird, ist im Gegensatz dazu jeweils recht eng.

(3) Die zunächst durchgeführten "In-Sample"-Tests, die auf der Prämisse (annähernd) fehlerfrei geschätzter Risikomaße beruhen, ergeben, daß die spezifizierten APT-Versionen für die betrachtete Teilstichprobe abzulehnen sind. Auch dem "CAPM"-Betakoeffizienten wird in den betreffenden Tests stets keine signifikant von null verschiedene Risikoprämie beigemessen. Diese zentralen Resultate erweisen sich als weitgehend robust gegenüber möglichen Abweichungen von der Annahme meßfehlerfreier Regressoren. So sind sämtliche (geschätzten) Risikoprämien der vorabspezifizierten Risikofaktoren ebenfalls bei Zugrundelegung alternativer Schätz- und Testverfahren, welche das Verwenden "erzeugter" Regressoren-Werte explizit berücksichtigen, jeweils nur zufällig von null verschieden. Die Ergebnisse, die mittels des von Shanken (1985b) angegebenen multivariaten CSR-Tests erzielt werden, stehen allerdings nicht im Widerspruch zu den getesteten Bewertungsansätzen.

(4) Die Resultate der "Out-of-Sample"-Tests sind nicht eindeutig. In einigen Fällen weicht der Vektor der (geschätzten) faktorenbezogenen Risikoprämien signifikant vom Nullvektor ab. Auch die einzelnen Schätzwerte der Risikoprämien mehrerer volkswirtschaftlicher Faktoren (hier können vor allem die unerwarteten Veränderungen der industriellen Nettoproduktion und des DM/US-Dollar-Wechselkurses sowie die Änderung der Terminstruktur der Zinssätze angeführt werden) sind des öfteren statistisch gesichert von null verschieden. Die ermittelten Risikoprämien der vorabspezifizierten Faktoren weisen allerdings bisweilen das "falsche" Vorzeichen auf.

Außerdem sind die korrigierten Bestimmtheitsmaße der Querschnittsregressionen oft relativ niedrig. Insgesamt läßt sich daher nicht ausschließen, daß die z. T. festgestellten Zusammenhänge zwischen den geschätzten Risikomaßen und der durchschnittlichen Aktienrendite möglicherweise durch Zufallseinflüsse zustande kommen. Ein Vergleich der über verschiedene Teilperioden hinweg erzielten Ergebnisse zeigt darüber hinaus, daß sowohl die numerischen Werte als auch die statistische Signifikanz der (geschätzten) faktorenbezogenen Risikoprämien im Zeitablauf starken Schwankungen unterliegen.

Angesichts der überwiegend "negativen" Testresultate läßt sich unter Berücksichtigung der Ergebnisse des sechsten Kapitels abschließend festhalten, daß die herangezogenen makroökonomischen Risikofaktoren anscheinend nicht zu denjenigen APT-Risikofaktoren gehören, die am deutschen Aktienmarkt bewertet werden.

8 Schlußbetrachtung

8.1 Zusammenfassung der Arbeitsergebnisse

Ein Hauptziel der vorgenommenen Untersuchungen bestand darin, die empirische Gültigkeit der Arbitrage Pricing Theory mit Daten des deutschen Aktienmarkts zu überprüfen. Nach der exakten APT-Bewertungsgleichung ist allein das systematische Risiko der Wertpapiere, welches auf k Faktoren zurückgeführt wird, bewertungsrelevant. Die zu testende Bewertungshypothese weist allerdings ein beträchtliches Maß an Unbestimmtheit auf, da die APT keinerlei Aussage zur genauen Anzahl und zur Bedeutung der systematischen Risikofaktoren enthält. Deshalb bildeten die Analysen, ob und wieweit verschiedene Spezifikationen hinsichtlich der Zahl sowie des "Inhalts" dieser Risikofaktoren geeignet sind, die Renditengenerierung und die Preisbildung am deutschen Aktienmarkt zu erklären, weitere Arbeitsschwerpunkte. Es wurde außerdem ein umfassender Überblick über den Entwicklungsstand der theoretischen und empirischen APT-Forschung gegeben.

Die einperiodige Arbitrage Pricing Theory, welche von Ross (1976, 1977) als Alternative zum Capital Asset Pricing Model entwickelt wurde, beruht in ihrer ursprünglichen Form auf vergleichsweise schwachen Prämissen. Erstens wird vorausgesetzt, daß die betrachteten risikobehafteten Wertpapiere auf einem friktionslosen und atomistischen Kapitalmarkt gehandelt werden, auf dem keine asymptotischen Arbitragemöglichkeiten verfügbar sind. Zweitens sollen die Anleger übereinstimmend davon ausgehen, daß die künftigen Wertpapierrenditen durch ein exaktes lineares k-Faktoren-Modell generiert werden. Das grundlegende Ergebnis der "traditionellen" APT besagt, daß näherungsweise eine lineare Beziehung zwischen dem Rendite-Erwartungswert des i-ten Wertpapiers und jenen Sensitivitätskoeffizienten besteht, welche die künftige Rendite des jeweiligen Wertpapiers hinsichtlich der systematischen Risikofaktoren aufweist. Diese Bewertungshypothese ist jedoch nur prinzipiell testbar, da die zugrundeliegende Aussage, wonach die unendliche Summe der quadrierten APT-Bewertungsfehler beschränkt ist, für jede Menge von endlich vielen Wertpapieren - und nur eine solche kann Gegenstand empirischer Tests sein - eine mathematische Tautologie darstellt.

Die APT ist in verschiedenen theoretischen Arbeiten modifiziert und weiterentwickelt worden. Die approximative Bewertungsgleichung läßt sich, wie vor allem Chamberlain/Rothschild (1983) zeigen, auch dann herleiten, wenn die Prämisse eines exakten Faktorenmodells durch die schwächere Annahme eines approximativen Faktorenmodells ersetzt wird. Andere APT-Erweiterungen, die überwiegend der sog. "Gleichgewichts-

APT" zugeordnet werden können, führen zu präziseren Bewertungshypothesen. Allerdings sind die Prämissen, aus denen diese Hypothesen deduziert werden, deutlich restriktiver als die Annahmen der "traditionellen" Arbitrage-Pricing-Theorie. Die exakte Bewertungsgleichung stellt eine praktisch testbare Aussage dar und sollte als Basis zur empirischen Überprüfung der APT gewählt werden. Speziell mit Blick auf die jüngsten Entwicklungen im Bereich der theoretischen APT-Forschung (wie der Herleitung einer nicht-linearen APT) ist zu konstatieren, daß sich der Abstand zwischen dem ursprünglichen Theorie-Ansatz und dessen Erweiterungen im Zeitablauf stetig vergrößert hat. Ungeachtet der formalen Eleganz der neueren APT-Varianten ist darüber hinaus zu fragen, ob die Fortentwicklung der Arbitrage-Pricing-Theorie nicht bestimmte Grenzen erreicht hat. So ist festzuhalten, daß die meisten der wesentlichen APT-Erweiterungen (hier sind besonders die Herleitungen auf der Grundlage eines approximativen Faktorenmodells und die "Gleichgewichts-APT"-Ansätze zu nennen) anfangs der achtziger Jahre formuliert wurden. Seitdem ist eine deutliche Verlangsamung des Erkenntnisfortschritts zu beobachten.

Die empirische APT-Forschung hat dagegen in den letzten Jahren erheblich an Bedeutung gewonnen. Mittlerweile liegt eine Vielzahl von empirischen Untersuchungen vor, welche die Validität der APT entweder auf der Basis faktorenanalytischer Verfahren oder mittels einer Vorabspezifikation der systematischen Risikofaktoren überprüfen. Andere empirische APT-Studien gehen schwerpunktmäßig bzw. sogar ausschließlich der Bestimmung der Faktorenanzahl nach. Die entsprechenden Untersuchungen haben bislang jedoch noch nicht zu einem eindeutigen Schätzwert für den unbekannten Parameter k geführt. Aus den veröffentlichten Faktorenanzahl-Schätzwerten läßt sich allerdings folgern, daß maximal 10, vermutlich sogar nicht mehr als 5 Faktoren zur Beschreibung des Generierungsprozesses der Aktienrenditen erforderlich sind. Die Ergebnisse der wenigen APT-Tests, die auf Daten des deutschen Aktienmarkts beruhen und gleichzeitig von einer Vorabspezifikation der systematischen Risikofaktoren absehen, sind zwar in der Mehrzahl mit der analysierten Bewertungsstruktur vereinbar, sie erlauben indes kein abschließendes Urteil zur empirischen Gültigkeit der Arbitrage-Pricing-Theorie für diesen speziellen Kapitalmarkt. Insbesondere in mehreren US-amerikanischen APT-Studien wurde festgestellt, daß a priori ausgewählte makroökonomische Risikofaktoren signifikant zur Erklärung der Aktienpreisbildung beitragen. Für den deutschen Aktienmarkt (sowie für andere außeramerikanische Aktienmärkte) stellt die Identifizierung der APT-Risikofaktoren hingegen ein zum jetzigen Zeitpunkt nur ansatzweise gelöstes Problem dar. Dies gilt unbeschadet der Tatsache, daß vor allem in den zuletzt erschienenen Arbeiten von Nowak (1994) und Sauer (1994) einige durchaus vielversprechende Resultate erzielt wurden.

Die eigene empirische Untersuchung, die sich an die Auswertung der theoretischen und empirischen APT-Forschung anschließt, basiert auf den "historischen" Kursen von 138 inländischen, an der Frankfurter Wertpapierbörse notierten Inhaber-Stammaktien. Die Aktienkurse, aus denen sowohl wöchentliche als auch monatliche Renditen berechnet wurden, sind retrograd um sämtliche relevanten Ereignisse bereinigt. Der Gesamt-Untersuchungszeitraum erstreckt sich vom 3.5.1976 bis zum 30.4.1991. Die vorgenommenen Analysen können in vier große Bereiche eingeteilt werden. Zunächst wurden verschiedene Untersuchungsvoraussetzungen auf ihre Realitätsnähe hin überprüft. Als Ergebnis der Strukturbruchpunkt-Untersuchung, die mittels mehrerer nichtparametrischer Verfahren durchgeführt wurde, kann festgehalten werden, daß einige Zeitreihen zu beachtende Strukturbrüche aufweisen. Es zeigte sich, daß eine Aufteilung der gewählten Stichprobe in Teilstichproben geboten ist. Die Tests auf Normalverteilung offenbarten, daß die Verteilungen der wöchentlichen Aktienrenditen zumeist signifikant von einer Normalverteilung abweichen. Die empirischen Verteilungen sind dabei in der Mitte und an den Rändern stärker besetzt als eine Normalverteilung. Die monatlichen Aktienrenditen verletzen die Normalverteilungs-Annahme deutlich seltener; dennoch können auch diese Renditen nur eingeschränkt als normalverteilt gelten. Die Prämisse der stochastischen Unabhängigkeit im Zeitablauf ist hingegen für die überwiegende Zahl der Aktienrenditen-Zeitreihen (annähernd) erfüllt.

Zur Ermittlung der unbekannten Anzahl systematischer Risikofaktoren wurden verschiedene Ansätze herangezogen. Es zeigte sich, daß die erzielten Ergebnisse keineswegs eindeutig und in erster Linie deutlich methodenabhängig sind. Die auf der Annahme eines approximativen Faktorenmodells beruhende Analyse der Eigenwerte von Folgen empirischer Korrelationsmatrizen ergab, daß sich der Renditen-Generierungsprozeß z. T. durch ein 1-Faktor-Modell beschreiben läßt. Verschiedene Resultate sind allerdings auch mit bestimmten Mehr-Faktoren-Modellen niedriger Ordnung, von denen einem 3-Faktoren-Modell die größte Bedeutung zukommt, vereinbar. Weitgehend identische Aussagen hinsichtlich der Faktorenanzahl ließen sich bei Zugrundelegung des Scree-Tests respektive bei Anwendung des Schwarz-Kriteriums formulieren. Die anderen "traditionellen" Kriterien und Tests zeigten dagegen überwiegend an, daß relativ viele Faktoren extrahiert werden sollten. Insbesondere aufgrund der häufig fehlenden Normalverteilungs-Eigenschaft der analysierten Aktienrenditen kann allerdings vermutet werden, daß mehrere der gebräuchlichen Kriterien und Tests zur Überschätzung der Faktorenanzahl neigen. Einige Ergebnisse deuten zudem darauf hin, daß die mit Hilfe der konventionellen Kriterien und Tests geschätzte Faktorenanzahl nicht selten sowohl von der Anzahl der Zeitreihen-Beobachtungen als auch von der Aktienanzahl positiv abhängt. Dennoch ist insgesamt der Schluß zulässig, daß die betrachteten Aktienrenditen nicht durch ein 1-Faktor-Modell generiert werden. Für die Teilstichproben scheint vielmehr die Extraktion sowohl von 3 als auch von 5 Faktoren sachgerecht zu sein. Den Tests der APT-Bewertungsgleichung wurden damit zwei alternative Faktorenmodelle zugrunde gelegt. Das 5-Faktoren-Modell kann dabei wegen seiner häufigen Verwendung in der empirischen APT-Forschung als "Standard-Spezifikation" des Renditen-Generierungsprozesses gelten. Die Analyse der Eigenwerte einer Folge von empirischen Korrelationsmatrizen lieferte ferner Anhaltspunkte dafür, daß die Annahme eines approximativen k-Faktoren-Modells für die betrachteten Aktienrenditen annähernd erfüllt ist.

Da der empirische Teil der vorliegenden Arbeit durch einen sequentiellen Untersuchungsaufbau gekennzeichnet sein sollte, wurde bei der Überprüfung der APT-Bewertungsgleichung zunächst von einer Vorabspezifikation der systematischen Risikofaktoren abgesehen. Die Sensitivitätskoeffizienten wurden statt dessen mittels der Maximum-Likelihood-Faktorenanalyse aus den Korrelationsmatrizen der Aktienrenditen geschätzt. Der Bestimmung der Risikoprämien dienten verschiedene Querschnitts-Regressionsanalysen. Die formulierten Regressionsansätze lassen sich unter den Voraussetzungen des klassischen linearen Regressionsmodells nach der OLS-Methode schätzen. Mit Hilfe einer Residuenanalyse wurde die Spezifikation des stochastischen Teils dieses Modells überprüft. Als Ergebnis kann festgehalten werden, daß die Prämissen bezüglich der Störgrößen häufig erfüllt sind. Aufgrund der Annahmen-Verletzungen, die verschiedentlich vorliegen, erscheint allerdings die ausschließliche Verwendung der konventionellen Schätz- und Testverfahren als wenig sachgerecht. Deshalb beruht etwa die Schätzung der Regressionskoeffizienten-Kovarianzmatrix z. T. auf einem Jackknife-Schätzer, der im Gegensatz zum üblichen Schätzer bei heteroskedastischen Störgrößen konsistent ist. Ferner wurde zur Schätzung mehrerer Regressionsansätze ein zweiphasiger Prais-Winsten-Schätzer benutzt. Schließlich wurden der Signifikanzprüfung der eigentlichen Regressionskoeffizienten des öfteren nicht die parametrischen F-Tests, sondern nichtparametrische Rang-Tests zugrunde gelegt.

Im Rahmen der durchgeführten "In-Sample"-Tests der APT-Bewertungsgleichung wurde vor allem für die wöchentlichen Renditen der Teilstichproben zumeist festgestellt, daß der Vektor der faktorenbezogenen Risikoprämien signifikant vom Nullvektor abweicht. Die verwendeten "unsystematischen" Risikomaße werden dagegen bis auf wenige Ausnahmen nicht bewertet. Darüber hinaus lassen sich möglicherweise einige jener Testergebnisse, die im Widerspruch zur APT stehen, auf die z. T. hohe Kollinearität zwischen den Regressoren bzw. auf die häufig vorhandene Rechtsschiefe der Renditeverteilungen zurückführen. Die erzielten Testresultate zeigen damit tendenziell eine Bewährung der APT für die betrachtete Datenbasis an. Die korrigierten Bestimmtheitsmaße, die sich für den Regressionsansatz ergaben, der bei Gültigkeit der APT bezüglich der ausgewählten Regressoren korrekt spezifiziert ist, sind allerdings oft recht niedrig. In einem weiteren ("ergänzenden") Untersuchungsteil wurde erstens geprüft, ob die statistische Signifikanz des Vektors der faktorenbezogenen Risikoprämien eine monatliche Saisonalität aufweist. Verschiedene Ergebnisse der entsprechenden Regressionsanalysen deuten an, daß die Bewertung der systematischen Risikofaktoren teilweise von den Renditen bestimmter Monate beeinflußt wird. Dennoch läßt die Gesamtheit der gefundenen Resultate nicht die Schlußfolgerung zu, daß die Signifikanz der Beziehung zwischen den Sensitivitätskoeffizienten und dem Rendite-Mittelwert einer monatlichen Saisonalität unterliegt. Zweitens wurde untersucht, ob die Sensitivitätskoeffizienten bei Durchführung von "Out-of-Sample"-Tests signifikant zur Erklärung der mittleren Aktienrendite beitragen. Angesichts des Problems meßfehlerbehafteter Regressoren wurden derartige Tests für zwei Teilstichproben auch auf der Grundlage einer Instrumentalvariablen-Schätzung vorgenommen. Es zeigte sich, daß die APT-Bewertungsgleichung in den "Out-of-Sample"-Tests zumeist nicht abgelehnt werden kann. Insgesamt bleibt anzumerken, daß die Ergebnisse der "ergänzenden" Tests die Bewährung der APT erhärten. Die zusammenfassende Betrachtung aller Einzelresultate ergibt, daß vor allem die Arbitrage-Pricing-Theorie mit 5 (latenten) Risikofaktoren für die analysierten Teilstichproben akzeptiert werden kann.

Schließlich wurde mit Hilfe einer alternativen Analysekonzeption, die auf vorabspezifizierten (makroökonomischen) Risikofaktoren basiert, versucht, Aussagen zur <u>Bedeutung der systematischen Risikofaktoren</u> abzuleiten. Aufgrund der Ergebnisse der vorangegangenen Auswertungen wurden ausschließlich Faktorenmodelle mit 5 makroökonomischen Risikofaktoren betrachtet, die z. T. die Rendite eines Marktportefeuille-Stellvertreters als zusätzlichen Risikofaktor beinhalten. Die durchgeführte Vorabspezifikation der APT-Risikofaktoren berücksichtigte vor allem jene volkswirtschaftlichen Variablen, die sich für US-amerikanische Aktien als bewertungsrelevant erwiesen haben. Es wurde explizit davon abgesehen, die "beste" Faktorenkombination aus einer Gesamtmenge an makroökonomischen Risikofaktoren zu identifizieren, da das betreffende Vorgehen mit erheblichen statistischen Problemen behaftet gewesen wäre. Im einzelnen wurden die unerwarteten Veränderungen der industriellen Nettoproduktion und der Auftragseingänge des Verarbeitenden Gewerbes, die unerwartete Inflationsrate, die Veränderung der antizipierten Inflationsrate, die Änderung der Terminstruktur der Zinssätze sowie die unerwarteten Veränderungen des DM/US-Dollar-Wechselkurses und der terms of trade ausgewählt. Zur Messung der aus Anlegersicht unerwarteten Realisationen der volkswirtschaftlichen Variablen wurden (rollierend geschätzte) univariate ARIMA-Modelle, die Terminkurstheorie der Wechselkurserwartung sowie ein Zinssatzmodell, das dem von Fama/Gibbons (1984) präsentierten ähnelt, herangezogen. Die Resultate der multiplen Längsschnittsregressionen zeigen, daß die makroökonomischen Risikofaktoren - im Gegensatz zum (Aktien-) Marktfaktor - nur einen geringen Beitrag zur Erklärung der Variabilität der monatlichen Aktienrenditen leisten. In den "In-Sample"-Tests der konkretisierten Bewertungsgleichung wird weder den Sensitivitätskoeffizienten hinsichtlich der volkswirtschaftlichen Faktoren noch den unterschiedlichen "CAPM"-Betakoeffizienten eine signifikant von null abweichende Risikoprämie beigemessen. Die letztgenannten Ergebnisse haben sich als weitgehend robust gegenüber den verwendeten Schätz- und Testverfahren erwiesen. Lediglich die Resultate, die sich mittels des von Shanken (1985b) entwickelten multivariaten CSR-Tests ergaben, stehen nicht im Widerspruch zu den analysierten Bewertungsansätzen. In den "Out-of-Sample"-Tests wurde zwar teilweise ein Einfluß der geschätzten Risikomaße auf die durchschnittliche Aktienrendite nachgewiesen. Es kann jedoch nicht ausgeschlossen werden, daß die festgestellten Zusammenhänge letztlich zufälliger Natur sind. Ein Vergleich der über verschiedene Teilperioden hinweg erzielten Ergebnisse zeigte darüber hinaus, daß sowohl die numerischen Werte als auch die statistische Signifikanz der (geschätzten) faktorenbezogenen Risikoprämien im Zeitablauf stark schwanken. Die Hypothese, daß die unbekannten APT-Risikofaktoren in der vorliegenden Arbeit korrekt (vorab-) spezifiziert sind, muß deshalb insgesamt abgelehnt werden.

8.2 Ausblick

Die APT kann prinzipiell in der praktischen Entscheidungsfindung von individuellen Anlegern und von Unternehmen eingesetzt werden. Als Beispiele seien hier die Preisbestimmung von risikobehafteten Wertpapieren, die Zusammenstellung und die externe Performance-Messung von Wertpapierportefeuilles[1], die Beurteilung der Vorteilhaftigkeit von betrieblichen Sachinvestitionen sowie die Unternehmensbewertung angeführt. Zum gegenwärtigen Zeitpunkt sind jedoch nur wenige Arbeiten veröffentlicht, die sich mit den Anwendungsmöglichkeiten der APT auseinandersetzen. So erörtern u. a. Roll/Ross (1984a) sowie Berry/Burmeister/McElroy (1988) die Einsatzmöglichkeiten der Arbitrage-Pricing-Theorie im Bereich des passiven und aktiven Managements von Wertpapierportefeuilles. Mit Hilfe aktiver Anlagestrategien lassen sich (risikobereinigte) Überrenditen erwirtschaften, falls dem Anleger (respektive Fondsmanager) entweder wertpapierspezifische Selektions- oder gesamtmarktbezogene Timing-Informationen zur Verfügung stehen. Erstere Strategie setzt mithin voraus, daß der jeweilige Anleger in der Lage

1 Vgl. zu den wesentlichen Unterschieden zwischen interner und externer Performance-Messung etwa Steiner/Wittrock (1995), Sp. 1514 f.

ist, unter- bzw. überbewertete Wertpapiere zu identifizieren.[2] Hingegen erfordert die zweite Strategie[3], daß der Investor die Fähigkeit besitzt, künftige Ausprägungen der systematischen Risikofaktoren zutreffender zu prognostizieren als die übrigen Marktteilnehmer. Connor/Korajczyk (1986) beschäftigen sich mit der auf der APT beruhenden Performance-Messung von Wertpapierportefeuilles. Die Autoren entwickeln auf der Basis des von ihnen formulierten Ansatzes der "Gleichgewichts-APT" zwei Performance-Maße, die analog dem Jensen- und dem Treynor/Black-Maß definiert sind. Besonders Roll/Ross (1983) zeigen, daß die APT eine leistungsfähige Methode für die Bestimmung der Eigenkapitalkosten von Versorgungsunternehmen repräsentiert, die der Bewertungskonzeption des CAPM überlegen ist.[4] Der Beitrag von Kroll/Caples (1987) legt schließlich dar, daß die APT insofern als (komplementäres) Instrument des strategischen Managements angesehen werden kann, als sich mit ihrer Hilfe bei der Analyse von geplanten Akquisitionen quantifizieren läßt, welche Auswirkungen potentielle Zielunternehmen auf die strategische Gesamtposition des erwerbenden Unternehmens hätten.

Erfolgversprechende Versuche, die APT für die Bewältigung praktischer Entscheidungsprobleme zu nutzen, setzen zunächst einmal voraus, daß dieser kapitalmarkttheoretische Ansatz empirische Gültigkeit beanspruchen kann. Die in der vorliegenden Arbeit auf der Basis faktorenanalytischer Verfahren erzielten Testergebnisse sind mit der APT-Bewertungsstruktur überwiegend vereinbar, so daß kein Grund besteht, die APT insgesamt zu verwerfen. Zu den Anwendungsvoraussetzungen der APT zählt weiterhin, daß nur eine geringe Zahl systematischer Risikofaktoren existiert.[5] Zwar läßt sich die Faktorenanzahl auch in dieser Arbeit nicht exakt bestimmen, die ermittelten Schätzwerte des Parameters k legen in ihrer Gesamtheit jedoch die Folgerung nahe, daß lediglich zwischen 3 und 5 systematische Faktoren zur Beschreibung des Aktienrenditen-Generierungsprozesses erforderlich sind. Die Arbitrage-Pricing-Theorie kann ferner nur dann praktische Bedeutung erlangen, wenn es gelingt, den "Inhalt" der systematischen Risikofaktoren eindeutig

---

2 Einschränkend ist allerdings anzumerken, daß die "Fehlbewertung" der betreffenden Wertpapiere grundsätzlich auch darauf beruhen kann, daß entweder lediglich die approximative Bewertungsgleichung gilt oder der APT-Bewertungsansatz insgesamt keine korrekte Erklärung der Preisbildung leistet. Ist umgekehrt die "exakte" APT empirisch gültig, dann dürften strenggenommen keine Wertpapiere existieren, deren "wahre" Rendite-Erwartungswerte von denjenigen erwarteten Renditen abweichen, die gemäß der APT-Bewertungsgleichung errechnet werden. Vgl. zu der angedeuteten Inkonsistenz auch die Diskussion bei Steiner/Wittrock (1994), S. 609 f. sowie die auf der Prämisse heterogener Anlegerinformationen basierende APT-Version von Connor/Korajczyk (1986), deren Grundzüge im Abschnitt 2.5 beschrieben wurden.

3 Vgl. dazu ausführlich Berry/Burmeister/McElroy (1988), S. 40 f.

4 Vgl. auch Bower/Bower/Logue (1984) sowie Bubnys (1990); in der letztgenannten Studie wird allerdings keine klare Dominanz der APT gegenüber dem CAPM festgestellt.

5 Vgl. Kryzanowski/To (1983), S. 31 und Diacogiannis (1986), S. 490.

zu bestimmen.[6] Eine so geartete Konkretisierung des linearen Faktorenmodells der APT ist anhand der gefundenen Resultate nicht möglich. Die ökonomische Interpretation der unbekannten APT-Risikofaktoren muß daher als zentrale Aufgabe der künftigen empirischen Forschung angesehen werden. Im Rahmen der betreffenden Forschungsbemühungen sollte erstens erwogen werden, die in der vorliegenden Arbeit betrachteten makroökonomischen Risikofaktoren, die anscheinend nicht zu den am deutschen Aktienmarkt bewerteten APT-Risikofaktoren gehören, durch andere (gegebenenfalls auch mikroökonomische) Variablen zu ersetzen. Allerdings ist zu beachten, daß die Einflüsse von vermeintlich relevanteren Risikofaktoren möglicherweise schon insofern in den formulierten Faktorenmodellen berücksichtigt sind, als zwischen vielen volkswirtschaftlichen Zustandsvariablen eine starke Korrelation bestehen dürfte.[7] In Anbetracht des Sachverhalts, daß die bislang zur Bewertungsrelevanz makroökonomischer Risikofaktoren durchgeführten APT-Untersuchungen recht widersprüchliche Resultate ergeben haben, die darüber hinaus teilweise auch vom analysierten Aktienmarkt abhängen, ist zudem fraglich, ob sich überhaupt eine allgemeingültige Faktorenkombination ermitteln läßt. Ein zweiter Ansatzpunkt für weitergehende empirische Arbeiten betrifft die Messung der Ausprägungen der vorabspezifizierten Risikofaktoren. So läßt sich eine Verbesserung der Prognosegenauigkeit (und damit letztlich eine präzisere Messung der unerwarteten Veränderungen volkswirtschaftlicher Variablen) unter Umständen dadurch erreichen, daß zur Vorhersage nicht nur vergangene Werte der zu prognostizierenden Variablen, sondern zusätzlich auch die Vergangenheitswerte anderer (exogener) Variablen genutzt werden. Im gegebenen Zusammenhang ist ferner die Kombination von Prognosen, die von unterschiedlichen Modellen stammen, in Betracht zu ziehen.[8] Es ist allerdings stets sicherzustellen, daß aus den entsprechenden Basis-Zeitreihen keine Informationen herausgefiltert werden, die für die Aktienbewertung relevant sind. Schließlich ist daran zu denken, alternative Schätz- und Testverfahren, wie die von Burmeister/McElroy (1988) zur simultanen Schätzung der unbekannten Modellparameter empfohlene ITNL3SLS-Methode, einzusetzen. Wünschenswert wäre insbesondere auch die Entwicklung von Schätzverfahren, mit denen sich im Zeitablauf schwankende Risikoprämien der vorabspezifizierten Faktoren und/oder instationäre Sensitivitätskoeffizienten berücksichtigen ließen.

---

6 Vgl. zu dieser Feststellung ebenfalls Kryzanowski/To (1983), S. 33 sowie Steiner/Nowak (1995), Sp. 1441.

7 Vgl. auch Chang (1991), S. 389.

8 Beispielsweise könnten zur Vorhersage der monatlichen Inflationsrate die Prognosen, die bei Zugrundelegung des von Fama/Gibbons (1984) präsentierten Zinssatzmodells erstellt werden, mit den Prognosen kombiniert werden, die auf einem univariaten Modell für die Zeitreihe der tatsächlichen Inflationsrate beruhen; vgl. zu diesem Vorschlag Hafer/Hein (1990), S. 16. Bezüglich der verbreiteten Ansicht, daß mit der Kombination von Vorhersagen häufig eine Verbesserung der Prognosegüte im Vergleich zu den Einzelprognosen einhergeht, sei etwa auf Pankratz (1983), S. 263 verwiesen.

Als Fazit zum Status quo der Arbitrage Pricing Theory kann abschließend die folgende Einschätzung unverändert übernommen werden, die Connor (1989) in seinem Überblicksartikel zur theoretischen APT-Forschung vertritt: "The APT is winning increasing favor as the best available model of stock market prices. Yet there is a dearth of applications of the model to related areas, such as capital structure, tax effects, dividend policy, and capital budgeting. For these tangential areas the CAPM remains the dominant paradigm. This situation may change with time."[9]

9 Connor (1989), S. 306 f.

Abbildungsverzeichnis

Tabellenverzeichnis

Tabelle Seite

Tabelle | Seite

Abkürzungsverzeichnis

AMOC	at most one changepoint
APM	Arbitrage Pricing Model
APT	Arbitrage Pricing Theory
AR	Autoregressive
ARIMA	Autoregressive Integrated Moving Average
ARMA	Autoregressive Moving Average
CAPM	Capital Asset Pricing Model
CSR	Cross-Sectional Regression
DAX	Deutscher Aktienindex (monatliche Rendite des Deutschen Aktienindex)
DEINF	Veränderung der erwarteten Inflationsrate
DFDB	Deutsche Finanzdatenbank
DTS	Veränderung der Terminstruktur der Zinssätze
EGLS	Estimated Generalized Least Squares
EW	gleichgewichtetes arithmetisches Mittel der monatlichen Renditen jener 67 Aktien, die zur Teilstichprobe I gehören
GLS	Generalized Least Squares
GMBR	Generalized Multibeta Representation
GMN	Generalized Method of Moments
IAPT	International Arbitrage Pricing Theory
ITNL3SLS	Iterated Nonlinear Three Stage Least Squares
ITNLSUR	Iterated Nonlinear Seemingly Unrelated Regression
IV	Instrumentalvariablen
MA	Moving Average
ML	Maximum Likelihood
OLS	Ordinary Least Squares
RVN	Rank Version of von Neumann's Ratio
SPSS	Superior Performing Software System
UDIP	unerwartete Veränderung der industriellen Nettoproduktion
UDOR	unerwartete Veränderung der Auftragseingänge des Verarbeitenden Gewerbes
UDTT	unerwartete Veränderung der terms of trade
UDUSD	unerwartete Veränderung des DM/US-Dollar-Wechselkurses
UINF	unerwartete Inflationsrate
WLS	Weighted Least Squares

Verzeichnis häufiger verwendeter Symbole

•	nicht signifikant zum 5%-Niveau
*, **, ***	signifikant zum 10%-, 5%-, 1%-Niveau
$<<$	erheblich kleiner
$\forall$	für alle
$x \to y$	x strebt gegen y
$\langle x \rangle$	größte ganze Zahl, die kleiner oder gleich x ist
$\lvert x \rvert$	Betrag der Zahl x
$\overline{X}$	arithmetisches Mittel
$\hat{X}$	Schätzfunktion bzw. Schätzwert
$\mathbf{0}$	Nullvektor bzw. Nullmatrix
$\mathbf{1}$	Summationsvektor
$\mathbf{v}'$	zum Vektor **v** transponierter Vektor
$\lvert\mathbf{M}\rvert$	Determinante der Matrix **M**
$\mathbf{M}'$	Transponierte der Matrix **M**
$\mathbf{M}^{-1}$	Inverse der Matrix **M**
a_i	i-tes Element von **a**
$\mathbf{a}$	p-dimensionaler Spaltenvektor der Absolutglieder eines multivariaten linearen Regressionsmodells
$b_{i,...}$	Sensitivität von r_i gegenüber alternativen Ausprägungen eines vorabspezifizierten Risikofaktors
b_{ij}	Sensitivität von r_i gegenüber alternativen Ausprägungen des j-ten Faktors [Ladung des j-ten gemeinsamen Faktors in der i-ten manifesten Variablen]
b_{iM}	$\equiv \mathrm{cov}(r_i, e_M)/\mathrm{var}(e_M)$
b_j	Steigungsparameter eines einfachen linearen Regressionsmodells
b_{Mj}	Sensitivität von r_M gegenüber alternativen Ausprägungen des j-ten Faktors
$b_{\eta j}$	Sensitivität von r_η gegenüber alternativen Ausprägungen des j-ten Faktors
$\mathbf{b}_{(j)}$	j-te Spalte von **B**
$\mathbf{B}$	$(p \times k)$-Matrix der b_{ij} [Faktorenmuster]
c_k	Steigungsparameter eines einfachen linearen Regressionsmodells
$\mathrm{cov}(\mathbf{v})$	Kovarianzmatrix des Zufallsvektors **v**
$\mathrm{cov}(X, Y)$	Kovarianz der Zufallsvariablen X und Y

d	Ordnung des gewöhnlichen Differenzenfilters [Abschnitt 2.2: positive (endliche) Zahl]
diag[v_1 ... v_p]	Diagonalmatrix mit Diagonale v_1 ... v_p
d_k	Anzahl der Freiheitsgrade (Bartlett-Test, Likelihood-Quotienten-Test)
d_p	Steigungsparameter eines einfachen linearen Regressionsmodells
D	Ordnung des saisonalen Differenzenfilters
D_t	Dividende je Aktie im Zeitpunkt t
D	diagonale (p × p)-Kovarianzmatrix der e_i
e_i	wertpapierspezifische Störgröße hinsichtlich r_i [i-ter Einzelrestfaktor]
e_{it}	Störgröße des i-ten Wertpapiers zum Zeitpunkt t
e_M	Marktportefeuille-Störgröße des k-Faktoren-Modells
exp[ ]	Exponentialfunktion
$e_{\eta t}$	Störgröße des Portefeuilles η zum Zeitpunkt t
e	p-dimensionaler Spaltenvektor der e_i
E(**M**)	Erwartungswertmatrix der Zufallsmatrix **M**
E(**v**)	Erwartungswertvektor des Zufallsvektors **v**
E(X)	unbedingter Erwartungswert der Zufallsvariablen X
E(X | ...)	bedingter Erwartungswert der Zufallsvariablen X
E	(p × n)-Matrix der e_{it}
f_j	j-ter systematischer Risikofaktor [j-ter gemeinsamer Faktor]
f_{jt}	Ausprägung des j-ten Faktors im Zeitpunkt t
f	k-dimensionaler Spaltenvektor der f_j
$\mathbf{f}_{(t)}$	t-te Spalte von **F**
F	(k × n)-Matrix der f_{jt}
g_j	j-ter vorabspezifizierter Risikofaktor
g_{jt}	t-te Beobachtung des j-ten vorabspezifizierten Risikofaktors
h	Index
h_{jt}	$\equiv \lambda_j + f_{jt}$
H_0	Nullhypothese
H_1	Alternativhypothese
H	(k × n)-Matrix der h_{jt}
i	Index
I{ }	Indikatorfunktion
I_t	Inflationsrate des t-ten Monats

$\mathbf{I}$	Einheitsmatrix
j	Index
k	Anzahl der f_j
k_t	(risikoangepaßter) Kalkulationszinsfuß der t-ten Periode
K	Anzahl der eigentlichen Regressoren [Abschnitt 2.3: Investorenanzahl]
lim	Limes
ln[x]	natürlicher Logarithmus von x
$\log_{10}[x]$	Logarithmus zur Basis 10 von x
L_j	j-ter der nach fallender Größe geordneten Eigenwerte von $\hat{\mathbf{P}}$
LR_k	Prüfgröße des Likelihood-Quotienten-Tests
m	Portefeuilleanzahl [Abschnitt 4.2: maximale Zeitverzögerung (Box-Ljung-Test)]
max	Maximum
M_n, $M_n(\varepsilon)$	Mengen von möglichen Zeitpunkten des Strukturbruchpunkts
n	Anzahl der Zeitreihen-Beobachtungen
n^*	$\equiv n - (2p + 4k + 11)/6$
N	Anzahl der Einzeltests
p	Wertpapier- bzw. Aktienanzahl [Anzahl der manifesten Variablen]
p, P	(Abschnitt 7.3:) Ordnung des AR-Teils eines ARIMA-Prozesses
P_i	Preis des i-ten Wertpapiers
P_t	Preis einer Aktie im Zeitpunkt t
$\mathbf{P}$	(p × p)-Korrelationsmatrix der r_i
q	Ordnung des MA-Teils eines ARIMA-Prozesses [Abschnitt 3.2: $q \equiv p(k+1) - k(k-1)/2$]
Q	Ordnung des MA-Teils eines ARIMA-Prozesses [Abschnitt 7.4: nicht-adjustierte Prüfgröße des CSR-Tests]
$Q^*(m)$	Prüfgröße des Box-Ljung-Tests
Q^A	adjustierte Prüfgröße des CSR-Tests
r	Gesamtzahl an Runs [Abschnitt 2.3: Rubinstein-Maß für die relative Anleger-Risikoaversion]
r_f	Rendite eines risikolosen Wertpapiers
r_{ft}	am Ende des t-ten Monats geltender risikoloser Nominalzins
rg($\mathbf{M}$)	Rang der Matrix $\mathbf{M}$
r_i	Rendite des i-ten Wertpapiers [i-te manifeste Variable]
r_{it}	Rendite des i-ten Wertpapiers zum Zeitpunkt t

$\tilde{r}_{it}$	$\equiv r_{it} - \lambda_0$
r_j	Rendite des j-ten Portefeuilles [Abschnitt 2.2: Rendite eines bestimmten Wertpapiers]
r_M	Rendite des Marktportefeuilles
r_η	Rendite des Portefeuilles η
$r_{\eta j}$	Rendite eines Nicht-Arbitrageportefeuilles, das hinsichtlich des j-ten systematischen Faktors einen Sensitivitätskoeffizienten von eins und gegenüber den übrigen Risikofaktoren Sensitivitätskoeffizienten von null besitzt
$r_{\eta t}$	Rendite des Portefeuilles η zum Zeitpunkt t
$\mathbf{r}$	p-dimensionaler Spaltenvektor der r_i
R	Obergrenze für die "typische" relative Risikoaversion der Anleger
R^2	unbereinigtes Bestimmtheitsmaß
$R^2_{adj.}$	bereinigtes Bestimmtheitsmaß
R_{ft}	Realzins des t-ten Monats
R_t	Rang der t-ten Beobachtung
$\tilde{\mathbf{R}}$	(p × n)-Matrix der $\tilde{r}_{it}$
s	Saisonfigur-Periode
$s^2(\,)$	empirische Varianz
sup	Supremum
$\mathbf{S}$	empirische (p × p)-Kovarianzmatrix der r_i
$\mathbf{S}(+)$	empirische (p × p)-"Out-of-Sample"-Kovarianzmatrix der r_i
t	Index
T	potentieller Strukturbruchpunkt
T_k	prozentualer Anteil, den die Summe der k größten Eigenwerte an der Spur von $\hat{\mathbf{P}}$ hat
$\mathbf{T}$	beliebige orthogonale (k × k)-Matrix
u_i	i-te Störgröße eines linearen Regressionsmodells
$\mathbf{u}$	p-dimensionaler Spaltenvektor der u_i
var(X)	theoretische Varianz der Zufallsvariablen X
V	positive (endliche) Zahl (obere Schranke für die Summe der quadrierten APT-Bewertungsfehler)
w_j	Anteil, den der in das j-te Portefeuille investierte Betrag am Marktwert aller Wertpapiere besitzt
w_t	$\equiv E(I_t) - I_t$
x_i	Angebotsmenge des i-ten Wertpapiers
x_t	t-te Beobachtung

X_{ij}	i-te Beobachtung des j-ten Regressors
$\tilde{X}^*_{ij}$	i-te zentrierte Beobachtung des j-ten eigentlichen Regressors
X_t	t-te Stichprobenvariable bzw. t-ter Stichprobenwert
$\mathbf{X}$	$(p \times K+1)$-Matrix der X_{ij}
$\tilde{\mathbf{X}}$	$(p \times K)$-Matrix der Beobachtungen der eigentlichen Regressoren
$\tilde{\mathbf{X}}^*$	$(p \times K)$-Matrix der $\tilde{X}^*_{ij}$
$\tilde{\mathbf{X}}_1, \tilde{\mathbf{X}}_2$	aus der Zerlegung von $\tilde{\mathbf{X}}$ resultierende Teilmatrizen
$\tilde{\mathbf{X}}^*_1, \tilde{\mathbf{X}}^*_2$	aus der Zerlegung von $\tilde{\mathbf{X}}^*$ resultierende Teilmatrizen
y_i	i-te Beobachtung des Regressanden
$\mathbf{y}$	p-dimensionaler Spaltenvektor der y_i
$\mathbf{Z}$	$(p \times K+1)$-Matrix der Beobachtungen der Instrumentalvariablen
α	vorgegebenes Signifikanzniveau
$\tilde{\alpha}$	empirisches Signifikanzniveau
α_0	Absolutglied eines linearen Regressionsmodells
α_j	j-ter Regressionskoeffizient
$\boldsymbol{\alpha}$	$(K+1)$-dimensionaler Spaltenvektor der α_j
$\tilde{\boldsymbol{\alpha}}$	K-dimensionaler Spaltenvektor der Koeffizienten der eigentlichen Regressoren
$\tilde{\boldsymbol{\alpha}}_1, \tilde{\boldsymbol{\alpha}}_2$	aus der Partitionierung von $\tilde{\boldsymbol{\alpha}}$ resultierende Vektoren
β_i	$\equiv \mathrm{cov}(r_i, r_M)/\mathrm{var}(r_M)$ (systematisches Risiko im CAPM)
β_{ij}	$\equiv \mathrm{cov}(r_i, r_j)/\mathrm{var}(r_j)$
β_{Mj}	$\equiv \mathrm{cov}(r_M, r_j)/\mathrm{var}(r_j)$
δ_i	Differenz zwischen dem "wahren" Rendite-Erwartungswert des i-ten Wertpapiers und derjenigen erwarteten Rendite, die sich für das betreffende Wertpapier gemäß der exakten APT-Bewertungsgleichung ergibt
ε	positive Zahl, die erheblich kleiner als eins ist
ε_i	$\equiv e_i - b_{iM}e_M$
ε_t	t-te Störgröße eines ARIMA-Prozesses
η_i	Portefeuille-Anteil des i-ten Wertpapiers
η_{Mi}	Anteil des i-ten Wertpapiers am Gesamtwert aller Vermögensgegenstände
$\boldsymbol{\eta}$	p-dimensionaler Spaltenvektor der η_i
θ_i, Θ_i	MA-Koeffizient eines ARIMA-Prozesses
λ	$\equiv (E(r_M) - r_f)/\mathrm{var}(r_M)$

λ_0	Skalar (Absolutglied der APT-Bewertungsgleichung)
λ_j	Skalar (j = 1, ..., k: Risikoprämie des j-ten systematischen Risikofaktors)
$\boldsymbol{\lambda}$	k-dimensionaler Spaltenvektor der faktorenbezogenen Risikoprämien
$\boldsymbol{\Lambda}$	Kovarianzmatrix der vorabspezifizierten Risikofaktoren
μ	Erwartungswert
μ_i, μ_j	Erwartungswert von r_i (r_j) oder r_{it}
μ_η	Erwartungswert von $r_{\eta t}$
$\boldsymbol{\mu}$	p-dimensionaler Spaltenvektor der μ_i
$\rho(i)$	theoretische Autokorrelation zum Lag i
σ	Standardabweichung
$\sigma(X)$	theoretische Standardabweichung der Zufallsvariablen X
Σ	(p × p)-Grundgesamtheits-Kovarianzmatrix der r_i
τ	unbekannter Strukturbruchpunkt
ϕ_i, Φ_i	AR-Koeffizient eines ARIMA-Prozesses
$\chi^2(m_1, 1\text{-}\alpha)$	(1-α)-Quantil der Chi-Quadrat-Verteilung mit m_1 Freiheitsgraden
$\boldsymbol{\Psi}$	(p × p)-Kovarianzmatrix der e_i

Literaturverzeichnis

Abeysekera, Sarath P./**Mahajan**, Arvind **(1987)**: A Test of the APT in Pricing UK Stocks, in: Journal of Business Finance & Accounting, 14 (1987) 3, S. 377-391.

Adelberger, Otto L. **(1981)**: Das "capital asset pricing model" - eine Lösung des Kalkulationszinsfußproblems für die betriebliche Praxis?, in: Unternehmungsführung aus finanz- und bankwirtschaftlicher Sicht, hrsg. von Edwin Rühli und Jean-Paul Thommen, Stuttgart 1981, S. 99-119.

Adelberger, Otto L./**Lockert**, Gerd **(1992)**: Überprüfung der Gültigkeit der Arbitrage Pricing Theory: Grundlagen und erste empirische Ergebnisse, Arbeitsbericht des Fachgebiets Finanzwirtschaft der Universität-GH Essen, September 1992.

Adelberger, Otto L./**Lockert**, Gerd **(1993)**: Empirische Ergebnisse zur Anzahl und Bewertung der APT-Risikofaktoren am deutschen Aktienmarkt, Arbeitsbericht des Fachgebiets Finanzwirtschaft der Universität-GH Essen, September 1993.

Adelberger, Otto L./**Lockert**, Gerd **(1996)**: An Investigation into the Number of Factors Generating German Stock Returns, in: Empirical Research on the German Capital Market, hrsg. von Wolfgang Bühler, Herbert Hax und Reinhart Schmidt, Berlin u. a. 1996, erscheint demnächst.

Adichie, J. N. **(1984)**: Rank Tests in Linear Models, in: Handbook of Statistics, Vol. 4, hrsg. von P. R. Krishnaiah und P. K. Sen, Amsterdam, New York und Oxford 1984, S. 229-257.

Admati, Anat R./**Pfleiderer**, Paul **(1985)**: Interpreting the Factor Risk Premia in the Arbitrage Pricing Theory, in: Journal of Economic Theory, 35 (1985), S. 191-195.

Andersen, Erling B. **(1981)**: Discussion of K. G. Jöreskog's Paper, in: Scandinavian Journal of Statistics, 8 (1981), S. 83-84.

Anderson, T. W./**Darling**, D. A. **(1952)**: Asymptotic Theory of Certain "Goodness of Fit" Criteria Based on Stochastic Processes, in: The Annals of Mathematical Statistics, 23 (1952), S. 193-212.

Asprem, Mads **(1989)**: Stock Prices, Asset Portfolios and Macroeconomic Variables in Ten European Countries, in: Journal of Banking & Finance, 13 (1989), S. 589-612.

Assenmacher, Walter **(1991)**: Einführung in die Ökonometrie, 4. Aufl., München und Wien 1991.

Bansal, Ravi/**Viswanathan**, S. **(1993)**: No Arbitrage and Arbitrage Pricing: A New Approach, in: The Journal of Finance, 48 (1993) 4, S. 1231-1262.

Banz, Rolf W. **(1981)**: The Relationship between Return and Market Value of Common Stocks, in: Journal of Financial Economics, 9 (1981), S. 3-18.

Bartels, Robert **(1982)**: The Rank Version of von Neumann's Ratio Test for Randomness, in: Journal of the American Statistical Association, 77 (1982) 377, S. 40-46.

Beggs, John J. **(1986)**: A Simple Exposition of the Arbitrage Pricing Theory Approximation, in: Australian Journal of Management, 11 (1986) 1, S. 13-22.

Belsley, David A./**Kuh**, Edwin/**Welsch**, Roy E. **(1980)**: Regression Diagnostics: Identifying Influential Data and Sources of Collinearity, New York u. a. 1980.

Bender, Dieter **(1977)**: Arbitrage, in: Handwörterbuch der Wirtschaftswissenschaft (HdWW), Bd. 1, hrsg. von Willi Albers u. a., Stuttgart u. a. 1977, S. 325-333.

Berry, Michael A./**Burmeister**, Edwin/**McElroy**, Marjorie B. **(1988)**: Sorting Out Risks Using Known APT Factors, in: Financial Analysts Journal, 44 (1988) 2, S. 29-42.

Bodurtha, James N., Jr./**Cho**, D. Chinhyung/**Senbet**, Lemma W. **(1989)**: Economic Forces and the Stock Market: An International Perspective, in: The Global Finance Journal, 1 (1989) 1, S. 21-46.

Bower, Dorothy H./**Bower**, Richard S./**Logue**, Dennis E. **(1984)**: Arbitrage Pricing Theory and Utility Stock Returns, in: The Journal of Finance, 39 (1984) 4, S. 1041-1054.

Box, George E. P./**Jenkins**, Gwilym M. **(1976)**: Time Series Analysis: Forecasting and Control, San Franzisko u. a. 1976.

Brown, Stephen J. **(1989)**: The Number of Factors in Security Returns, in: The Journal of Finance, 44 (1989) 5, S. 1247-1262.

Brown, Stephen J./**Weinstein**, Mark I. **(1983)**: A New Approach to Testing Asset Pricing Models: The Bilinear Paradigm, in: The Journal of Finance, 38 (1983) 3, S. 711-743.

Bubnys, Edward L. **(1990)**: Simulating and Forecasting Utility Stock Returns: Arbitrage Pricing Theory vs. Capital Asset Pricing Model, in: The Financial Review, 25 (1990) 1, S. 1-23.

Bühler, Wolfgang/**Schulze**, Michael **(1993)**: Ein Zwei-Faktoren Modell für das Übergangsverhalten von Zinsstrukturkurven, Arbeitsbericht 93-2 des Lehrstuhls für Finanzierung der Universität Mannheim, 1993.

Büning, Herbert **(1991)**: Robuste und adaptive Tests, Berlin und New York 1991.

Büning, Herbert/**Trenkler**, Götz **(1978)**: Nichtparametrische statistische Methoden, Berlin und New York 1978.

Burmeister, Edwin/**McElroy**, Marjorie B. **(1988)**: Joint Estimation of Factor Sensitivities and Risk Premia for the Arbitrage Pricing Theory, in: The Journal of Finance, 43 (1988) 3, S. 721-733.

Burmeister, Edwin/**Wall**, Kent D. **(1986)**: The Arbitrage Pricing Theory and Macroeconomic Factor Measures, in: The Financial Review, 21 (1986) 1, S. 1-20.

Burmeister, Edwin/**Wall**, Kent D./**Hamilton**, James D. **(1986)**: Estimation of Unobserved Expected Monthly Inflation Using Kalman Filtering, in: Journal of Business & Economic Statistics, 4 (1986) 2, S. 147-160.

Büschgen, Hans E. **(1993)**: Internationales Finanzmanagement, 2. Aufl., Frankfurt am Main 1993.

Campbell, John Y. **(1987)**: Stock Returns and the Term Structure, in: Journal of Financial Economics, 18 (1987) 1, S. 373-399.

Carlstein, E. **(1988)**: Nonparametric Change-Point Estimation, in: The Annals of Statistics, 16 (1988) 1, S. 188-197.

Cattell, Raymond B. **(1966)**: The Scree Test for the Number of Factors, in: Multivariate Behavioral Research, 1 (1966) 2, S. 245-276.

Chamberlain, Gary **(1983)**: Funds, Factors, and Diversification in Arbitrage Pricing Models, in: Econometrica, 51 (1983) 5, S. 1305-1323.

Chamberlain, Gary/**Rothschild**, Michael **(1983)**: Arbitrage, Factor Structure, and Mean-Variance Analysis on Large Asset Markets, in: Econometrica, 51 (1983) 5, S. 1281-1304.

Chan, K. C./**Chen**, Nai-fu/**Hsieh**, David A. **(1985)**: An Exploratory Investigation of the Firm Size Effect, in: Journal of Financial Economics, 14 (1985), S. 451-471.

Chang, Eric C./**Pinegar**, J. Michael **(1990)**: Stock Market Seasonals and Prespecified Multifactor Pricing Relations, in: Journal of Financial and Quantitative Analysis, 25 (1990) 4, S. 517-533.

Chang, Jack S. K./**Loo**, Jean C. H./**Wu Chang**, Carolyn C. **(1990)**: The Pricing of Futures Contracts and the Arbitrage Pricing Theory, in: The Journal of Financial Research, 13 (1990) 4, S. 297-306.

Chang, Jack S. K./**Shanker**, Latha **(1987)**: Option Pricing and the Arbitrage Pricing Theory, in: The Journal of Financial Research, 10 (1987) 1, S. 1-16.

Chang, S. J. **(1991)**: A Study of Empirical Return Generating Models: A Market Model, a Multifactor Model, and a Unified Model, in: Journal of Business Finance & Accounting, 18 (1991) 3, S. 377-391.

Chatterjee, Sangit/**Pari**, Robert A. **(1990)**: Bootstrapping the Number of Factors in the Arbitrage Pricing Theory, in: The Journal of Financial Research, 13 (1990) 1, S. 15-21.

Chen, Nai-fu **(1983)**: Some Empirical Tests of the Theory of Arbitrage Pricing, in: The Journal of Finance, 38 (1983) 5, S. 1393-1414.

Chen, Nai-fu **(1991)**: Financial Investment Opportunities and the Macroeconomy, in: The Journal of Finance, 46 (1991) 2, S. 529-554.

Chen, Nai-fu/**Ingersoll**, Jonathan E., Jr. **(1983)**: Exact Pricing in Linear Factor Models with Finitely Many Assets: A Note, in: The Journal of Finance, 38 (1983) 3, S. 985-988.

Chen, Nai-fu/**Roll**, Richard/**Ross**, Stephen A. **(1986)**: Economic Forces and the Stock Market, in: The Journal of Business, 59 (1986) 3, S. 383-403.

Chen, Su-Jane/**Jordan**, Bradford D. **(1993)**: Some Empirical Tests in the Arbitrage Pricing Theory: Macrovariables vs. Derived Factors, in: Journal of Banking & Finance, 17 (1993), S. 65-89.

Cho, D. Chinhyung **(1984)**: On Testing the Arbitrage Pricing Theory: Inter-Battery Factor Analysis, in: The Journal of Finance, 39 (1984) 5, S. 1485-1502.

Cho, D. Chinhyung/**Elton**, Edwin J./**Gruber**, Martin J. **(1984)**: On the Robustness of the Roll and Ross Arbitrage Pricing Theory, in: Journal of Financial and Quantitative Analysis, 19 (1984) 1, S. 1-10.

Cho, D. Chinhyung/**Eun**, Cheol S./**Senbet**, Lemma W. **(1986)**: International Arbitrage Pricing Theory: An Empirical Investigation, in: The Journal of Finance, 41 (1986) 2, S. 313-329.

Cho, D. Chinhyung/**Taylor**, William M. **(1987)**: The Seasonal Stability of the Factor Structure of Stock Returns, in: The Journal of Finance, 42 (1987) 5, S. 1195-1211.

Christofi, Andreas C./**Philippatos**, George C. **(1987)**: An Empirical Investigation of the International Arbitrage Pricing Theory, in: Management International Review, 27 (1987) 1, S. 13-22.

Coggin, T. Daniel/**Hunter**, John E. **(1987)**: A Meta-Analysis of Pricing "Risk" Factors in APT, in: The Journal of Portfolio Management, 14 (1987), S. 35-38.

Cohen, Kalman J. **u. a. (1983a)**: Estimating and Adjusting for the Intervalling-Effect Bias in Beta, in: Management Science, 29 (1983) 1, S. 135-148.

Cohen, Kalman J. **u. a. (1983b)**: Friction in the Trading Process and the Estimation of Systematic Risk, in: Journal of Financial Economics, 12 (1983), S. 263-278.

Cohen, Kalman J. **u. a. (1986)**: The Microstructure of Securities Markets, Englewood Cliffs/N. J. 1986.

Connor, Gregory **(1984)**: A Unified Beta Pricing Theory, in: Journal of Economic Theory, 34 (1984), S. 13-31.

Connor, Gregory **(1989)**: Discussion: Notes on the Arbitrage Pricing Theory, in: Theory of Valuation: Frontiers of Modern Financial Theory, hrsg. von Sudipto Bhattacharya und George M. Constantinides, Totowa/N. J. 1989, S. 298-308.

Connor, Gregory/**Korajczyk**, Robert A. **(1986)**: Performance Measurement with the Arbitrage Pricing Theory: A New Framework for Analysis, in: Journal of Financial Economics, 15 (1986), S. 373-394.

Connor, Gregory/**Korajczyk**, Robert A. **(1988)**: Risk and Return in an Equilibrium APT: Application of a New Test Methodology, in: Journal of Financial Economics, 21 (1988) 2, S. 255-289.

Connor, Gregory/**Korajczyk**, Robert A. **(1993)**: A Test for the Number of Factors in an Approximate Factor Model, in: The Journal of Finance, 48 (1993) 4, S. 1263-1291.

Conover, W. J. **(1980)**: Practical Nonparametric Statistics, 2. Aufl., New York u. a. 1980.

Conrad, Jennifer/**Kaul**, Gautam/**Nimalendran**, M. **(1991)**: Components of Short-Horizon Individual Security Returns, in: Journal of Financial Economics, 29 (1991), S. 365-384.

Conway, Delores A./**Reinganum**, Marc R. **(1988)**: Stable Factors in Security Returns: Identification Using Cross-Validation, in: Journal of Business & Economic Statistics, 6 (1988) 1, S. 1-15.

Cragg, John G./**Malkiel**, Burton G. **(1982)**: Expectations and the Structure of Share Prices, Chicago und London 1982.

Cramer, J. S. **(1987)**: Mean and Variance of R^2 in Small and Moderate Samples, in: Journal of Econometrics, 35 (1987) 1, S. 253-266.

DeFusco, Richard A./**Philippatos**, George C./**Choi**, Dosoung **(1990)**: Differences in Factor Structures between U.S. Multinational and Domestic Corporations: Evidence from Bilinear Paradigm Tests, in: The Financial Review, 25 (1990) 3, S. 395-403.

Dhrymes, Phoebus J. **(1984)**: The Empirical Relevance of Arbitrage Pricing Models, in: The Journal of Portfolio Management, 10 (1984), S. 35-44.

Dhrymes, Phoebus J./**Friend**, Irwin/**Gultekin**, N. Bulent **(1984)**: A Critical Reexamination of the Empirical Evidence on the Arbitrage Pricing Theory, in: The Journal of Finance, 39 (1984) 2, S. 323-346.

Dhrymes, Phoebus J. **u. a. (1985a)**: An Empirical Examination of the Implications of Arbitrage Pricing Theory, in: Journal of Banking & Finance, 9 (1985) 1, S. 73-99.

Dhrymes, Phoebus J. **u. a. (1985b)**: New Tests of the APT and Their Implications, in: The Journal of Finance, 40 (1985) 3, S. 659-674.

Diacogiannis, George P. **(1986)**: Arbitrage Pricing Model: A Critical Examination of Its Empirical Applicability for the London Stock Exchange, in: Journal of Business Finance & Accounting, 13 (1986) 4, S. 489-504.

Domke, Hans-Martin **(1987)**: Rendite und Risiko von Aktien kleiner Börsengesellschaften: Eine empirische Untersuchung der Performance deutscher Nebenwerte in den Jahren 1971 bis 1980, Frankfurt am Main, Bern und New York 1987 = Europäische Hochschulschriften, Reihe V, Bd. 770.

Drukarczyk, Jochen **(1993)**: Theorie und Politik der Finanzierung, 2. Aufl., München 1993.

Duan, Jin-Chuan/**Moreau**, Arthur F./**Sealey**, C. W. **(1989)**: Pricing Discretely Traded European Options with the APT, Working Paper, McGill University, Faculty of Management, Juni 1989.

Dybvig, Philip H. **(1983)**: An Explicit Bound on Individual Assets' Deviations from APT Pricing in a Finite Economy, in: Journal of Financial Economics, 12 (1983) 4, S. 483-496.

Dybvig, Philip H./**Ross**, Stephen A. **(1985)**: Yes, the APT is Testable, in: The Journal of Finance, 40 (1985) 4, S. 1173-1188.

Dybvig, Philip H./**Ross**, Stephen A. **(1987)**: Arbitrage, in: The New Palgrave: A Dictionary of Economics, Vol. 1, hrsg. von John Eatwell, Murray Milgate und Peter Newman, London, New York und Tokio 1987, S. 100-106.

Ehrhardt, Michael C. **(1987)**: Arbitrage Pricing Models: The Sufficient Number of Factors and Equilibrium Conditions, in: The Journal of Financial Research, 10 (1987) 2, S. 111-120.

Elton, Edwin J./**Gruber**, Martin J. **(1991)**: Modern Portfolio Theory and Investment Analysis, 4. Aufl., New York u. a. 1991.

Elton, Edwin/**Gruber**, Martin/**Rentzler**, Joel **(1983)**: The Arbitrage Pricing Model and Returns on Assets under Uncertain Inflation, in: The Journal of Finance, 38 (1983) 2, S. 525-537.

Faff, Robert W. **(1988)**: An Empirical Test of the Arbitrage Pricing Theory on Australian Stock Returns 1974-85, in: Accounting and Finance, 28 (1988) 2, S. 23-43.

Fama, Eugene F. **(1976)**: Foundations of Finance: Portfolio Decisions and Securities Prices, New York 1976.

Fama, Eugene F. **(1990)**: Stock Returns, Expected Returns, and Real Activity, in: The Journal of Finance, 45 (1990) 4, S. 1089-1108.

Fama, Eugene F./**French**, Kenneth R. **(1989)**: Business Conditions and Expected Returns on Stocks and Bonds, in: Journal of Financial Economics, 25 (1989) 1, S. 23-49.

Fama, Eugene F./**French**, Kenneth R. **(1992)**: The Cross-Section of Expected Stock Returns, in: The Journal of Finance, 47 (1992) 2, S. 427-465.

Fama, Eugene F./**Gibbons**, Michael R. **(1984)**: A Comparison of Inflation Forecasts, in: Journal of Monetary Economics, 13 (1984), S. 327-348.

Fama, Eugene F./**MacBeth**, James D. **(1973)**: Risk, Return, and Equilibrium: Empirical Tests, in: Journal of Political Economy, 81 (1973) 3, S. 607-636.

Fama, Eugene F./**Miller**, Merton H. **(1972)**: The Theory of Finance, Hinsdale/Ill. 1972.

Fogler, H. Russell/**John**, Kose/**Tipton**, James **(1981)**: Three Factors, Interest Rate Differentials and Stock Groups, in: The Journal of Finance, 36 (1981) 2, S. 323-335.

Franke, Günter **(1983)**: Kapitalmarkt und Separation, in: Zeitschrift für Betriebswirtschaft, 53 (1983) 3, S. 239-260.

Franke, Günter **(1984)**: On Tests of the Arbitrage Pricing Theory, in: OR Spektrum, 6 (1984), S. 109-117.

Franke, Günter **(1993)**: Neuere Entwicklungen auf dem Gebiet der Finanzmarkttheorie, in: Wirtschaftswissenschaftliches Studium, 22 (1993) 8, S. 389-398.

Franke, Günter/**Hax**, Herbert **(1994)**: Finanzwirtschaft des Unternehmens und Kapitalmarkt, 3. Aufl., Berlin u. a. 1994.

Frantzmann, Hans-Jörg **(1987)**: Der Montagseffekt am deutschen Aktienmarkt, in: Zeitschrift für Betriebswirtschaft, 57 (1987) 7, S. 611-635.

Frantzmann, Hans-Jörg **(1989)**: Saisonalitäten und Bewertung am deutschen Aktien- und Rentenmarkt, Frankfurt am Main 1989.

Frantzmann, Hans-Jörg **(1990)**: Zur Messung des Marktrisikos deutscher Aktien, in: Schmalenbachs Zeitschrift für betriebswirtschaftliche Forschung, 42 (1990) 1, S. 67-83.

Friedrichs, Jürgen **(1990)**: Methoden empirischer Sozialforschung, 14. Aufl., Opladen 1990 = WV studium, Bd. 28.

From, Steven G. **(1990)**: Nonparametric Estimation of a Change Point in Positive Shift Models, in: Communications in Statistics - Theory and Methods, 19 (1990) 9, S. 3163-3173.

Fuller, E. L., Jr./**Hemmerle**, W. J. **(1966)**: Robustness of the Maximum-Likelihood Estimation Procedure in Factor Analysis, in: Psychometrika, 31 (1966) 2, S. 255-266.

Gaab, Werner **(1983)**: Devisenmärkte und Wechselkurse: Eine theoretische und empirische Analyse, Berlin u. a. 1983 = Studies in Contemporary Economics, Vol. 3.

Gebhardt, Friedrich **(1966)**: Verteilung und Signifikanzschranken des 3. und des 4. Stichprobenmomentes bei normalverteilten Variablen, in: Biometrische Zeitschrift, 8 (1966) 4, S. 219-241.

Gonedes, Nicholas J. **(1973)**: Evidence on the Information Content of Accounting Numbers: Accounting-Based and Market-Based Estimates of Systematic Risk, in: Journal of Financial and Quantitative Analysis, 8 (1973) 3, S. 407-443.

Göppl, Hermann/**Schütz**, Heinrich **(1992)**: Die Konzeption eines Deutschen Aktienindex für Forschungszwecke (DAFOX), Diskussionspapier des Instituts für Entscheidungstheorie und Unternehmensforschung der Universität Karlsruhe (TH), Nr. 162, Dezember 1992.

Gourieroux, C./**Monfort**, A./**Renault**, E. **(1991)**: Dynamic Factor Models, Working Paper, September 1991.

Grinblatt, Mark/**Titman**, Sheridan **(1983)**: Factor Pricing in a Finite Economy, in: Journal of Financial Economics, 12 (1983) 4, S. 497-507.

Grinblatt, Mark/**Titman**, Sheridan **(1985)**: Approximate Factor Structures: Interpretations and Implications for Empirical Tests, in: The Journal of Finance, 40 (1985) 5, S. 1367-1373.

Grinblatt, Mark/**Titman**, Sheridan **(1987)**: The Relation between Mean-Variance Efficiency and Arbitrage Pricing, in: The Journal of Business, 60 (1987) 1, S. 97-112.

Gultekin, Mustafa N./**Gultekin**, N. Bulent **(1987)**: Stock Return Anomalies and the Tests of the APT, in: The Journal of Finance, 42 (1987) 5, S. 1213-1224.

Gultekin, N. Bulent/**Rogalski**, Richard J. **(1985)**: Government Bond Returns, Measurement of Interest Rate Risk, and the Arbitrage Pricing Theory, in: The Journal of Finance, 40 (1985) 1, S. 43-61.

Hafer, R. W./**Hein**, Scott E. **(1990)**: Forecasting Inflation Using Interest-Rate and Time-Series Models: Some International Evidence, in: The Journal of Business, 63 (1990) 1, S. 1-17.

Hallin, Marc/**Mélard**, Guy **(1988)**: Rank-Based Tests for Randomness against First-Order Serial Dependence, in: Journal of the American Statistical Association, 83 (1988) 404, S. 1117-1128.

Hamao, Yasushi **(1988)**: An Empirical Examination of the Arbitrage Pricing Theory Using Japanese Data, in: Japan and the World Economy, 1 (1988) 1, S. 45-61.

Handa, Puneet/**Linn**, Scott C. **(1991)**: Equilibrium Factor Pricing with Heterogeneous Beliefs, in: Journal of Financial and Quantitative Analysis, 26 (1991) 1, S. 11-22.

Hartmann-Wendels, Thomas/**von Hinten**, Peter **(1989)**: Marktwert von Vorzugsaktien: Zur Begründung der Kursdifferenzen von Stammaktien und stimmrechtslosen Vorzugsaktien, in: Schmalenbachs Zeitschrift für betriebswirtschaftliche Forschung, 41 (1989) 4, S. 263-293.

Hartung, Joachim/**Elpelt**, Bärbel/**Klösener**, Karl-Heinz **(1993)**: Statistik: Lehr- und Handbuch der angewandten Statistik, 9. Aufl., München und Wien 1993.

Harvey, Andrew C. **(1994)**: Ökonometrische Analyse von Zeitreihen, 2. Aufl., deutsche Übersetzung, München und Wien 1994.

Hawkins, D. L. **(1986)**: A Simple Least Squares Method for Estimating a Change in Mean, in: Communications in Statistics - Simulation and Computation, 15 (1986) 3, S. 655-679.

Holm, Sture **(1979)**: A Simple Sequentially Rejective Multiple Test Procedure, in: Scandinavian Journal of Statistics, 6 (1979), S. 65-70.

Hörnstein, Elke **(1990)**: Arbitrage- und Gleichgewichtsmodelle in der Kapitalmarkttheorie: Eine vergleichende Analyse der CAPM- und APT-Ansätze unter Berücksichtigung ihrer empirischen Überprüfbarkeit, Frankfurt am Main u. a. 1990 = Europäische Hochschulschriften, Reihe V, Bd. 1096.

Hsieh, David A. **(1983)**: A Heteroscedasticity-Consistent Covariance Matrix Estimator for Time Series Regressions, in: Journal of Econometrics, 22 (1983) 1/2, S. 281-290.

Huang, Roger D./**Jo**, Hoje **(1992)**: Transformed Securities and Alternative Factor Structures, in: The Journal of Finance, 47 (1992) 1, S. 397-405.

Huberman, Gur **(1982)**: A Simple Approach to Arbitrage Pricing Theory, in: Journal of Economic Theory, 28 (1982), S. 183-191.

Huberman, Gur **(1987)**: Arbitrage Pricing Theory, in: The New Palgrave: A Dictionary of Economics, Vol. 1, hrsg. von John Eatwell, Murray Milgate und Peter Newman, London, New York und Tokio 1987, S. 106-110.

Huberman, Gur/**Kandel**, Shmuel **(1987)**: Mean-Variance Spanning, in: The Journal of Finance, 42 (1987) 4, S. 873-888.

Huberman, Gur/**Kandel**, Shmuel/**Stambaugh**, Robert F. **(1987)**: Mimicking Portfolios and Exact Arbitrage Pricing, in: The Journal of Finance, 42 (1987) 1, S. 1-9.

Hübler, Olaf **(1989)**: Ökonometrie, Stuttgart und New York 1989 = Uni-Taschenbücher, Bd. 1538.

Ingersoll, Jonathan E., Jr. **(1984)**: Some Results in the Theory of Arbitrage Pricing, in: The Journal of Finance, 39 (1984) 4, S. 1021-1039.

Jarrow, Robert A. **(1988)**: Finance Theory, Englewood Cliffs/N. J. 1988.

Jobson, J. D. **(1982)**: A Multivariate Linear Regression Test for the Arbitrage Pricing Theory, in: The Journal of Finance, 37 (1982) 4, S. 1037-1042.

Jobson, J. D. **(1988)**: Comment, in: Journal of Business & Economic Statistics, 6 (1988) 1, S. 16-20.

John, Kose/**Reisman**, Haim **(1991)**: Fundamentals, Factor Structure, and Multibeta Models in Large Asset Markets, in: Journal of Financial and Quantitative Analysis, 26 (1991) 1, S. 1-10.

Johnston, John **(1984)**: Econometric Methods, 3. Aufl., New York u. a. 1984.

Jones, C. Kenneth **(1992)**: Portfolio Management: New Models for Successful Investment Decisions, London u. a. 1992.

Jöreskog, Karl G./**Sörbom**, Dag **(1982)**: Recent Developments in Structural Equation Modeling, in: Journal of Marketing Research, 19 (1982), S. 404-416.

Judge, George G. **u. a. (1988)**: Introduction to the Theory and Practice of Econometrics, 2. Aufl., New York u. a. 1988.

Kampmann, Klaus R. **(1990)**: Bedingte Ansprüche in der Unternehmensfinanzierung - theoretische und methodische Grundlagen ihrer Bewertung auf der Basis von Simulationsexperimenten, Diss. Essen 1990.

King, Benjamin F. **(1966)**: Market and Industry Factors in Stock Price Behavior, in: The Journal of Business, 39 (1966) 1, S. 139-190.

Kloster, Ulrich **(1988)**: Kapitalkosten und Investitionsentscheidungen: Eine finanzierungstheoretische und empirische Untersuchung, Frankfurt am Main u. a. 1988 = Europäische Hochschulschriften, Reihe V, Bd. 941.

Kockläuner, Gerhard **(1988)**: Angewandte Regressionsanalyse mit SPSS, Braunschweig und Wiesbaden 1988.

Köhler, Richard **(1975)**: Modelle, in: Handwörterbuch der Betriebswirtschaft, Bd. I/2, 4. Aufl., hrsg. von Erwin Grochla und Waldemar Wittmann, Stuttgart 1975, Sp. 2701-2716.

Kolbe, A. Lawrence/**Read**, James A., Jr./**Hall**, George R. **(1984)**: The Cost of Capital: Estimating the Rate of Return for Public Utilities, Cambridge/Mass. und London 1984.

Korajczyk, Robert A./**Viallet**, Claude J. **(1989)**: An Empirical Investigation of International Asset Pricing, in: The Review of Financial Studies, 2 (1989) 4, S. 553-585.

Kosfeld, Reinhold **(1986)**: Theoretische und numerische Aspekte in der Maximum-Likelihood-Faktorenanalyse, Frankfurt am Main und New York 1986.

Krämer, Walter/**Runde**, Ralf **(1991)**: Wochentagseffekte am deutschen Aktienmarkt, Forschungsbericht Nr. 91/5 aus dem Fachbereich Statistik der Universität Dortmund, 1991.

Krämer, Walter/**Runde**, Ralf **(1993)**: Kalendereffekte auf Kapitalmärkten: Eine empirische Untersuchung für deutsche Aktien und den DAX, in: Schmalenbachs Zeitschrift für betriebswirtschaftliche Forschung, 1993, Sonderheft 31, S. 87-98.

Krämer, Walter/**Sonnberger**, Harald **(1986)**: The Linear Regression Model under Test, Heidelberg und Wien 1986.

Kraus, Alan **(1985)**: Discussion, in: The Journal of Finance, 40 (1985) 3, S. 674-675.

Kroll, Mark/**Caples**, Stephen **(1987)**: Managing Acquisitions of Strategic Business Units with the Aid of the Arbitrage Pricing Model, in: The Academy of Management Review, 12 (1987) 4, S. 676-685.

Kryzanowski, Lawrence/**To**, Minh C. **(1983)**: General Factor Models and the Structure of Security Returns, in: Journal of Financial and Quantitative Analysis, 18 (1983) 1, S. 31-52.

Latham, Mark **(1989)**: The Arbitrage Pricing Theory and Supershares, in: The Journal of Finance, 44 (1989) 2, S. 263-281.

Lawley, D. N./**Maxwell**, A. E. **(1971)**: Factor Analysis as a Statistical Method, 2. Aufl., London 1971.

Lee, Cheng F./**Wei**, K. C. John/**Bubnys**, Edward **(1989)**: The APT versus the Multi-Factor CAPM: Empirical Evidence, in: Quarterly Review of Economics and Business, 29 (1989) 4, S. 6-25.

Lehmann, Bruce N./**Modest**, David M. **(1988)**: The Empirical Foundations of the Arbitrage Pricing Theory, in: Journal of Financial Economics, 21 (1988) 2, S. 213-254.

Limmack, R. J./**Ward**, C. W. R. **(1990)**: The October 1987 Stock Market Crash: An Exploratory Analysis of Share Price Models, in: Journal of Banking & Finance, 14 (1990) 2/3, S. 273-289.

Lintner, John **(1965)**: The Valuation of Risk Assets and the Selection of Risky Investments in Stock Portfolios and Capital Budgets, in: The Review of Economics and Statistics, 47 (1965) 1, S. 13-37.

Löflund, Anders **(1992)**: Arbitrage Pricing Theory in a Small Open Economy: Empirical Evidence from the Swedish Stock Market, Swedish School of Economics and Business Administration, Research Reports, Nr. 26, 1992.

Loistl, Otto/**Rosenthal**, H. **(1980)**: Risikominimierung bei der Portfolioplanung unter besonderer Berücksichtigung singulärer Kovarianzmatrizen, in: Zeitschrift für Operations Research, 24 (1980) 2, S. 107-124.

Lombard, F. **(1987)**: Rank Tests for Changepoint Problems, in: Biometrika, 74 (1987) 3, S. 615-625.

Luedecke, Bernd P. **(1986)**: Arbitrage Pricing, Factor Structure, Eigenvectors and All That - An Exposition, in: Australian Journal of Management, 11 (1986) 1, S. 67-85.

MacDonald, Ronald/**Taylor**, Mark P. **(1992)**: Exchange Rate Economics: A Survey, in: International Monetary Fund Staff Papers, 39 (1992) 1, S. 1-57.

MacKinlay, A. Craig **(1987)**: On Multivariate Tests of the CAPM, in: Journal of Financial Economics, 18 (1987), S. 341-371.

MacKinnon, James G./**White**, Halbert **(1985)**: Some Heteroskedasticity-Consistent Covariance Matrix Estimators with Improved Finite Sample Properties, in: Journal of Econometrics, 29 (1985) 1/2, S. 305-325.

Mankiw, N. Gregory/**Shapiro**, Matthew D. **(1986)**: Risk and Return: Consumption Beta versus Market Beta, in: The Review of Economics and Statistics, 68 (1986) 3, S. 452-459.

Martin, Charles G. **(1978)**: Ridge Regression Estimates of the Ex Post Risk-Return Trade-Off on Common Stock, in: Review of Business and Economic Research, 13 (1978) 3, S. 1-15.

Martinez, Miguel A./**Rubio**, Gonzalo **(1989)**: Arbitrage Pricing with Macroeconomic Variables: An Empirical Investigation Using Spanish Data, Working Paper, Universidad del Pais Vasco, Juli 1989.

McCulloch, Robert/**Rossi**, Peter E. **(1990)**: Posterior, Predictive, and Utility-Based Approaches to Testing the Arbitrage Pricing Theory, in: Journal of Financial Economics, 28 (1990), S. 7-38.

McElroy, Marjorie B./**Burmeister**, Edwin **(1988)**: Arbitrage Pricing Theory as a Restricted Nonlinear Multivariate Regression Model: Iterated Nonlinear Seemingly Unrelated Regression Estimates, in: Journal of Business & Economic Statistics, 6 (1988) 1, S. 29-42.

Mei, Jianping **(1993a)**: Explaining the Cross-Section of Returns via a Multi-Factor APT Model, in: Journal of Financial and Quantitative Analysis, 28 (1993) 3, S. 331-345.

Mei, Jianping **(1993b)**: A Semiautoregression Approach to the Arbitrage Pricing Theory, in: The Journal of Finance, 48 (1993) 2, S. 599-620.

Miller, Merton H./**Scholes**, Myron **(1972)**: Rates of Return in Relation to Risk: A Reexamination of Some Recent Findings, in: Studies in the Theory of Capital Markets, hrsg. von Michael C. Jensen, New York, Washington und London 1972, S. 47-78.

Missong, Martin/**Seppelfricke**, Peter **(1993)**: CAPM und APT: Empirische Ergebnisse für den deutschen Aktienmarkt, Arbeiten aus dem Institut für Statistik und Ökonometrie der Universität Kiel, Nr. 67, 1993.

Möller, Hans P. **(1986a)**: Bilanzkennzahlen und Ertragsrisiken des Kapitalmarktes: Eine empirische Untersuchung des Ertragsrisiko-Informationsgehaltes von Bilanzkennzahlen deutscher Aktiengesellschaften, Stuttgart 1986 = Betriebswirtschaftliche Abhandlungen, Neue Folge, Bd. 62.

Möller, Hans P. **(1986b)**: Das Capital-Asset-Pricing-Modell: Separationstheorien oder auch Erklärung der Preisbildung auf realen Kapitalmärkten, in: Die Betriebswirtschaft, 46 (1986) 6, S. 707-719.

Mossin, Jan **(1966)**: Equilibrium in a Capital Asset Market, in: Econometrica, 34 (1966) 4, S. 768-783.

Mühlbradt, Frank W. **(1978)**: Chancen und Risiken der Aktienanlage: Untersuchungen zur "Efficient Market"-Theorie in Deutschland, Köln 1978.

Müller, **Welf (1992)**: Unternehmensverbindungen, in: Wirtschaftsprüfer-Handbuch 1992: Handbuch für Rechnungslegung, Prüfung und Beratung, Bd. I, 10. Aufl., hrsg. vom Institut der Wirtschaftsprüfer in Deutschland e. V., Düsseldorf 1992, S. 1259-1396.

Müller, **Wolfgang (1992)**: Bilanzinformation und Aktienbewertung: Eine theoretische und empirische Überprüfung der Entscheidungsrelevanz von Jahresabschlußinformationen für die Preisbildung deutscher Aktien, Frankfurt am Main 1992.

Nowak, Thomas **(1994)**: Faktormodelle in der Kapitalmarkttheorie, Köln 1994 = Finanzierung, Steuern, Wirtschaftsprüfung, Bd. 25.

Nowak, Thomas/**Wittrock**, Carsten **(1993)**: Kapitalmarkttheoretische Ansätze zur Performance-Messung, Arbeitspapier des Lehrstuhls für Betriebswirtschaftslehre, Schwerpunkt Finanzierung der Universität Münster, Januar 1993.

Nowak, Thomas/**Wittrock**, Carsten **(1994)**: Empirische Ergebnisse zur Messung der Performance von Investmentfonds, Arbeitspapier des Lehrstuhls für Betriebswirtschaftslehre, Schwerpunkt Finanzierung der Universität Münster, Februar 1994.

Oldfield, George S./**Rogalski**, Richard J. **(1981)**: Treasury Bill Factors and Common Stock Returns, in: The Journal of Finance, 36 (1981) 2, S. 337-350.

Ost, Friedemann **(1984)**: Faktorenanalyse, in: Multivariate statistische Verfahren, hrsg. von Ludwig Fahrmeir und Alfred Hamerle, Berlin und New York 1984, S. 575-662.

Pankratz, Alan **(1983)**: Forecasting with Univariate Box-Jenkins Models: Concepts and Cases, New York u. a. 1983.

Pari, Robert A./**Chen**, Son-Nan **(1984)**: An Empirical Test of the Arbitrage Pricing Theory, in: The Journal of Financial Research, 7 (1984) 2, S. 121-130.

Pearson, E. S./**Hartley**, H. O. **(1970)**: Biometrika Tables for Statisticians, Vol. I, 3. Aufl., London 1970.

Perridon, Louis/**Steiner**, Manfred **(1995)**: Finanzwirtschaft der Unternehmung, 8. Aufl., München 1995.

Peters, Hans-Walter **(1987)**: Kapitalmarkttheorie und Aktienmarktanalyse, Frankfurt am Main u. a. 1987 = Europäische Hochschulschriften, Reihe V, Bd. 796.

Pettitt, A. N. **(1979)**: A Non-Parametric Approach to the Change-Point Problem, in: Applied Statistics, 28 (1979) 2, S. 126-135.

Pogue, Gerald A./**Solnik**, Bruno H. **(1974)**: The Market Model Applied to European Common Stocks: Some Empirical Results, in: Journal of Financial and Quantitative Analysis, 9 (1974) 6, S. 917-944.

Poon, S./**Taylor**, S. J. **(1991)**: Macroeconomic Factors and the UK Stock Market, in: Journal of Business Finance & Accounting, 18 (1991) 5, S. 619-636.

Raveh, Adi **(1985)**: A Note on Factor Analysis and Arbitrage Pricing Theory, in: Journal of Banking & Finance, 9 (1985) 2, S. 317-321.

Reinganum, Marc R. **(1981)**: The Arbitrage Pricing Theory: Some Empirical Results, in: The Journal of Finance, 36 (1981) 2, S. 313-321.

Reisman, Haim **(1988)**: A General Approach to the Arbitrage Pricing Theory (APT), in: Econometrica, 56 (1988) 2, S. 473-476.

Reisman, Haim **(1992)**: Reference Variables, Factor Structure, and the Approximate Multibeta Representation, in: The Journal of Finance, 47 (1992) 4, S. 1303-1314.

Revenstorf, Dirk **(1976)**: Lehrbuch der Faktorenanalyse, Stuttgart u. a. 1976.

Richardson, Matthew/**Smith**, Tom **(1993)**: A Test for Multivariate Normality in Stock Returns, in: The Journal of Business, 66 (1993) 2, S. 295-321.

Robin, Ashok/**Shukla**, Ravi **(1991)**: The Magnitude of Pricing Errors in the Arbitrage Pricing Theory, in: The Journal of Financial Research, 14 (1991) 1, S. 65-82.

Roll, Richard **(1977)**: A Critique of the Asset Pricing Theory's Tests: Part I: On Past and Potential Testability of the Theory, in: Journal of Financial Economics, 4 (1977), S. 129-176.

Roll, Richard/**Ross**, Stephen A. **(1980)**: An Empirical Investigation of the Arbitrage Pricing Theory, in: The Journal of Finance, 35 (1980) 5, S. 1073-1103.

Roll, Richard W./**Ross**, Stephen A. **(1983)**: Regulation, the Capital Asset Pricing Model, and the Arbitrage Pricing Theory, in: Public Utilities Fortnightly, 111 (1983), S. 22-28.

Roll, Richard/**Ross**, Stephen A. **(1984a)**: The Arbitrage Pricing Theory Approach to Strategic Portfolio Planning, in: Financial Analysts Journal, 40 (1984) 3, S. 14-26.

Roll, Richard/**Ross**, Stephen A. **(1984b)**: A Critical Reexamination of the Empirical Evidence on the Arbitrage Pricing Theory: A Reply, in: The Journal of Finance, 39 (1984) 2, S. 347-350.

Ronning, Gerd **(1974)**: Das Verhalten von Aktienkursveränderungen. Eine Überprüfung von Unabhängigkeits- und Verteilungshypothesen anhand von nichtparametrischen Testverfahren, in: Allgemeines Statistisches Archiv, 58 (1974), S. 272-302.

Ronning, Gerd **(1992)**: Probleme bei der regressionsanalytischen Überprüfung des CAP-Modells, überarbeitete Fassung eines Vortrags auf dem 3. Kolloquium des Forschungsschwerpunkts "Empirische Kapitalmarktforschung", Februar 1992.

Rose, Klaus/**Sauernheimer**, Karlhans **(1992)**: Theorie der Außenwirtschaft, 11. Aufl., München 1992.

Ross, Stephen A. **(1976)**: The Arbitrage Theory of Capital Asset Pricing, in: Journal of Economic Theory, 13 (1976), S. 341-360.

Ross, Stephen A. **(1977)**: Return, Risk, and Arbitrage, in: Risk and Return in Finance, Vol. 1, hrsg. von Irwin Friend und James L. Bicksler, Cambridge/Mass. 1977, S. 189-218.

Ross, Stephen A. **(1984)**: Reply to Dhrymes: APT is Empirically Relevant, in: The Journal of Portfolio Management, 11 (1984), S. 54-56.

Rudolph, Bernd **(1979)**: Zur Theorie des Kapitalmarktes: Grundlagen, Erweiterungen und Anwendungsbereiche des 'Capital Asset Pricing Model (CAPM)', in: Zeitschrift für Betriebswirtschaft, 49 (1979) 11, S. 1034-1067.

Rüger, Bernhard **(1978)**: Das maximale Signifikanzniveau des Tests: "Lehne H_0 ab, wenn k unter n gegebenen Tests zur Ablehnung führen", in: Metrika, 25 (1978), S. 171-178.

Sauer, Andreas **(1994)**: Faktormodelle und Bewertung am deutschen Aktienmarkt, Frankfurt am Main 1994.

Scariano, Stephen M./**Watkins**, Terry A. **(1990)**: Comparisons of Changepoint Estimators, in: Communications in Statistics - Simulation and Computation, 19 (1990) 2, S. 619-636.

Schechtman, Edna/**Wolfe**, Douglas A. **(1985)**: Multiple Changepoints Problem - Nonparametric Procedures for Estimation of the Points of Change, in: Communications in Statistics - Simulation and Computation, 14 (1985) 3, S. 615-631.

Schlittgen, Rainer **(1993)**: Einführung in die Statistik: Analyse und Modellierung von Daten, 4. Aufl., München und Wien 1993.

Schlittgen, Rainer/**Streitberg**, Bernd H. J. **(1991)**: Zeitreihenanalyse, 4. Aufl., München und Wien 1991.

Schmidt, Reinhard H. **(1977)**: Finanztheorie zwischen empirischer Theorie, Gleichgewichtstheorie und Handlungstheorie, in: Empirische und handlungstheoretische Forschungskonzeptionen in der Betriebswirtschaftslehre, hrsg. von Richard Köhler, Stuttgart 1977, S. 249-266.

Schmidt, Reinhard H. **(1982)**: Methodology and Finance, in: Theory and Decision, 14 (1982) 4, S. 391-413.

Schmidt, Reinhard H. **(1986)**: Grundzüge der Investitions- und Finanzierungstheorie, 2. Aufl., Wiesbaden 1986.

Schneeweiß, Hans/**Mittag**, Hans-Joachim **(1986)**: Lineare Modelle mit fehlerbehafteten Daten, Heidelberg und Wien 1986.

Schneider, Dieter **(1992)**: Investition, Finanzierung und Besteuerung, 7. Aufl., Wiesbaden 1992.

Schneller, Meir I. **(1990)**: The Arbitrage Pricing Theories: A Synthesis and Critical Review, in: Research in Finance, 8 (1990), S. 1-21.

Schnittke, Jürgen **(1989)**: Überrenditeeffekte am deutschen Aktienmarkt: Eine theoretische und empirische Analyse, Köln 1989 = Finanzierung, Steuern, Wirtschaftsprüfung, Bd. 7.

Scholes, Myron/**Williams**, Joseph **(1977)**: Estimating Betas from Nonsynchronous Data, in: Journal of Financial Economics, 5 (1977), S. 309-327.

Schwert, G. William **(1990)**: Stock Returns and Real Activity: A Century of Evidence, in: The Journal of Finance, 45 (1990) 4, S. 1237-1257.

Shanken, Jay **(1982)**: The Arbitrage Pricing Theory: Is It Testable?, in: The Journal of Finance, 37 (1982) 5, S. 1129-1140.

Shanken, Jay **(1985a)**: Multi-Beta CAPM or Equilibrium-APT?: A Reply, in: The Journal of Finance, 40 (1985) 4, S. 1189-1196.

Shanken, Jay **(1985b)**: Multivariate Tests of the Zero-Beta CAPM, in: Journal of Financial Economics, 14 (1985), S. 327-348.

Shanken, Jay **(1987a)**: Multivariate Proxies and Asset Pricing Relations: Living with the Roll Critique, in: Journal of Financial Economics, 18 (1987) 1, S. 91-110.

Shanken, Jay **(1987b)**: Nonsynchronous Data and the Covariance-Factor Structure of Returns, in: The Journal of Finance, 42 (1987) 2, S. 221-231.

Shanken, Jay **(1992)**: The Current State of the Arbitrage Pricing Theory, in: The Journal of Finance, 47 (1992) 4, S. 1569-1574.

Sharpe, William F. **(1964)**: Capital Asset Prices: A Theory of Market Equilibrium under Conditions of Risk, in: The Journal of Finance, 19 (1964) 3, S. 425-442.

Sharpe, William F. **(1977)**: The Capital Asset Pricing Model: A "Multi-Beta" Interpretation, in: Financial Decision Making under Uncertainty, hrsg. von Haim Levy und Marshall Sarnat, New York, San Franzisko und London 1977, S. 127-135.

Shiller, Robert J. **(1981)**: Do Stock Prices Move Too Much to be Justified by Subsequent Changes in Dividends?, in: The American Economic Review, 71 (1981) 3, S. 421-436.

Shukla, Ravi/**Trzcinka**, Charles **(1990)**: Sequential Tests of the Arbitrage Pricing Theory: A Comparison of Principal Components and Maximum Likelihood Factors, in: The Journal of Finance, 45 (1990) 5, S. 1541-1564.

Shukla, Ravi/**Trzcinka**, Charles **(1991)**: Research on Risk and Return: Can Measures of Risk Explain Anything?, in: The Journal of Portfolio Management, 17 (1991), S. 15-21.

Sinclair, N. A. **(1987)**: Multifactor Asset Pricing Models, in: Accounting and Finance, 27 (1987) 1, S. 17-36.

Solnik, Bruno **(1983)**: International Arbitrage Pricing Theory, in: The Journal of Finance, 38 (1983) 2, S. 449-457.

Spanos, Aris **(1986)**: Statistical Foundations of Econometric Modelling, Cambridge u. a. 1986.

Spremann, Klaus **(1991)**: Investition und Finanzierung, 4. Aufl., München und Wien 1991.

Stambaugh, Robert F. **(1983)**: Arbitrage Pricing with Information, in: Journal of Financial Economics, 12 (1983) 3, S. 357-369.

Stambaugh, Robert F. **(1988)**: Comment, in: Journal of Business & Economic Statistics, 6 (1988) 1, S. 20-21.

Steiner, Manfred/**Nowak**, Thomas **(1994)**: Zur Bestimmung von Risikofaktoren am deutschen Aktienmarkt auf Basis der Arbitrage Pricing Theory, in: Die Betriebswirtschaft, 54 (1994) 3, S. 347-362.

Steiner, Manfred/**Nowak**, Thomas **(1995)**: Mehrfaktorenmodelle, in: Handwörterbuch des Bank- und Finanzwesens (HWF): Enzyklopädie der Betriebswirtschaftslehre, Bd. VI, 2. Aufl., hrsg. von Wolfgang Gerke und Manfred Steiner, Stuttgart 1995, Sp. 1433-1443.

Steiner, Manfred/**Wittrock**, Carsten **(1994)**: Timing-Aktivitäten von Aktieninvestmentfonds und ihre Identifikation im Rahmen der externen Performance-Messung: Eine theoretische und empirische Untersuchung der Leistungen von Investmentfonds, in: Zeitschrift für Betriebswirtschaft, 64 (1994) 5, S. 593-618.

Steiner, Manfred/**Wittrock**, Carsten **(1995)**: Performance-Messung von Wertpapierportfolios, in: Handwörterbuch des Bank- und Finanzwesens (HWF): Enzyklopädie der Betriebswirtschaftslehre, Bd. VI, 2. Aufl., hrsg. von Wolfgang Gerke und Manfred Steiner, Stuttgart 1995, Sp. 1514-1526.

Sweeney, Richard J./**Warga**, Arthur D. **(1986)**: The Pricing of Interest-Rate Risk: Evidence from the Stock Market, in: The Journal of Finance, 41 (1986) 2, S. 393-410.

Tiemann, Jonathan **(1988)**: Exact Arbitrage Pricing and the Minimum-Variance Frontier, in: The Journal of Finance, 43 (1988) 2, S. 327-338.

Treynor, Jack L. **(1993)**: In Defense of the CAPM, in: Financial Analysts Journal, 49 (1993) 3, S. 11-13.

Truxius, Dieter **(1980)**: Portefeuilleplanung und Risikoverhalten, Thun und Frankfurt am Main 1980 = Wirtschaftswissenschaften, Bd. 216.

Trzcinka, Charles **(1986)**: On the Number of Factors in the Arbitrage Pricing Model, in: The Journal of Finance, 41 (1986) 2, S. 347-368.

Überla, Karl **(1971)**: Faktorenanalyse: Eine systematische Einführung für Psychologen, Mediziner, Wirtschafts- und Sozialwissenschaftler, 2. Aufl., Berlin, Heidelberg und New York 1971.

Uhlir, Helmut **(1995)**: Börsenindizes (DAX, REX), in: Handwörterbuch des Bank- und Finanzwesens (HWF): Enzyklopädie der Betriebswirtschaftslehre, Bd. VI, 2. Aufl., hrsg. von Wolfgang Gerke und Manfred Steiner, Stuttgart 1995, Sp. 301-311.

Uhlir, Helmut/**Steiner**, Peter **(1994)**: Wertpapieranalyse, 3. Aufl., Heidelberg 1994.

Vandaele, Walter **(1983)**: Applied Time Series and Box-Jenkins Models, New York u. a. 1983.

Verleger, Arnd **(1993)**: Risikostrukturen am deutschen Aktienmarkt, Münster und Hamburg 1993 = Empirische Wirtschaftsforschung, Bd. 23.

Warfsmann, Jürgen **(1993)**: Das Capital Asset Pricing Model in Deutschland: Univariate und multivariate Tests für den Kapitalmarkt, Wiesbaden 1993.

Wasserfallen, Walter **(1989)**: Macroeconomic News and the Stock Market: Evidence from Europe, in: Journal of Banking & Finance, 13 (1989), S. 613-626.

Weber, Erna **(1974)**: Einführung in die Faktorenanalyse, Jena 1974.

Wei, K. C. John **(1988)**: An Asset-Pricing Theory Unifying the CAPM and APT, in: The Journal of Finance, 43 (1988) 4, S. 881-892.

Weston, J. Fred/**Copeland**, Thomas E. **(1992)**: Managerial Finance, 9. Aufl., Fort Worth/Tex. u. a. 1992.

White, Halbert **(1980)**: A Heteroskedasticity-Consistent Covariance Matrix Estimator and a Direct Test for Heteroskedasticity, in: Econometrica, 48 (1980) 4, S. 817-838.

White, Halbert **(1984)**: Asymptotic Theory for Econometricians, Orlando u. a. 1984.

Wild, Jürgen **(1976)**: Theorienbildung, betriebswirtschaftliche, in: Handwörterbuch der Betriebswirtschaft, Bd. I/3, 4. Aufl., hrsg. von Erwin Grochla und Waldemar Wittmann , Stuttgart 1976, Sp. 3889-3910.

Wilhelm, Jochen **(1981a)**: Capital Asset Pricing, Factor Models, and No-Arbitrage Conditions in Financial Markets, Mitteilungen aus dem Bankseminar der Universität Bonn, Nr. 42, Februar 1981.

Wilhelm, Jochen **(1981b)**: Zum Verhältnis von Capital Asset Pricing Model, Arbitrage Pricing Theory und Bedingungen der Arbitragefreiheit von Finanzmärkten, in: Schmalenbachs Zeitschrift für betriebswirtschaftliche Forschung, 33 (1981) 10, S. 891-905.

Winkelmann, Michael **(1984)**: Aktienbewertung in Deutschland, Königstein/Ts. 1984 = Quantitative Methoden der Unternehmensplanung, Bd. 19.

Witte, Eberhard **(1974)**: Empirische Forschung in der Betriebswirtschaftslehre, in: Handwörterbuch der Betriebswirtschaft, Bd. I/I, 4. Aufl., hrsg. von Erwin Grochla und Waldemar Wittmann, Stuttgart 1974, Sp. 1264-1281.

Druck: STRAUSS OFFSETDRUCK, MÖRLENBACH
Verarbeitung: GANSERT, WEINHEIM/SULZBACH

GPSR Compliance

The European Union's (EU) General Product Safety Regulation (GPSR) is a set of rules that requires consumer products to be safe and our obligations to ensure this.

If you have any concerns about our products, you can contact us on ProductSafety@springernature.com

In case Publisher is established outside the EU, the EU authorized representative is:

Springer Nature Customer Service Center GmbH
Europaplatz 3
69115 Heidelberg, Germany

Batch number: 10815974

Printed by Printforce, the Netherlands